信贷全流程风险管理

第2版

巴伦一◎著

北京联合出版公司
Beijing United Publishing Co.,Ltd.

图书在版编目（CIP）数据

信贷全流程风险管理 / 巴伦一著 . -- 2 版 . -- 北京 : 北京联合出版公司 , 2025. 4. -- ISBN 978-7-5596-8141-6

Ⅰ . F832.4

中国国家版本馆 CIP 数据核字第 2024DH9620 号

信贷全流程风险管理

作　　者：巴伦一

出 品 人：赵红仕

选题策划：北京时代光华图书有限公司

责任编辑：龚　将

特约编辑：李燕子

封面设计：零创意文化

北京联合出版公司出版

（北京市西城区德外大街 83 号楼 9 层　　100088）

北京时代光华图书有限公司发行

文畅阁印刷有限公司印刷　　新华书店经销

字数 529 千字　　787 毫米 ×1092 毫米　　1/16　　34.5 印张

2025 年 4 月第 1 版　　2025 年 4 月第 1 次印刷

ISBN 978-7-5596-8141-6

定价：138.00 元

⁞ 第2版自序 ⁞

本书自 2018 年 5 月出版以来，深受读者好评。许多银行总行把本书列为金融高管、信贷管理干部和客户经理的必读教材。读者评价说，“银行业是一个特殊和高风险的行业，也是一个对专业和责任要求很高的行业。在严监管的新常态下，银行业正面对诸多严峻挑战，《信贷全流程风险管理》的推出恰逢其时。作者精心打磨经过多年实践积累的 30 招风险管理技巧，36 种不良贷款清收法，48 个贷款风险点识别与管理方法，22 个实战案例分析，8 个示范操作模板，将助力全面提升银行机构从业人员的风险管理水平，完善和提高机构差异化抗风险经营能力，建立防范、化解金融风险的长效机制，也为当下坚决打赢防范金融风险攻坚战，守住不发生崩塌或系统性风险的底线，营造良好环境。”

随着 2021 年 1 月 1 日《中华人民共和国民法典》正式施行，我国进入民法典时代;《商业银行金融资产风险分类办法》，自 2023 年 7 月 1 日起施行; 对《固定资产贷款管理暂行办法》《流动资金贷款管理暂行办法》《个人贷款管理暂行办法》和《项目融资业务指引》(简称“三个办法一个指引”) 进行修订，形成《固定资产贷款管理办法》《流动资金贷款管理办法》《个人贷款管理办法》(以下简称“三个办法”)，于 2024 年 2 月 2 日发布，自 2024 年 7 月 1 日起施行;《商业银行资本管理办法》于 2024 年 1 月 1 日施行。这些举措，使得对商业银行信用风险的资本约束监管更加严格。

上述法律法规的修订完善，为我国银行业贷款风险监管，提供了长期的法规与制度安排。与此同时，世界正面临百年未有之大变局，随着科技进步、产业革命、全球经济一体化等变革，我国经济金融发展环境也正在发生着深刻的变化，对商业银行信贷风险管理影响巨大。为此，作者按照上述法律法规的规定和新形势的变化，对本书相关内容进行了修订。

这是一本将《中华人民共和国民法典》《商业银行金融资产风险分类办法》，以及“三个办法”运用于信贷全流程风险管理的实用工具书。在新法规、新形势下，商业银行客户经理、信贷管理干部和金融高管必须克服恐贷、惜贷、拒贷、乱贷等“旧四贷”问题，提升愿贷、敢贷、能贷、会贷“新四贷”能力。通过系统全面掌握信贷全流程风险管理的新方法与新技能，学会保护自己、保护家人、保护同事、保护银行、保护客户、保护社会，达到预防风险、识别风险、控制风险、化解风险的目的。

巴伦一

前　言

金融活，经济活；金融稳，经济稳。金融是现代经济的核心，金融安全是国家安全的重要组成部分，维护金融安全是治国理政、关系我国经济社会发展全局的一件具有战略性、根本性的大事。当前，中国特色社会主义进入了新时代，中国经济正处于转型升级的关键期，需要金融的有力支撑；同时一些国家货币和财政政策调整，可能会对中国金融稳定形成外部冲击。新时代，中国已全面建成小康社会；新时代，我国经济已由高速增长阶段转向高质量发展阶段，全要素生产率正在全面提升；新时代，中国“新经济”形态的形成需要配套的“新金融”业态的支持。这就需要把金融安全的重要性提高到新高度，需要对处理好金融与实体经济的关系有更加深刻的认识。

防范金融风险的目的，最终还是为实体经济发展创造良好的金融环境，疏通金融进入实体经济的渠道。

近年来中国金融业改革开放不断深入，取得了存贷款利率管制放开、人民币成为国际储备、民营银行设立、互联网金融发展等一系列重大历史性进展，为中国经济的稳定、健康发展提供了有力支撑。然而金融业在蓬勃发展的同时也出现了一些隐患，需要注意严防风险，全力打好重大风险防范化解的攻坚战，守住不发生崩塌或系统性风险的底线。

经营信贷风险是一个银行命运的选择。银行业金融机构的基本使命就是承担风险、管理风险，进而从中赢利，即用风险换收益。因此，从事银行信贷业务的客户经理、信贷管理人员与金融高管必须坚决克服恐贷、惜贷、拒贷、乱贷等“旧四贷”问题，提升愿贷、敢贷、能贷、会贷“新四贷”能力。要知道，除不可控因素外，任何风险都是可以控制的。在金融市场上，现代商业银行并非要消灭风险，而是在贷款的风险和收益之间、在市场拓展与风险控制之间、在稳健经营和竞争活力之间进行平衡和控制。

如何进行这种高难度平衡与控制，有效地防控与化解信贷风险呢？我潜心研究 20 余年，完成本书，内容包括信贷全流程风险管理概述、贷前尽职调查全流程风险管理、贷中尽职控制全流程风险管理、贷后尽职管理全流程风险管理、贷款风险点识别与管理五大部分，并附录示范操作模板。在这本书里，我扬弃了在我国流行数十年的信贷“三查”制度（即贷前调查、贷中审查、贷后检查），再造了信贷全流程风险管理的新流程，提供了巴老师讲案例 22 个、信贷全流程风险管理技巧 30 招、不良贷款清收 36 法、示范操作模板 8 个、贷款风险点识别与管理方法 48 个（其中 22 个信贷行业风险点、6 类信贷客户风险点、20 个信贷产品风险点），为我国银行业信贷风险管理水平提升，为我国银行业信贷资产安全乃至国家金融安全提供智慧方案。

在这本书里，我将与大家分享自己从事银行工作 40 多年的丰富金融工作经验和担任银行信贷营销高管 15 年、营销管理 6000 多亿元金融产品（其中 1200 多亿元贷款）并实现安全经营的宝贵经验；用自己从事 33 年银行讲师、讲座 1000 多场、学员 100 多万人次的丰富教学经验，提供大量的“干货”（案例与模板及技巧）；用案例教学与行动学习的方法，让读者点化（开悟）、消化（理解）、转化（运用）、升华（成长），入脑（记住）、入心（认同）、入行（行动）、入效（成效），进而系统、全面地掌握信贷全流程风险管理的知识与技能，掌握高超的平衡智慧与艺术。

业务发展快慢至多影响一家银行领导与员工收入的多少，而信贷风险大小则将直接影响一家银行与银行领导、员工职业生涯的生死存亡。世界金融发展史告诉我们，一家银行破产的主要原因是信贷资产出现重大风险；重大信贷风险会导致金融高管与信贷从业人员人财两空。经济上行时期信贷风险控制好坏还不能完全看出一家银行领导与员工信贷风险管理的真实水平，而经济波动时期信贷风险控制好坏将是检验一家银行及其领导与员工信贷风险管理水平的试金石。

这是一本您只需花极小的购书成本就可让您的银行防止、减少或化解几个亿、几十亿，甚至超百亿元贷款风险的实用工具书；这是一本让您及信贷团队成员保位子、保帽子、保票子、保面子、升值、升级、升薪的实用工具书。

本书具有以下几个显著特点：

权威指导

本书创作的主要依据是我国现行金融法律法规，特别是“三个办法”。我长期从事银行信贷营销与管理工作，特别是长期担任大型商业银行省级分行信贷高管（包括公司、大客户、房地产企业、中小企业与个人金融），书中的知识点与方法论，大都是在信贷业务实践中成功运用，并总结、提炼出来的。

理论创新

我扬弃了我国商业银行流行数十年的贷款“三查”制度，构建了全新的商业银行信贷流程，即贷前尽职调查、贷中尽职控制与贷后尽职管理，并创新了一些在经济新常态、科技新背景、金融新环境、客户新需求条件下现代信贷风险管理技术与方法，如交叉检验法、“五流”（物流、资金流、产业流、人流和信息流）“五迹”（经营轨迹、蛛丝马迹、比肩接迹、信用足迹和信息痕迹）跟踪法、跨界融合法、假骗甄别法等。

应用广泛

本书是每个金融高管及金融监管机构干部进行信贷管理及风险监管必备的决策参考书；是每个金融信贷从业人员，包括银行、证券、保险、信托、担保公司、小贷公司、投资咨询公司、评估公司、审计机构从业人员必备的实用工具书；是每个金融员工及大专院校经济、金融、财会专业学生学习信贷知识的有益参考书；是每个经济、金融培训老师进行信贷风险管理课程开发与授课必备的备课资料书；是每个企业老板、企业高管与财务人员了解金融机构信贷政策，学会与金融机构打交道，增强信用能力并争取获得金融机构融资必备的金融辅导书。

模板操作

本书提供的示范操作模板及系统的信贷全流程风险管理方法与技能，读者可实行拿来主义，采用模仿、嫁接与创新的方法直接运用到信贷业务管理中；可作为银行金融机构制定信贷规章制度与操作模板的示范蓝本，以及银行信贷从业人员与相关人员开展信贷业务管理的工具指南。

案例丰富

我将22个信贷风险案例融入本书，包括：公司、小微企业与个人客户贷款风险案例；信贷行业、信贷产品风险案例；贷前、贷中、贷后风险案例；金融高管、客户经理风险案例；道德风险、能力风险、操作风险案例等。通过以案讲法、以案讲规、以案讲学，让您开心、开眼、开窍，进而视而有见、听而有闻、问而有应、察而有觉、言而有信。

成果转化

学习不落地（转化），等于一场空。研读本书可以直接转化为生产力，提高银行信贷管理水平，提高信贷从业人员及相关人员信贷营销与管理业绩，提高借款人信用意识，提高社会信用环境治理能力，提高国家金融安全水平。

通过对本书的系统学习，读者将学会从信贷风险全流程管理、贷前尽职调查、贷中尽职控制与贷后尽职管理等方面，系统全面地掌握信贷风险管理的新方法与新技能。对读者所在的金融机构来说，可将本书的学习成果转化为工作业绩、工作意见、管理制度、工作模板、培训资料与企业文化；对读者本人来说，可将本书的学习成果转化为理念、技能、方法、模板、习惯与业绩，并从中学会保护自己、保护家人、保护同事、保护银行、保护客户、保护社会，达到预防风险、控制风险、降低风险、稀释风险、分散风险、补偿风险、规避风险、转移风险、化解风险，提升客户价值、提升银行业绩、提升员工薪酬的目的。

在本书出版之际，我有许多感谢之言要表达。第一，要感谢我近40年金融职业生涯（1979年农行恢复时转农行）的工作单位：中国农业银行湖北省分行。

我的信贷从业经历与经验是我一生的财富。感谢我的领导与同事们对我长期以来的关心、关怀、关照与关爱。第二，要感谢全国 279 家培训机构的领导与培训经理。我的 1000 多场金融培训讲座，特别是 500 多场信贷全流程风险管理讲座，是创作本书的主要知识点与方法论。第三，要感谢北京时代光华图书有限公司，帮我连续策划出版了 4 本书。第四，要感谢我的家人，为我提供了强大的精神动力。第五，要感谢我自己。参加金融工作 40 多年来，我的身份变了，从回乡知青到亦工亦农、集体干部、国家干部、自由培训师及教授；我的工作地点变了，从农村到乡镇、县城、省城及全国各地；我的工作单位变了，从农村信用社到银行营业所、县支行、地区中心支行、省分行、大学；我的角色变了，从儿子到父亲、外公。但有 4 点是始终未变也永远不变的，那就是：孝心、良心与责任心；敬业、专业与精业；科学的中长期目标与阶段性目标的规划力、强大的执行力，以及持续评估的改进力；持续的学习力与创新力。

欢迎读者对本书提出宝贵意见，以便进一步完善本书。

巴伦一

于上海浦东

目 录

第一章

信贷全流程风险管理概述

信贷全流程风险管理的意义与原则

信贷全流程风险管理的概念

信贷全流程风险管理，是指商业银行完善内部控制机制，全面了解客户信息，建立贷款风险管理制度和有效的岗位制衡机制，将信贷经营过程分解为若干个重要环节，科学设定各环节的管理内容、管理标准和管理要求，按照有效制衡的原则，把各环节的管理职责落实到具体的部门和岗位，并建立各岗位的考核和问责机制，通过对各节点的精细化管理来实现控制信贷风险的目的。

信贷管理流程是以信贷客户信息与银行内部资源信息为加工对象，共同为客户创造价值而又相互关联、按照一定顺序组合的一系列信贷业务活动。一个完整的信贷管理流程包括内部流程与外部流程。

信贷全流程风险管理是商业银行把流程管理理论与安全、稳健、规范的经营文化运用到信贷流程风险管理领域的理论创新、实践探索与制度安排。“三个办法”将作为我国银行业贷款风险监管的长期制度安排，它提出“全流程管理”的概念与原则，明确要求贷款人建立有效的信贷全流程风险管理机制，制定每一个贷款品种的操作规程和管理办法，覆盖主要风险点，针对不同的贷款实行差别化的风险管理，规范和推动信贷业务健康发展。

流程管理是一种以规范化的、构造起点到终点的卓越业务流程为中心，以持续地提高组织业务绩效为目的的系统化方法。流程管理强调规范化、流程化、持续性和系统化。它摒弃了劳动分工理论所形成的各司其职、各自为政、割裂式的流程模式，强调流程的全局性、统一性、科学性，要求管理者在进行流程管理、流程分析时，必须树立纵观全局的意识，考虑每个流程间的相互影响作用，用整体和动态的方法分析与管理流程。其目的在于使流程能够适应行业经营环境，能够体现先进实用的管理思想，能够有效融入银行战略要素，使银行降低成本、缩减时间、提高质量、方便客户，提升综合竞争力。

信贷全流程风险管理的特点

（一）整体性

由于市场竞争的时效性要求，商业银行的经营管理必须向集约化、系统化、精细化管理模式转变，这就要求商业银行的信贷活动需要强调整体性原则。

（二）层次性

商业银行信贷活动比较系统和复杂，一项专业服务往往需要多部门协同完成，这又决定了商业银行信贷流程可以继续分解，信贷流程必须具备层次性。

（三）过程性

信贷全流程风险管理体现全过程监管和全方位控制，从客户与市场需求出发，实现业务操作流程的规范化、标准化、模块化、高效化和全方位监控，把管理贯穿于信贷业务的每个岗位、每个人员、每个环节、每个步骤，对每个环节的内部操作线路、岗位、职责都有明确规定，进而形成环环相连、环环紧扣、环环制约的过程管理链条。

（四）精细性

信贷全流程风险管理每一个环节都有具体和量化的标准，都渗透着精细化管理的要求，信贷操作的每一个细节都置于严密的制度约束和控制之下，它是对原来的粗放型信贷经营行为的颠覆和扬弃。

（五）动态性

信贷全流程风险管理高度关注国内外经济金融形势的变化，高度关注企业、行业的发展，高度关注同业竞争策略的调整，高度关注企业生产经营的动态变化，实质就是要在市场末端和决策高端之间建立起能够为客户、为市场需求量体裁衣、迅速响应的高效业务流水线，保持贷款生命周期与经济周期的协调，与借款人关键生命周期的匹配，实现信贷合理投放与按期收回。

（六）创新性

信贷业务流程的设计思路不是一成不变的，亘古不变的流程只能僵化商业银行的组织体系和运作方式，进而使商业银行难以适应新变化而陷入困境。随着金融服务业的迅速发展，创新成为加强信贷全流程管理不可缺少的一个重要元素。创新的源泉来自多个方面，包括新技术的运用、新产品的推出、特定客户群的需求、个性化区域金融的发展及新型风险的出现等，商业银行如不适时调整流程设计，将难以适应未来信贷市场生存发展的需要。

信贷全流程风险管理的意义

（一）是执行外部监管法规的强制性要求

近年来，国家对商业银行监管的力度逐渐加大，监管标准进一步提高，监管手段也更趋多样化与科学化，我国银行业已进入强监管时代，其中信贷风险监管始终是重中之重。“三个办法”对商业银行加强信贷管理的过程控制提出了更高要求，强调对贷款的全流程管理，重点加强对贷前尽职调查、借款合同、风险评价、贷款使用与支付、贷后管理等薄弱环节的管控。

《固定资产贷款管理办法》第六条规定：“贷款人应完善内部控制机制，实行贷款全流程管理，全面了解客户和项目信息，建立固定资产贷款风险管理制度和有效的岗位制衡机制，将贷款管理各环节的责任落实到具体部门和岗位，并建立各岗位的考核和问责机制。”

《流动资金贷款管理办法》第五条规定：“贷款人应完善内部控制机制，实行贷款全流程管理，全面了解客户信息，建立流动资金贷款风险管理制度和有效的岗位制衡机制，将贷款管理各环节的责任落实到具体部门和岗位，并建立各岗位的考核和问责机制。”

《个人贷款管理办法》第五条规定：“贷款人应建立有效的个人贷款全流

程管理机制，制定贷款管理制度及每一贷款品种的操作规程，明确相应贷款对象和范围，实施差别风险管理，建立贷款各操作环节的考核和问责机制。”

为对接监管当局的监管要求，商业银行必须主动改进信贷管理模式，进一步加强流程管理和过程控制，积极构筑与外部监管严密对接的制度安排。

（二）是顺应信贷资金运行规律的必然要求

信贷资金具有预付、周转、增值和偿还的基本属性，以及两个特殊运行规律。

1. 所有权与使用权分离

银行将贷款借给借款人，只是借出了这一部分货币资金在一定时间内的使用权，这一部分资金的所有权仍归贷款人。而借款人在贷款资金使用过程中可能会发生天灾人祸、管理不善、不讲信用等多种风险，使贷款无法按期收回。工商企业的产品是所有权与使用权统一的，产品销售给购买者，就相当于把所有权与使用权都卖出去了。这是银行信贷资金产品与工商企业产品的本质区别。

2. 双重支出与双重回流

信贷资金的运动形式分为两种。一是银行贷款人的发放和收回的运动形式。这是信贷资金运动的关键，没有银行贷款人的发放和收回，就没有信贷资金的正常运动。二是从借款人的投入、生产、使用到取得销售收入的运动形式。这是信贷资金周转运动的基础，没有借款人将信贷资金投入生产使用，信贷资金的源泉就会枯竭。因此，信贷资金运动是一个有机整体，具体表现为双重支出与双重回流的运动形式。

（1）双重支出：第一重支付，银行将信贷资金发放给借款人，即资金的使用者，银行的信贷资金开始转化为企业的生产经营资金；第二重支付，企业通过用从银行贷款的资金购买生产要素来进行生产流通活动，这时的信贷资金由货币形态转化为商品形态。通过生产过程中原材料等生产资料与活劳动相结合，生产出新的产品。

（2）双重回流：第一重回流，是指企业销售其产品实现销售收入，这时，资金又由商品形态转化为货币形态，同时表明企业生产的产品已被社会承认，实现了商品的价值，这一过程无论对企业实现其商品价值，还是对银行按期收回贷款本息，都是一次关键的飞跃；第二重回流，是指企业将销售收入的一部分用于归还银行贷款本息，这时，信贷资金又回到它的出发点——银行手中。

纵观信贷资金运动的整个过程，包含着五个转化：信贷资金转化为生产经营资金；货币形态转化为商品形态；资金分配转化为资金使用；商品形态转化为货币形态；企业生产经营资金转化为银行信贷资金。信贷资金双重支付、双重回流与五个转化的每个阶段、每个环节，都可能发生借款人还款意愿（不愿还款）与还款能力（不能还款）的风险。因此，必须对信贷资金实行全流程风险管理。

（三）是提升银行信贷资产精细化管理与风险防控水平的最好路径

目前，世界经济复苏缓慢，不确定因素增多，我国经济面临新常态，商业银行经营环境的不确定性显著增加，需要更加重视信贷风险管理；信贷运行环节多、链条长，需要采取更加全面、更加严格的措施来管理细节、控制风险。通过完善信贷全流程风险管理，将贷款管理各环节的责任落实到商业银行具体部门和岗位，并建立贷款各操作环节的考核和问责机制，推动商业银行传统贷款管理模式的转型，真正实现贷款管理模式由粗放型向精细化的转变，有助于提高商业银行贷款发放的质量，强化贷款风险管理的有效性，有利于商业银行不断更新风险管理理念，应用先进风险管理技术，逐步建立和完善信贷风险管理架构体系，提升商业银行信贷资产的精细化管理水平，保障信贷业务安全运营和长远发展。

（四）是支持实体经济又好又快发展、保护广大金融消费者合法权益的重要举措

信贷全流程风险管理通过必要的操作流程及内部控制等手段，规范商业银行贷款支付行为，确保贷款资金按借款合同约定用途使用，防止借款人资

金被挪用，有效保护金融消费者的合法权益，促进贷款资金真正流向实体经济，发挥金融支持实体经济发展的作用，保障信贷资产质量。

（五）是提升银行核心竞争力的重要引擎

商业银行是经营风险的企业。商业银行核心竞争力的高低，不仅体现在对优质资产业务的营销效率上，而且更重要的是对信贷风险的把握和控制能力。当前我国正处于经济结构转型升级的关键时期，银行业面临经济波动、资本约束、利率市场化、金融脱媒等金融环境的复杂多变，风险控制形势严峻。与此同时，金融同业竞争进一步加剧，对优良客户、优质业务的争夺更加激烈。要在严酷的市场竞争中赢得主动，就必须以客户需求为导向，在严格控制风险的前提下提高信贷办事效率。这有赖于通过信贷全流程风险管理的实施，实现对信贷运作效率的持续提升和对信贷操作风险的强力管控。

（六）是建设流程银行的重要实践

“部门银行”的经营理念以自我为中心，已经严重不适应当前快速变化的市场竞争需要。信贷全流程风险管理打破了原有“部门银行”的管理模式，把信贷管理全过程作为一个完整的价值链条，以解析信贷业务流程为切入点，对每个信贷环节科学设置管理指标，对管理人员提出明确的作业标准和管理要求，严密监控与评审信贷流程运行绩效，并适时进行流程优化和再造，进而实现信贷风险控制的总体目标。这种管理模式始终围绕业务流程进行规划与建设，弱化了部门概念，强调业务流程各环节之间的协同运作，更加注重整体目标，符合“部门银行”向“流程银行”转变的总体趋势。

信贷全流程风险管理的原则

“三个办法”提出了信贷全流程管理的七大原则。

（一）全流程管理原则

不论是固定资产贷款、流动资金贷款，还是个人贷款，均经过从借款人申请贷款到贷款业务结束的过程。全流程贷款管理强调要将有效的信贷风险管理行为贯穿到上述贷款生命周期中的每一个环节。

商业银行必须借鉴国际先进银行贷款业务的通行做法，从加强贷款全流程管理的思路出发，把贷款全流程细分为贷前尽职调查、贷中尽职控制与贷后尽职管理三大环节，以及贷款申请、受理与调查、风险评价、贷款审批、合同签订、贷款发放、贷款支付、贷后管理、回收与处置九大关键要素，对关键环节与要素提出风险管控要求，并按照有效制衡的原则将各环节职责落实到具体的部门和岗位，并建立明确的考核与问责机制，对贷款实施精细化管理。

（二）诚信申贷原则

诚信申贷的实质包含两方面内容：一是借款人恪守诚实守信原则，按照贷款人要求的具体方式和内容提供贷款申请材料，并且承诺所提供材料是真实、完整、有效的；二是借款人应证明其设立合法、经营管理合规合法、信用记录良好、贷款用途明确合法及还款来源明确合法等。

贷款申请是贷款全流程管理与风险控制的第一个环节，对于管理客户关系、开拓业务市场、发现潜在风险具有十分重要的意义。“三个办法”强调贷款申请人应恪守诚实守信原则，向贷款人提供真实、完整、有效的申贷材料，有助于从立法的角度保护贷款人的权益，从而使贷款人能够更有效地识别风险、分析风险，做好贷款准入，在贷款的第一环节防范潜在风险。

（三）协议承诺原则

协议承诺原则要求银行作为贷款人，应与借款人乃至其他相关各方通过签订完备的借款合同等协议文件，规范各方有关行为，明确各方权利义务，调整各方法律关系，追究各方法律责任。

协议承诺原则的核心定义是合同的完备性、承诺的法律化、管理系统化，弥补过去借款合同的不足。它是规范双方权利、义务、责任的根本准则，也是商业银行追究借款人违约责任的依据。协议承诺原则要求：

第一，商业银行应与借款人乃至其他相关各方通过签订完备的借款合同等协议文件，规范各方有关行为，明确各方权利义务。对于借款人挪用贷款等不当行为，商业银行应在合同中做出周密约定。

第二，借款人应通过签订借款合同等协议文件，承诺一系列义务。贷款人应要求借款人在合同中对与贷款相关的重要内容做出承诺，承诺内容包括但不限于：贷款项目及其借款事项符合法律法规的要求；及时向贷款人提供真实、完整、有效的材料；配合贷款人进行贷款支付管理、贷后管理及相关检查；进行合并、分立、股权转让，以及进行可能影响其偿债能力的对外投资、对外提供担保、实质性增加债务融资等重大事项前征得贷款人同意；贷款人有权根据借款人资金回笼情况提前收回贷款；发生影响偿债能力的重大不利事项时及时通知贷款人。

第三，约定借款人违约责任和贷款人可采取的措施。贷款人应与借款人在借款合同中约定，出现以下情形之一时，借款人应承担的违约责任，以及贷款人可采取的提前收回贷款、调整贷款支付方式、压降授信额度、停止或中止贷款发放等措施，并追究相应法律责任：未按约定用途使用贷款的，未按约定方式进行贷款资金支付的，未遵守承诺事项的，突破约定财务指标的，发生重大交叉违约事件的，违反借款合同约定的其他情形的。

贷款全流程风险管理强调签订协议承诺，依靠法律来约束借款人的行为，使得一旦违约事项发生，商业银行或者免责，或者以协议承诺为依据实施追责处罚。协议承诺原则不但能够切实保护商业银行的权益，还有助于营造良好的社会诚信环境。

（四）贷放分控原则

贷放分控是指银行将贷款审批与贷款发放作为两个独立的业务环节，分别管理和控制，以达到降低信贷业务操作风险的目的。“三个办法”强调贷款人应设立独立的责任部门或岗位，负责贷款发放和支付审核。贷放分控原则改变了我国银行业传统信贷业务操作中贷款审批与贷款发放不分的弊端，它的根本点是贷款审批通过不等于放款。

推行贷放分控，一方面可以加强商业银行的内部控制，防范操作风险与道德风险；另一方面可以践行全流程管理的理念，建设流程银行，提高专业化操作程度，强调各部门和岗位之间的有效制约。

贷放分控的操作要求：贷款人应设立独立的贷款发放部门或岗位，负责审核各项放款前提条件、贷款资金用途；采取贷款人委托支付的，贷款人应审核支付申请的信息是否与商务合同相符；采用借款人自主支付的，贷款人应对借款人提交的支付申请进行审核；采用贷款共管账户资金支付的，贷款人应按照贷款人委托支付或借款人自主支付方式进行审核。

（五）实贷实付原则

实贷实付是指银行根据贷款项目进度和有效贷款需求，在借款人需要对外支付贷款资金时，根据借款人的提款申请及支付委托，将贷款资金通过贷款人受托支付等方式，支付给符合合同约定的借款人交易对象的过程。实贷实付原则的关键是让借款人按照借款合同的约定用途，减少贷款挪用的风险。

推行实贷实付，有利于确保信贷资金进入实体经济，在满足有效信贷需求的同时，严防贷款资金被挪用，避免信贷资金违规流入股票市场、房地产市场等；还有助于贷款人提高贷款的精细化管理水平，加强对贷款资金使用的管理和跟踪。同时，实贷实付为“三个办法”所倡导的全流程管理、协议承诺原则等提供了操作的抓手和依据，有助于贷款人防范信用风险和法律风险。

（六）贷后管理原则

贷后管理是指商业银行在贷款发放以后所开展的所有信贷风险管理工作。有效的贷后管理工作是商业银行建立长效发展机制的基石，有助于银行提高风险管理水平，防范风险于未然，提高信贷资产质量。

信贷全流程风险管理在沿袭商业银行传统贷后管理方式的同时，突出强调以下新要求：

第一，建立贷款质量监控制度、贷款风险预警体系及贷后动态监测和重估制度。

第二，监督贷款资金按用途使用。贷款人应加强对借款人资金挪用行为的监控，发现借款人挪用贷款资金的，应按照合同约定采取要求借款人整改或提前归还贷款等相应措施进行管控。

第三，对借款人账户进行监控。对约定专门还款准备金账户的，银行要对收入、进入账户比例与账户内资金平均存量提出要求。借款人现金流异常的，控制借款人的资金支付。

第四，强调借款合同的相关约定对贷后管理工作的指导性和约束性。

第五，明确了银行按照监管要求进行贷后管理的法律责任。

第六，明确了贷款展期的制度安排。

第七，参与借款人的贷款重组，维护银行债权。

第八，贷款人对贷后管理未尽职的，国家金融监督管理总局及其派出机构可根据《中华人民共和国银行业监督管理法》采取相关监管措施。

长期以来，我国银行业一直存在“重贷轻管”的现象。一个有效的贷后管理机制，要求针对借款人所属行业及经营特点，通过定期与不定期的现场检查与非现场监测，分析借款人经营财务等变化状况，监测贷款资金的用途及流向，适时掌握各种影响借款人偿债能力的风险因素及有可能导致贷款资金出现违约的因素，及时发现潜在风险因素，并迅速采取措施，防范信贷损失。

（七）罚则约束原则

罚则约束是指监管部门对银行执行“三个办法”的行为进行严格监管，对于明显违反规定的银行，监管部门将利用市场准入、现场检查、非现场监管等“监管措施”与“行政处罚”手段（如取消高管人员任职资格、禁止金融从业资格等），约束商业银行和借款人等交易主体的行为，以保障贷款法规的执行力。

通过合理设定贷款业务的处罚类别，可以督促银行加强贷款的全流程管理，进一步提高我国银行依法经营的水平。比如，“三个办法”要求，贷款人违反规定经营固定资产贷款业务、流动资金贷款业务、办理个人贷款业务的，国家金融监督管理总局及其派出机构应当责令其限期改正。贷款人有下列情形之一的，国家金融监督管理总局及其派出机构可根据《中华人民共和国银行业监督管理法》采取相关监管措施：固定资产贷款、流动资金贷款业务流程有缺陷的；未将贷款管理各环节的责任落实到具体部门和岗位的；贷款调查、风险评价、贷后管理未尽职的；未按规定对借款人和项目的经营情况进行持续有效监控的；个人贷款未按规定建立、执行贷款面谈、借款合同面签制度的；个人贷款借款合同采用格式条款未公示的；个人贷款支付管理不符合要求的。

贷款人有下列情形之一的，国家金融监督管理总局及其派出机构可根据《中华人民共和国银行业监督管理法》对其采取相关监管措施或进行处罚。

固定资产贷款：受理不符合条件的固定资产贷款申请并发放贷款的；与借款人串通，违法违规发放固定资产贷款的；超越、变相超越权限或不按规定流程审批贷款的；未按规定签订借款合同的；与贷款同比例的项目资本金到位前发放贷款的；未按规定进行贷款资金支付管理与控制的；对借款人严重违约行为未采取有效措施的；有其他严重违反本办法规定行为的。

流动资金贷款：以降低信贷条件或超过借款人实际资金需求发放贷款的；未按本办法规定签订借款合同的；与借款人串通或参与虚构贸易背景违规发放贷款的；放任借款人将流动资金贷款用于借款人股东分红、金融资产投资、固定资产投资、股权投资以及国家禁止生产、经营的领域和用途的；超越或变相超越权限审批贷款的；未按规定进行贷款资金支付管理与控制的；对借款人严重违约行为未采取有效措施的；严重违反本办法规定的审慎经营规则的其他情形的。

个人贷款：发放不符合条件的个人贷款的；签订的借款合同不符合本办法规定的；将贷款调查的风险控制核心事项委托第三方完成的；超越或变相超越贷款权限审批贷款的；授意借款人虚构情节获得贷款的；对借款人严重违约行为未采取有效措施的；严重违反本办法规定的审慎经营规则的其他情形的。

[巴老师讲案例之一]

信贷风控防线全面失守风险案例

一、案例简介

××家族及其企业在短短的4年时间里，就从××银行骗取贷款266笔，共计318亿元，目前形成不良贷款62笔，高达75亿元。

从被警方认定贷款诈骗高达2.7亿元的××公司操作贷款的过程中，可以看到其一般套路：××指使手下××、××伪造向××银行贷款所需的相关增值税纳税申报表、利润表、银行交易流水、货物购销合同、增值税专用发票等虚假材料，并利用其子××等人注册的××公司等公司向银行骗取贷款。资料虚构该公司一年营业额高达10多亿元，员工数百人。询问笔录显示，作为空壳公司的法人和股东，××坦承自己从未找过一个客户和签过一份销售合同。

但他仍听从××指派，于××年6月前往××银行办理贷款。××称，××公司的贷款是用××省（外省）××县的土地进行抵押。在土地抵押环节，××县国土资源局抵押科工作人员××参与了共同作假。具体操作手法是：××等人到县国土局办理土地贷款抵押登记时，当着银行工作人员的面，按照正常流程将材料交给××，然后××便告知××和银行工作人员"回去等通知"。在××银行工作人员等待领取"土地他项权利证书"的空档期，××等人会将事先伪造好的"土地他项权利证书"交给××。拿到假的"土地他项权利证书"后，××便通知××和银行两方，并当着银行工作人员的面交给××，故意给××银行工作人员造成"'土地他项权利证书'是从××县国土局办理"的假象。××省××县国土资源局工作人员××，收受了××贿赂的奥迪Q5一辆、江诗丹顿手表一块、现金20余万元。另外帮助××伪造虚高地价材料的××房地产评估有限公司××分公司工作人员××和××，拿到××30万元好处费，虚增土地评估价值高达10倍。

伪造贷款资料需要大量虚假印章，这个任务主要由××次子××完成。在××位于××的家中，警方搜出了××县国土资源局、××县人民政府的假公章，还有 ×× 市国土资源信息中心业务专用章、×× 市国土资源局土地证专用章等。这些印章都是 ×× 找人私刻的假章。×× 家中还藏有 184 份空白土地他项权利证书、38 份空白国有土地使用证、10 份房屋他项权利证书——这些证书也都是假的。×× 证实，这些印章和资料均用于办理抵押贷款。

本来应该拥有完善调查、审查、风控流程的银行，为何让 ×× 家族及企业的造假屡屡过关？ ×× 银行客户经理供述："×× 公司在向 ×× 银行申请贷款前，×× 公司的领导会先找到 ×× 银行的主要领导进行沟通，然后银行领导就会交代业务部领导，业务部领导又转交我们负责办理。"在办理 ×× 公司贷款业务时，"贷款金额、利率、期限都是领导交代下来，说是 ××、×× 和银行主要领导亲自谈好了，我们只要按照谈好的内容去办理就行了。"

目前，×× 银行主要领导已受到纪律处分，并承担相应的法律责任。×× 家族及其企业多名贷款诈骗犯罪嫌疑人已被抓获，并受到法律制裁。

二、问题思考

1. 请从信贷风控防线角度，分析 ×× 家族及其企业通过假企业、假人数、假报表（材料）、假抵押、假评估、假印章等六假手段骗取 ×× 银行贷款 318 亿元带给我们哪些教训？

2. 信贷风控防线全面失守会给银行带来哪些严重后果？

3. 银行如何全面筑牢信贷风控防线？

三、老师讲评

1. 信贷风控防线全面失守案例教训非常惨痛。一是信贷合规文化损失。从领导到员工，从前台到后台，均违规经营，前中后台之间没有制约，岗位之间没有制衡，管理行对经营行没有监督，一切按领导授意去办，银行风控形同虚设。二是信贷经营文化迷失。这家银行的经营文化完全背道而驰。不是安全第一，而是所谓的个人业绩第一；不是稳健至上，而是个人疯狂捞钱至上；不是价值为本，而是个人利益为本；不是规范管理，而是混乱管理。三是信贷底线文化丢失。银行主要领导、金融高管、信贷前后台人员都有人收受客户贿赂。四是信贷尽职文化丧失。在××公司贷款诈骗案中，××银行客户经理调查报告竟然写着“对于××公司提交的贷款材料，进行了调查核实，没有发现材料中有虚假的材料”，仅仅是“增值税发票不齐全”。中后台也没有尽职审查审批、没有放款审核、没有核保核押、没有支付管理、没有账户监管等，风控防线全面失守。五是信贷行为文化缺失。没有制度，没有规矩，信贷业务乱作为，胡作为。

2. 信贷风控防线全面失守将会给银行带来灾难性后果。一是给银行信贷资产造成巨大风险。该案例中一个集团客户及关联企业的不良贷款就占某银行总资产的10%以上。二是给金融干部队伍造成巨大伤害。从某银行主要领导到客户经理，一些人因此案把位子（被抓、双开）、帽子（撤职）、票子（停职停薪）与面子（处分处罚）全丢了。三是给银行声誉造成巨大破坏。

3. 银行全面筑牢信贷风控防线的措施。一是强化员工不能违规的正能量。全面、经常、持续地开展信贷经营文化、信贷合规文化、信贷底线文化与信贷尽职文化教育。教育信贷从业人员对法律、对道德、对制度要有敬畏之心。二是设立员工不敢违规的高压线。加强学习辅导，设立思想高压线；健全规章制度，设立制度高压线；严格考核管理，设立机制高压线；强化违规处罚，设立纪律高压线。三是构建员工不能违规的防火墙。银行必须对信贷全流程风险管理建立三道防线：第一道防线是岗位制约，我的合规我负责，他人违规我有责，全行合规我尽责；第二道防线是网点与部门制约，即一岗双责，网点与部门必须同时承担业务发展与内控管理的双重职责；第三道防线，即专业监督制约，加强审计、内控、信贷管理等部门对信贷业务的专业、专职监督，监督不留死角，实现对信贷业务人员、风险管理流程、网点、产品、时间段监督的全覆盖。做到全行风险管理、全员风险管理、全面风险管理、全流程风险管理与全时段风险管理。

信贷全流程风险管理规范流程

信贷全流程风险管理规范流程

信贷管理是一个诸多环节环环相扣的全流程管理过程，任何一个贷款环节出现问题都会引发风险。在当前我国信用环境复杂的背景下，更需要进一步强化贷款业务的全流程管理。尽管信贷业务品种不同、对象各异，但都有其内在的、本质的、共同的管理流程。科学合理的信贷业务管理实质上是规避风险、获取效益，以确保信贷资金的安全性、流动性、营利性的过程。每一笔信贷业务都会面临许多风险，规范操作流程就是要通过既定的操作程序，通过每个环节的层层控制达到防范风险、实现效益的目的。

（一）商业银行传统信贷“三查”制度的弊端

在我国商业银行流行数十年的贷款“三查”制度（即贷前调查、贷中审查、贷后检查），已经不完全适应现代信贷全流程风险管理的要求了，必须进行扬弃。其主要弊端如下：

1. 缺乏尽职与问责要求

在传统商业银行管理框架下，与风险管理战略有关的公司治理机制尚未建立，大量存在个人决策代位集体决策的现象。同时，银行内部风险管理中，相关部门和领导者及信贷从业人员权责不清，导致制衡、监督缺位。特别是商业银行传统的贷款“三查”制度没有严格的尽职要求与问责制度，出现贷款风险，往往由所谓的“集体”承担责任，个人责任虚化、空化问题突出。

银行信贷从业人员特别是客户经理对客户“十个不了解”的问题突出：不了解客户所在行业的同业平均质量标准、技术标准和盈亏平衡点、平均利润率等指标；不了解客户提供财务报表的可信度到底如何；不了解客户重大事项的变动、大额资金的流向等经营事项；不了解企业本身及其产品的生命周期处于何种阶段，失去及时退出的最佳时期；不了解抵押品变现的难度和变现的成本，被充足的第二还款来源和完善的抵押担保所迷惑，忽视第一还款来源；不了解企业的资金实际使用量是多少；不了解企业真实的所有者权益；不了解企业的资金使用效率（企业资金的周转水平一定要达到行业平均水平）；不了解企业对信用风险敞口的真实承受力；不了解企业管理层的真正素质等。

2. 贷前调查不实

当前一些商业银行信贷资产质量不高，很大一部分问题出现在贷前调查上。

（1）贷前调查流于形式，没有按照贷款操作规程中规定的要求深入细致地进行实时实地调查。在金融业竞争日益激烈的情况下，部分商业银行为完成营销指标、拓展客户、抢占市场，往往在一些贷款业务上放松对客户的准入标准，贷前调查不实、不尽职、流于形式，没有把贷前尽职调查作为“了解你的客户”“了解你客户的业务”“了解你客户的风险”的关键评估判断环节，导致一些不符合贷款条件的个人与企业乘虚而入。

（2）有的客户经理仅仅根据借款申请人提供的资料作为贷前调查的依据，造成贷前调查失实。

（3）客户经理在贷前调查过程中没有对申请人进行必要的外部调查，没有摸清申请人的真实背景。

（4）有的客户经理凭经验和感觉办事，没有进行贷前调查便形成了调查报告。客户内部评级结果与实际情况脱节，“假按揭、假资本金、假报表、假印章、假评估、假抵押”等骗贷行为频频出现，严重危及商业银行的信贷资产安全。

（5）贷前调查中没有用影像图片等有效手段记录借款申请人的真实经营情况，不能给贷款审查审批人员提供大数据系统分析及其他客观、科学的审批依据。

3. 贷中审查不严且贷中控制缺失

（1）贷中控制缺失。我国银行业金融机构对中端风险控制的重视程度还不够，没有把合同管贷、贷中核保核押、贷放分控、支付管理及账户监管作为基本的信贷流程与风险控制手段。

（2）贷中审查审批不严。一些银行没有设立严格的贷款准入标准，特别是行业准入、客户准入、区域准入没有明确的政策标准，对一些不符合条件的客户审批了贷款，形成风险隐患。

（3）借款合同管理虚设，造成银行法律纠纷不断。借款合同管理上存在借款合同不合规与不完善的缺陷、借款合同签署前审查不严、签约过程违规操作、履行合同监管不力等问题。如对借款人未按合同约定用途使用贷款资金约束不力，往往未明确约定贷款人提前收回贷款或解除合同的条件。贷款人在合同的条款中没有具体体现风险控制的要求并约定实施，致使借款合同对借款人不存在真正的法律约束，也不能在法律上真正保护贷款人的权益。

（4）在放款与支付环节上把关不严。没有根据约定条件及受益人原则实行贷款资金的发放与支付，确保贷款按照约定的用途和进度使用，造成信贷资金被挪用，甚至违规进入股票市场、房地产市场。同时，由于部分借款人通过虚假交易甚至无交易划转，套取银行贷款，给信贷资产质量埋下巨大隐患。

4. 贷后管理不真

（1）重放轻管思想严重。一旦贷款发放完成后，贷款管理就基本结束了。由于客户经理自身营销任务太重、考核指标太多，对贷款使用、支付情况及其生产经营中的风险信息跟踪检查不够。走访客户、贷后检查也很难落到实处，大多流于形式。

（2）商业银行上下级机构之间在贷后管理上缺乏严格的制衡机制。在监督手段上，上级行仅仅限于对下级行进行检查指导，缺乏有效的预警手段、大数据监控系统和贷后监控考核体系。

（3）贷后管理工作内容上没有建立规范的管理流程。客户经理在贷后管理工作上随意性较大，不规范、不严谨、不严格、不认真。

（4）在贷后管理技术手段上没有建立科学的贷后管理系统。主要靠人工操作，没有充分发挥大数据对风险控制的技术指导作用。

（5）对集团客户贷款风险管理能力偏弱。集团客户往往涉及关联担保、虚假套贷、贷款挪用、盲目投资等多种贷款违规问题，且问题涉及众多市场主体，错综复杂，给银行贷款造成巨大风险损失。然而，我国一些银行并未从这些损失中吸取教训，对集团客户贷款的风险管理仍然处于较为薄弱的阶段。

（二）再造商业银行信贷流程，建立信贷全流程风险管理制度

商业银行应在对原有信贷“三查”制度扬弃的基础上，再造以贷前尽职调查、贷中尽职控制、贷后尽职管理三大环节为主体的新的信贷全流程风险管理。

1. 贷前尽职调查全流程风险管理

贷前尽职调查全流程风险管理环节包括客户贷款申请受理、尽职调查前准备、现场调查、非现场调查、分析论证、撰写调查报告等六个流程。

做实贷前，识别与预防风险，是这个环节流程再造的关键点。一是客户贷款申请受理要做实，重点是客户诚信申贷要到位。二是尽职调查前准备要做实，重点是客户经理团队要组建到位。把合适的贷款申请客户分配给合适的客户经理去调查。三是现场调查要做实，重点是账务核查、面谈制度与实地走访要做到位。四是非现场调查要做实，重点是大数据查询与风险判断要到位。五是分析论证要做实，重点是合法性、合规性、安全性、效益性与前景性认定要到位。六是撰写调查报告要做实，客户经理必须签署法律声明，对贷前调查报告的真实性负全面责任。

2. 贷中尽职控制全流程风险管理

贷中尽职控制全流程风险管理环节包括审查审批、合同管贷、贷中核保核押、贷放分控、支付管理、账户监管等六个流程。因此，除了保留传统的贷款审查环节，新增了合同管贷、贷中核保核押、贷放分控、支付管理、账户监管等流程。

做严贷中，识别与控制风险，是这个环节流程再造的关键点。一是审查审批要做严，对不符合贷款准入条件的贷款坚决不审批。二是合同管贷要做严，充分发挥借款合同对信贷资产安全的法律保障作用。三是贷中核保核押要做严，对担保抵押贷款不合法、不合规、不足值的坚决不贷款。四是贷放分控要做严，对不符合放款条件的贷款坚决不放款。五是支付管理要做严，对不符合借款合同约定支付方式的贷款资金坚决不支付。六是账户监管要做严，对不符合银行账户管理规定的贷款坚决不放款，已发放的贷款也要行使不安抗辩权，中止履行合同，提前收回贷款。

3. 贷后尽职管理全流程风险管理

贷后尽职管理全流程风险管理环节包括制订贷后管理方案、贷后非现场监测管理，贷后批量监管，贷后现场检查与评价，贷后核保核押，贷后交叉营销，信贷风险预警和处理，贷款展期管理、还款管理与贷款到／逾期收回，信贷资产风险分类，潜在风险客户退出，提交贷后管理报告，信贷档案管理十二个流程。

做真贷后，识别与处置风险，是这个环节流程再造的关键点。

（1）认真制订贷后管理方案。特别是方案要有针对性、操作性与预见性。公司客户要一户一案。个人客户与小微企业要制订整体贷后管理方案。

（2）认真做好贷后管理十二个规定动作。银行要明确规定这十二个动作的标准、频率、责任、时间节点与考核。

（3）认真检查发现风险。包括检查的内容、频率、报告与问题整改等工作要切实做到位。

（4）认真预警报告风险。时间就是安全，隐患就是损失。银行必须建立严格的信贷风险预警报告事项、流程、系统管理与责任追究制度。

（5）认真处置化解风险，特别是做好不良贷款清收。不良贷款的形成因素是多方面的，既有主观的，也有客观的；既有内部的，也有外部的。对不良贷款的防控与清收一直是商业银行的重大难题。解决不良贷款问题要多法并举，包括营销手段清收、行政手段清收、法律手段清收、创新手段清收。不良贷款清收要遵循实事求是、客观公正的原则，全面分析借款人各种影响因素，从中找出有利因素和不利因素，有的放矢地采取适当方法加以解决。

（6）认真总结贷后管理的经验教训。银行要每年总结贷后管理方面的正反案例，编成信贷风险案例集，组织全行信贷从业人员开展大讨论，在讨论中深思，在讨论中警醒，在讨论中升华。

信贷全流程风险管理关键要素

从信贷业务实践看，要全面实施信贷全流程管理，在做好上述三大环节工作的同时，还必须掌控好贷款申请、受理与调查、风险评价、贷款审批、合同签订、贷款发放、贷款支付、贷后管理、回收与处置这九个关键要素。这九个关键要素与上述的三大环节紧密联系、相辅相成，共同构成信贷全流程管理的完整链条。

（一）贷款申请

贷款申请是银行贷款全流程风险管理中的首要环节，是拓展客户、拓展市场、提高客户满意度和忠诚度的重要途径。同时，有助于发现新的业务机会，挖掘潜在客户需求，培育新的利润增长点。借款人需要使用贷款资金时，应按照贷款人要求的方式和内容提出贷款申请，并恪守诚实守信原则，承诺所提供材料的真实、完整、有效。贷款申请的基本内容通常包括：借款人名称、企业性质、经营范围，申请贷款的种类、期限、金额、方式、用途，用款计划，还本付息计划等，并根据贷款人要求提供其他相关资料。

（二）受理与调查

贷款申请是否受理，主要基于银行收益是否有效覆盖风险来对客户进行初步判断的考虑，并作为风险控制的第一道关口。贷款人应落实具体的责任部门和岗位，履行尽职调查并形成书面报告。尽职调查主要是为后续的风险评价提供翔实、可靠的资料。银行在接到借款人的借款申请后，应由分管客户经理采用有效方式，从三个方面入手收集借款人的信息。

1. 借款人及其关系人的情况

借款人及其关系人的情况是指公司治理、领导人素质、行业地位、专业能力、企业资质、信用状况、财务状况、经营情况等。通过调查分析，评定资信等级，评估项目效益和还本付息能力。

2. 项目本身情况

项目本身情况是指项目的规模、技术水平、市场竞争力、政策合规性、环境影响、产品市场容量、潜在市场竞争等。

3. 贷款担保情况

贷款担保情况包括但不限于对担保的合法性、抵（质）押物价值及可变现能力等，并就具体信贷条件进行初步洽谈。客户经理根据调查内容撰写书面报告，提出调查结论和信贷意见。

（三）风险评价

贷款人应落实到具体的责任部门和岗位，对固定资产贷款、流动资金贷款和个人贷款进行全面的风险评价，并形成风险评价报告。贷款风险评价应全面分析借款人的信用状况和还款能力，关注其收入与支出情况、偿债情况等，用于生产经营的还应对借款人经营情况和风险情况进行分析，采取定量和定性分析方法，全面、动态、审慎地进行贷款风险评价。对于提供担保的贷款，贷款人应当以全面评价借款人的偿债能力为前提，不得直接通过担保方式确定贷款金额和期限等要素。

银行应创造条件实现贷款风险评估岗位与尽职调查岗位完全分离。要从提高风险识别能力的角度，建立一支从事贷款风险评价的专业化队伍，并明确尽职调查和风险评价人员的职责分工，做出合理的制度安排，体现制衡原则。银行客户经理将调查结论和初步贷款意见提交银行审批部门，由审批部门对贷前调查报告及贷款资料进行全面的风险评价，设置定量或定性的指标和标准，对借款人情况、还款来源、担保情况等进行审查，全面评价风险因素。风险评价隶属于贷款决策过程，是贷款全流程管理中的关键环节之一。

按照风险评价的全面性、相关性原则，根据信贷业务的本质要求，凡影响到贷款按时收回的相关因素均应纳入评价范围。当然，贷款评价角度对不同项目应各有侧重，对于某些不依赖项目本身现金流还款的项目，甚至项目本身不产生任何现金流的项目，风险评价的重点应集中在还款来源的可靠性上，如对依赖财政拨款的城市轨道交通、城市供水暖电气等项目，应重点评估当地财政的偿债能力。

（四）贷款审批

银行要按照“审贷分离、分级审批”的原则对信贷资金的投向、金额、期限、利率等贷款内容和条件进行最终决策。银行要实行“审贷分离”，即贷款审批部门必须独立于贷款经营部门，达到“另一只眼看风险”的效果。“分级审批”不是要求对同一笔业务设置多个审批层级，而是要求贷款人建立贷款审批授权制度，明确不同层级的审批权限。贷款审批应依据国家有关信贷政策，从银行利益出发审查贷款业务的技术、经济和商业可行性，分析申报材料的主要风险点及其风险规避和防范措施，依据该笔信贷业务预计给银行带来的效益和风险决定是否批准贷款。由此，贷款审批流程在决策上更强调风险点的控制与防范。

（五）合同签订

贷款人应与借款人及其他相关当事人签订书面借款合同等相关协议，需担保的应同时签订担保合同或条款。合同中应详细规定各方当事人的权利、义务及违约责任，避免对重要事项未约定、约定不明或约定无效。贷款人应在合同中与借款人约定具体的贷款金额、期限、利率、用途、支付、还贷保障及风险处置等要素和有关细节。贷款人应在固定资产贷款合同中与借款人约定提款条件以及贷款资金支付接受贷款人管理和控制等与贷款使用相关的条款，提款条件应包括与贷款同比例的资本金已足额到位、项目实际进度与已投资额相匹配等要求。约定对借款人相关账户实施监控，必要时可约定专门的贷款发放账户和还款账户。个人借款合同应符合《中华人民共和国民法典》等法律规定，明确约定各方当事人的诚信承诺和贷款资金的用途、支付对象（范围）、支付金额、支付条件、支付方式等。贷款人应在合同中与借款人约定，借款人不履行合同或怠于履行合同时应承担的违约责任。个人借款合同采用格式条款的，应当维护借款人的合法权益，并予以公示。

合同是记载当事人权利义务的重要法律凭证。对银行来说，借款合同约定是维护贷款人和借款人合法权益的具体体现，强化合同管理有利于规范银行和客户双方的行为，降低银行经营风险，其重要性不言而喻。贷款人应与借款人及其他相关当事人签订书面借款合同、担保合同等相关合同。合同中应详细规定各方当事人的权利、义务及违约责任，避免对重要事项未约定、约定不明或约定无效。合同签订强调协议承诺原则——要求借贷双方将贷款合同放在信贷风险管理中至关重要的位置，是立法的重要依据。协议承诺基于市场经济最根本的契约原则，要求银行将贷款风险管理的各项要求和理念落实到合同中。从法律角度来说，贷款人与借款人地位等同，贷款人唯有通过合同约定来约束借款人，才具有法律效力。正是从这个角度上说，只有协议承诺才是贷款人追究借款人违约责任的依据，因而协议承诺在信贷管理中的作用显得非常重要。协议承诺的重点是承诺申贷材料信息的完整、真实有效；承诺借款人及其借款事项符合法律法规的要求；承诺贷款的真实用途；承诺贷款资金的支付方式；承诺配合贷款人对贷款的相关检查；承诺进行合并、分立、股权转让、对外投资、实质性增加债务融资等重大事项前征得贷款人同意，以及承诺借贷双方的权利义务；承诺发生影响其偿债能力的重大不利事项及时通知贷款人。

（六）贷款发放

银行必须贷放分控、实贷实付。从国际经验来看，银行都有独立的放款部门，这些部门完全独立于贷款调查、审批部门，对贷款使用和发放的合规性及与借款合同是否相符独立负责，且通常与贷款调查和审批部门的分管行领导分开。这种做法的主要目的就是确保贷款的批准和实际发放、支用环节分别得到有效控制和科学制衡。

按照“三个办法”对发放和支付管理的要求，在贷款发放和支付的过程中有很大的审核工作量，同时考虑到放款环节应作为一道重要的风险管理屏障，因此专门规定了“贷款人应设立独立的责任部门或岗位”负责审核工作，此处所说的“独立”是指不能将贷款发放和支付审核与信贷经营、信贷审批混岗。作为贷款流程中的一个重要环节，贷款人应建立健全贷款发放和支付审核岗的岗位职责，明确审核工作的尽职要求，充分发挥其对借款人按约定用途使用贷款的约束作用，防止因贷款挪用带来的信贷风险。贷款人应设置两类条件：一是贷款发放条件，二是贷款支付条件。无论是贷款人受托支付还是借款人自主支付，在贷款人同意发放贷款之前，必须对发放条件进行审核。

（七）贷款支付

信贷全流程风险管理突出强调了贷款支付环节。对支付的规定至少包括支付资金用途、支付方式、支付工具、支付方式变更，贷款资金支付限制禁止行为，借款人及时提供贷款资金使用记录和资料备查等约定。“三个办法”第一次将贷款支付环节的管理提升到与贷款利率、金额、还款来源保障等合同要素同等重要的法律地位，极大地完善了借款合同的运用，保证了贷款流程科学、合理、有序运行。过去在实贷实存时期，银行通常是将一个项目的贷款一次或若干次发放至借款人账户，然后由借款人自主使用，贷款人只能事后检查贷款的使用情况，实效性和有效性明显不足。因此“三个办法”在发放和支付环节进行重大调整，以监控贷款按用途使用为主要目的，设计新的支付管理方式，即贷款人应通过贷款人受托支付或借款人自主支付的方式对贷款资金的支付进行管理与控制。贷款人应设立独立的责任部门或岗位，负责贷款支付审核和支付操作。采用贷款人受托支付的，贷款人应根据约定的贷款用途，审核借款人提供的支付申请所列支付对象、支付金额等信息是否与相应的商务合同等证明材料相符。审核同意后，贷款人应将贷款资金通过借款人账户支付给借款人交易对象。贷款人在必要时可以要求借款人、独立中介机构和承包商等共同检查固定资产建设进度，并根据出具的、符合合同约定条件的共同签证单，进行贷款支付。采用借款人自主支付的，贷款人应按借款合同约定要求借款人定期汇总报告贷款资金支付情况，并通过账户分析、凭证查验或现场调查等方式核查贷款支付是否符合约定用途，以及是否存在以化整为零方式规避受托支付的情形。

（八）贷后管理

贷后管理是关系到银行生存与发展的战略性问题。它既是风险管理的问题，又是业务经营的问题，是银行贷款管理中最薄弱的环节，已经构成贷后管理的“短板”。贷后管理是控制风险、防止不良贷款发生的重要一环。通过加强贷后管理，一方面有助于准确地甄别客户的风险度，提升资产质量，是防范信贷风险的重要屏障；另一方面有助于及时根据行业和客户的不利变化采取应对措施。贷后管理要求针对借款人所属行业及经营特点，通过定期与不定期的现场检查与非现场监测，分析借款人经营、财务、信用、支付、担保及融资数量和渠道变化等状况，监测贷款资金的用途及流向，适时掌握各种影响借款人偿债能力的风险因素及有可能导致贷款资金出现违约的因素。贷后管理要覆盖贷款审批之后的整个流程，包括贷款重组、贷款转让和贷款回收。银行为实施有效的贷后管理，需要建立贷款质量监控制度、贷款风险预警体系及贷后动态监测和重估制度；借款人现金流出现异常的，要控制借款人的资金支付；贷款人要参与借款人的贷款重组，维护贷款人的债权。

（九）回收与处置

贷款回收与处置直接关系到银行预期收益的实现和信贷资金的安全，贷款到期后按合同约定足额归还本息，是借款人履行借款合同、维护信用关系当事人各方权益的基本要求。银行应提前提示借款人到期还本付息；对于确因借款人暂时经营困难不能按期还款的，贷款人可与借款人协商贷款重组；对于不良贷款，贷款人要按照有关规定和方式，予以保全处置。

信贷产品管理专项流程

贷款全流程风险管理从贷款申请、贷款调查、借款合同管理、贷款发放支付管理、贷款用途管理、贷后管理和贷款人法律责任等方面提出要求，但针对贷款品种、贷款领域的不同，必须对其信贷管理流程提出专项要求。

（一）固定资产贷款流程的专项要求

固定资产贷款金额较大、项目因素相对复杂、期限较长、对外部经济环境的变化更加敏感，在这种情况下，贷款人对于固定资产贷款项目做出准确的信贷风险评估存在较高难度。

《固定资产贷款管理办法》紧紧围绕固定资产贷款项目的风险特征，对借款人内部信贷管理各相关环节应如何全面分析、准确评估项目风险明确了监管规定。

一是明确固定资产贷款受理条件。借款人应符合以下条件：依法经市场监督管理机关或主管机关核准登记；信用状况良好，无重大不良记录；为新设项目法人的，其控股股东应有良好的信用状况，无重大不良记录；国家对拟投资项目有投资主体资格和经营资质要求的，符合其要求；借款用途及还款来源明确、合法；项目符合国家的产业、土地、环保等相关政策，并按规定履行了固定资产投资项目的合法管理程序；符合国家有关投资项目资本金制度的规定；贷款人要求的其他条件等。

二是规范固定资产贷款尽职调查流程。贷款人应落实具体的责任部门和岗位，履行尽职调查并形成书面报告。尽职调查人员应当确保尽职调查报告内容的真实性、完整性和有效性。尽职调查的主要内容包括：借款人及项目发起人等相关关系人的情况，包括但不限于：股权关系、组织架构、公司治理、内部控制、生产经营、核心主业、资产结构、财务资金状况、融资情况及资信水平等；贷款项目的情况，包括但不限于：项目建设内容和可行性，按照有关规定需取得的审批、核准或备案等手续情况，项目资本金等建设资金的来源和可靠性，项目承建方资质水平，环境风险情况等；借款人的还款来源情况、重大经营计划、投融资计划及未来预期现金流状况；涉及担保的，包括但不限于担保人的担保能力、抵（质）押物（权）的价值等；需要调查的其他内容。

三是规范固定资产贷款风险评价与审批流程。贷款人应落实具体的责任部门和岗位，对固定资产贷款进行全面的风险评价，并形成风险评价报告。贷款人应建立完善的固定资产贷款风险评价制度，设置定量或定性的指标和标准，从借款人、项目发起人、项目合规性、项目技术和财务可行性、项目产品市场、项目融资方案、还款来源可靠性、担保、保险等角度进行贷款风险评价。贷款人经评价认为固定资产贷款风险可控，可办理信用贷款的，应当在风险评价报告中进行充分论证。贷款人应按照审贷分离、分级审批的原则，规范固定资产贷款审批流程，明确贷款审批权限，确保审批人员按照授权独立审批贷款。贷款人为股东等关联方办理固定资产贷款的，应严格执行关联交易管理的相关监管规定，发放贷款条件不得优于一般借款人，并在风险评价报告中进行说明。

四是规范固定资产贷款贷后尽职管理流程。贷款人应加强对借款人资金挪用行为的监控，发现借款人挪用贷款资金的，应按照合同约定采取要求借款人整改、提前归还贷款或下调贷款风险分类等相应措施进行管控。贷款人应定期对借款人和项目发起人的履约情况及信用状况、股权结构重大变动情况、项目的建设和运营情况、宏观经济变化和市场波动情况、贷款担保的变动情况等内容进行检查与分析，建立贷款质量监控制度和贷款风险预警体系。出现可能影响贷款安全的不利情形时，贷款人应对贷款风险进行重新评估并采取针对性措施。项目实际投资超过原定投资金额，贷款人经重新风险评价和审批决定追加贷款的，应要求项目发起人配套追加不低于项目资本金比例的投资和相应担保。贷款人应对抵（质）押物的价值和担保人的担保能力建立贷后动态监测和重估制度。贷款人应加强对项目资金滞留账户情况的监控，确保贷款发放与项目的实际进度和资金需求相匹配。贷款人应对固定资产投资项目的收入现金流以及借款人的整体现金流进行动态监测，对异常情况及时查明原因并采取相应措施。合同约定专门还款准备金账户的，贷款人应按约定根据需要对固定资产投资项目或借款人的收入现金流进入该账户的比例和账户内的资金平均存量提出要求。借款人出现违反合同约定情形的，贷款人应及时采取有效措施，必要时应依法追究借款人的违约责任。借款人申请贷款展期的，贷款人应审慎评估展期原因和后续还款安排的可行性。同意展期的，应根据借款人还款来源等情况，合理确定展期期限，并加强对贷款的后续管理，按照实质风险状况进行风险分类。期限一年以内的贷款展期期限累计不得超过原贷款期限；期限超过一年的贷款展期期限累计不得超过原贷款期限的一半。贷款人应按照借款合同约定，收回贷款本息。对于未按照借款合同约定偿还的贷款，贷款人应采取清收、协议重组、债权转让或核销等措施进行处置。

（二）流动资金贷款流程的专项要求

由于流动资金贷款支付频繁，周转速度快，银行进行支付管理的成本较高，但影响企业流动资金占用的因素相对较为明确，流动资金需求可进行合理测算，同时，在实践中流动资金贷款挪用也多是源于贷款人发放的贷款金额超出借款人实际需求。所以，《流动资金贷款管理办法》规定贷款人应按照借款人实际生产经营情况，合理测算借款人的流动资金需求，进而审慎确定流动资金贷款的额度和期限。通过流动资金贷款合理测算、适量贷款，做到既有效满足借款人正常经营对流动资金贷款的需求，同时又有效防止因超过实际需求发放贷款而导致的贷款资金被挪用。

《流动资金贷款管理办法》主要从以下方面对流动资金贷款的专项流程提出要求：

一是明确贷款受理条件。借款人应符合以下条件：依法经市场监督管理机关或主管机关核准登记；借款用途及还款来源明确、合法；生产经营合法、合规；具有持续经营能力，有合法的还款来源；信用状况良好，无重大不良信用记录；贷款人要求的其他条件。

二是规范流动资金贷款尽职调查流程。贷款人应采取现场与非现场相结合的形式进行尽职调查，形成书面报告，并对其内容的真实性、完整性和有效性负责。尽职调查包括但不限于以下内容：借款人的组织架构、公司治理、内部控制及法定代表人和经营管理团队的资信等情况；借款人的经营范围、核心主业、生产经营、贷款期内经营规划和重大投资计划等情况；借款人所在行业状况；借款人的应收账款、应付账款、存货等真实财务状况；借款人营运资金总需求和现有融资性负债情况；借款人关联方及关联交易等情况；贷款具体用途及与贷款用途相关的交易对象资金占用等情况；还款来源情况，包括生产经营产生的现金流、综合收益及其他合法收入等；对有担保的流动资金贷款，还需调查抵（质）押物的权属、价值和变现难易程度，或保证人的保证资格和能力等情况。

三是规范流动资金贷款风险评价与审批流程。贷款人应建立完善的风险评价机制，落实具体的责任部门和岗位，全面审查流动资金贷款的风险因素。贷款人应建立和完善内部评级制度，采用科学合理的评级和授信方法，评定客户信用等级，建立客户资信记录。贷款人应根据借款人经营规模、业务特征及应收账款、存货、应付账款、资金循环周期等要素测算其营运资金需求，综合考虑借款人现金流、负债、还款能力、担保等因素，合理确定贷款结构，包括金额、期限、利率、担保和还款方式等。贷款人应根据实际需要，制定针对不同类型借款人的有效测算方法，并适时对方法进行评估及调整。借款人为小微企业的，贷款人可通过其他方式分析、判断借款人营运资金需求。贷款人应根据贷审分离、分级审批的原则，建立规范的流动资金贷款评审制度和流程，确保风险评价和信贷审批的独立性，贷款人应建立健全内部审批授权与转授权机制。审批人员应在授权范围内按规定流程审批贷款，不得越权审批。贷款人为股东等关联方办理流动资金贷款的，应严格执行关联交易管理的相关监管规定，发放贷款条件不得优于一般借款人，并在风险评价报告中进行说明。

四是规范流动资金贷款贷后尽职管理流程。贷款人应加强对借款人资金挪用行为的监控，发现借款人挪用贷款资金的，应按照合同约定采取要求借款人整改、提前归还贷款或下调贷款风险类型等相应措施进行管控。贷款人应加强贷款资金发放后的管理，针对借款人所属行业及经营特点，通过定期与不定期现场检查与非现场监测，分析借款人经营、财务、信用、支付、担保及融资数量和渠道变化等状况，掌握各种影响借款人偿债能力的风险因素；对于简化或不再进行现场实地调查的业务，应当按照适当比例实施贷后实地检查。贷款人应通过借款合同的约定，要求借款人指定专门资金回笼账户并及时提供该账户资金进出情况；贷款人可根据借款人信用状况、融资情况等，与借款人协商签订账户管理协议，明确约定对指定账户回笼资金进出的管理；贷款人应关注大额及异常资金流入流出情况，加强对资金回笼账户的监控。贷款人应动态关注借款人经营、管理、财务及资金流向等重大预警信号，根据合同约定及时采取提前收贷、追加担保等有效措施防范、化解贷款风险。

贷款人应评估贷款品种、额度、期限与借款人经营状况、还款能力的匹配程度，作为与借款人后续合作的依据，必要时及时调整与借款人合作的策略和内容。贷款人应根据法律法规规定和借款合同的约定，参与借款人大额融资、资产出售以及兼并、分立、股份制改造、破产清算等活动，维护贷款人债权。借款人申请贷款展期的，贷款人应审慎评估展期原因和后续还款安排的可行性。同意展期的，应根据借款人还款来源等情况，合理确定展期期限，并加强对贷款的后续管理，按照实质风险状况进行风险分类。期限一年以内的贷款展期期限累计不得超过原贷款期限；期限超过一年的贷款展期期限累计不得超过原贷款期限的一半。贷款人应按照借款合同约定，收回贷款本息；对于未按照借款合同约定偿还的贷款，贷款人应采取清收、协议重组、债权转让或核销等措施进行处置。

（三）个人贷款流程的专项要求

从国际上个人贷款业务惯例和我国银行长期业务实践来看，面谈制度可以有效鉴别个人客户身份，了解借款的真实用途，调查借款人的信用状况和还款能力，从而有效防范个人贷款风险。同时，通过核实个人贷款的真实性，防止不法分子冒名套取银行贷款，或借款人的信贷资金被他人冒领挪用，切实保护借款人的合法权益。因此，《个人贷款管理办法》进一步强化贷款调查，提出了贷款调查的具体要求和方式方法，梳理了贷款调查的有关内容和流程，重点强调必须建立并严格执行贷款面谈与面签制度，确保贷款的真实性，把握借款人交易真实、贷款用途真实、还款意愿和还款能力真实，严防虚假贷款业务的发生，从源头上保证个人贷款的质量。

一是明确个人贷款受理条件。借款人为具有完全民事行为能力的中华人民共和国公民或符合国家有关规定的境外自然人；借款用途及还款来源明确合法；贷款申请数额、期限和币种合理；借款人具备还款意愿和还款能力；借款人信用状况良好，无重大不良信用记录；贷款人要求的其他条件。

二是规范个人贷款尽职调查流程。贷款人受理借款人贷款申请后，应履行尽职调查职责，对个人贷款申请内容和相关情况的真实性、准确性、完整性进行调查核实，形成调查评价意见。贷款调查包括但不限于以下内容：借款人基本情况；借款人收入情况；借款用途，用于生产经营的还应调查借款人经营实体情况；借款人还款来源、还款能力及还款方式；保证人担保意愿、担保能力或抵（质）押物价值及变现能力。贷款调查应以现场实地调查与非现场间接调查相结合的形式开展，采取现场核实、电话查问、信息咨询以及其他数字化电子调查等途径和方法。对于金额不超过20万元人民币的贷款，贷款人通过非现场间接调查手段可有效核实相关信息真实性，并可据此对借款人做出风险评价的，可简化或不再进行现场实地调查（不含用于个人住房用途的贷款）。贷款人应建立健全贷款调查机制，明确对各类事项调查的途径和方式方法，确保贷款调查的真实性和有效性。贷款人将贷款调查中的部分特定事项委托第三方代为办理的，不得损害借款人合法权益，并确保相关风险可控。贷款人应明确第三方的资质条件，建立名单制管理制度，并定期对名单进行审查更新。贷款人不得将贷款调查中涉及借款人真实意思表示、收入水平、债务情况、自有资金来源及外部评估机构准入等风险控制的核心事项委托第三方完成。贷款人应建立并执行贷款面谈制度。贷款人可根据业务需要通过视频形式与借款人面谈（不含用于个人住房用途的贷款）。视频面谈应当在贷款人自有平台上进行，记录并保存影像。贷款人应当采取有效措施确定并核实借款人真实身份及所涉及信息真实性。

三是规范个人贷款风险评价与审批流程。贷款审查应对贷款调查内容的合法性、合理性、准确性进行全面审查，重点关注调查人的尽职情况和借款人的偿还能力、信用状况、担保情况、抵（质）押比率、风险程度等。贷款人应建立和完善风险评价机制，落实风险评价的责任部门和岗位。贷款风险评价应全面分析借款人的信用状况和还款能力，关注其收入与支出情况、偿债情况等，用于生产经营的还应对借款人经营实体经营情况和风险情况进行分析，采取定量和定性分析方法，全面、动态、审慎地进行贷款审查和风险评估。对于提供担保的贷款，贷款人应当以全面评价借款人的偿债能力为前提，不得直接通过担保方式确定贷款金额和期限等要素。贷款人应建立和完善借款人信用风险评价体系，关注借款人各类融资情况，建立健全个人客户统一授信管理体系，并根据业务发展情况和风险控制需要，适时予以调整。贷款人应根据审慎性原则，完善授权管理制度，规范审批操作流程，明确贷款审批权限，实行审贷分离和授权审批，确保贷款审批人员按照授权独立审批贷款。贷款人通过线上方式进行自动化审批的，应当建立人工复审机制，作为对自动化审批的补充，并设定人工复审的触发条件。对贷后管理中发现自动化审批不能有效识别风险的，贷款人应当停止自动化审批流程。贷款人通过全线上方式开展的业务，应当符合互联网贷款相关规定。对未获批准的个人贷款申请，贷款人应告知借款人。贷款人应根据重大经济形势变化、违约率明显上升等异常情况，对贷款审批环节进行评价分析，及时、有针对性地调整审批政策，加强相关贷款的管理。贷款人为股东等关联方办理个人贷款的，应严格执行关联交易管理的相关监管规定，发放贷款条件不得优于一般借款人，并在风险评价报告中进行说明。

四是规范个人贷款贷后尽职管理流程。个人贷款支付后，贷款人应采取有效方式对贷款资金使用、借款人的信用及担保情况变化等进行跟踪检查和监控分析，确保贷款资产安全。贷款人应加强对借款人资金挪用行为的监控，发现借款人挪用贷款资金的，应按照合同约定采取要求借款人整改或提前归还贷款等相应措施进行管控。贷款人应区分个人贷款的品种、对象、金额等，确定贷款检查的相应方式、内容和频度。对于简化或不再进行现场实地调查的业务，应当按照适当比例实施贷后实地检查。贷款人内部审计等部门应对贷款检查职能部门的工作质量进行抽查和评价。贷款人应定期跟踪分析、评估借款人履行借款合同约定内容的情况，并作为与借款人后续合作的信用评价基础。贷款人应当按照法律法规规定和借款合同的约定，对借款人未按合同承诺提供真实、完整信息和未按合同约定用途使用、支付贷款等行为追究违约责任。借款人申请贷款展期的，贷款人应审慎评估展期原因和后续还款安排的可行性。同意展期的，应根据还款来源等情况，合理确定展期期限，并加强对贷款的后续管理，按照实质风险状况进行风险分类。期限一年以内的贷款展期期限累计不得超过原贷款期限；期限超过一年的贷款展期期限累计不得超过原贷款期限的一半。贷款人应按照借款合同约定，收回贷款本息。对于未按照借款合同约定偿还的贷款，贷款人应采取清收、协议重组、债权转让或核销等措施进行处置。

（四）项目融资业务流程的专项要求

项目融资具有不同于一般固定资产投资项目的风险特征，如贷款偿还主要依赖项目未来的现金流或者项目自身资产价值；通常投资金额巨大、融资杠杆比例较高、建设或运营成本高、参与者众多，从而面临的贷款风险也更大，往往需要多家银行参与，并通过复杂的融资和担保结构来分散和降低风险。因此，《固定资产贷款管理办法》列专章对项目融资业务管理进行了规定。

一是规范项目融资范围。根据《固定资产贷款管理办法》，贷款用途通常是用于建造一个或一组大型生产装置、基础设施、房地产项目或其他项目，包括对在建或已建项目的再融资；借款人通常是为建设、经营该项目或为该项目融资而专门组建的企事业法人，包括主要从事该项目建设、经营或融资的既有企事业法人；还款资金来源主要依赖该项目产生的销售收入、补贴收入或其他收入，一般不具备其他还款来源。

二是规范项目融资办理银行的条件。贷款人从事项目融资业务，应当具备对所从事项目的风险识别和管理能力，配备业务开展所需要的专业人员，建立完善的操作流程和风险管理机制。贷款人可以根据需要，委托或者要求借款人委托具备相关资质的独立中介机构为项目提供法律、税务、保险、技术、环保和监理等方面的专业意见或服务。多家银行业金融机构参与同一项目融资的，原则上应当采用银团贷款方式，避免重复融资、过度融资。采用银团贷款方式的，贷款人应遵守银团贷款相关监管规定。

三是规范项目融资风险评价和管理。贷款人从事项目融资业务，应当充分识别和评估融资项目中存在的建设期风险和经营期风险，包括政策风险、筹资风险、完工风险、产品市场风险、超支风险、原材料风险、营运风险、汇率风险、环境风险、社会风险和其他相关风险。贷款人应当采取措施有效降低和分散融资项目在建设期和经营期的各类风险。贷款人应当以要求借款人或者通过借款人要求项目相关方签订总承包合同、提供履约保函等方式，最大限度降低建设期风险。贷款人可以要求借款人签订长期供销合同、使用金融衍生工具或者发起人提供资金缺口担保等方式，有效分散经营期风险。贷款人可以通过为项目提供财务顾问服务，为项目设计综合金融服务方案，组合运用各种融资工具，拓宽项目资金来源渠道，有效分散风险。

四是规范项目融资的额度、利率和担保要求。贷款人应当按照国家关于固定资产投资项目资本金制度的有关规定，综合考虑项目风险水平和自身风险承受能力等因素，合理确定贷款金额。贷款人应当根据风险收益匹配原则，综合考虑项目风险、风险缓释措施等因素，与借款人协商确定合理的贷款利率。贷款人可以根据项目融资在不同阶段的风险特征和水平，采用不同的贷款利率。贷款人原则上应当要求将符合抵质押条件的项目资产和/或项目预期收益等权利为贷款设定担保，并可以根据需要，以项目发起人持有的项目公司股权为贷款设定质押担保。贷款人可根据实际情况与借款人约定为项目投保商业保险。贷款人认为可办理项目融资信用贷款的，应当在风险评价时进行审慎论证，确保风险可控，并在风险评价报告中进行充分说明。

五是规范项目融资还款账户管理。贷款人应当与借款人约定专门的项目收入账户，要求所有项目收入进入约定账户，并按照事先约定的条件和方式对外支付。贷款人应当对项目收入账户进行动态监测，当账户资金流动出现异常时，应当及时查明原因并采取相应措施。

[巴老师讲案例之二]

银行贷款“三查”制度弊端案例

一、案例简介

借款人赵某于2022年3月25日从某银行申请个人生产经营贷款75万元，期限1年，贷款用途为购买原材料。并由张某提供连带责任担保。某银行将贷款资金转到赵某的银行卡中，后来赵某用于购买股票并全部亏损了。贷款逾期3个月仍不归还。银行风险管理人员到借款人提供的营业执照上的经营场所所在地，对借款人经营情况进行检查，发现该地址并没有借款人所说的门面商铺。后经核实，借款人实际经营场所与营业执照不一致。在客户经理贷前调查时，借款人就已将经营的门面商铺转让。贷前调查当天，借款人带领银行客户经理到该已转让场所，冒充是自己的门面商铺，进行相关调查。

二、问题思考

1. 这笔个人生产经营贷款在“三查”制度执行中存在哪些弊端？

2. 如果贷款资金被客户挪用、改变用途将会产生哪些后果？

3. 银行在信贷全流程风险管理上应采取哪些有效措施？

三、老师讲评

1. 银行贷款“三查”制度执行中存在的弊端。(1) 贷前尽职调查不实。贷前调查流于形式，对客户的门面商铺已转让情况没有做交叉检验，轻信借款人一面之词。(2) 贷中审查审批不严，且贷中尽职控制严重缺位，没有核保核押，没有支付管理，对客户资金使用情况没有进行账户监管及跟踪检查。(3) 贷后尽职管理不真。没有按频率进行催收；没有及时发现借款人挪用贷款炒股问题；没有进行贷后核保核押，并采取风险处置措施。

2. 贷款资金被客户挪用、改变用途的法律责任和后果。贷款用途不符合法律、行政法规强制性规定的，可能导致合同无效。合同被确认无效后，债权人、债务人有过错的，根据其过错各自承担相应的民事责任。同时，如果主合同无效，从合同将会减责甚至免责。

3. 银行在信贷全流程风险管理上应采取的措施。(1) 必须再造流程，全面实行信贷全流程风险管理。(2) 客户经理贷前调查必须尽职尽责。必须以实地调查为主、间接调查为辅，必须多维调查、交叉验证，采取现场核实、电话查问及信息咨询等多种交叉验证的途径和方法。(3) 建立健全严格的贷中尽职控制制度。除了审查审批外，必须建立、完善合同管贷、核保核押、贷放分控、支付管理与账户监管等新的流程。(4) 严格加强贷款用途管理。银行应当要求借款人提供贷款用途证明材料和用途说明，确保有明确的贷款用途，且贷款用途与合同约定一致。银行不得贷款给企业和个人买卖股票。若发现挪用贷款买卖股票行为，银行要采取及时、必要的措施立即收回贷款。对于违规的个人客户，其违规记录将被载入个人征信管理系统。(5) 做真贷后管理。(6) 严格不良贷款责任追究制度。

信贷全流程风险管理技巧30招

第 1 招：信贷管理最大的风险是不贷款

经营信贷风险，是一个银行命运的选择。

银行是经营货币的企业，也是经营风险的企业。银行以信贷为生，并且把借来的钱（存款等负债）再借给别人使用。贷款资金一出手，命运就在一定程度上掌握在别人（借款使用者）手里，这个特点反映了信贷经营的风险性。

所谓风险，是关于未来结果的不确定性，它伴随着每笔贷款的全过程。信贷风险并不等于损失。人们往往把风险理解甚至定义为损失的可能性，这种理解关注的只是损失的一侧，即所谓“下侧风险”。与此不同，现代风险观认为，风险具有“双侧性”，既有损失的可能，也有赢利的可能，也意味着投资机会，也是一种资源，因而在关注“下侧风险”的同时也关注“上侧风险”。这就是风险的“双侧理论”。商业银行已经存在了二三百年，银行因为承担风险而生存繁荣，贷款收息始终是其重要或主要的利润来源。如果银行不贷款，那就只能关门停业。

因此，从事银行信贷业务的客户经理、信贷管理人员与金融高管必须坚决克服恐贷、惜贷、拒贷、乱贷“旧四贷”问题，提升愿贷、敢贷、能贷、会贷“新四贷”能力。要知道，任何风险都是可以控制的。信贷全流程风险管理的目的就是要预防风险、控制风险、降低风险、稀释风险、分散风险、补偿风险、规避风险、转移风险、化解风险，而不可能做到消灭风险。

第 2 招：选择信贷客户的唯一标准是择优

选择信贷客户的唯一标准是择优，七分选，三分管。

任凭东西南北风，择优选贷不放松。如果信贷客户选择错了，即使贷后管理工作做得再好，也不能从根本上解决客户第一还款来源隐藏的风险。

客户准入是信贷全流程管理的重点与难点。其核心思路是通过实施客户发起战略，明确目标客户准入标准，争取好的客户、回避差的客户，构建层次清晰、搭配合理的大、中、小型法人客户和个人客户梯队。客户准入管理的技术难点主要是两个方面，即如何正确地进行客户调查，如何准确地评价客户优劣。在实践中，客户调查关键是要围绕六个要素，符合三个要求。

六个要素是“产品、人品、资本、资产、存款、税款”，即企业要有好的产品（服务），该项产品（服务）有市场、有信誉、有前景；企业及业主品行良好，没有不良信用记录；企业自有资本充足、融资渠道通畅，不涉及非法集资与高利借贷；企业及业主有现实、稳定的资产，有充足可靠的担保来源；企业有稳定、银行可预测与控制的现金流，生产经营活动、销售货款回笼、资金往来情况正常；企业有真实、与贷款额度相匹配的销售或营业收入，税款、水电费、工资支付等与其反映的经营规模相匹配。

三个要求是“真实、准确、全面”。所谓真实，是指获取的客户资料等信息有据可查、值得信赖；所谓准确，是指客户经理对客户的分析判断是基于对客观事实的合理逻辑推理，没有夸大其词，没有主观臆断；所谓全面，是指调查报告反映的要素齐备、内容完整，没有遗漏或隐瞒重大事项，符合尽职、规范的要求，能够满足信贷决策需要。准确评价客户优劣关键看客户是否具备诚信、价值、稳健、责任四种品质。诚信是前提，不诚信的客户要实行“一票否决”；价值是根本，无回报或低回报的客户对银行而言没有合作的意义；稳健是基础，好的客户应具有健康的企业文化、审慎的经营行为和较强的经营风险控制能力，这也是双方建立信贷关系的前提；责任是保障，缺乏起码社会责任、法律责任、道义责任的企业难以做到可持续经营，不具备合作的基础。

选择小微信贷客户必须坚持“九优选客法”：一是行业优，优选国家鼓励行业、高新技术行业的小微企业；二是区域优，优选经济开发区、交通便利区、政策优惠区的小微企业；三是信用优，优选企业信用与老板（实际控制人）家庭信用双优的小微企业；四是产品优，优选有特色产品、有专利产品、有创新产品的小微企业；五是体制优，优选股份制改造、建立现代企业制度的小微企业；六是链条优，优选供应链、生产链、销售链与大企业配套的小微企业；七是周期优，优选连续生产经营两年以上且保持稳定的小微企业，因为我国小微企业平均生命周期是两年九个月，其中第一年倒闭的占50%，第二年倒闭的占 80%；八是实力优，选择企业实力与实际控制人家庭实力双优的小微企业；九是数据优，选择政府部门数据与银行数据（银行科技平台）优的小微企业。

第 3 招：交叉检验是信贷决策的科学方法

交叉检验是通过不同途径确认信息正确性的方法。贷款客户信息，特别是小微企业贷款客户信息交叉检验就是在贷前调查中，通过不同信息来源途径、同一信息来源途径的勾稽关系，对客户信息进行真实性、准确性、完整性确定的过程。其主要是针对与客户还款能力和还款意愿相关的信息和数据进行交叉验证，包括财务信息等“硬信息”和反映客户个人基本特征与企业基本特征的“软信息”等方面的内容。

第 4 招：不要与客户发生任何个人利益关系

在信贷市场上只有利益没有朋友，不要与客户发生任何个人利益关系。

从事银行信贷业务的客户经理与金融高管必须清醒地认识到：在信贷业务中，银行与客户是利益关系。客户捧着你，那是因为你有信贷权，不要自我感觉良好。吃人家的嘴软，拿人家的手软，只可以吃工作餐。如果银行工作人员在信贷业务中拿了客户的钱物，就会变成客户的“孙子”，就会受这个客户支配，违规违法办理贷款，最后有可能会触犯法律，毁掉自己的整个人生。

第 5 招：可以与信贷客户共存，但绝不能共亡

银行倒闭是对金融消费者最大的伤害。对信贷客户不要有同情心，可以与客户共存，但绝不能共亡。

银行经营信贷业务的根本目的是与客户共创价值，实现共赢。如果客户在使用信贷资金的过程中，发生违约或经营管理不善导致经营状况或财务状况严重恶化，银行必须及时行使不安抗辩权，择机及时退出，确保贷款本息安全收回。金融活，经济活；金融稳，经济稳。如果银行倒闭，客户的存款就无法兑付，金融秩序就会混乱，经济也会混乱，这是对金融消费者最大的伤害，也直接危及国家金融安全。

第 6 招：侥幸心理是风险管理的致命弱点

侥幸心理是指某些人为了达到个人目的，对自己的行为所要达到的结果盲目自信的一种放纵、投机取巧的心理。侥幸心理是风险管理的致命弱点，必须坚决杜绝。

（一）侥幸心理是酿成一切违纪违法的条件、诱因、根源

哲学家狄德罗曾说过：“人生最大的错误，往往就是由侥幸引诱我们犯下的，当我们犯下不可饶恕、无从宽释的错误之后，侥幸隐匿得无影无踪。而我们下一个拿不定主意的时候，它又光临了。”有的银行信贷从业人员利用自己的职务之便，或钻政策的空子，或违法乱纪，帮他人“成事儿”，然后自己从中捞好处。这些职务犯罪者都是抱有侥幸心理，认为自己办事巧妙，认为自己根深蒂固，认为自己运气很好，结果最终触犯法律、身败名裂。

（二）侥幸心理是促使量变到质变的推手

冰冻三尺，非一日之寒。一般来说，一个腐败分子，不管他问题多少，罪行多大，刚一开始他们都不是贪得无厌、疯狂无比的，他们都有一个逐步蜕化演变、从量变到质变、循序渐进的过程。他们最初都以为收的是“小钱”，“放心人”的钱，不犯大毛病，只是一般违纪，构不上违法，没有什么大不了的，随着侥幸次数的增多，他们变得无所畏惧。正是这种侥幸心理，使有些信贷从业人员一次次放任私欲膨胀，一次次纵容自我的腐败行为，在习惯性“侥幸”心理的驱使下，为自己埋下犯罪的祸根。使之从不贪到贪，

从贪少到贪多，在违纪违法的道路上越干胆越大，贪了还想贪，占了还想占，关不上贪占的“闸门”。但是“法网恢恢，疏而不漏”，他们万万没有想到，聪明反被聪明误，从量变到质变，这些“小毛病”积累成“大病”，最终触犯了法律的“高压线”。纵观所有落马贪官与犯罪客户经理的堕落轨迹，不难发现，因“侥幸心理占了上风”而一步步走向犯罪深渊，已经成为贪官堕落的“定律”之一。

（三）侥幸行为具有很强的腐蚀性和传染性

看到别人侥幸成功，自己盲目跟风、效仿，形成从众、攀比的心理。抵制不住诱惑，控制不住私欲，推崇腐败堕落、低俗奢靡的生活，让歪风邪气滋生蔓延，影响信贷业务的健康发展。

（四）侥幸心理使信贷安全系数大打折扣

侥幸是不幸的开端。侥幸心理，使我们的信贷资产安全系数大打折扣，信贷管理漏洞百出，安全事故不断发生，不良贷款不断增加。

侥幸心理的危害特别大，是信贷资产安全的大敌，是麻痹职工思想的毒药。在信贷管理上存在侥幸心理的人，不管他是管理者还是普通员工，他们都有一个共同的特点，就是盲目自信，甚至到了自负的程度。他们总觉得自己运气好、把握大、经验丰富，于是放纵自己的行为，这就为信贷风险的发生埋下了重大隐患。

侥幸心理的危害性体现在方方面面。你看，当行人过马路时，红灯亮了，不能过，有人一看没有警察执勤，就闯红灯，他不知道有多少使之家破人亡的交通事故都缘于违反交通规则。你再看，有的客户经理在贷后管理时擅离职守，当客户信贷风险发生时，不能及时采取防范措施，导致形成不良贷款。这种侥幸心理状态，对于个人的成长进步和信贷全流程风险管理同样有着极其负面的影响。

第 7 招：信贷无小事，细节定成败

信贷全流程风险管理有个公式：$100-1 \neq 99 = 0$。如果一笔贷款管理，99% 的环节都做得好，但一个环节的失误就可能导致产生不良贷款，那么风险管理效果为零。因此，信贷全流程风险管理必须做到 100%，绝不能打折。一个细节的成功并不代表整体的成功，但有时候一个细节的失败却导致整体的失败。因此，信贷无小事，细节定成败。

第 8 招：必须具备信贷独立精神

商业银行应当对借款人实施独立的尽职调查，严格执行授信审批程序，防止逆程序操作和放宽授信标准，防止发放任何形式的外部行政干预贷款和人情贷款。客户经理必须具备信贷独立精神，独立调查，绝不盲从。不盲从权力、不盲从利益、不盲从人情、不盲从主观、不盲从他人，这是客户经理必备的职业品质。

第 9 招：构建以全面评估债务人偿债能力为前提的现金流风控评估模式

彻底放弃以抵押担保为主的风控评估模式，构建以全面评估债务人偿债能力为前提的现金流风控评估模式。现金为王，第一还款来源是关键。坚决破除抵押物崇拜思维，银行不能做当铺。在我国赢了官司但收不了钱的情况时常发生。第一还款来源和企业的经营性现金流是授信决策的主要依据。不能只看客户有抵押物就为其贷款。

第 10 招：行业分析与选择能力是信贷从业人员的核心技能，行业政策导向是银行信贷管理的根本导向

女怕嫁错郎，男怕入错行，贷款最怕贷错行（业）。国家政策鼓励的，

银行可以择优贷款；国家政策反对的，银行坚决不能贷款。银行如果对国家政策限制，特别是反对的行业、客户或项目提供贷款，可能面临项目强停风险，最终导致贷款损失。必须认真研究行业政策、行业周期、行业竞争力及行业发展趋势。

第 11 招：掌握企业生产、销售、赢利、现金流与家庭生活五大状况

中国的民营企业，企业资产与其老板及股东家庭生活，特别是家庭资产高度关联。因此，不能只调查企业的生产、销售、赢利、现金流四大状况，还要调查、掌握老板与股东的家庭生活状况。银行的信贷管理制度，特别是在小微企业信贷管理制度中，必须把企业老板（实际控制人）的家庭资产状况作为信贷决策的重要依据之一。

第 12 招：实际控制人资信决定借款人资信

实际控制人资信决定借款人资信，先看老板后看企业。

对贷款客户，特别是民营企业、小微企业的调查，要先看老板后看企业，不仅要调查、了解企业自身的信用及生产经营管理情况，更要高度重视对企业实际控制人及其家庭、财产、资信状况的充分了解，实际控制人资信决定借款人资信。对企业老板不放心的企业坚决不贷款。

第 13 招：第一还款来源与第二还款来源双向否定

这一招叫还款压力测试法。就是在调查第一还款来源时，先否定第二还款来源，如果担保抵押等第二还款来源出现问题，第一还款来源产生的经营性现金流能确保贷款本息按期收回。在调查第二还款来源时，先否定第一还款来源，如果企业发生生产经营困难，造成现金流紧张，第一还款来源出现问题，通过担保抵押等第二还款来源能确保贷款本息按期收回。通过第一还款来源与第二还款来源双向否定的还款压力测试，做到心中有数，确保贷款安全。

第 14 招：高成本融资现象是信贷客户即将崩溃的前兆

这个方法是对客户借款资金成本的敏感度分析。如果信贷客户与银行客户经理对贷款利率讨价还价，这是正常情况，说明客户还非常重视财务成本核算；如果客户对贷款利率不讨价还价了，再高的利率成本也借款，这说明企业的资金链很可能出问题了，是企业即将崩溃的前兆。客户经理可从企业财务报表中一些数据（利息支出，管理费用，非正常的资金流入、流出），查出企业高成本融资的一些实际情况，从而有针对性地采取应对举措。

第 15 招：不要人为地确定贷款额度与期限

客户贷款额度的确定必须根据客户的经营状况与偿还能力而定，而不要人为地根据银行自身经营目标与营销需要来确定，也不能单纯只根据抵押物价值的高低来确定。防止客户充当银行资金“掮客”，即拿银行贷款资金去做投资或参与民间借贷。近年来银行的一部分不良贷款就是一些信贷客户将贷款资金挪用于投资（煤矿、房地产）或参与民间借贷形成的。同时，贷款的期限应与客户真实需求相适应，再也不要人为地核定贷款期限了。如果一个客户的生产经营周期是四个月，而银行贷款期限确定为三个月，那么这个客户的经营性现金流尚未实现，贷款到期就不一定能按期偿还。反之，如果银行贷款期限确定为一年，那么这个客户四个月经营周期的经营性现金流已经实现，而银行未及时收回贷款，客户就可能把还款资金用于再生产或投资，或用于其他方面，贷款到期也不一定能按期偿还。

第 16 招：树立“未贷先想收”思维

由于贷款资金双重支出、双重回流及所有权与使用权分离等特殊运动规律，银行客户经理必须牢固树立“未贷先想收”的思维，对贷款还款来源不明确、不落实、不放心的客户坚决不贷款。一是在客户贷款申请环节就想到收贷，申请书上必须清楚地标明还款资金来源。二是在信贷调查环节就想到收贷，对客户的综合还款能力进行交叉验证。三是在客户面签环节就想到收贷，客户必须在借款合同上承诺按期还款。四是在贷后管理环节也要想到收贷，发现客户有违约情况，立即行使不安抗辩权。

第 17 招：坚持贷款双重担保，严控第三方担保

对贷款企业实行双重担保，可以说是对贷款安全的双重保险。股份制企业贷款的双重担保是指，企业有效核心资产（房地产）抵押与企业股东连带责任担保。一般企业贷款的双重担保，是指企业有效核心资产（房地产）抵押与企业实际控制人家庭资产抵押。从我国目前金融担保业现状来看，第三方担保风险还是相当大的。天上不会掉馅饼，天上只会掉陷阱。没有免费的第三方担保，要认真分析第三方担保的动机与原因。目前要特别警惕关联担保（自己企业给自己担保，实际是信用贷款）、客户互保（客户之间相互担保，一个客户出现问题，其他客户都不还款）、同行业担保（如煤炭企业给煤炭企业担保）、弱弱担保（借款人实力弱、担保人实力弱）与担保公司担保等五种担保问题。

第 18 招：主业为王，小微企业多元化是死路一条

小微企业从事多元化生产经营面临“五缺”困境：缺人才、缺技术、缺管理、缺市场、缺资金。服装好卖就做服装，生姜好卖就种生姜，一哄而上，盲目生产。小微企业多元化是死路一条。支持主业突出的小微企业比支持业务多元化的小微企业风险要小得多。

第 19 招：不当“傻瓜银行”

在信贷客户的营销上，一家银行客户经理难免会与其他银行产生竞争，但是要特别注意避免接受其他银行主动退出的风险客户贷款。在银行信贷管理实际中，最为常见的情形是：借款人在此时可能尚具有一定的吸引力（财

务指标甚至现金流表面现象还不错，但是已有潜在的较大风险，原来贷款的银行开始主动退出了），由于借款人与新贷款的银行之间存在信息不对称，后来接受客户贷款的银行大多是因为不了解客户真实情况而做出的一种危险决策。这家后来贷款的银行就是“傻瓜银行”。因为贷款接盘后不久就会产生较大的风险，甚至形成不良贷款。任何一家银行都有可能成为这种“傻瓜银行”。客户经理必须学会避免当“傻瓜”。

第 20 招：先看风险后看效益，风险排除法

工商企业经营的原则是效益第一，而商业银行经营的原则必须是安全第一。因此，客户经理信贷调查必须先看风险后看效益，用风险排除法来确定贷与不贷。一看行业风险，新能源、高科技行业，可以贷；二看政策风险，国家政策鼓励的，可以贷；三看体制风险，已从家族企业改制成股份制企业，且产权清晰，可以贷；四看市场风险，企业订单持续稳定，并且国内与国际订单都有，第一还款来源稳定，可以贷；五看经营管理风险，高管团队是职业化团队，有职业经理人、事业合伙人、职业律师、职业会计师、产品专家、营销专家，可以贷；六看法律风险，没有违规、违法行为，可以贷；七看技术风险，有专利、有成熟的技术，有熟练工人团队，可以贷；八看担保风险，第二还款来源可靠且抵押足值，属于强担保、强抵押，可以贷。上述风险如果都能一一排除，银行对这个客户就可以决定贷款了。

第 21 招：分期还款是控制风险的有效方式

从我国个人信贷管理实践来看，月供（每月按期偿还个人住房贷款）是控制信贷资产质量的一个很好的方法。符合现金流周期性特征的分期还款对银行控制风险、企业减轻负担较为适宜。对生命周期较短的小微企业而言，一年的经营周期内企业可能会出现多种经营状况，信贷风险可能会随时发生，还款期限与经营周期、还款额度与销售收入必须匹配。如果对企业流动资金贷款一律都实行利随本清、年底还款的方式，可能会出现企业集中还款

压力，或者出现企业经营异常、还款困难的情况。对企业固定资产投资类贷款，必须在贷款比例、期限、投资回收期等方面进行合理论证。无论是个人贷款还是企业贷款，尽量少用利随本清的贷款方式，而采取分期还款方式，这是控制风险的有效方式。流动资金贷款分期还款包括分月还款、分季还款。固定资产贷款则可以分年还款，还本频率不低于每年两次。

第 22 招：必须严防“三差”：一念之差、一夜之差、一步之差

（一）一念之差，终身后悔

有的银行客户经理认为收了客户的钱财，神不知鬼不觉，这是大错特错的。世上没有后悔药，“一失足成千古恨，再回头已百年身”。还有的银行客户经理主观认为这个客户一时不会逃废债的，因而放松警惕，让客户有机可乘，最后导致不良贷款产生，被银行严厉追究责任。

（二）一夜之差，错失良机

时间就是安全。客户经理必须在 2 个工作日内快速处置预警风险。发现风险决不能自己单独行动，因为个人力量是有限的，但组织力量是强大的。发现信贷风险隐患，客户经理如果瞒报或迟报，就可能丧失风险处置的最佳时机。发现信贷风险隐患，客户经理如果能及时上报领导与上级管理行，上级银行组织领导会在第一时间内组织团队，整合资源，特别是充分运用政府有关部门、公检法的力量来处置风险。

（三）一步之差，功亏一篑

处置信贷风险必须先人一步，快人一步。如果行动迟缓，贷款客户就可能把资产转移，其他银行也就可能抢先保全，而前期所有的努力都将功亏一篑，付之东流。

第 23 招：上山容易下山难，下山才是成功

虽然上山时有险阻，但上山的时候，人们都会集中精力，尽一切努力。一次登不上去，可以退下来再登，有时还可以绕过去，另觅他途。因此，相对而言，上山容易。下山时就不一样了，人们往往会放松警惕，一般人总认为下山了可以放松了，往往在精神上麻痹大意，无视潜在的山路荆棘，使看似简单的事情变得风险倍增。一步走错就身临绝地，一脚踏空就命丧悬崖。其实，下山之难在于人的内心失去了警惕，同样的山路就会变得危险重重，这就是下山难的道理。

隔行如隔山，但隔行不隔理。信贷风险全流程管理也是这样，放款容易收回难。许多银行客户经理在贷前调查时还是非常尽职的，同时还有银行审查审批关、放款审核关、面签合同关等也非常严格。但贷后管理就不一样了，有的客户经理重放轻管，一放了之，放任自流，最后使贷款风险倍增，最终难以挽救。有的客户经理不会识别风险，有的客户经理发现风险信号却没有及时处置化解，最后从小风险演变为大风险。有的客户经理总在贷后管理的时候或者麻痹大意，或者目空一切，危险也总在此时悄然而至，常常只要一个小小的诱发事件就会发生灭顶之灾，造成信贷损失。因此，客户经理必须切记：下山才是成功！收回才是成功！安全才是成功！

第 24 招：退出管理是信贷全流程风险管理的最高水平

在信贷全流程风险管理中，哪些客户进？何时进？怎样进？许多银行及客户经理都有一套成熟而有效的制度与办法。但哪些客户退？何时退？怎样退？相当一部分银行及客户经理没有进行系统的研究分析，缺乏科学有效的方法。而信贷客户退出管理则是一门科学艺术，是信贷管理的最高水平。信贷客户退出的时间、方式、金额选择对信贷风险管理至关重要。信贷客户退出管理主要包括六大方式：战略性退出，即对某个行业、某个区域都不贷款了，规避风险；策略性退出，即悄悄地退，不让贷款客户与竞争对手知道，转移风险；前瞻性退出，即在贷款客户发生严重风险之前

退出，预防风险；整体性退出，收回某个客户全部贷款后，不再发放新的贷款，化解风险；局部性退出，压缩总量，调整结构，收回某个客户的部分贷款，稀释风险；强制性退出，通过行政、经济、法律手段收回贷款，处置风险。

第 25 招：不安抗辩权是信贷全流程风险管理的核武器

（一）不安抗辩权的定义

不安抗辩权是指双方合同成立后，有先后履行顺序的，先履行的一方有确切证据表明另一方丧失履行债务能力时，在对方没有恢复履行能力或者没有提供担保之前，有权中止履行合同的权利。

（二）不安抗辩权的法律规定

《中华人民共和国民法典》第五百二十七条规定："应当先履行债务的当事人，有确切证据证明对方有下列情形之一的，可以中止履行：（一）经营状况严重恶化；（二）转移财产、抽逃资金，以逃避债务；（三）丧失商业信誉；（四）有丧失或者可能丧失履行债务能力的其他情形。当事人没有确切证据中止履行的，应当承担违约责任。"《中华人民共和国民法典》第五百二十八条规定："当事人依据前条规定中止履行的，应当及时通知对方。对方提供适当担保的，应当恢复履行。中止履行后，对方在合理期限内未恢复履行能力且未提供适当担保的，视为以自己的行为表明不履行主要债务，中止履行的一方可以解除合同并可以请求对方承担违约责任。"

（三）不安抗辩权的目的

《中华人民共和国民法典》规定了不安抗辩权。在双务合同中，法律设立不安抗辩权，使其在对方无力履行的情况下享有拒绝履行合同义务的权利。不安抗辩权是一种自助权，只要证据表明另一方丧失履行债务能力时，在对方没有恢复履行能力或者没有提供担保之前，先履行义务的一方当事人可以中止履行合同。无须对方当事人同意，也无须经过诉讼或者仲裁程序。规定不安抗辩权是为了切实保护当事人的合法权益，预防因情况变化致一方遭受损害，防止借合同进行欺诈，促使对方履行义务。

（四）行使不安抗辩权的条件

一是双方当事人因同一双务合同而互负债务。不安抗辩权为双务合同的效力表现，其成立须双方当事人因同一双务合同而互负债务，并且该两项债务存在对价关系。

二是后给付义务人的履行能力明显降低，有不能为对待给付的现实危险。不安抗辩权制度保护先给付义务人是有条件的，只有在后给付义务人有不能为对待给付的现实危险、危害及先给付义务人的债权实现时，才能行使不安抗辩权。所谓后给付义务人的履行能力明显降低，有不能为对待给付的现实危险，包括：其经营状况严重恶化；转移财产、抽逃资金，以逃避债务；谎称有履行能力的欺诈行为；其他丧失或者可能丧失履行能力的情况。履行能力明显降低，有不能为对待给付的现实危险，须发生在合同成立以后。如果在订立合同时即已经存在，先给付义务人若明知此情而仍然缔约，法律则无必要对其进行特别保护；若不知此情，则可以通过合同无效等制度解决。

三是有先后的履行顺序，享有不安抗辩权之人为先履行义务的当事人。

四是先履行义务人必须有充足的证据证明相对人无能力履行债务。

五是先履行一方的债务已届清偿期。

六是后履行义务未提供担保。

（五）银行行使不安抗辩权的流程

中止合同履行，限期（一般在30天以内）履约或追加担保，恢复合同或单方解除合同。

（六）银行行使不安抗辩权、中止合同履行、单方解约的手段

停止发放未发放的贷款；宣布贷款提前到期，提前收回部分贷款；宣布

贷款提前到期，提前收回全部贷款。

（七）银行行使不安抗辩权的义务

一是举证义务，必须具有确切证据证明对方丧失履行债务能力；二是通知义务，银行在行使不安抗辩权之前，必须书面通知对方。

第 26 招：运用诉前财产保全保护银行债权

（一）诉前财产保全的定义

所谓诉前财产保全，也就是诉前保全，是指利害关系人因情况紧急，不立即申请财产保全将会使其合法权益受到难以弥补的损害，可以在起诉前向人民法院申请，由人民法院所采取的一种财产保全措施。

（二）保全裁定和起诉期限与保全的解除

裁定期限：人民法院接受申请后，必须在四十八小时内做出裁定；裁定采取保全措施的，应当立即开始执行。

起诉期限与保全的解除：申请诉前财产保全必须提供担保，不提供担保的，法院将驳回申请。并且在法院采取保全措施后三十日内不依法提起诉讼或者申请仲裁的，法院将解除财产保全。因财产保全对被申请人造成损失的，由申请人予以赔偿。

（三）诉前财产保全的法律特点

1. 诉前财产保全具有快速、及时、简便的特点

法律规定对准予诉前保全申请的，人民法院应在四十八小时内做出裁定并开始执行。这一措施的快速实施，可以更完整地避免利害关系人因纠纷可能造成的经济损失。

2. 具有国家强制性

诉前财产保全在适用效力上同诉讼保全一样具有国家强制性。任何义务主体对人民法院做出的针对其财产的诉前保全裁定，都负有必须履行的责任，否则应受到法律制裁。

3. 诉前财产保全效力具有可变性和延续性

利害关系人向人民法院申请诉前财产保全被裁准后，就起诉或不起诉有选择的权利。申请人若在裁定送达后三十日内未起诉，人民法院将解除保全，裁定效力终止；诉前保全裁定的效力也可因被申请人提供担保而终止；还可因生效法律文书执行完毕、原申请人在诉讼中撤诉获准、实施诉前保全错误、申请人死亡没有继承人或继承人放弃诉讼权利等原因而终止。如果申请人向采取诉前财产保全的人民法院或其他有管辖权的法院起诉，保全裁定在受理法院继续有效。

4. 被保全财产范围的广泛性

能适用诉前保全的财产除有形财产即动产和不动产，如货币、车、船、钢材、木材、房屋等外，还应有无形财产，如财产使用权、收益权、债务人到期债权及财产所有权派生出的其他财产权等都可以作为保全的对象，只是保全措施与有形财产的保全方式有所不同，如对债务人的到期债权的保全是限制履行，而不能对第三人的财产直接保全。

（四）诉前财产保全的作用

一旦对方的某项财产被采取了保全措施，申请人就可以“高枕无忧”地进行诉讼，如果案子胜诉了，即使对方拒不履行判决确定的义务，也有已被保全的财产可供执行。而且，因为财产保全限制了对方对财产的处分，极大影响着被申请人的生活、生产经营，可以起到“威慑客户”的作用。故在权衡利弊后，很多情况下，大多数贷款客户会选择和解方式，主动偿还贷款，这样既节省了时间，也顺利解决了纠纷，化解了信贷风险。

第 27 招：管理没有捷径，只能精耕细作

信贷风险管理没有捷径可走，只能精耕细作。即营销精准，找准目标贷款客户；服务精致，提高金融服务品质；管理精细，实施精细化管理。为此，客户经理必须做好“四志”：日志，每天的规定动作，包括在线动态监测、客户综合分析、日常监管检查、风险预警报告、问题整改到位；月志，每月的规定动作，包括月计划、月总结、月分析、月评价；季志，每季的规定动作，包括贷后定期检查、客户交叉营销、客户风险诊断；年志，每年的规定动作，包括综合分析、信贷年检、一户一策。对优良客户，增加贷款；对一般客户，稳定贷款；对风险客户，减少或退出贷款。建好信贷文件资料“八夹”，即法律法规夹、信贷制度夹、信贷产品夹、客户信息夹、信贷案例夹、工具模板夹、培训学习夹、信贷档案夹。

第 28 招：防患未然，防微杜渐

不良贷款通常会给银行带来损失。但正常贷款演变成坏账往往会经历一系列可预测的阶段。贷款客户存在的问题或将要存在的问题常常通过某些因素表现出来，如借款人经营状况的变化、国家法律政策的变化、外部经济环境的变化、担保抵押能力的变化等。银行客户经理可以通过分析财务与非财务两种类型的征兆来发现问题，及时发现借款人可能或已经存在的潜在与事实风险，并采取措施来预防信贷风险或提前化解信贷风险。人们常说，“一天之计在于晨，一年之计在于春”，但在信贷全流程风险管理中，这个观念已经过时。必须一天之计在于昨晚，昨晚就要把今天的信贷管理准备工作做好，包括对哪些客户进行贷后检查，对哪些客户进行交叉营销等。一年之计在于冬天——今年冬天就要把明年信贷风险管理的目标、项目、措施制定好。没有准备就是在准备失败，客户经理必须在信贷管理中始终坚持打提前量，防患未然，防微杜渐。

第29招："变态"才能做好信贷全流程风险管理工作

"变态"是指调整心态，突破常态，改变状态。

首先，必须调整心态。心态影响着信念，信念影响着事业，事业影响着成功，成功反作用于心态。积极的心态往往能够帮助一个人获得成功与辉煌，消极的心态则会导致一个人失败与沉沦。做信贷全流程风险管理工作难度非常大，可以说是如履薄冰，胆战心惊，压力很大，特别是从事一线信贷业务的客户经理肩负着信贷营销与风险管理双重责任与压力。在这种情况下，如果客户经理没有积极、良好的心态，就很难坚持下来，更别说获得成功了。必须用积极的心态对待信贷风险管理工作。心态调整了，性格就会改变；性格改变，习惯就会改变；习惯改变，行为就会改变；行为改变，人生将为之改变。

其次，必须突破常态。现代社会已进入创新时代。信贷从业人员在信贷全流程风险管理上，必须要勇于创新、善于创新。创新才有竞争力，创新才有生命力。

最后，必须改变状态。就是通过自身的积极努力，改变自己所负责信贷业务的质量状态，进而改变自己的业绩状态（营销贷款总量增加，不良贷款金额与比率下降、客户交叉营销比率提高、贷款客户综合收益增多）、财务状态、生活状态及人生状态。

第30招："重新做人""判若两人""恶补"

银行信贷从业人员，特别是客户经理，必须"重新做人""判若两人""恶补"。

"重新做人""判若两人"，即从传统银行信贷管理人员转型为现代商业银行金融人才，重塑自己的职业形象。目前中国金融业，特别是银行信贷风险管理正在发生巨变，出现了多种新业态：新金融、新市场、新领域、新行业、新客户、新体制、新机制、新转型、新法规、新渠道、新营销、新管理、新战略、新竞争、新监管、新团队、新文化、新技能、新风险、新科技、新产品、新场景等。客户经理再也不能依靠过去那些陈旧的理念与方法来管理现代信贷资产，必须“重新做人”“判若两人”，进行脱胎换骨的变革。要把自己培养成为金融专家、保健医生、安全卫士、社会博士、理财能手与营销高手。要做到“重新做人”“判若两人”，就必须通过“恶补”来实现。

“恶补”是指集中时间、集中精力恶补最新的知识、技能和科技，迅速赶上时代的步伐。营销一个新的贷款行业，马上“恶补”有关这个行业的知识；营销一个新的贷款客户，马上“恶补”有关这个客户的生产经营管理知识；营销一个新的贷款产品，马上“恶补”有关这个产品的利益点与风险点的知识；运用一个新的信贷管理系统，马上“恶补”有关这个系统的操作技能。久而久之，坚持数年，就可以成为信贷营销与风险管理专家了。

[巴老师讲案例之三]

小微企业贷款客户选择风险案例

一、案例简介

A公司属于小规模企业，2021年12月搬迁到某国家级工业园内，注册资本50万元，主营D产品的生产和销售（国家鼓励发展行业），2022年报表反映的总资产1100万元，年销售收入2800万元，净利润-50万元，无不良信用记录，也无欠税、水电费和员工工资。2023年初向银行提出800万元人民币流动资金贷款，用企业房地产做抵押。

经了解，A公司老板周××品行良好，从事D产品的生产和销售已10年，其近3年（2020、2021、2022年度）销售额分别为2900万元、2800万元、2800万元，净利润分别为40万元、30万元、30万元。周××另有个人房地产6处，价值1000万元。

二、问题思考

1. 银行对这个小微企业贷款客户能否准入？为什么？

2. 银行考察借款人还款能力，是第一还款来源重要还是第二还款来源重要？

三、老师讲评

1. 银行可以选择这个小微企业作为贷款客户。理由如下：一是行业优，国家鼓励发展的行业；二是区域优，在国家级工业园内，享受政府政策优惠，交通便利，配套设施齐全；三是信用优，企业与老板个人信用双优；四是产品（市场）优，产品生产销售10年来都比较稳定，说明该企业的产品有核心竞争力；五是实力优，企业资产1100万元，企业老板家庭资产1000万元；六是周期优，企业经营周期已超过10年，度过了初期经营风险期。

但是授信方案设计需要调整：贷款额度300万元以内（这叫三七定律，即银行贷款额度控制在企业有效资产30%以内是最安全的，不能垒大户）；担保方式实行双保，企业房地产抵押加企业老板家庭房地产抵押。

为此，银行对小微企业信贷客户准入制度与产品制度要进行创新。一是不能对亏损小微企业一律不贷款，企业借款偿还的主要资金来源是经营性现金流，只要亏损额度适度，亏损理由适当，还是可以贷款。这个小微企业2022年度亏损主要原因是企业搬迁增加成本、影响生产销售。还有的小微企业把企业利润转移到家庭了。必须全面认真、实事求是地分析其实际经营利润情况。二是必须把企业资产与家庭资产关联抵押，因为我国大部分民营企业的企业资产与家庭资产是高度关联的。

2. 银行考察借款人还款能力，第一还款来源是关键，第二还款来源是底线。西方商业银行审批贷款的原则是，决不把还款的希望寄托在抵押品上，银行不能开当铺，抵押物再足值、再有效，第一还款来源不充足也决不发放贷款。第二还款来源是底线，以防万一，属于风险保底管理方法。

[巴老师讲案例之四]

抵押贷款风险案例

一、案例简介

甲银行于2019年5月9日给某宾馆有限责任公司发放流动资金贷款

4300万元，期限一年，用宾馆二楼以上的房产做抵押（该宾馆一楼已整体出售给单位与个人），至今已逾期两年无法收回。据宾馆实际控制人讲，宾馆目前评估资产1亿元。该宾馆的办公用房也整体抵押给乙银行（贷款960万元，也已逾期两年）。该宾馆还以15%利率向110个人民间集资5100万元。另外投资8300万元到外地一个煤矿，目前项目已停止。项目手续还未办齐，项目不合法。

二、问题思考

1. 分析该抵押贷款的有效性。

2. 分析该抵押贷款的可操作性。

3. 分析该抵押贷款的最佳保障性。

三、老师讲评

1. 该抵押贷款有效但无用。这种抵押贷款是自欺欺人，自我安慰，没有任何风险转移效果。

2. 该抵押贷款难以操作。商业用房如果分割抵押，很难整体出售变现。银行必须坚决杜绝办理此类抵押贷款。

3. 该抵押贷款不是最佳保障性，属于弱抵押。银行办理抵押贷款必须实行强抵押。一是实行双重担保。股份制企业贷款的双重担保是指，企业有效核心资产（房地产）抵押与企业股东连带责任担保。一般企业贷款的双重担保是指，企业有效核心资产（房地产）抵押与企业实际控制人家庭资产抵押。二是进行还款压力测试。选择抵押方式贷款时，先否定第一还款来源，如果企业发生生产经营困难，造成现金流紧张、第一还款来源出现问题，通过担保抵押等第二还款来源能确保贷款本息按期收回。三是变现压力测试。按照抵押物的市场评估价值降价30%能够立即变现。

信贷全流程风险管理的保障手段

制度手段

通过建立完备的制度体系，对信贷业务流程各岗位、各环节、各步骤进行明确的规范，用严密的制度覆盖信贷全流程，任何环节都不留管理真空，切实做到以制度优化管理，以制度约束行为，以制度规范操作。

在信贷管理制度的执行落地过程中，要从根本上改变粗放模式，将各项制度不断完善并要求做新、做细、做精、做实与做铁。

（一）制度要做新

做新，要求商业银行不断完善并创新信贷管理制度。国家信贷法律法规不断完善，行业信贷政策不断调整，经济金融形势不断变化。因此，商业银行要每半年对现行信贷管理制度进行一次梳理，并根据经济金融环境的变化，不断创新信贷管理制度。要对各项信贷管理制度的执行落实情况进行认真检查总结，对基层行普遍存在执行有难度、容易出现偏差的制度，要详尽查找问题产生的根本原因，及时进行完善和修补，对明显不适应市场和业务发展规律的信贷管理制度，要及时废止。

（二）制度要做细

做细，要求商业银行进一步细化信贷管理制度，将制度要求“一分为三”，有机分解为执行前、中、后三个阶段，将各阶段工作要求细化为各层级、各部门、各岗位信贷全流程风险管理的规定动作。

（三）制度要做精

做精，要求商业银行将信贷管理制度要求精炼成执行要点、标准模板、示范片、经验材料等，与对应信贷管理制度文件同步下发，用以指导、规范下级行信贷风险管理工作。

（四）制度要做实

做实，要求商业银行在信贷管理制度执行的过程中，结合本银行自身信贷业务特点，及时总结、不断完善、合理调整，确保信贷管理制度、文件落地，执行到位不走样。

（五）制度要做铁

做铁，要求商业银行继承发扬银行“三铁”（铁规章、铁账本、铁算盘）声誉，对信贷管理制度的一些重要条款做出硬性规定，制定强制性标准与措施，设定高压线，在制度面前，谁也没有特权，谁违反制度谁就会付出惨痛代价。

激励手段

建立和完善信贷运行的激励约束机制，充分利用经济杠杆，增强员工合规操作的内在驱动力。商业银行对信贷从业人员的激励机制创新必须以业绩论英雄，凭贡献得报酬，按表现定去留，做到“三要”：要有枪，信贷产品创新推出要到位；要有炮，工资奖金与营销费用匹配要到位；还要有把冲锋号，亮剑精神弘扬要到位。

必须严格信贷尽职问责制度。《商业银行授信工作尽职指引》规定，商业银行应建立授信工作尽职问责制，明确规定各个授信部门、岗位的职责，对违法、违规造成的授信风险进行责任认定，并按规定对有关责任人进行处理。对具有以下情节的授信工作人员依法、依规追究责任：进行虚假记载、误导性陈述或重大疏漏的；未对客户资料进行认真和全面核实的；授信决策过程中超越权限、违反程序审批的；未按照规定时间和程序对授信和担保物进行授信后检查的；授信客户发生重大变化和突发事件时，未及时实地调查的；未根据预警信号及时采取必要保全措施的；故意隐瞒真实情况的；不配合授信尽职调查人员工作或提供虚假信息的；其他。

（一）位子挂钩（工作激励）

与客户经理等信贷从业人员的职业岗位（饭碗）挂钩，包括留岗、转岗、停岗与除岗等工作激励手段。

留岗。让优秀的、合格的客户经理等信贷从业人员持续安心做好信贷营销与管理工作。

调（转）岗。银行要对客户经理定期进行风险排查，对不合格、不称职的客户经理等信贷从业人员及时调出信贷岗位，从事银行其他岗位的工作。

停岗。对于因不尽职造成贷款不良的信贷责任人员实行停岗收贷。贷款收回后再恢复岗位或调整岗位。

除岗。对于违反劳动合同规定的信贷责任人员，可解除、解聘劳动合同。对违法犯罪的人员，则应严格按照法规予以开除处分。

（二）帽子挂钩（职务激励）

与客户经理等信贷从业人员的帽子（职务与职级）挂钩，包括升职升级、降职、停职与解职等职务（职级）激励手段。

升职升级。商业银行应建立员工双升的制度通道，即升职、升级。银行信贷从业人员是培养金融高管的摇篮。对懂营销、善管理、会带队的信贷从业人员可按照程序提拔为金融高管。商业银行应全面实行客户经理、产品经理、风险经理等级管理制度。对符合条件的信贷从业人员可以升级为专家，享受相应待遇。

停职。对于因不尽职管理造成贷款不良的经营管理岗的责任人员按规定给予停职处分。贷款收回后再恢复职务或调整职务。

降职。对于因不尽职管理造成贷款不良的经营管理岗的责任人员按规定给予降职处分。

解职。对于因不尽职管理造成贷款不良的经营管理岗的责任人员按规定给予解聘职务处分。

（三）票子挂钩（薪酬激励）

与客户经理等信贷从业人员的票子（工资奖金与产品计价）挂钩，包括加薪、减薪、限薪、停薪与罚薪等薪酬激励手段。

加薪。商业银行应全面建立客户、产品计价制度。实行明码实价，多劳多得，上不封顶，下不保底。鼓励客户经理绩效薪酬超过本银行金融高管，充分调动其信贷营销与管理的积极性。

减薪。对信贷营销业绩不佳或形成贷款风险的员工，根据考核情况与制度规定减少薪酬。

限薪。对信贷营销业绩不佳或形成贷款风险的，根据考核情况与制度规定限制薪酬。

停薪。对于因不尽职造成贷款不良的信贷责任人员实行停薪收贷。停薪收贷期间只发基本生活费。

罚薪。个人贷款与小微贷款实行“四包责任制”，即包放、包管、包收、包利。但对以下两种情况可不罚薪：一是属于尽职免责制度规定的情况；二是贷款不良率在本银行规定的风险容忍度以内的。

商业银行在客户经理等信贷从业人员薪酬管理上还应注意以下问题：

一是对接好员工计价与单位绩效，产生互补效应，防止个人利益与单位利益发生冲突。将一定比例的产品计价收入切块出来与单位岗位绩效考核体系挂钩，考核不达标的不发放计价。

二是确定好各项产品计价标准，兼顾考虑数量与质量、规模与创利，及时调整计价标准，避免部分产品计价过高发生挤出效应。探索建立转推介客户计价分成长期受益机制，即在对转推介客户营销计价时，不仅要在第一次对转推介人计价，还要在一段时期内坚持计价，激发柜员、大堂经理转推介客户积极性。

三是解决好计价到人与计价分成问题，实现产品计价收入在前后台间、在岗位间进行合理分配，防止计价截留、分配不合理。

（四）面子挂钩（精神激励）

与客户经理等信贷从业人员的面子（荣誉、免责、绩效辅导等）挂钩，包括给面子、保面子、丢面子等精神激励手段。

1. 给面子

商业银行应全面建立员工荣誉制度。对信贷营销与管理业绩突出的优秀、杰出客户经理，应予以公开表彰，大力宣传，弘扬正气，鼓励信贷从业人员为商业银行建功立业。

2. 保面子

商业银行应建立信贷从业人员信贷管理责任免责制度、信贷风险容忍度管理制度与员工绩效辅导制度，以保护与调动其信贷营销与管理的积极性。

（1）建立信贷管理责任免责制度。《商业银行授信工作尽职指引》第五十二条规定："对于严格按照授信业务流程及有关法规，在客户调查和业务受理、授信分析与评价、授信决策与实施、授信后管理和问题授信管理等环节都勤勉尽职地履行职责的授信工作人员，授信一旦出现问题，可视情况免除相关责任。"因此，商业银行应通过制度明确规定，对贷款过程中不良贷款责任追究实行"尽职免责，失职问责"的原则。有下列情况之一的，可免于承担责任：①有证据表明信贷从业人员已勤勉尽责，采取得力措施保全信贷资产，但因不可抗力（如政策因素、市场风险等）形成信贷资产损失的；②借款人受重大自然灾害影响或意外事故造成损失且无法获得补偿，确实无力偿还的部分或全部贷款，或者以保险赔偿和财产清偿及担保人承担经济责任后，仍未还清的；③借款人触犯法律，受到制裁，所属的财产不足以偿还所欠贷款，又无法落实其他债务承担者，贷款确实无法收回的；④借款人死亡或依照《中华人民共和国民法典》的规定宣告失踪或死亡，无法确定债务继承人，且其财产或遗产清偿后，贷款仍未还清的；⑤法律法规规定的其他情形。

（2）建立信贷风险容忍度管理制度。风险容忍度也叫风险忍耐度，是指银行为实现经营目标而准备承受的风险水平，在风险偏好的基础上设定的对相关目标实现过程中所出现差异的可容忍限度。信贷风险容忍度管理对象包括信贷经营机构与个人。信贷风险容忍度管理指标由商业银行根据监管要求与自身的发展战略、经营目标、管理水平、竞争状况等因素确定，并实行动态管理。对本银行规定的信贷风险容忍度以内的不良贷款，可以按照相关规定不追究相关机构与相关人员的责任。

（3）建立员工绩效辅导制度。所谓绩效辅导是指银行经营管理者与信贷从业人员讨论有关工作进展情况、潜在的障碍和问题、解决问题的办法措施、员工取得的成绩及存在的问题、管理者如何帮助员工等管理的过程。它贯穿于绩效管理的始终。包括目标制定辅导、绩效实施辅导、绩效反馈辅导、绩效改进辅导四阶段模型。

绩效辅导有利于建立银行经营管理者与信贷从业人员良好的工作关系。其根本目的就在于对员工实施绩效计划的过程进行有效的管理，因为只要过程都在可控范围之内，结果就不会出太大的意外。其作用在于能够前瞻性地发现问题并在问题出现之前解决，还在于能把管理者与员工紧密联系在一起，管理者与员工经常性就存在和可能存在的问题进行讨论，共同解决问题，排除障碍，共同进步、共同提高，实现提高绩效的目的。

绩效辅导的作用主要有六点：一是了解员工工作的进展情况，以便于及时进行协调调整；二是了解员工工作时碰到的障碍，以便发挥自己的作用，帮助员工解决困难，提高绩效；三是可以通过沟通避免一些考核时意外的发生；四是掌握一些考核时必须用到的信息，使考核有目的性和说服力；五是帮助员工协调工作，使之更加有信心地做好本职工作；六是提供员工需要的信息，让员工及时了解自己的想法和工作以外的改变，以便管理者和员工步调一致。

3. 丢面子

（1）建立信贷从业人员违规行为积分管理制度。员工违规行为积分管理，是指员工违反商业银行规章制度，按照规定对员工违规行为进行连续记录，以量化反映员工行为状况、建立员工违规行为积分档案的管理方法。它有利于有效监督信贷从业人员工作职责，确保各岗位遵章守纪、合规操作，认真履职、恪尽职守。以一个公历年度为一个积分周期。每个积分周期结束后，员工违规行为积分从零分起算，历史积分记录留存员工违规行为积分档案。严格信贷从业人员违规行为积分档案的运用，将积分结果作为员工管理的重要依据：包括员工年终评先、干部选拔资格、纪律处分、调整岗位、经济处罚的重要依据。

（2）举办合规经营培训班。商业银行每年可举办1～2次合规经营培训班。①培训对象：本行信贷违规人员。②培训费用：培训费、食宿费与交通费全部自理。③培训内容：法律法规与本银行信贷制度。④培训方式：违规人员现身说法与本银行领导、老师培训教育相结合。⑤培训管理：每个违规人员写出书面违规检查书，剖析本人违规原因及违规后果并上台公开宣讲；每个违规人员签订合规经营承诺责任书并上台公开宣誓。

（3）建立通报批评制度。通报批评实际上是由“通报”与“批评”两个概念复合而成的。“通报”是指商业银行将有关情况以书面形式告知下级机构或内部职工。而“批评”是指对缺点和错误所提出的意见，目的是希望对方吸取教训，引以为戒。信贷违规通报批评是指商业银行将行为人，即信贷从业人员的有关缺点和错误在一定范围内予以公布，希望行为人或其他人吸取教训、引以为戒的一种措施。

行政手段

以指令性规定对信贷经营活动做出刚性结束，通过授权性规范、禁止性规范与义务性规范等三大规范，明确可为与不可为的界限，确保信贷经营沿着正轨运行，包括信贷准入条件的规定、贷款限制性条件的要求、信贷指标指令性计划的下达、信贷停牌复牌制度等，充分发挥行政手段对信贷风险管理权威性、强制性、垂直性、封闭性的作用。

（一）加强贷款准入管理

贷款准入管理是商业银行在信贷审批前，按照自身的发展战略和经营定位，对有贷款需求的客户和项目进行初选、评估、立项等前期准备工作。贷款准入管理直接决定什么样的客户和项目能够获得银行的信贷资源，既是信贷流程的起始环节，也是信贷风险防控的第一道防线。贷款准入管理的目标是从源头上控制风险，对不符合准入条件的客户，无论面临多大的压力，都要敢于说“不”；对基本符合准入条件的客户要多方审视，慎之又慎；对符合准入条件、各项指标优秀的客户和项目，要尽可能优先受理。在加强贷款准入管理上，要重点强化行业、区域、客户三个维度的准入管理。

（二）设定贷款限制性条款

商业银行在审批贷款时必须设置必要的限制性条款，以确保信贷资产安全。主要包括以下内容：办理贷款业务品种、额度、期限及保证金比例要求；贷款担保方面的要求；对资产负债率等核心偿债能力，流动性、赢利性等财务指标的要求；贷款支付金额、支付对象的要求；对外担保的限制；资本出售的限制；资本性支出的限制；股东分红的限制；兼并收购的限制；偿债优先权的要求；还款来源的要求；配合贷后管理的要求；其他限制性条款。

（三）建立信贷停牌复牌管理制度

商业银行应对个人贷款与小微企业贷款建立信贷停牌复牌管理制度。

1. 信贷业务停牌复牌管理制度的定义

信贷业务停牌复牌管理是指在银行授权经营管理的框架内，监管行对被监控行（支行或网点）的全部或主要单项个人与小微企业信贷业务产品，实施预警、停牌、整改、复牌的管理。

2. 信贷业务停牌复牌管理制度的原则

（1）定期监管。是指商业银行管理行（包括一级支行）直接以二级支行（网点）为单位，对个人贷款与小微企业贷款资产质量变动情况进行定期（按月）监控，对被监控行的个人与小微企业信贷业务审批和业务受理权限实施信贷停牌复牌管理。

（2）分类管理。是指根据不同个人与小微企业信贷业务产品的风险特征，制定差异化的风险控制标准；根据不同机构（网点）的资产质量现状，实施差异化管控手段；根据风险水平的变动情况，采取差异化的约束措施；督促个人贷款与小微贷款经营高风险的机构（网点）加快提升风控水平，以实现个人与小微企业信贷业务总体风控目标。

（3）积极化解。是指通过停牌复牌制度，督促经营行主动清收、及早处置贷款风险，最大限度地防控不良贷款的发生与向下迁移，并通过深入查找原因，及时化解风险，严肃追究责任，完善制度流程，强化个人与小微企业贷款责任经营机制。

3. 信贷业务停牌复牌管理制度的标准与时段

风险控制标准是指，全部或单项个人与小微企业信贷业务产品在风险评价时段内，可以容忍的新增贷款不良率的最高值。风险评价时段，是指商业银行规定的个人与小微企业信贷业务产品发放的起止时间。

4. 信贷业务停牌复牌管理制度的核心内容

（1）停牌。是被监控行个人与小微企业信贷业务产品新增不良率超出风险控制标准或发现需停牌重大风险信号的情况下，由监管行对其个人贷款与小微企业贷款业务审批或业务受理实施限制，防止经营风险继续扩大的过程。停牌包括上收业务审批权限与停止业务受理权限两类。上收业务审批权限是指，对被监控行全部或单项个人与小微企业信贷业务产品的审批进行限制，审批权限上收一级审批机构或有权审批人；停止业务受理权限是指，对被监控行全部或单项个人与小微企业信贷业务产品的受理进行限制，暂停其受理该项业务，并同时上收其业务审批权。

（2）复牌。是被监控行在停牌期间，通过有效整改，使得资产质量达到复牌标准后，由监管行恢复其业务审批或业务受理的过程。

技术手段

运用经济学、统计学分析工具和信息科技手段，对信贷风险进行有效识别和量化分析，防范和化解信贷操作风险。“三个办法”要求，贷款人应健全贷款资金支付管控体系，加强金融科技应用，有效监督贷款资金按约定用途使用。发现借款人挪用贷款资金的，应按照合同约定采取相应措施进行管控。

（一）信贷管理系统技术

信贷管理系统实现对银行信贷业务数据的统一管理。通过对银行信贷机构的业务控制、授权控制、参数控制、客户贷款审批流程控制、贷后跟踪评价等功能实现了对贷款风险的监控和约束，帮助银行正确把握每笔贷款的实际价值和风险程度，从而达到降低贷款风险、提高贷款质量、增加信贷收益的目的，加强商业银行的核心竞争力和抗风险能力。同时，可实现信贷业务与核心业务系统数据的密切联系，保证信贷数据的及时与准确。并按个人及企业征信系统的征集内容、数据格式标准及信贷系统接口规范，提供征信数据上报接口。

1. 信贷管理系统主要功能

信贷管理系统主要功能包括：客户信息管理、信贷业务管理、授权管理、贷款分类、贷后管理、资信等级评定、综合授信管理、风险分析预警、辅助操作、运行维护、综合统计查询、业务主机连接、征信数据接口等。

2. 银行要高度重视信贷管理系统等科技系统的推广和使用

（1）领导带头使用到位。银行要对全辖信贷从业人员系统使用进行专项培训，特别是定期对信贷管理人员进行系统使用上机测试，同时按月对管理人员系统运用情况进行通报，对系统使用不佳的管理人员集中进行辅导，确保会使用、善使用。

（2）“普及”培训到位。银行要组建内训师团队，或组建系统使用巡讲团队，通过现场演示、上机操作、强化日常工作的“传帮带”等方式，切实加强系统深度运用培训。

（3）强化督导到位。银行要将系统使用情况纳入执行力考核。同时，在信贷检查中做到必查系统使用情况，全面督导基层行使用系统。

（二）人工智能与大数据风控技术

人工智能，是研究、开发用于模拟、延伸和扩展人的智能的理论、方法、技术及应用系统的一门新的技术科学。人工智能是计算机科学的一个分支，它企图了解智能的实质，并生产出一种新的能以人类智能相似的方式做出反应的智能机器，该领域的研究运用包括机器人、语言识别、图像识别、自然语言处理和专家系统等。人工智能从诞生以来，理论和技术日益成熟，应用领域也不断扩大，可以设想，未来人工智能带来的科技产品，将会是人类智慧的“容器”，也将对信贷全流程风险管理起到革命性作用。

大数据风险控制，是指通过运用大数据构建模型的方法对借款人进行风险控制和风险提示。在大数据时代，银行风险管理的数据源更加多样、获取的路径更加简便、数据准确度更有保障、对大量数据的处理和分析也显得高效，数据的维度、延展面和精细度更能带来完善的风险管理分析要求。与原来通过人为方式对借款人进行经验式风控不同，通过采集大量借款人的各项指标进行数据建模的大数据风控更为科学有效。

大数据可实现商业银行风险管理中观测数据的深度和广度的扩充，有了足够多的数据还远远不够，如何构建合理的风险评级模型，对海量数据进行量化处理是需要解决的另一关键问题，而物联网、云计算技术的发展为数据变量的推演和模型的构建提供了平台。云计算采用了一种资源共享的技术支持和管理方式，提供了更高效的数据存储和处理能力，以低成本、灵活性和敏捷发布为主要特点。

人工智能与大数据信贷风险控制的主要方法包括：

1. 依托物联网技术实现银行风险管理流程的再造和飞跃

传统的银行风险管控流程主要包括事前的客户识别和客户准入，事中的风险评估和风险计量、风险预测和风险规避，以及事后的风险让渡和风险转移、风险抵补和风险缓释、风险确认和损失管理等。由于银行风险监管涉及的流程较多，其涉及的部门、人员和地点也较广，各环节信息的不对称使得风险监管的效率低下。但借助互联网，特别是物联网大数据，银行能对风险监管数据进行全面掌握，并在必要时对数据在银行内外进行共享，有助于强化风险识别、风险评估、风险控制、风险处置、管理后评价等重要节点，打通风险管理的评价、预警和处理等流程，合理匹配事前、事中、事后资源，实现数据信息的自由交流。依据物联网大数据技术，银行可以对信贷全流程风险管理流程进行变革，实现银行风险管理的科学有效。

2. 构建多平台信息采集平台，升级客户征信数据库

征信是当前银行为防范信用风险，针对个人和企业客户采取的信用基本情况的调查。调查内容主要包括企业和个人在金融活动中的交易信息等，最后以信用等级的不同划分不同个体的信用，信用等级越高，则可以享受越多的金融服务。和个人相比，企业级的相关信用数据收集更加有限，信用等级也更具波动性。互联网，特别是物联网时代是一个开放、共享的时代，若银行能着眼于长远利益，积极与第三方数据提供方合作，构建双边或多边互助合作平台，不仅可降低数据收集的成本，也可以让风险管理的结果更具可信度。对于企业或个人的消费行为、生活习惯和交易记录等数据，不同数据收集平台可以直接共享，相同的数据可以合并，不同的数据则可以融合和相互补充，这种跨地区、跨平台和跨类型的数据收集形式可以全面提升征信数据库的准确度，为日后银行风险管理提供基础。

3. 建立内外部信贷金融产品库，加强相关信贷产品的风险管控

在物联网大数据背景下，银行受到来自传统互联网，特别是现代物联网企业的威胁也愈加强烈，银行要应对这些挑战，自身必须做出改变，充分发挥自身优势，不断开发满足时代背景和客户的金融产品。事实上，目前众多银行也推出过新的信贷金融产品，如资金流量贷、订单贷、物流贷、社保贷、工资贷等。但这些产品在风险管理方面却无法做到令人满意。为了更好地利用物联网大数据，银行需要从内到外对信贷金融产品进行“包装”，建立银行内部统一的信贷金融产品库和信贷产品目录，还要对市场上其他银行众多相关信贷金融产品进行比较分析，着重了解这些信贷金融产品的用户构成、

客户满意度、收益率及产品自身存在的风险大小等，形成内外信贷金融产品的对应联系，探索建立合理的风险参数设计，为日后新推出信贷金融产品的准入、推广和实施等流程提供风险评估依据。

4. 采集宏观与微观经济变量，分析行业运行态势

商业银行信贷风险管理的对象除面对企业、个人和信贷金融产品外，还有不同行业的宏观经济指标。我国经济的发展阶段和自身特点决定了经济波动对整个行业的影响有时远大于对企业和个人的影响，而且风险对行业的影响往往是不可控的。因此，对于行业发展的预判是风险管理的重要内容之一，找到评估量化行业风险等级的方法是未来研究的重点。物联网大数据背景下，银行能更加便捷地找到不同行业之间数据的关联性，通过模型的演算和数据分析找出各数据变动间的因果关系及未来行业的发展趋势。这些宏观经济变量包括：行业生产总值、物价指数、劳动力供需、产业竞争力水平和行业经济政策等，微观经济变量主要是企业的相关运营指标，如产能、利润和投资额等；这些多样化的数据都可以通过大数据获得，利用相关指标即可分析各行业的未来发展情况。

5. 从内部构建主动型风险管理模式，适应物联网金融的发展

在物联网大数据时代，先进的信息技术系统是实现银行风险管理的必要条件，也是保障客户信息安全的重要方面。近年来，很多银行都建立了自己的电商平台，也尝试通过多种方式与物联网企业开展合作，积极赶上“互联网+”“物联网+”的热潮。银行自身也应积极将信息技术系统的构建和风险识别、风险监管相结合，积极培养熟知物联网金融和风险管理模式的创新型人才，从基本的人才培养到信息系统建立再到风险管控，银行应以更加主动的姿态，全面适应物联网金融的发展。

（三）网格化管理技术

网格化管理是政府部门进行社区管理的一种新模式，就是按照一定的地理空间和人口分布，通过单元网格的划分，实行分片包干、责任到人、设岗

定责，实现力量下沉、无缝对接、服务到户的一种社会治理新模式。第一，它将过去被动应对问题的管理模式转变为主动发现问题和解决问题；第二，它使管理手段数字化，这主要体现在管理对象、过程和评价的数字化上，保证管理的敏捷、精确和高效；第三，它是科学封闭的管理机制，不仅具有一整套规范统一的管理标准和流程，而且发现、立案、派遣、结案四个步骤形成一个闭环，从而提升管理的能力和水平。

信贷全流程风险管理也应采用网格化管理责任模式。即按照信贷全流程管理制度界定的岗位职责和客户分层管理要求，纵向明确管理行和经营行的管理责任和工作内容，横向明确各相关部门和岗位的管理责任与工作内容，形成纵横交织的网格，全面覆盖各项信贷业务及相关岗位责任人，做到每个客户有人管，每个动作有人做，每个环节有人盯，每笔风险有人担。人在网中走，档在格中建，格格有管理，时时有监控。

文化手段

任何制度的实现结果，关键在于人的执行，在于人的文化。建立信贷风险管理的理念文化、制度文化、执行文化，有助于形成信贷风险控制的强大理念传导力、文化规范力和精神推动力，形成真正的全员信贷风险管理文化。

（一）信贷经营文化

商业银行应培育安全、稳健、价值、规范的信贷经营文化。

1. 安全第一，是信贷文化的基石

工商企业的经营原则是效益性第一，而我国《中华人民共和国商业银行法》明确规定，“商业银行以安全性、流动性、效益性为经营原则”，安全性是商业银行的首要原则。美国安全工程师海因里希的“安全金字塔”法则就说明了，每有 300 次不安全行为就会有 29 次轻伤，1 次重伤或死亡，比例为 300：29：1，你是否愿做那 1/300？必须实现从要我安全→我要安全→我懂安全→我会安全的飞跃，且须彻底清除“100-1=99”这种错误的安全

麻痹观念，树立“100-1 ≠ 99=0”这样实实在在的、责任重于泰山的信贷安全不等式。

2. 稳健至上，是信贷文化的灵魂

在市场经济条件下，信贷不可避免地会遇到风险，实施稳健审慎原则，就能在风险实际发生之前防范风险，并处置化解风险，这是保证信贷资产经营可持续健康运行的前提条件。它有利于银行做出正确的经营决策，有利于保护所有者和债权人的利益，提高银行市场竞争力。

3. 价值为本，是信贷文化的根本

通过信贷资金的有效运用，将银行信贷风险与业务成本、信贷风险与经营利润联系起来，让收益有效覆盖风险，实现银行、客户、社会共创价值，这既是商业银行生存发展的基本前提，也是商业银行必须履行的社会责任。

4. 规范管理，是信贷文化的标准

目前，部分银行特别是有的农村金融机构，仍然采用一个师父一个法、以师带徒的信贷管理模式。因此，必须来一场信贷管理革命，全面推行规范化管理。制度就是师父，制度就是规范，让制度说话，靠制度办事，以制度管人。信贷全流程管理的每一个岗位、每一个流程、每一个活动、每一份资产、每一个时刻、每一个客户，都必须处于制度管控之中。实现决策程序化、考核定量化、组织系统化、权责明晰化、奖惩有据化、目标计划化、业务流程化、措施具体化、行为标准化、控制过程化。

（二）信贷合规文化

我的合规我负责，他人违规我有责，全行合规我尽责。强化员工不想违规正能量，设立员工不敢违规高压线，构建员工不能违规防火墙。要我安全是爱护，我要安全是觉悟，我能安全是进步。

事不关己，高高挂起，是信贷从业人员在信贷风险管理工作中的大忌。银行信贷业务流程不是一个人能完成的，涉及银行多个层级、多个部门、多

个岗位、多个员工。每笔贷款风险的防范、识别与处置必须依靠团队的力量才能做到。如果两个客户经理对一个信贷客户进行双人调查，B 客户经理发现 A 客户经理有违规调查行为——与客户串通一气对财务数据造假，却睁一只眼闭一只眼，如果这笔贷款产生不良，B 客户经理也会被连带追究责任。产生一笔不良贷款，银行至少要追究 5 个人以上的违规责任，即客户经理 2 人，直接负责的网点负责人（部门负责人）1 人，信贷审查人员 1 人及独立审批人 1 人。因此信贷违规是“六害”，即害自己、害同事、害客户、害家人、害银行、害社会。因此，必须强化合规文化建设，通过合规经营来保护自己、保护同事、保护客户、保护家人、保护银行、保护社会。

（三）信贷底线文化

银行信贷从业人员必须严守法律、道德、制度、风险（即风险容忍度）、饭碗（即职务与职业）五条底线，无论任何人，无论在任何时间、任何地方，都不能用任何方式来突破。人的一生有三件事情是永远不能开玩笑的：一是不能拿自己的身体开玩笑。这几天心情不好，不吃不喝，伤了身体，没有人同情你，很难挽救！二是不能拿自己的家庭开玩笑。与老婆（老公）吵架后说“我与你离婚”；与孩子闹矛盾后说“我与你断绝父（母）子关系”。家庭关系破坏了，很难修复！三是不能拿自己的饭碗开玩笑。信贷风险管理严重失误会直接被撤职、开除、解聘、禁止金融从业资格等，很难挽回！

（四）信贷尽职文化

信贷尽职文化是信贷从业人员的职业文化、制度文化的基本要求。《商业银行授信工作尽职指引》规定，授信工作尽职指商业银行授信工作人员按照规定履行了最基本的尽职要求。授信工作尽职调查指商业银行总行及分支机构授信工作尽职调查人员对授信工作人员的尽职情况进行独立地验证、评价和报告。

责任是社会发展的产物，是伴随着社会关系的建立而产生的。责任包含两种含义：一是任何一个有能力的人在社会生活中应承担的角色义务，属于道德范畴；二是个人对自己的不良行为所应承受的后果，属于法律范畴。

责任一种品质，是一种使命，是一种压力，是一种追求。每个人在信贷风险管理中，都应当做好自己能做的分内之事，履行自己应该承担的责任。做到知责于心，担责于身，履责于行，承责于果。防止不思进取不想为、求稳怕乱不敢为、本领欠缺不会为、消极懈怠慢作为、装模作样假作为、粗放管理错作为、违规违纪乱作为等不负责任的不良信贷行为。

信贷尽职文化的核心落脚点是个人责任思维，做到尽心尽力、尽职尽责、尽善尽美。通过信贷从业人员的自我负责，让员工自己看到在信贷管理工作中什么样的行为对自己是有终极好处的，从而根据银行信贷价值观调整自己的价值观和行为方式。这就是责任选择。思维方式和价值观一旦确立，就可以打造一个责任环境，强化责任氛围，尽职行为持续性也就可以得到保障。

（五）信贷行为文化

管理体系化，按照信贷全流程管理体系从事信贷业务；体系规范化，把所有的流程体系变成制度规范，按照规范进行操作；规范习惯化，把规定动作变成习惯动作；习惯规范化，把信贷习惯转化为规范动作。

模板手段

模板是将一种事物的结构规律予以固定化、标准化的成果，它体现的是结构形式的标准化。

（一）制定模板

银行应全面制定信贷全流程管理操作模板，要从岗位职责、管理流程、管理制度、管理标准、工具表单、文书方案、问题对策七大维度出发，将信贷全流程管理的各种制度、各类客户、各项产品、各个流程制作成标准化的操作模板，并印制成工作手册，发放至管理行、支行、网点前中后台信贷从业人员，确保人手一册。

（二）学习模板

银行必须要求各级行、各部门、各网点利用晨会、夕会、周会、业余时间，采取培训、考试、考核、经验交流等方式督促全体信贷从业人员对上述模板进行系统、重复地学习，内化于心，外化于行，深化于根，固化于制，确保固化成为本银行信贷全流程风险管理工作模式。

（三）运用模板

要求金融高管、信贷管理人员、客户经理等信贷从业人员经常使用模板进行管理，并注意模板的正确使用方法，让其充分发挥作用，提高实效。

（四）检查督办

要求银行将模板的落地实施情况纳入信贷合规、尽职监督、巡诊检查等内部信贷管理检查范畴中，做到现场检查、现场帮辅、现场整改，确保执行到位不走样。

培训手段

（一）培训对象全员化

在突出金融高管、信贷管理人员、客户经理培训的基础上，将信贷全流程风险管理培训对象延伸至所有信贷从业人员，包括信贷前台、信贷后台、审计、法律事务、合规管理、营运主管等信贷管理相关人员。还要对信贷后备人员特别是新入行的大学生进行系统培训，先培训后上岗。

（二）培训证书职业化

银行应全面推行信贷从业人员资格准入管理，实行持证上岗。没有取得信贷从业资格证书的人员，不得从事信贷管理工作。

（三）培训内容实用化

针对经营管理层高管，突出经营理念、团队管理、制度建设、流程再造、信贷文化等管理类知识的培训；针对信贷营销与管理人员，突出制度执行、操作模板、管理技能、管理标准、法规运用、产品知识、风险识别与处置等方面的培训。

（四）培训方式多元化

除了继续做好现场培训与案例教学外，银行还要广泛推行网络、视频、微课等在线方式的培训。同时，认真开展信贷全流程风险管理示范巡讲培训，即将辖内信贷管理精英团队集中起来，组建一支信贷全流程风险管理精英巡讲团，到辖内管理行、支行、网点现身说法，传授管理经验、心得和方法。

（五）培训成果落地化

培训不落地（转化），等于一场空。一定要注意培训成果的转化落地，即转化为生产力、竞争力。对银行来说，要将信贷全流程风险管理培训成果转化为工作业绩、工作意见、管理制度、工作模板、培训资料与企业文化；对学员来说，要将培训成果转化为理念、技能、方法、模板、习惯与业绩。还要明确规定转化落地的时间节点：3 月内初变，初见成效；6 月内大变，大见成效；1 年内巨变，业绩倍增；2 年内蜕变，脱胎换骨。

[巴老师讲案例之五]

项目准入违规风险案例

一、案例简介

2016 年 12 月 18 日某银行向某股份有限公司发放固定资产贷款 5000 万元用于新建生产线项目。期限 5 年，当地金融监管部门现场检查发现，该项目并未取得国家有关部门建设用地和环境评估文件批复。

二、问题思考

1. 该项目贷款主体资格合法有效吗?

2. 该项目贷款存在哪些法律风险与后果?

3. 你认为银行对贷款准入应该设立哪些门槛?

三、老师讲评

1. 该项目贷款主体资格合法有效问题。借款人主体资格合法，但项目主体资格不合法。因此，此项目贷款主体资格不合法。

2. 该项目贷款存在的法律风险与后果。关键问题是合法性手续不齐全导致贷款违规。一是项目强停风险。土地与环保政策是国家设立的两条高压线。该项目并未取得国家有关部门建设用地和环境评估文件批复，极有可能面临国家有关部门对其强令停止的风险。二是信贷损失风险。项目强停后，将无法正常经营，贷款资金的还款来源将无保障。三是银行被监管处罚风险。《固定资产贷款管理办法》要求，对于项目不符合国家的产业、土地、环保等相关政策，没有按规定履行了固定资产投资项目的合法管理程序及项目资本金不符合国家规定的贷款行为，国家金融监督管理机构可根据《银行业监督管理法》采取监管措施。责令暂停部分业务、停止批准开办新业务；限制分配红利和其他收入；限制资产转让；责令控股股东转让股权或者限制有关股东的权利；责令调整董事、高级管理人员或者限制其权利；停止批准增设分支机构。四是银行高管与信贷从业人员职业风险。除了其他处分外，还有被开除行籍（终身不能从事银行业工作）的风险。依据《银行业监督管理法》进行处罚，包括：责令改正，并处二十万元以上五十万元以下罚款；情节特别严重或者逾期不改正的，可以责令停业整顿或者吊销其经营许可证；构成犯罪的，依法追究刑事责任。责令银行业金融机构对直接负责的董事、高级管理人员和其他直接责任人员给予纪律处分；银行业金融机构的行为尚不构成犯罪的，对直接负责的董事、高级管理人员和其他直接责任人员给予警告，处五万元以上五十万元以下罚款；取消直接负责的董事、高级管理人员一定期限直至终身的任职资格，禁止直接负责的董事、高级管理人员和其他直接责任人员一定期限直至终身从事银行业工作。

3. 银行对贷款准入应该设立的门槛。银行要从行业、区域、客户三个维度设立贷款准入门槛：

（1）行业准入门槛。凡是国家政策鼓励的，银行可以择优贷款，国家政策反对的，银行坚决不能贷款。

（2）区域准入门槛。区域准入管理要坚持“三条原则”。一是优势区域优先发展原则。对当地经济发达、市场体系完善、金融生态良好、信贷管理规范的区域要实行资源倾斜，扩大权限，赋予更多的自主准入权。二是一般区域有重点发展原则。对经济发展和金融生态环境一般的区域，要重点发展具有当地特色和优势的业务，并赋予其相应领域的自主准入权，力求把业务做精、做细、做好。三是限制区域限制发展原则。对金融生态环境不好的区域，要适度上收自主准入权，重点发展轻资产、低资本、低信用风险业务。

（3）客户准入门槛。公司客户要设立行业政策、信用等级、企业制度、资产规模与财务管理等门槛；个人客户要设立信用等级、家庭实力、还款能力等门槛。固定资产贷款客户要设立项目批准文件、环保批准文件、土地批准文件及项目资本金符合国家规定等门槛。

［巴老师讲案例之六］

收受客户财物违法贷款风险案例

一、案例简介

2021 年至 2022 年，何某在担任某银行支行行长期间，利用职务便利，为他人谋取利益，于 2021 年 5 月非法收受某实业发展有限公司实际控制人熊某所送商品房一套（当时市场价值 110 万元）；于 2022 年 6 月非法收受某房地产开发有限公司董事长艾某的人民币 10 万元。何某收受上述好处，疏于信贷风险管理，随意发放贷款 6700 万元，形成不良贷款 4100 万元。法院审理认为：被告人何某身为国家工作人员，利用职务便利，非法收受他人价值120万元的财物，为他人谋取利益，其行为构成受贿罪，公诉机关指控被告人何某犯受贿罪成立。法院判决：被告人何某犯受贿罪，判处有期徒刑十年，并处没收财产120万元。

二、问题思考

1. 分析银行工作人员收受客户财物、违法贷款会造成哪些严重后果？

2. 银行如何防控内部控制风险？

三、老师讲评

1. 银行工作人员收受客户财物、违法贷款会造成的后果。一是银行工作人员在授信过程中索取客户财物或者非法收受客户财物，为他人谋取利益的，或者违反国家规定，收受各种名义的回扣、手续费，归个人所有的，将构成受贿罪。《中华人民共和国刑法》第一百八十四条规定："银行或者其他金融机构的工作人员在金融业务活动中索取他人财物或者非法收受他人财物，为他人谋取利益的，或者违反国家规定，收受各种名义的回扣、手续费，归个人所有的，依照本法第一百六十三条的规定定罪处罚。国有金融机构工作人员和国有金融机构委派到非国有金融机构从事公务的人员有前款行为的，依照本法第三百八十五条、第三百八十六条的规定定罪处罚。"《中华人民共和国刑法》第一百六十三条规定："公司、企业或者其他单位的工作人员，利用职务上的便利，索取他人财物或者非法收受他人财物，为他人谋取利益，数额较大的，处三年以下有期徒刑或者拘役，并处罚金；数额巨大或者有其他严重情节的，处三年以上十年以下有期徒刑，并处罚金；数额特别巨大或者有其他特别严重情节的，处十年以上有期徒刑或者无期徒刑，并处罚金。公司、企业或者其他单位的工作人员在经济往来中，利用职务上的便利，违反国家规定，收受各种名义的回扣、手续费，归个人所有的，依照前款的规定处罚。"二是违法发放贷款行为，不仅破坏了正常信贷活动应有的规范，而且是对国家信贷管理制度的严重侵害，给国家和银行造成重大损失。三是个别银行工作人员因违反国家法律规定，受到法律制裁，也极易形成对商业银行的声誉风险，可能引发外界舆论及相关客户的负面评价，对银行经营发展产生不利影响。

2. 银行防控内部控制风险的措施。

（1）银行应建立健全内控制度来防范违法犯罪行为的发生。同时加强对信贷人员金融法律、行政法规的学习和教育，提高其依法办贷的水准，做到合法、合规办贷。

（2）银行工作人员要廉洁自律，自觉遵守职业操守，坚决拒绝收受客户各种名义的回扣和贿赂，恪尽职守。

（3）银行要长期坚持反腐倡廉教育，建立长效的履职监督和案防机制。

（4）银行应当加强内部管理，完善工作流程，以避免因银行工作人员违反法律规定造成风险隐患，并给商业银行带来声誉风险。

第二章

贷前尽职调查全流程风险管理

贷前尽职调查原则与方法

贷前尽职调查的定义

贷前尽职调查，指银行客户经理，通过现场调研和其他渠道尽可能地获取整理、调查核实、分析论证有关借款人及有关信贷业务、担保等方面的情况，揭示和评估信贷业务可能存在的风险并提出应对措施，为贷款决策提供依据。

银行应实行贷前尽职调查全流程管理，全面了解客户信息，采取现场与非现场相结合的方式，以现场调查为主，非现场调查为辅，通过现场核实、电话查问及信息咨询等途径和方法履行尽职调查，形成调查书面报告，并对其调查内容的真实性、调查内容的全面性和调查行为及工作程序的规范性负责。

贷前尽职调查的意义

（一）贷前尽职调查是信贷决策的基本依据

贷前尽职调查的目的是真实、全面、客观地获取客户信息和担保信息，通过揭示可能影响贷款安全的风险因素与防控方法，提出可行性意见和建议，确保调查资料的真实性、完整性和有效性，为信贷业务审查、审批提供基本依据。

（二）贷前尽职调查是信贷全流程管理的关键环节

全面深入、细致严谨、高质量的尽职调查工作是银行开展信贷业务、管理信贷风险的基本保障，它可以降低贷款人与借款人之间信息不对称，减少贷款风险隐患。其工作质量优劣直接决定了贷款质量和风险承担水平，是信贷风险控制的第一道闸门与基本手段，是信贷全流程管理的关键环节。贷前调查质量越高，贷款风险发生的可能性越低，反之则越高。因此必须做实贷前，严设贷前尽职调查“防火围墙”，铸就信贷资产“铜墙铁壁”。

（三）贷前尽职调查是规范行为、明晰责任的重要基础

银行发生一笔不良贷款，必然要追究相关人员连带责任。首先要查看贷前尽职调查报告。一次不负责任的贷前调查，就有可能导致一笔不良贷款的产生。如果客户经理在贷前尽职调查报告中如实反映了客户相关风险信息，但信贷审查人员没有重视并采纳意见，那么信贷审查人员应负主要责任。如果信贷审查人员也同意客户经理贷前尽职调查报告的意见并在审查报告中予以风险披露，但信贷审批人员没有作为决策依据而盲目审批了，那么信贷审批人员就应负主要责任。

贷前尽职调查的原则

双人调查。尽职调查应至少由两名调查人员共同实施完成。

规范调查。客户经理应以实地调查为主、非现场调查为辅，采取现场核实、电话查问及信息咨询等途径和方法，规范调查行为。

客观审慎。客户经理在尽职调查过程中，应客观、审慎地对客户及信贷业务相关信息进行真实性核查，有效甄别虚假风险。

勤勉尽责。客户经理应严格按照监管部门与本银行贷前调查指引规定尽职履责，对客户信息和业务风险进行全面、深入地调查分析。

结论明确。客户经理应对调查发现的风险问题予以充分揭示，并根据调查实际情况，提出明确、清晰的调查结论。

贷前尽职调查的方法

（一）交叉检验法

贷款人与借款人之间信息不对称是造成信贷风险隐患的主要原因，也是

信贷决策的重大难题。因此，必须通过交叉检验才能比较真实、全面地了解你的客户、了解你的业务、了解你的风险。

（1）四大关键原始资料——票据、合同、付款单据与权证交叉检验。

（2）银行对账单交叉检验。查看资金流量的总量与结构变化。

（3）库存单交叉检验。查看库存总量、结构与周期变化，特别要剔除库存产品中的残品、次品及冷品（过期的库存产品）。

（4）应收账款单交叉检验。查看总量、结构与账龄的变化，特别要剔除坏账。

（5）水电气三表交叉检验。查看生产经营波动性、稳定性与成长性、电量与产量对比（单位产量能源消耗含量）。

（6）家庭生活四大状况交叉检验。我国民营企业与实际控制人家庭生活高度关联。特别是要注意家风、婚姻、健康与资产四大状况。

（7）上中下三商交叉检验。上游，查看供应商客户；中游，查看生产商（配套）客户；下游，查看销售商客户。

（8）商品订货单、海关报关单和供货单交叉检验。一是订货单，包括订单总量、品种与结构的变化；二是海关报送单，包括进出口交易总量、区域、对手的变化；三是供货单，包括供货单总量、品种与结构的变化。

（9）纳税单交叉检验。通过增值税税率和税额检验企业销售真实性；通过所得税税率和税额检验企业利润真实性；看企业诚信度，对欠税大户坚决不能贷款，因为借款人有牢狱之灾的风险。此外，税款享有优先受偿权。

（10）员工工资单交叉检验。通过发工资人数看企业生产经营稳定度情况；通过发工资时间看企业欠薪情况，欠薪三个月以上的坚决不贷款；通过发工资额度看企业生产经营有无造假情况；通过发工资水平（员工平均工资水平）看企业行业竞争力；通过工资产能比看企业劳动生产率是否先进。

（11）六大网络系统交叉检验。本银行信贷管理系统与DT（大数据）平台，中国人民银行征信中心（个人与企业），国家企业信用信息公示系统，银行业协会系统（同业制裁黑名单信息），政府主管部门系统（如公、检、法、税务、不动产登记等），社会网络系统（如第三方公司、中国知网、巨潮网、万方数据等)。

(12)客户经营管理模式与结构交叉检验。①分析客户三种经营管理模式——发展模式，是集约经营发展模式或是粗放经营发展模式；赢利模式——靠量（数量，如加工企业）赢利、靠质（质量）赢利、靠牌（品牌）赢利模式；营销模式——线下营销、线上营销、线下与线上全渠道营销。②分析客户四种结构：股权结构（注意实际控制人控股情况）、高管结构［现代企业必须建立由1+5的法人高管团队，1，即老板，实际控制人；5，即5个职业高管，包括职业经理人（事业合伙人）、职业会计师、职业律师、职业产品专家和职业营销专家］、产品结构（迭代产品结构：销售一代、储备二代、研发三代）、客户结构（原材料供应客户、配套生产客户与产品销售客户）。③落实7个关注：制度汇编、产品技术创新、企业文化、战略规划、人力资源管理、公共关系（社会责任）、安全管理。

（二）多维（六维）调查法

信贷尽职调查必须坚持多维调查，特别是望、闻、问、切、言、核“六维”调查法：

望，视而有见。多查看，眼见不一定为实，必须通过不同角度观察与考察，看清贷款客户的真实情况。

闻，听而有音。多倾听，兼听则明，听话听音，特别要注意倾听贷款客户与其他方面的弦外之音。

问，问而有应。多询问，了解客户真实需求，贷款客户与项目的所有疑问必须都有回应。

切，察而有觉。多研判，事实不等于真相，通过认真分析，把握贷款客户的本质面貌。

言，言而有信。多说话，通过与借款人、担保人及相关人员的有效沟通交流，全面掌握贷款客户与担保人的真实信用情况。

核，核而有实。多核实，通过核对、核查、核验、核算、核准等多种手段，来核实调查信贷客户真实情况。

（三）跨界融合法

1. 掌握跨界知识与技能

与工业、商业企业比较，银行业本身的专业知识与技能要求不能算是太高的。从会计角度看，工商企业会计知识可能更复杂一些。但银行业信贷从业与管理人员知识与技能的复杂性在于，不仅要懂银行，更要懂工业、商业、农业、科技等产业知识，以及企业管理知识、社会经济知识、法律知识、财会知识、心理学知识等。客户经理必须学会跨界融合，具备跨界的眼界、知识、技能与方法。

2. 注意研究调查贷款企业的金融生态圈

贷款企业的金融生态圈包括 7 类风险管理和 21 个生态圈：一是核心企业的集团链金融风险管理，包括 4 个生态圈，即总部、分支机构、控股企业、加盟企业；二是核心企业的合作链金融风险管理，包括 1 个生态圈，即第三方合作机构；三是核心企业的社会链金融风险管理，包括 4 个生态圈，即政府部门、社区、医院、学校；四是上游供应链金融风险管理，包括 3 个生态圈，即供应商、生产基地、原材料提供商；五是中游生产链金融风险管理，包括 1 个生态圈，即配套生产商；六是下游销售链金融风险管理，包括 3 个生态圈，即经销商、门店、终端客户；七是全产业链金融风险管理，包括 5 个生态圈，即全物流、全税收、全保险、全员工及个人、全闭环（通过科技金融平台实现闭环管理）。

3. 掌握企业运行规律

运用跨界融合思维，通过调查、研究贷款企业的金融生态圈来掌握企业生产经营的运行规律，从而识别风险、掌控风险、处置风险。

（四）“五流”“五迹”跟踪法

从物流、资金流、产业流、人流和信息流“五流”闭环管理看客户的经营轨迹、信息痕迹、比肩接迹、信用足迹和蛛丝马迹“五迹”来跟踪识别信贷客户风险点，是一种非常科学适用的信贷管理技巧。

1. 通过客户物流闭环管理看经营轨迹来跟踪识别风险

任何客户的生产经营管理活动都有其特殊的运行轨迹，包括客户产（生产）、购（采购）、销（销售）、存（库存）、流（物流）等经营轨迹。如分析客户经营性现金流可从以下物流的经营轨迹来识别风险点：产品销售订单、产品销售发票、产品生产单、产品入库单、产品出库单、应收账款单、银行流水单、经营性现金流。

2. 通过客户资金流闭环管理看蛛丝马迹来跟踪识别风险

“蛛丝马迹”这个成语的本意是指从挂下来的蜘蛛丝可以找到蜘蛛的所在，从灶马（一种昆虫）爬过留下的痕迹可以查出灶马的去向，比喻事情所留下的隐约可寻的痕迹和线索。机敏的银行客户经理可以根据客户资金流信息的蛛丝马迹，很快找到客户的信贷风险线索，再找到风险源，最后找到风险点。如一个客户财务报表中的银行贷款利息支出资金明显高于所有银行贷款总额应付的利息资金，通过这一蛛丝马迹来追踪调查，就可以查到客户参与民间借贷的情况。

3. 通过客户产业流闭环管理看比肩接迹，跟踪识别风险

每个客户都在特定的产业链中生存与发展，客户与客户之间比肩接迹，相互合作。客户的产业发展到哪儿，客户经理的信贷服务与信贷风险管理就要跟踪到哪儿。客户经理特别要关注客户的产业链延伸、产业外流、产业变革、产业代谢等产业变化来识别营销商机，开展营销活动，进行信贷风险管理。

4. 通过客户人流闭环管理看信用足迹来跟踪识别风险

通过客户信用卡账单、手机银行、微信银行、电子商务、现金管理、银行对账单及支付宝账单（芝麻信用）、微信账单（微信支付分）、员工工资单、个人缴税单等账单交易明细，查看个人客户吃（餐厅、食品）、喝（酒类、饮料）、玩（旅游、游戏）、乐（音乐、电影）、用（生活用品）、衣（衣服）、

食（吃饭）、住（酒店、家庭住房）、行（交通）、学（教育）、收（收入）等生活信用足迹，了解、分析、评判客户的信用状况、信用评价、信用履约、信用品行等。

5. 通过客户信息流闭环管理看信息痕迹来跟踪识别风险

在大数据时代，银行必须通过客户信息产生的信息痕迹来进行定位管理，特别是运用电子商务、现金管理平台、网上银行平台、微信银行等现代金融工具来创新大数据贷款产品，实现对信贷客户物流、资金流、产业流、人流与信息流的大闭环管理，从而识别风险、处置风险。银行要抓紧研究本行客户信息留痕营销与管理办法。

（五）假骗甄别法

善于甄别客户信息，特别是企业财务真假。有的所谓“金融专家”提出，小微企业贷款可以“以表（财务报表）定贷（核定银行贷款）”，“以押（抵押资产）定贷”，这在我国是行不通的。我国小微企业实际、真实财务状况往往是很难直接掌握的，一般有三套（企业、税务、银行）报表，甚至四套（个别企业还有一套对付股东与员工，以免少分红），客户经理必须通过综合分析判断，甄别企业财务真假，剔除财务虚假部分，以重置后的报表作为授信依据。抵押资产往往也有很多瑕疵，还存在处置变现难的问题，必须进行认真甄别。

1. 虚假主体

（1）假骗现象：①空壳公司（“四无”：无场所、无人员、无资金、无业务）；②借款主体与用款主体不一致，如通过贸易公司、建筑企业绕道用于房地产开发；③替关联企业借款。

（2）甄别方法：①实地核实企业实际经营的业务，通过了解企业的生产能力、原材料采购、订单等核实企业申请的融资是否与企业实际需求相匹配；②了解企业性质、股权结构、关联公司经营情况等，判断其间接融资的可能性；③调查贷款资金真实用途，防范信贷资金挪作他用；④核查企业提供的交易合同、购货单、发票等凭据。如涉关联交易的，进一步核实交易的真实性和交易价格的合理性；⑤核查企业日常账户资金进出是否与企业反映的上下游企业相符，交易额是否与报表反映匹配。

2. 虚假客户基础资料

（1）假骗现象：包括虚假营业执照、公司章程、各类经营许可、资质等级证书、收费许可证及其他贷款申请资料。

（2）甄别方法：贷款申请受理环节要对企业提供的原始资料进行查验，保证基础资料特别是原件的真实性。可通过官方渠道、网络资讯、关联企业等查询资料信息，看证照等是否无效、过期，与实际经营是否相符，是否伪造、变造。

3. 虚假注资

（1）假骗现象：包括虚报注册资本、虚假出资（以实物出资的，未办理产权过户视为虚假出资）、虚假验资，或出资后通过各种手段抽逃资金。

（2）甄别方法：①看验证手续，即查看出资方式、期限、金额是否符合约定，核查验资报告的真实性，如有疑问进一步取得资金入账证明；②看公司章程，即查看与审计报告反映的注册资本是否一致，与实际出资人是否一致；③看资产，即查看实物或无形资产出资的，是否按规定进行评估，评估结果是否公允，并办理了产权过户手续，现场检查实物的现状，核实企业反映的信息是否与实际情况一致。

4. 虚假（隐瞒）企业重大信息

（1）假骗现象：①编造虚假信息；②隐瞒重大信息，包括股权结构变化、管理层变动、对外投资、对外担保、核心资产转让、重大决策变化、生产经营情况等；③隐瞒重大不利信息，包括安全事故、环保事故、重大财务损失、监管部门处罚、涉诉、民间借贷、不良商业和银行信用记录等。企业重大信息关系到对企业的评价，也涉及信贷准入。

（2）甄别方法：①通过内外部渠道，了解企业的股权结构变化、管理层变动、对外投资、核心资产转让情况及原因；②及时了解企业经营战略和主营业务方向的转变，跟踪企业上下游企业变动；实地了解企业经营状况、财务状况、厂房设备建设安装购置等；③从当地执法部门及公开媒体了解企业发生的安全事故、环保事故、产品质量事故，并分析影响；④通过中国人民银行征信中心、司法系统、市场监督管理系统等政府部门核实企业是否存在被监管部门处罚、诉讼信息、不良记录及高管个人不良信用；⑤了解企业投资、对外负债、民间融资、对外担保情况。

5. 虚假贸易融资

（1）假骗现象。①虚假交易。伪造交易合同、发货通知单，虚构贸易背景。主要表现为：订单或购销合同要素不全、粗制滥造、与经营范围不符、数量及金额多以整数倍记，相关合同、票证、单据、发票之间不符。已履行的合同与统计期间不符的合同可视为虚假合同。②虚增交易金额。主要表现为合同金额与企业经营规模、销售收入、利润、纳税金额等明显不匹配；交易价格与市场价格相比明显偏高。

（2）甄别方法。①分析企业资金流是否与贸易背景匹配。了解企业的交易对手与企业提供的上下游客户是否一致，交易对手与企业主营业务是否吻合；关注异常大额资金往来与特定账户资金频繁划转现象，了解分析是否“空转”增加流量。②调查审核合同要素（商品、交易对手、交易条件、货物流、单据流的逻辑分析判断），重点审核合同要素反映的信息与企业实际经营状况是否吻合；合同要素是否完整，年度框架合同与单笔购销业务间的关联是否符合约定；合同中明确的结算方式、履约有效期，是否与申请办理贸易融资品种、期限一致；交易对象是否为客户的长期合作客户。③查看合同与对应的单据是否匹配，并核查单据的真实性。要把握各项贸易融资不同环节所需的单据，贸易业务项下的单据一般包括：合同、发票（增值税发票）、货物运输单据（出库单、发货单、提货单）、货物报关单、验货方验货证明等。查看合同对应的增值税发票、提单、关单、运输单据等票据，分析单据记载的时间、交易方名称、货物内容、数量、金额票面要素是否与贸易合同匹配，将各类单据信息相互校验，并分析与实际交易内容是否吻合。采取有效手段核实其真实性，如：通过海关电子口岸系统、货物贸易外汇监测系统（企业版）等查询并打印电子报关单；通过国家税务总局全国增值税发票查验平台查验增值税发票真伪；通过申请人的交易对手或第三方服务机构（如保险公司、货物运输外包物流公司）了解贸易背景的信息（如通过船讯网、中华航运网、仓储公司官网或运输公司官网核验提单、海运单、公路铁路或内陆水运单据的真实性）。④关注关联交易情况。重点了解隐形关联交易（表面上看不出关联交易，但实际上被其法定代表人、主要管理人员或其近亲属、朋友控制），并核实关联交易的实质及其价格合理性。

6. 虚假项目资料

（1）假骗现象：主要指虚拟项目、项目合法性手续存在瑕疵、虚假资金来源和投入、虚假项目投资额度、虚假工程进度等。

（2）甄别方法：①核查合法性手续情况，特别注意与国家有关部门联系，重点核查项目合法性手续不齐全、审批层级不对、审批内容与实际不符、项目可研报告的财务评价（如产品售价）严重不实、违反国家法律政策审批等问题；②核查资本金情况，特别注意资本金未按规定到位、不符合资本金性质、计划投入的资本金来源不可靠等问题；③核查项目投资额度，包括资本金、自筹资金、银行贷款使用到位情况；④核查工程进度，现场查看项目实际进展情况。

7. 虚假担保

（1）假骗现象：一是保证人不合法、不合规或担保能力不足；二是抵质押物存在瑕疵，如抵质押物属法律规定不能抵押的资产、虚假权属凭证、财产权属存在争议、登记手续存在瑕疵、权属证明与实际不符、押品评估报告与实际严重不符等。

（2）甄别方法：①审核保证人资格；②核实保证人实际担保意愿与担保能力；③加强关联担保管理；④审核押品合法性；⑤审核押品足值性；⑥审核担保手续合法性。

8. 虚假用途

（1）假骗现象：①信贷资金用途不真实，主要是与客户实际经营需求不相符；②信贷资金未按照约定用途使用，如与贷款申请或审批用途不一致；③被关联企业或实际控制人占用；④用途不合规，用于偿还贷款利息、股本权益性投资、资本市场等。

（2）甄别方法：①加强客户贷款资金真实需求调查；②加强信贷资金支付管理；③加强贷后资金账户监管。

9. 虚假额度

（1）假骗现象：主要是客户贷款申请或审批贷款额度明显超出客户经营需求或项目融资超出项目实际需求，同一项目在多家银行重复融资等。

（2）甄别方法：①认真调查、了解企业实际贷款资金需求，合理确定贷款额度，防止企业充当金融“掮客”，利用银行信贷资金参与民间借贷或盲目对外投资；②关注企业在其他银行的融资情况，并对融资总额进行限制。

10. 虚假报表

（1）假骗现象：①虚构交易或事实。财务报表反映虚假的经济业务。如虚构销售业务、重组业务、虚增资产等。②隐蔽核算。采用几套账，对付不同的使用对象；采用“小金库”，隐瞒很多账外经济业务，甚至贷款都不反映在账里；据为己有，给国家或企业造成巨大损失。③利用常规会计处理。利用虚拟资产和不良资产挂账及潜亏挂账，混淆利息资本化与费用化界限；利用研究和开发支出及广告费，利用各种“跌价准备”和计提秘密准备进行利润调节；利用会计政策和会计科目的变更，不提折旧和少提折旧及利息费用；利用其他应收和其他应付科目，直接调整会计报表，收入的确认，费用的确认，调整以前年度损益；利用投资收益，利用国外子公司等方法。④利用关联方交易。关联购销，转移定价，资产重组、转让或合资，交叉持股，资金融通，投资及担保，费用分担等方法。⑤利用资本经营。实物资产的买卖或置换，收购兼并会计的所谓“创新”，利用债务重组。⑥利用补贴收入。税收优惠，政府补贴，利息减免等方法。⑦利用会计方法作假。调整收入确认方式，使利润虚增或虚减；调整存货等计价方法，从而虚增、虚减资产和费用；调整折旧计提方法，延长或缩短折旧年限，虚增、虚减成本费用，从而调整利润的高低；利用资产重组调节利润；利用关联交易调节利润；利用资产评估消除潜亏；利用虚拟资产调节利润；利用利息资本化调节利润；利用股权投资调节利润。

（2）可以从以下七个方面甄别虚假报表：

①从企业整体财务状况出发识别作假。一是了解财务报表审计情况。二是连续向企业要同一时点的财务报表，对有差异的数据进行质疑。尽可能多地通过不同渠道搜集同一时点的财务报表，对比异同点，对差异的数据提出质疑。核对各财务报表内部的平衡关系和报表之间的勾稽关系，找出疑点。认真分析资产负债表、损益表、现金流量表与所有者权益变动表等四张表，四张表应互相印证、有机统一。以财务报表中各个项目之间的勾稽关系作为主要分析工具，如本期报表内部项目之间、本期与上期数据、主表与附表之间勾稽关系（本期期初数＝上期期末数，本期期末数＝上期期末数＋本期发生数，净现金流量＝期末货币资金－期初货币资金，期末长、短期借款－期初长、短期借款＝借款收到的现金－偿还债务所支付的现金）。通过考察报表中某项目的金额及相关项目的金额来分析企业报表及其附注。从而证实或证伪，进而对企业的财务状况、经营成果和现金流量状况做出判断。如：在分析企业收入时，可以关注每月利润表销售额的波动是否合理，累计销售收入与现金流量表中的销售商品、提供劳务收到的现金及资产负债表中的应收账款的变动额是否匹配，再与纳税记录、结算账户回笼资金相对应审核，是否存在虚增销售收入或隐瞒、截留销售收入的情况，结合这些情况，做出合理的判断。三是结合企业所处行业与平时观察掌握的经营状况进行对比，找出关键或重要财务项目的漏洞、疑点。将资产负债表、损益表、现金流量表、所有者权益变动表转换成结构百分比报表，与行业参考指标进行比较，从中发现客户财务结构有无异常，对存在的异常情况应分析其成因。如：将客户近三年的财务指标比较分析，将长／短期偿债能力、营运能力、收益能力等核心指标与同行业指标（与相关行业、相关地区客户同一时期的比较、与国资委发布的《企业绩效评价标准值》行业值比较等）进行对比分析，判断是

否保持在合理的水平，判断财务报表的真实性。

②从四大报表重点分析识别作假。对资产负债表侧重审核是否存在虚增资产、少计负债等影响对客户偿债能力判断的情况；对损益表侧重审核是否存在虚增收入、少计成本费用等影响对客户赢利能力判断的情况；对现金流量表侧重审核是否存在人为调节经营活动中现金净流量的情况；对所有者权益变动表侧重审核实收资本到位、资本公积与盈余公积提取正常与否、利润分配是否合理等。

③从重点财务项目分析识别作假。一是看客户银行对账单与银行自身的银行对账单是否一致。二是固定资产查权属登记，是否存在以租代购、是否按规定计提折旧费用。三是应收账款，抽查大额应收款项单据或向对方查证。四是存货，看存货明细与单据之间、登记数量与实际库存之间是否匹配，需要实地核查存货，抽查盘点部分货品，印证、观察实物标识、比例测算等验证真实性，对于仓储外包的企业，可要求企业提供仓储费、装卸费等费用单据验证，也可询问仓储方。五是对外投资，看企业与被投资方相关合同协议、决议、凭证、工商登记、报表等，还可实地查看被投资企业以验证投资真实性。六是在建工程，主要实地查看工程是否存在、工程进度与报表反映的投资额是否匹配、工程合法性手续是否完备、产权人是否一致。七是其他应付应收款，要核实分析具体对象、金额、账龄、借出资金用途、归还、使用条件等，对关联企业之间的资金往来要核实是否抽逃资金。特别要关注企业与个人隐性负债情况。按照融资渠道划分的隐性负债类型：隐瞒的商业上下游的赊欠、预收；亲朋好友圈子内的借款；民间非征信金融机构借款；因不良嗜好引致的社会渠道高利贷；民间互保联保引致的负债；因隐性或可退出合作者导致的负债；因妻室子女费用导致的负债。按照借款用途划分的隐性负债类型：早期滚动发展过程中形成亲朋好友圈半理财性质的负债；正常经营期间内补充经营流动资金的民间机构、上下游的负债；快速成长期间内因固定、流动资产投资增加的民间负债；因不良嗜好与个人生活行为增加的隐性负债；因参与高风险投资或者投机性质项目形成的隐性负债；因深陷资金链危机，垂死挣扎形成的隐性负债。

④不良资产剔除法。这里所说的不良资产，除包括待摊费用、待处理流

动资产净损失、待处理固定资产净损失、开办费、长期待摊费用等虚拟资产项目外，还包括可能产生潜亏的资产项目，如高龄应收账款、存货跌价和积压损失、投资损失、固定资产损失等。不良资产剔除法的运用，一是将不良资产总额与净资产比较，如果不良资产总额接近或超过净资产，既说明企业的持续经营能力可能有问题，也可能表明企业在过去几年因人为夸大利润而形成“资产泡沫”；二是将当期不良资产的增加额和增减幅度与当期的利润总额和利润增加幅度比较，如果不良资产的增加额及增加幅度超过利润总额的增加额及增加幅度，说明企业当期的利润表有“水分”。

⑤关联交易剔除法。是指将来自关联企业的营业收入和利润总额予以剔除，分析某一特定企业的赢利能力在多大程度上依赖于关联企业，以判断这一企业的赢利基础是否扎实、利润来源是否稳定。如果企业的营业收入和利润主要来源于关联企业，就应当特别关注关联交易的定价政策，分析企业是否以不等价交换的方式与关联企业发生交易，进行会计报表粉饰。

⑥异常利润剔除法。是指将其他业务利润、投资收益、补贴收入、营业外收入从企业的利润总额中剔除，以分析和评价企业利润来源的稳定性。当企业利用资产重组调节利润时，所产生的利润主要通过这些科目体现，此时，运用异常利润剔除法识别会计报表作假特别有效。

⑦现金流量分析法。是指将经营活动产生的现金净流量、投资活动产生的现金净流量、资筹活动产生的现金净流量分别与主营业务利润、投资收益和净利润进行比较分析，以判断企业的主营业务利润、投资收益和净利润的质量。一般而言，没有相应现金净流量的利润，其质量是不可靠的。如果企业的现金净流量长期低于净利润，将意味着与已经确认为利润相对应的资产可能属于不能转化为现金流量的虚拟资产，表明企业可能存在着会计报表作假的现象。

（六）异常、异动数据判断法

在对企业财务报表进行连续分析（按年、按季、按月）的基础上，发现企业客户财务数据异常、异动现象，是判断信贷风险隐患的一个重要方法。

1. 与利润表相关的会计数据异常

（1）营业收入增幅低于应收账款增幅，且营业收入、净利润与经营性现金流量相背离。在企业销售产品的过程中，一般都会产生应收账款。正常情况下，应收账款的变化幅度应与营业收入的变化相一致。如果应收账款增长速度高于营业收入，可能意味着：第一，企业放宽信用条件以刺激销售；第二，企业人为通过"应收账款"科目虚构营业收入。

（2）营业利润大幅增加的同时营业成本、销售费用等增加比例很小。企业正常经营产生营业收入时不可避免要产生营业成本和销售费用，这两项费用一般与营业收入的增长率保持一致。如果当期营业利润出现了大幅增加，而营业成本、销售费用等没有变化或变化很小，则有三种可能：第一，相关的销售并不存在；第二，企业为优化当年赢利水平，已将当期应计费用调至下一会计年度；第三，企业刻意调减当期应计费用来相对提高营业利润。

（3）企业应缴增值税、营业税金及附加和所得税费用异常低，与收入和利润增长幅度不匹配。企业所得税一般由企业利润乘以税率决定，如果企业利润较高，但是所得税却低于应有的水平，说明所得税费用与净利润差异较大，在没有免税条款的情况下，很可能是报表舞弊的预警信号。同样，企业应缴增值税应与销售商品增值额对应，营业税金及其附加与提供应税劳务等相对应，如果应缴增值税偏低，可能意味着营业收入被虚构。此外，如果应税额与净利润差异较大，也可能是企业偷税漏税或虚构收入的预警信号。

2. 与现金流量表相关的会计数据异常

（1）拥有与经营业绩不相匹配的现金余额，且现金占资产总额比例过高，多年来变化很小。一般而言，企业为了避免负担额外不必要的机会成本，其货币资金余额都会与自身的经营情况相匹配。如企业的货币资金余额明显超出经营规模的需要，且多年来无变化或变化较小，则可能是由以下几方面原因造成：第一，现金用途受到限制，如进行质押、设立担保等，而企业未将相关情况进行披露；第二，现金资产被控股股东等关联方占用。

（2）高额现金伴随着高额短期负债和逾期欠款等。如果企业拥有高额货币资金的同时还伴有高额的短期银行借款等短期负债或逾期借款，且高额货币资金基本上能够涵盖短期借款或逾期借款，那么该企业背后可能也存在着与上面情况一样的问题。

（3）应收账款变动不大的情况下，销售商品、提供劳务所收到的现金与营业收入和增值税增幅不匹配。在应收账款年初年末余额变动幅度不大的情况下，当年的销售商品、提供劳务收到的现金增长幅度应与营业收入及增值税的增幅相匹配，如现金流增幅大大小于收入和增值税增幅，则有虚构收入并虚开增值税发票的嫌疑。

（4）应付账款变动不大的情况下，购买商品、接受劳务支付的现金与营业成本增幅不匹配。同应收账款一样，在应付账款年末余额变动幅度不大的情况下，当年的购买商品、接受劳务支付的现金应与营业成本增幅保持相当水平，如现金流增幅大大小于营业成本，则公司有可能虚构收入，并相应虚构了相关营业成本。

（5）其他与投资活动相关的现金流会计数据异常情况。第一，某会计年度现金流量表中出现大额的购建固定资产、无形资产和其他长期资产支付的现金，而在资产负债表及其附注中的固定资产原值、在建工程及无形资产等长期资产项目在年度内没有发生明显变化；第二，投资支付的现金、收回投资收到的现金与长期股权投资、可供出售金融资产等科目变动幅度不匹配；第三，吸收投资收到的现金与验资报告中的货币出资金额不匹配。

3. 与资产负债表相关的会计数据异常

其他应收款或其他应付款数额巨大，与公司的主营业务收入规模不匹配。

由于企业会计人员将经营活动以外的其他各种应收或应付的款项全部用其他应收款和其他应付款科目核算，这使得这两个科目的核算内容比较繁杂，很容易成为某些单位或个人进行舞弊的工具。

涉及其他应收款和其他应付款的舞弊手法主要有：第一，利用其他应收款科目隐藏短期投资，截留投资收益；第二，利用其他应收款隐藏利润，偷逃税款；第三，利用其他应收款转移资金；第四，利用其他应收款私设小金库；第五，利用其他应付款隐藏费用。

（七）企业参与民间借贷识别法

借款企业参与民间借贷特别是高利借贷活动是造成银行信贷风险的重大诱因之一。由于银企信息不对称，民间借贷又具有隐蔽性，如何识别信贷企业客户是否参与民间借贷确有难度，但也有其内在规律性。通过“四看”“五比对”“五关注”“五了解”“五分析”等查看方法，就可基本调查清楚。

1. 看账目，“五比对”

充分运用背靠背询问、不打招呼实地调查等方式，对企业资金整体情况进行盘查，摸清会计科目实际数据，并对逻辑关系进行分析判断。具体应做到“五比对”：

（1）比对负债规模与资产规模。通过中国人民银行征信中心查询企业既有银行融资规模，同时查清企业是否有正常的信托、应付款等其他负债。根据企业经营状况，判断企业资产形成所需资金量，如果该数额远远超过银行负债、商业信用总额，主要股东又不具备提供超出资金的实力，则企业可能参与了民间借贷。

（2）比对应收应付与生产状况。其他应收、应付款科目余额较大，或者有大额进出，与企业规模不相匹配，应根据明细，深入了解企业是否参与民间借贷。应收、应付账款科目金额较大，不符合企业生产经营实际，应核查企业是否将应计列入其他应收、应付科目款项列入该应收、应付科目，以此规避银行对大额暂借款的调查。应收、应付账款长期固定不变，也可能为民间借贷资金。

（3）比对资本公积与发展进程。资本公积与企业财富积累经历应保持一致。如果企业实收资本较小，而资本公积迅速增加；或者无故提高资本公积；或者大额、连续增资，与企业发展不相符，应对资本公积的来源进行审核，防止一些民间借贷以增资入股的形式参与其中。

（4）比对财务费用与融资总额。根据查明的企业银行融资总额，计算企业财务费用。发现有银行融资企业的财务费用数据远大于匡算出的数据，应要求企业做出解释。若企业无法提供合理说明，则可能将支付民间借贷利息计入财务费用，导致财务费用超额增长。

（5）比对管理、销售费用与经营状况。根据企业管理人员、销售人员数量，管理、销售模式，薪酬制度等，结合该类企业费用的行业平均水平，匡算企业合理的管理、销售费用。如果企业该项费用明显高于同业，或者与企业实际情况不符，要核查是否将民间借贷成本违规计入此科目。

2. 看往来，“五关注”

从企业资金流向入手，通过查阅应收应付明细、询问企业工作人员及上下游企业、查银行账户、查政府和司法部门信息等手段，从交易对象特点、资金进出特点等方面，判断企业是否参与民间借贷。具体应做到“五关注”：

（1）关注关联关系。一些参与民间借贷的企业往往通过设立关联企业特别是异地关联企业，掩盖民间借贷。除了通过市场监督管理部门查询关联信息、查看合并报表，还可通过其他方式判断。如企业法定代表人对企业重大事项不甚了解，则可能存在另外的实际控制人；同业资金往来频繁，又不存在上下游关系，往往是实际控制人为规避监管而设立的关联企业；同班人马、多块牌子或多个企业集中办公，存在隐性关联的可能性也极大。此外，很多企业参与民间借贷是通过企业主个人账户，如果企业股东借款较多，或者企业与其股东之间资金往来频繁，也应引起高度关注。

（2）关注交易对手情况。一般情况下，企业的交易对手应为与其所在行业有上下游关系的企业。如果交易对手中存在小额贷款公司、担保公司、典当行、投资公司、咨询公司等主体，或者在银行账户中含有“证券、基金、期货、房地产、地产、房产、房屋、土地、置业、投资、担保”的借方交易，企业可能参与了民间借贷。同时，如果交易对手既非企业的关联公司，又非上下游企业，或者交易对象为多个自然人，应核实其是否与这些主体存在民间借贷关系。

（3）关注规律性资金进出。企业银行账户存在整笔划款，但并非划转给上下游企业或用于归还银行贷款；或者银行贷款到期前几日有资金划入，贷款续借后向原划入账户划转等量资金，则可能存在民间借贷行为。以企业名义民间借款的，一般会按月、按季支付利息。如发现企业银行账户对外有规律地划款支付，如在特定日期向特定对象支付等量小额资金，往往是企业在为民间借贷付息。

（4）关注异常交易行为。一些企业为了规避银行调查，可能将民间借贷伪装成贸易关系。一方面，伪造商业合同及其他交易资料，制造销售假象进而进行资金往来。另一方面，尽管企业实施了交易行为，但不符合商业性，也应特别注意是否在掩盖民间借贷行为。如企业从其他企业购入商品再转手出卖，中间几乎没有获得利差；再如企业长期拖欠供货商货款，但货款价格明显高于市场价格等。还有企业既有银行贷款，又通过委托贷款、委托理财等形式借出资金，实际是参与民间借贷。

（5）关注涉诉和抵押信息。通过全国法院被执行人信息查询平台和当地法院等网站的开庭公告查询，可查询企业涉及民间借贷诉讼及被执行信息。企业申请银行贷款的抵押物如果有曾抵押给投资公司等融资中介机构的记录，或者二次抵押给个人的记录，信贷客户可能也参与了民间借贷。同时，若为第三方抵押，应特别注意信贷客户与提供抵押物的第三方之间是否存在民间借贷关系。

3. 看老板，“五了解”

这里的“老板”主要指企业实际控制人。企业是否参与民间借贷与企业老板有很大关系。对企业老板调查主要从询问有关关系人等渠道获得，具体应做到“五了解”：

（1）了解企业老板投资理念。在与企业老板谈话过程中有意识地询问其对于投资等的看法，观察其态度和认识。向同业特别是竞争对手询问其对企业老板投资倾向的看法。如果企业老板行事激进，投机心理较重，热衷于参与高风险行业，则可能将企业生产周转资金挪用于投机行为。

（2）了解企业老板从业经历。调查企业老板财富积累过程，看其与目前对企业的投入情况和企业运营情况是否相称，是否存在炒房、炒原材料、炒股票期货等投机行为。了解企业老板是否曾经有在投资咨询公司、典当行等机构任职的经历，是否在这些机构有股权投资。

（3）了解企业老板人际关系。向有关群体询问，核实企业老板亲属及交往的人际圈中是否有人从事民间借贷。在交谈中，如果企业老板对民间借贷市场利率、渠道、手续等情况非常熟悉；或者经常接到资金中介电话，话语中频繁出现“金额、期限、价格”等字眼；或对于来电内容比较敏感，刻意回避银行信贷调查人员，则可能与民间借贷市场关系密切。

（4）了解企业老板生活习惯。企业老板有不良嗜好，如经常往返澳门等地，或其信用卡经常在境外大额支付等，应予以警惕。企业老板经常出入高档场所，频繁换车，购买奢侈品等，但消费水平显然超出其收入水平，要分析其资金来源是否与民间借贷有关。

（5）了解企业老板异常动向。密切关注企业老板个人及其资金动向，一旦发现异常，及时采取措施。如企业老板及其亲属账户中大额资金进出频繁，媒体或社会公众对企业老板有负面报道，企业老板与其他主体产生民事纠纷，通过离婚、移民等转移资产、失踪潜逃等。

4. 看动机，“五分析”

企业参与民间借贷，往往因为生产经营或投资过度，导致资金链紧张。要紧紧抓住企业对民间借贷需求的动机、原因，深入调查，多方询问，判断企业资金状况，做到“五分析”：

（1）分析企业行业前景。如果企业从事属于“两高一剩”等落后淘汰产能的限制类行业；或者行业市场竞争激烈，利润率较低且有走下坡路的趋势；或者行业资金回收周期长，经营性现金流偏弱，需要大量外部融资支持；这些情况下，往往受制于行业整体情况，并首当其冲受到宏观调控政策影响，出现资金链紧张而参与到民间借贷之中。

（2）分析企业经营状况。结合财务报表、水电费、纳税表等信息，摸清企业原材料成本、人力成本、产品库存、销售款回笼等情况，计算企业现金流是否能支撑其正常生产经营，能否满足银行贷款还本付息要求。查核企业近年来生产经营状况，如销售额、利润等出现大起大落，现金流不稳定，则参与民间借贷的可能性也增加。

（3）分析企业投资状况。要关注偏离主业跨行业投资，主营业务收入占比持续下降的企业；特别要关注对外投资超过净资产50%的企业，一旦亏损将严重影响资金周转，转而寻求民间借贷。还有些企业在某些高风险行业最热时期进入，投资金额也较大，在后续资金的来源上应予以持续关注。此外，企业投资收益变化较大、长期投资一直无相应投资收益的，也应引起注意。

（4）分析企业资金变动。涉及民间借贷的企业一般资金不宽裕，银行活期账户留存资金很少。如果企业资金面较为紧张，客观上存在参与民间借贷的可能。如果企业账户上虽有一定存款，但不断减少或者出现异常变化，也要予以关注核查。同时，企业存在短贷长用、应收账款回款不理想等情况，往往也伴随资金紧张。

（5）分析企业异常情况。在走访企业的过程中，如经常有人出入要账，可能为民间借贷债权人，也反映企业资金紧张。一些企业参与民间借贷还不上款，被民间借贷的债权人监视，如发现企业办理业务时有人跟随，也应引起高度注意。此外，有的企业在申请授信时有比较明确的时间要求，如表示“最好在某日期前能审批或放款”，可能需要贷款用于归还民间借贷。

（八）大数据分析法

1. 大数据的来源

当前以大数据、人工智能、移动物联网、云计算为代表的新一轮科技革命飞速发展，数字货币、数字金融、数字经济正在以前所未有的速度改变着国际经济格局，改变着国内经济生态、金融生态和客户生存法则，也必将对金融行业的客户选择、市场营销和信贷风险管理产生重大而深远的影响。新技术从需求和供给两个维度改变了金融的实现方式：需求端——新技术使客户随时随地处于“连接”和“在线”状态，使其行为、偏好等可实时被发现和追踪，促使金融需求显性化，便利金融机构低成本发现客户需求；供给端——新技术降低金融服务成本，提升服务效率。客户经理必须将客户需求端与金融供给端有效对接，进行大数据营销和信贷风险管理。

客户经理要充分利用以下五大数据平台对信贷风险管理开展大数据营销分析。

（1）所在银行数据平台。所在银行数据平台是最可靠的大数据来源，包括银行的会计与运营系统、客户关系系统（零售客户与对公客户关系系统）、金融理财系统、信贷管理系统、风险控制系统等。

（2）政府数据平台。政府数据平台是最权威的大数据来源，包括政府网站、税务、财政收入与支出、电费、水费、社会保险、公积金、不动产登记部门、司法机关、工信部门、国家发展改革委等数据平台。所在银行可与地方政府签订大数据共享共赢战略合作协议，地方政府为银行开放企业与居民大数据（如税收、社保、公积金等）使用权限，银行为当地企业与居民提供无抵押信用贷款（依托大数据平台提供信用贷款），并进行有效的信贷风险管理。

（3）通信运营商数据平台。通信运营商数据平台是比较准确的大数据来源。目前，中国移动、中国联通、中国电信三大通信运营商物联网终端用户达到 17 亿户。中国广电与中国移动合作，也入场移动通信领域。上述通信运营商每天产生的数据不计其数，如客户网上行为数据、通信数据、消费数据等综合数据。为充分发掘数据价值，通信运营商都成立了专业的数据服务公司，银行可与这些通信运营商建立战略合作关系，充分运用大数据进行营销和风险分析。

（4）第三方机构数据平台。第三方机构数据平台是银行可参考的大数据来源，如支付宝、微信、企查查、天眼查、启信宝等第三方机构提供的数据。

（5）社会网络数据平台。社会网络数据平台是银行可了解的大数据来源，如百度、今日头条、抖音等社会网络产生的数据。

2. 通过大数据收集与运用客户信息

大数据时代，客户经理收集与运用客户信息的八个步骤：

第一步，收集简要信息。登录微信企查查、天眼查、启信宝等公众号，收集客户的简要信息，包括企业名称、注册资金、控制企业、关联企业、经营范围、地址、主要高管人员、企业人数、经营情况等。

第二步，收集完整信息。登录国家企业信用信息公示系统，收集客户的完整信息。对经营异常或黑名单的企业不要准入贷款。

第三步，收集权威信息。登录国家有关部门特别是地方政府部门网站，收集企业权威信息，包括税收、电费、信用记录、项目批复、注册资金、诉讼情况、房屋登记、行业政策等。

第四步，收集参考信息。通过报纸杂志、新闻媒介、第三方机构和网络，收集客户的参考信息。

第五步，收集现场信息。到现场进行实地、实时、实情调查，确认客户信息的真实性、合法性、有效性、完整性。这是最重要的信息收集核实方法。

第六步，交叉检验信息。通过多种方法对客户信息进行交叉检验。

第七步，对比行业平均信息。国务院国资委考核分配局每年都会出版《企业绩效评价标准值》，其包括所有行业指标，数据权威。如果你有这样的行业资料，在为客户做投资理财参考时，客户要选择投资什么行业，你就可以告诉他哪个行业发展前景好，这个行业成本率和投资回报率如何；要做一个企业的贷款调查，你就可以论证这个企业在全行业的状况是处于平均值还是优良值，或是较差值，银行能不能贷款给这个客户。有了这些资料，客户经理做出的判断就不是经验之谈，而是出自科学的理性判断，是理性决策、科学决策。

第八步，有效利用信息。如制订客户（项目）营销策划方案、客户金融服务解决方案、撰写贷前尽职调查报告、实施营销行动、加强信贷风险管理等。

3. 运用大数据对目标客户进行精准画像

通过数据挖掘和人工智能算法对客户浏览、搜索、交互、网购等行为进行加权分析，运用大数据精准提取符合指定条件标签的客户画像群体，包括人口属性画像、信用属性画像、消费特征画像、兴趣爱好画像和社交信息画像等。

银行运用大数据给目标客户画像，需要解决好以下问题：

（1）数据数量。推动银行内部数据入库常态化，提升业务数据化、数据业务化水平，推动引入当地市场监督、税务、信用评分等第三方数据源，扩充大数据总量；

（2）数据质量。重构业务架构和流程，提升数据的标准化程度，打破数据孤岛、系统竖井、业务壁垒，实现行内外数据的整合集成和共享；

（3）数据运用。深化大数据分析服务，着力在精准营销、案防风控、智能决策等领域形成规模化、持续性的价值效应。

客户经理要确定客户的搜索偏好、网址偏好、通信偏好、App偏好、地域设置、性别设置，以做到精准触达和精细管理。按照精准营销需求，精准定位目标意向客户群体，解决银行获客难问题，并有针对性地做好信贷风险管理。大数据汇聚线上线下全域客户数据源，保证数据真实、准确且合规。大数据平台能为银行、客户经理获取精准客源，精准触达客户，精细化客户营销与信贷风险管理，有效帮助金融机构降低推广费用和管理成本，提升获客营销业绩，提高信贷风控水平。

4.运用大数据创新信贷产品

银行要加快创新一系列大数据金融产品，特别是要创新以轻资产、低资本为特征的大数据贷款产品，按照“线上化、批量化、便捷化、普惠化”的目标，在统一平台、统一制度的基础上，分步骤、多模式推进大数据贷款产品创新，从线下与线上相结合起步，根据数据积累、模型可靠性、风险防控能力等因素，逐步过渡到自动抓取数据、自动生成授信、自助线上办理，逐步实现“三个一”的大数据贷款营销管理，即一分钟办理贷款、提供一站式服务、销售一整套产品。

创新大数据贷款产品，可以先从以下产品突破：资金流量贷，按客户经营性现金流量的一定参数提供贷款额度；订单贷，根据客户订单额度的稳定性、长期性、交易对手、销售模式（现金销售模式与赊账销售模式）的一定参数提供贷款额度；应收账款贷，根据剔除坏账、有风险的部分后客户应收账款的一定参数提供贷款额度；物流贷，根据客户物流数据的一定参数提供贷款额度；电商平台贷，根据客户使用所在金融机构电商平台交易数据的一定参数提供贷款额度；现金管理平台贷，根据客户使用所在金融机构现金管理平台闭环交易数据的一定参数提供贷款额度；公积金贷、社保贷、税金贷、工资贷、版权贷、专利贷、收单贷、订单贷、仓储贷等大数据贷款，也可以根据一定的参数提供贷款额度。

[巴老师讲案例之七]

内外勾结诈骗银行贷款案例

一、案例简介

2021年6月，被告人李某贷款装修住房时，结识了被告人某银行个人金融部客户经理褚某。二人经预谋后，共同提供虚假的证明文件，并由褚某利用经办个人消费贷款的职务便利，进行贷款诈骗。据查，从2021年9月4日至2021年10月28日，李、褚共同骗取某银行个人消费（家庭装修）贷款3笔，金额达55万元。在骗取贷款过程中，采取用后一次贷款归还前一次贷款的手段向银行归还部分贷款，还余32万余元被李某挥霍。此外，被告人褚某收受李某以褚的名义办理的10万元存折。

法院审理认为，被告人李某以非法占有为目的，使用虚假证明文件，骗取数额特别巨大的银行贷款，主要用于个人挥霍，致使大部分贷款无法归还，其行为构成贷款诈骗罪。褚某在明知李无还款能力和还款意愿的情况下，为贪图私利，利用自己负责调查贷款的工作之便，积极为李伪造虚假证明文件，帮助李实施贷款诈骗，其行为构成贷款诈骗罪的共犯。另外，褚身为银行工作人员，利用职务便利，收受他人贿赂，违法办理贷款，其行为构成受贿罪，应数罪并罚。

为此，法院分别以贷款诈骗罪、受贿罪数罪并罚判处银行职员褚某有期徒刑17年，并处罚金10万元；以贷款诈骗罪判处被告人李某有期徒刑13年，并处罚金30万元，赃款继续追缴返还银行。

二、问题思考

1. 贷款诈骗罪会受到怎样的法律制裁？

2. 银行如何防范贷款诈骗风险？

三、老师讲评

1. 贷款诈骗罪的法律制裁。《中华人民共和国刑法》第一百九十三条：

“有下列情形之一，以非法占有为目的，诈骗银行或者其他金融机构的贷款，数额较大的，处五年以下有期徒刑或者拘役，并处二万元以上二十万元以下罚金；数额巨大或者有其他严重情节的，处五年以上十年以下有期徒刑，并处五万元以上五十万元以下罚金；数额特别巨大或者有其他特别严重情节的，处十年以上有期徒刑或者无期徒刑，并处五万元以上五十万元以下罚金或者没收财产：（一）编造引进资金、项目等虚假理由的；（二）使用虚假的经济合同的；（三）使用虚假的证明文件的；（四）使用虚假的产权证明作担保或者超出抵押物价值重复担保的；（五）以其他方法诈骗贷款的。”

2.为识别和防范借款人对银行实施贷款诈骗，银行在办理信贷业务时应当对借款人进行严格审核：（1）严格审查借款人的主体资格和贷款用途；（2）认真审核借款人提供的签字等证明材料；（3）认真审核借款人提供的收入证明等资信证明文件，必要时可以聘请社会中介机构进行审计核实；（4）认真审核借款人提供的担保物或者保证人。

同时，要加强对员工的合法合规教育，避免内部人员犯罪。

贷前尽职调查的规范流程

客户贷款申请受理

贷款申请，是指借款人根据自身资金需求，向贷款人提出贷款请求，并提供贷款人要求的必要材料，贷款人根据借款人申请的相关资料及掌握的信息，对借款人是否符合国家法规和银行授信政策的资格要求与基本条件做出判断，并据以决定是否受理贷款申请的过程。

（一）客户提出贷款申请

信贷业务可以是客户主动到银行申请贷款，也可以是银行主动向客户营销，再由客户向银行提出贷款申请。

客户贷款申请主要包括借款人名称、性质、经营范围、申请贷款种类、金额、期限、用途、担保、还款来源及方式等内容。借款人、法定代表人或其授权代理人应在借款申请书上签字并加盖公章。

客户提出贷款申请必须符合“诚信申贷”基本要求：

1. 借款人恪守诚实守信原则

按照贷款人要求的具体方式和内容提供贷款申请材料，并且承诺所提供材料是真实、完整、有效的。

2. 借款人主体资格合法

借款人的主体资格要求包括：企业法人依法办理工商登记，取得营业执照；事业法人依照《事业单位登记管理条例》的规定办理登记备案；特殊行业须持有相关机关颁发的营业或经营许可证。个人应为具有完全民事行为能力的中国公民或符合国家有关规定的境外自然人。

3. 借款人经营管理合规合法性

借款人的经营活动应符合国家产业政策和区域发展政策；符合营业执照规定的经营范围和公司章程；新建项目企业法人所有者权益与项目所需总投资的比例不低于国家规定的投资项目资本金比例；有关部门批准文件完备。

4. 借款人信用记录良好

借款人应诚实守信，通过中国人民银行征信中心查询未发现有贷款逾期、欠息、五级分类为不良贷款、被起诉查封等情况，长期遵守借款合同，信用记录良好。

5. 贷款用途明确合法

借款人须以真实有效的商务基础合同、购买合同或其他证明文件为依据，说明贷款的确切用途和实际使用量，不使用虚假信息来骗取银行贷款。对固定资产贷款而言，应有明确对应的、符合国家政策的项目，不得对多个项目打捆处理。

6. 还款来源明确合法

还款资金来源应在贷款申请时明确，一般情况下通过正常经营所获得的现金流量是贷款的首要还款来源。

（二）借款人资格审查

信贷全流程风险管理必须从客户贷款申请开始。贷款申请是信贷风险控制的第一个环节，对于建立和保持良好客户关系、及时发现潜在风险、拓展信贷业务具有重要意义。

客户经理对客户提交的申请材料进行核实，根据客户基本情况、行业属性、申请用途及本银行风险偏好、准入标准、信贷政策等，对借款人进行资格审查，提出贷款申请的受理意见。如不予受理的，客户经理应向客户耐心解释。予以受理的，应及时向客户收集资料，并做好尽职调查准备。

（三）收集客户资料

客户经理应一次性提交客户资料清单。借款人需提交的申请材料包括以下内容：

（1）借款人依法经市场监督管理机关或主管机关核准登记。借款人为企业法人的，应提供市场监督管理部门核发的营业执照；是否在国家企业信用信息公示系统显示为经营异常或黑名单；借款人为外商投资企业的，应同时提供有关部门的批准证书；借款人为事业法人的，应提供有关部门核发的事业法人资格证书；借款人从事需批准经营的特殊行业，还须同时提交有关部门颁发的特殊经营许可证。

（2）市场监督管理部门核发的组织机构代码证。

（3）税务登记证。

（4）近三年（小微企业近两年）和最近一期的财务报表。

（5）公司章程。

（6）预留印鉴卡及开户证明。

（7）法定代表人身份证明及必要的个人信息。

（8）股东会或董事会同意申请授信业务的决议、文件或具有同等法律效力的文件或证明。

（9）借款人自有资金、其他资金来源到位或能够按计划到位的证明文件。

（10）有关交易合同、协议。

（11）营运计划及现金流量预测。

（12）本年度及最近月份的存借款及对外担保情况。

（13）借款人为个人的，应提供本人及配偶的有效身份证件。

（14）根据贷款类型，借款人应提供的其他材料。

上述材料应包括原件与复印件。如果借款人只提供复印件，客户经理应将复印件与原件核实，在复印件上签署“经核对与原件一致”字样及核对日期，并签名确认。

尽职调查前准备

组织开展尽职调查前，应完成以下准备工作：

（一）组建调查团队

客户部门负责组建调查团队，并确定主办客户经理，调查团队至少由两名调查人员组成，调查团队各成员共同对贷前尽职调查的完整性、真实性、合规性、有效性负责。调查银行应根据客户重要性、申报业务金额和风险程度配备有相应调查能力的客户经理，客户申请贷款金额较大的，可适当增加调查团队人员数量。

（二）拟订调查提纲

实施调查前，调查团队拟订调查提纲，对贷前尽职调查工作进行合理安排，明确调查目标、调查内容、调查方式、调查分工、调查程序、调查时间、调查地点、调查路径及调查重点等事项。

（三）客户贷款申请资料初步审核

对客户提交的贷款申请资料进行初步审核。重点审核完整性、合法性与时效性。

1. 个人信贷客户资料审核关键点

个人信贷客户资料审核关键点包括：户口簿，重点审核曾用名与现用名；身份证，重点审核与户口簿和公安局核查一致；离婚证，重点审核法律判决书或离婚协议书，查看离婚真实性、财产分割、子女抚养及债权债务处理情况；不动产权证，重点审核共有人、共有权人、共有财产与共债共签情况；工作证，重点审核稳定性与长期性、家庭关联性情况；收入证，重点审核与行业平均工资水平差异、职级情况。

2. 公司信贷客户资料审核关键点

公司信贷客户资料审核关键点包括：环评、土地：国家红线制；权证：登记制；执照：公示制、备案制；特殊行业：许可证；办贷资格：章程规定制（董事会决议、股东大会决议、三分之二股东签字同意、全体股东签字同意）；报表：重新调整制（剔除虚假部分）。

3. 信贷客户资料审核关键点

信贷客户资料审核关键点包括：必须查阅客户原始文件资料；必须登录“六个系统”（即本银行信贷管理系统与大数据平台、中国人民银行征信中心、国家企业信用信息公示系统、银行业协会系统、政府主管部门系统、社会网络系统）；必须深入客户生产经营现场；必须核实客户有效资产；必须咨询有关高新技术专家和法律顾问；必须上网查询行业信贷政策及相关产业信息等。

现场调查

现场调查是指调查人员（双人以上）在最近的时间对客户进行现场实地调查，通过账务核实、与客户面谈、实地走访等方式获取客户信息的调查方式。

（一）现场调查的关键是“三实”，即实时、实地、实情

实时，就是最近的时间、最新的资料。这是由我国的经济周期决定的。我国有一部分行业的经济周期已由10年、8年、5年、3年变为1年。因此决不能用去年的调查数据代替今年的现场调查。这个企业上年度可能生产经营正常，而今年可能已经活不下去了。实地，就是去现场实地调查。这是由我国的信用环境决定的。客户信息失真与信用失信的情况还非常严重。而实地调查是了解客户最直观、最有效的手段。实情，就是调查客户实际情况，包括基本情况实情、信用状况实情、生产经营状况实情、财务状况实情、贷款需求与用途实情、还款来源与能力实情、担保能力实情等。

“三个办法”要求，“为小微企业办理的流动资金贷款，贷款人通过非现场调查手段可有效核实相关信息真实性，并可据此对借款人做出风险评价的，可简化或不再进行现场调查。贷款人应根据自身风险管理能力，按照小微企业流动资金贷款的区域、行业、品种等，审慎确定借款人可简化或不再进行现场调查的贷款金额上限”。个人贷款“贷款调查应以现场实地调查与非现场间接调查相结合的形式开展，采取现场核实、电话查问、信息咨询以及其他数字化电子调查等途径和方法。对于金额不超过二十万元人民币的贷款，贷款人通过非现场间接调查手段可有效核实相关信息真实性，并可据此对借款人做出风险评价的，可简化或不再进行现场实地调查（不含用于个人住房用途的贷款）”。

（二）信贷尽职调查必须做到“八先八后”

“八先八后”是指：先看法人代表后看法人（由人看事）；先看行业后看企业（由外看内）；先看贷款风险后看贷款效益（由负看正）；先看企业

出身后看企业未来（由前看后）；先看企业地图（股权关系）后看企业财务（由繁看简）；先看企业现场后看企业管理（由实看虚）；先看报表附注后看报表数字（由小看大）；先看企业现金流后看企业赢利（由动看静）。

调查过程中，调查人员应尽可能通过现场照片、现场录像、录音、电话记录、咨询函证、拷屏图像等各类书面文件或视听资料对调查过程予以记录。记录过程应符合国家法律法规，依法保存有关证据。

（三）账务核查

账务核查主要是了解、判断客户的财务管理制度是否健全，内控机制是否完善、有效；了解、判断客户的主要会计政策是否合理、是否发生重大变动；实地查阅客户有关财务报表和账簿，对关键财务数据核实“账表、账账、账实”是否相符，对关键或重大交易行为与发票、出库单、发货单、银行入账单等原始凭证进行核对，对大额应收款项或交易向客户的对手单位进行查询核实，对异常会计科目与发票、出库单、发货单、银行入账单等原始凭证进行核对，对异常应收款项或交易向客户的对手单位进行查询、核实等。

（四）面谈制度

根据《个人贷款管理办法》的规定，贷款人应建立并执行贷款面谈制度。贷款人应当采取有效措施确定并核实借款人真实身份及所涉及信息真实性。同时银行对法人固定资产贷款、项目融资及流动资金贷款也应实行面谈制度。

面谈人员。面谈客户人员包括主要当事人与相关当事人。面谈银行应实行双人面谈制度。

面谈问题。包括客户信息真实性确认、客户信用状况确认、贷款真实用途确认、贷款申请材料的真实性确认、违约责任确认等问题。

面谈时间。贷款申请受理后，在客户经理进行现场调查时进行面谈。

面谈形式。以现场面谈形式为主，也可用视频形式。《个人贷款管理办法》要求，“贷款人可根据业务需要通过视频形式与借款人面谈（不含用于个人住房用途的贷款）。视频面谈应当在贷款人自有平台上进行，记录并保存影像。”

面谈记录与签字。客户经理应对双方的面谈信息进行记录，包括对面谈时间、地点、参与人员和面谈内容等予以记载，由全体面谈人员签字确认，并作为信贷档案资料妥善保管。面谈笔录不得由客户代为记录。

（五）实地走访

客户经理对企业客户实地走访，必须面见四种人，即企业老板（实际控制人）；高管团队；财务、销售与产品代表；员工代表。企业客户做到五个到访：到访仓库、到访车间、到访合作商、到访政府有关部门、到访家庭（对生活作风有问题的企业老板，重点调查原配夫人）。个人客户做到五个到访：到访经营场所、到访楼盘、到访所购房屋、到访家庭、到访社区。

对下列项目，客户经理应亲赴客户现场和相关场所，进行实地调查、取证和核对：

（1）通过客户与担保人的主要经营场所、生产车间和施工现场，初步判断客户的项目施工进度、生产能力、生产经营实际状况是否与账务反映相一致，是否与客户申请授信的资料相一致。

（2）通过客户与担保人主要固定资产、存货的存放地，判断“账实”是否相符；了解、判断固定资产、存货的物理状况及价值情况，如固定资产的保管措施是否得当、存货“残品、次品、冷品（过期产品）”情况是否突出，核查核心固定资产增减变动情况，客户是否对重要的核心固定资产实施了购买保险或其他保障协定等必要的保障措施，是否进行了编号管理等。

（3）通过提供银行抵质押的动产和不动产，了解、判断押品的保管措施是否得当、押品的物理状况和价值是否发生重大变化等。

（4）有必要实地调查的其他事项。

非现场调查

非现场调查是指客户经理通过有效手段从客户以外的第三方机构（包括

政府有关部门、金融同业、中介机构、客户上下游企业、公开媒体等）获取客户信息的调查方式。

（一）通过权威网络系统间接调查

主要通过查询本银行信贷管理系统、政府主管部门数据系统、中国人民银行征信中心及有关信贷档案，了解客户及担保人基本情况、用信状况及诚信记录。

（二）通过政府有关部门间接调查

主要通过到市场监督管理、税务、海关、自然资源、外汇管理局、法院等有关行政主管部门或司法机构了解客户相关信息。

（三）通过行业协会及第三方机构间接调查

主要通过行业协会、评估机构、会计师事务所、律师事务所等社会中介机构查询或索取相关资料，核对客户提供资料的真实性。

（四）通过客户关联交易方间接调查

主要通过对客户及保证人上下游企业（包括主要供应商和主要销售客户）、竞争对手的咨询，侧面了解客户和保证人的实力、生产、经营、信用、同业地位等状况。

（五）通过新闻媒介间接调查

主要通过收集报纸、杂志、电视、广播、互联网等公开媒体上有关客户及保证人的报道，获取相关信息。

（六）对间接调查的信息进行核实

对公证机关、司法机关、行政机关及其他具有公信力的社会机构、人民团体提供的法律文书、行政公文、证明书、信函等原件可直接采信；对复印件须与原件核对一致后方可采信；对客户和担保人提供的身份证明、主体资格、财务状况等信息、资料须经核实后方可采信。

分析论证

（一）合法合规性认定

合法合规性认定，一是借款人合法合规性认定；二是担保人合法合规性认定；三是抵质押物合法合规性认定；四是贷款用途合法合规性认定。

（二）安全性认定

包括对借款人、保证人近期的资产负债状况、经营业绩、信用状况和法定代表人的品德素质等情况进行认定，重点对借款人上期的净现金流量，特别是经营活动的净现金流量进行分析和认定，即对第一还款来源和第一还款能力进行认定。同时还要做好对第二还款来源与第二还款能力的安全性认定。

（三）效益性认定

包括调查认定借款人以往经营效益情况，借款人拟实现的经济效益和社会效益；调查认定贷款给银行收入、存款、中间业务等方面带来的综合效益，分析、预测资金归行情况；调查认定外币借款人的创汇能力等。

（四）前景性认定

过去不代表未来。对客户能否贷款，除了进行合法合规性认定、安全性认定、效益性认定外，还必须进行前景性认定。客户前几年生产经营情况好并不代表未来发展趋势也好，如煤炭、钢铁企业等，客户前景性判断是信贷决策的重要依据。

撰写调查报告

（一）调查报告的定义与作用

1. 信贷调查报告的定义

信贷调查报告是调查报告这一文体在银行经营管理中的一种特殊运用。它是在通过对银行客户的市场环境、管理体制和经营管理等多个方面进行调查、分析研究之后写成的有关信贷决策建议的书面报告。"信贷调查"是对银行客户的客观情况进行现场调查分析，掌握客户与银行信用有关情况的全貌及发展趋势等。"报告"则是把从信贷调查得到的材料加以整理，经过分析、综合，阐明它的利益点和风险点，提出贷与不贷的决策建议，报告给有关决策部门。

2. 信贷调查报告的作用

信贷调查报告的主要作用是为银行有关部门和决策机构信贷决策提供依据。它是体现调查过程、揭示客户风险、拟定营销策略、推荐业务方案的基本载体，是银行客户选择、信用等级评定、授信审批、信贷发放、贷后管理及信贷资产风险分类等工作共同的基础分析材料，同时也是编写、核实、验证相关申报审批材料的重要依据。

（二）调查报告的写作要求

撰写调查报告应遵循"内容翔实、重点突出、信息准确、结论明确"的原则，对客户基础信息和相关证明材料进行全面调查核实，客观地分析客户情况和业务风险，提出明确的调查结论。要做到：确保客户信息的真实有效性；确保承贷主体的合法合规性；确保调查报告风险揭示的全面性；确保调查报告内容的完整性。

（三）调查报告的主要内容

1. 固定资产贷款尽职调查报告

固定资产贷款的尽职调查重点是收集、整理借款人、主要股东或实际控制人及贷款项目的相关信息，并对借款人和项目的建设风险、经营风险、财务风险等进行综合分析、评估、判断。尽职调查报告一般应包括以下几个方面的内容：

（1）借款人、主要股东或实际控制人的情况。包括借款人依法经市场监督管理机关或主管机关核准登记；信用状况良好，无重大不良记录；借款人为新设项目法人的，其控股股东应有良好的信用状况，无重大不良记录；国家对拟投资项目有投资主体资格和经营资质要求的，符合其要求；借款人及项目发起人等相关关系人的情况，包括但不限于：股权关系、组织架构、公司治理、内部控制、生产经营、核心主业、资产结构、财务资金状况、融资情况及资信水平等；股东及借款人品质与实力、历史沿革、信用状况、专业能力及经验、行业地位、产品市场容量、市场竞争力及市场前景等。

（2）项目情况。包括项目符合国家的产业、土地、环保等相关政策，按照有关规定需取得的审批、核准或备案等手续情况；项目资本金等建设资金的来源和可靠性；项目承建方资质水平，环境风险情况等；项目建设的必要性、规模、技术水平、建设和生产条件、经营管理层、环境影响、产品市场容量、市场竞争力及市场前景等。

（3）项目投资估算和资金筹措情况。包括固定资产投资估算、流动资金投资估算、自有资金及其来源可靠性评估、借入资金来源及落实情况、资金使用计划等。

（4）项目效益情况。包括相关财务效益指标、盈亏平衡点分析及敏感性分析等内容。

（5）借款用途与还款能力分析。借款用途及还款来源明确、合法，还款计划合理，重大经营计划、投融资计划及未来预期现金流状况。

（6）贷款担保分析。包括但不限于担保的合法性、抵（质）押物价值及可变现性、担保人的担保能力等。

（7）借款人与银行的合作关系。包括开户情况，长短期贷款金额，以往的还款付息情况、信用等级、授信额度及占用情况，在银行的日均存款、综合收益、未来收益预测。

（8）风险分析。包括政策、行业、市场、体制、法律、产品、技术、经营管理、担保等风险因素及防控措施。

（9）授信方案。包括对象、用途、品种、币种、金额、期限、利率、担保、发放条件（设置限制性条款：如资本金到位、自筹资金到位、国家批复文件到位、抵押担保到位等）、支付方式、贷后管理要求（如成立客户经理小组、资金账户管理、代理保险、重大情况报告等）。

（10）调查意见。包括同意调查与不同意调查。

（11）尽职法律承诺。客户经理必须签署法律声明，对贷前调查报告的真实性负全面责任。

2. 项目融资尽职调查报告

项目融资的尽职调查是根据项目具体情况，对项目的经济技术、财务可行性和还款来源可靠性进行分析和判断，为融资决策提供依据。尽职调查报告撰写内容主要为非财务分析、财务分析与银行调查意见三大部分。

（1）非财务分析包括：①项目背景。主要包括融资项目应当符合国家产业、土地、环保和投资管理等相关政策，国家技术政策和区域发展规划，企业基本情况，项目必要性评估。②项目建设环境条件。主要包括内部的人力、物力、财务资源条件，外部的建筑施工条件、项目建设的物资供应配套条件等。③项目组织与人力资源水平。主要包括组织机构分析及人力资源的配备与流动情况。④技术与工艺流程。主要包括技术工艺与设备选型的先进性、可靠性、适应性、协调性、经济性、环保性等。⑤生产规模及原辅料。主要包括项目规模的主要制约因素，生产经营条件，原辅料的生产工艺要求、供应数量、储运条件及成本。⑥市场需求预测。主要包括产品特征，潜在市场需求量测算，市场占有率评估等。

（2）财务分析包括：①项目投资估算与资金筹措评估。涉及项目总投资、建设投资、流动资金估算，资金来源及落实情况。②现金流量分析。包括项目建设期和运营期内的现金流量分析。③项目赢利能力分析。主要通过内部收益率、净现值、投资与贷款回收期、投资利润率等评价指标进行分析。④项目清偿能力评价。包括第一还款能力与第二还款能力分析。⑤项目不确定性分析。主要包括盈亏平衡分析和敏感性分析。

(3) 银行调查意见包括：①借款人与银行的合作关系。包括开户情况，长短期贷款金额，以往的还款付息情况、信用等级、授信额度及占用情况，在银行的日均存款、综合收益、未来收益预测。②风险分析。贷款人从事项目融资业务，应当充分识别和评估融资项目中存在的建设期风险和经营期风险，包括政策风险、筹资风险、完工风险、产品市场风险、超支风险、原材料风险、营运风险、汇率风险、环境风险、社会风险和其他相关风险。③授信方案。包括对象、用途、品种、币种、金额、期限、利率、担保、发放条件（设置限制性条款：如资本金到位、自筹资金到位、国家批复文件到位、抵押担保到位等）、支付方式、贷后管理要求（如成立客户经理小组、代理保险、重大情况报告等）。贷款人应当按照国家关于固定资产投资项目资本金制度的有关规定，综合考虑项目风险水平和自身风险承受能力等因素，合理确定贷款金额。贷款人应当根据风险收益匹配原则，综合考虑项目风险、风险缓释措施等因素，与借款人协商确定合理的贷款利率。贷款人可以根据项目融资在不同阶段的风险特征和水平，采用不同的贷款利率。贷款人原则上应当要求将符合抵（质）押条件的项目资产和/或项目预期收益等权利为贷款设定担保，并可以根据需要，将项目发起人持有的项目公司股权为贷款设定质押担保。贷款人可根据实际情况与借款人约定为项目投保商业保险。贷款人认为可办理项目融资信用贷款的，应当在风险评价时进行审慎论证，确保风险可控，并在风险评价报告中进行充分说明。④调查意见。包括同意调查与不同意调查。⑤尽职法律承诺。客户经理必须签署法律声明，对贷前调查报告的真实性负全面责任。

3. 流动资金贷款尽职调查报告

流动资金贷款的尽职调查主要是了解借款人管理、经营、财务等方面的情况，了解流动资金需求及需求影响因素，分析存在的风险并提出相应的风险控制措施。其尽职调查报告一般应侧重于以下几个方面：

（1）借款人的非财务风险分析。包括借款人依法经市场监督管理机关或主管机关核准登记；借款人生产经营合法合规；借款人信用状况良好，无重大不良信用记录；外部环境、行业状况、管理、技术、市场及其竞争优势、经营管理情况等方面的内容。

（2）借款人的财务风险分析。包括借款人营运能力、赢利能力、偿债能力、成长能力等方面。

（3）借款人流动资金需求的分析与测算。包括借款人经营规模及运作模式，季节性、技术性及结算方式等因素对借款人流动资金需求量的影响。

（4）对流动资金贷款金额、用途及还款来源明确、合法进行分析。包括贷款金额、期限、用途、提款计划，该笔贷款所涉及的经营周期，贷款实际需求量测算，对贷款金额和期限与借款人现金流量和经营周期的匹配情况进行分析。还要对借款人具有持续经营能力，有合法的还款来源进行专门分析。

（5）贷款担保分析。包括保证人担保资格及能力评价，抵（质）押物价值及变现能力评价等。

（6）借款人与银行的合作关系。包括开户情况，长短期贷款金额，以往的还款付息情况、信用等级、授信额度及占用情况，在银行的日均存款、综合收益、未来收益预测。

（7）风险分析。包括政策、行业、市场、体制、法律、产品、技术、经营管理、担保等风险因素及防控措施。

（8）授信方案。包括对象、用途、品种、币种、金额、期限、利率、担保、发放条件（设置限制性条款：如资本金到位、自筹资金到位、国家批复文件到位、抵押担保到位等）、支付方式、贷后管理要求（如成立客户经理小组、资金账户管理、代理保险、重大情况报告等）。

（9）调查意见。包括同意调查与不同意调查。

（10）尽职法律承诺。客户经理必须签署法律声明，对贷前调查报告的真实性负全面责任。

4. 个人贷款尽职调查报告

金额较大或风险较高的个贷业务（由本银行确定）需撰写调查报告，其余情况无须撰写调查报告，只需在信贷管理系统正确录入调查结论即可。

个人贷款尽职调查报告与调查结论应侧重于对借款人的资信水平、偿债能力、贷款具体用途及还款来源等情况的分析，确保借款人交易、借款用途、还款意愿和还款能力真实，防范虚假贷款等现象的发生。

（1）调查报告。主要内容包括：借款人基本情况；借款人收入情况；借款用途，用于生产经营的还应调查借款人经营实体情况；借款人还款来源、还款能力及还款方式；保证人担保意愿、担保能力或抵（质）押物价值及变现能力；借款人信用情况；贷款风险分析；其他需说明的情况；调查意见；尽职法律承诺。

（2）调查结论。调查人员应对贷款方案（包括用信主体、业务种类、币种、金额、期限、利率、贷款用途、资金支付方式及支付额度、还款方式、担保方式等）提出具体意见，并签署尽职法律承诺声明。

[巴老师讲案例之八]

抵押行为不合法风险案例

一、案例简介

2017 年 1 月，侯 ×× 向某银行办理综合消费贷款 30 万元，期限一年，担保方式为房地产抵押。抵押房地产的房屋所有权证、土地使用权证均记载权利人只有侯 ×× 一人，未记载共有权人，故某银行只要求侯 ×× 在相关合同上签字。房地产抵押分别在土地、房产管理两部门办理登记，并取得他项权利证书。

2017 年 3 月，刘 ×× 与侯 ×× 离婚，双方协商该房地产归刘 ××。侯 ×× 借款逾期后，某银行起诉侯 ××，要求归还借款本息，但诉讼请求未包括确认抵押权事项。该案胜诉后转强制执行，因执行涉及处置该抵押房地产，刘 ×× 认为抵押房地产原系本人和侯 ×× 共有财产，抵押未经其同意，抵押行为无效，因此向法院起诉侯 ×× 及某银行，要求确认两被告签订的抵押合同无效。

该案经一审、二审，最终判决银行与侯 ×× 签订的抵押合同无效。两审法院认为，侯 ×× 与某银行签订抵押担保借款合同是在侯 ×× 与刘 ×× 婚姻存续期间，抵押房地产是侯 ×× 与刘 ×× 的共有财产，因某银行与侯 ×× 签订抵押担保合同未征得共有人刘 ×× 同意，因此根据相关法律的规定，判决抵押合同无效。

二、问题思考

分析家庭财产抵押行为不合法的法律风险。

三、老师讲评

1. 夫妻双方在婚姻关系存续期间取得的财产，除法律另有规定或夫妻双方另有书面约定外，属于夫妻共同所有财产，共同财产抵押应经夫妻双方一致同意，共债共签，一方以其财产设定抵押的行为无效。银行债权将出现脱保风险。以未经占份额三分之二以上的按份共有人或者全体共同共有人同意的共有财产作为担保的，如果银行不能证明自己为善意取得担保物权，则担保可能被认定为无效。

2. 以共有财产抵押贷款的风险管理措施。（1）银行应审查设定担保的财产是否属于共有财产，如属共有财产应区分按份共有或共同共有，按份共有的应确认占份额三分之二以上的按份共有人同意担保，共同共有的应确认全体共同共有人同意担保。（2）抵押权人在设定抵押时，务必征得抵押财产共有人的书面同意，共债共签，从而避免纷争，便于抵押权实现。由于已婚人士的财产权属认定问题的复杂性和多样性，银行在办理信贷担保时，对于担保物的产权归属，不能简单地依据财产权属证明判断所有权人，还应调查担保人（借款人）的婚姻状况，根据其提供的户口簿、结婚证或离婚证、配偶死亡证明等资料，综合判断担保物的实际所有权人。如果担保人（借款人）是“已婚”人士，其以婚姻关系存续期间取得的财产抵押，应要求其出具夫妻另一方同意抵押的书面意见，或夫妻双方共同在抵押协议上签字，以确保抵押的有效性。对于实践中以父母名义申请贷款、以未成年子女名下房产办理按揭的，银行应要求其法定监护人在相关的房产买卖合同、抵押合同上签字确认，必要时还可以要求父母提供保障未成年人利益的书面保证，说明该借款用于为未成年人购置财产，未成年人以购置财产为父母借款提供担保等内容。此外，银行还应加强资金流向监控，防止贷款被挪作他用。

法人客户贷前尽职调查主要内容

客户主体资格合法性调查

（一）主体资格调查

查阅借款人依法经市场监督管理机关或主管机关核准登记文件，如营业执照、事业单位登记证或其他组织核准登记文件、经营许可证、组织机构代码证、税务登记证、资质等级证书、收费许可证及按规定需要取得的环保许可证明原件（市场准入负面清单制度实施后，还需查验市场准入负面清单），了解客户发展的历史沿革，核实客户主体资格和经营范围，必要时可通过工商登记机关或主管部门进行核实。

通过相关网站查询营业执照（国家企业信用信息公示系统）、组织机构代码证等基础资料是否有效；客户如果提供各类许可证、资质证书等资料，核实是否在有效期内；甄别证书颁发机构是否为国家有权机关，对于各类协会、民间组织等不具有官方代表性的机构颁发的相关证书，审慎识别其是否可以作为相关依据。

对于已领取加载统一社会信用代码证的“三证合一、一照一码”营业执照的企业，可不提供组织机构代码证和税务登记证。

（二）决议性文件调查

查阅公司章程，核实有权决议机构（董事会或股东大会、股东会）是否出具同意申请信贷业务或提供担保的决议性文件（包括决议及其他具有同等法律效力的文件或证明），并对决议内容的有效性及决议程序的合法性进行审核，包括决议内容是否违反公司章程的限制性规定、参与表决并签字的股东人数是否符合法定要求、有权人签字是否真实等。

有权人委托他人表决的，应调查授权委托书所载明的委托事项、权限、期限，核实受托人是否具备签署有关决议性文件的资格；以共有财产设定担保的，应核实是否经全体财产共有人书面同意。

收集印章和签字的预留印鉴，调查核实客户公章、合同印鉴及法定代表人、财务负责人签字是否与样本一致；委托办理信用业务的，是否提交书面授权委托书。

客户公司治理结构调查

公司治理结构，指为实现公司最佳经营业绩，公司所有权与经营权基于信托责任而形成的相互制衡关系的结构性制度安排。

（一）股权结构调查

查阅公司章程、投资协议、股权登记文件、工商行政注册登记表等材料，了解客户股权结构、主要股东名称、股权比例等信息。查询结果与“国家企业信用信息公示系统”相核对，不一致的应调查说明。

对客户注册资本、实收资本及认缴资本到位情况进行调查核实，分析判断是否存在虚增实收资本或抽逃资本等情况。对以货币资金出资的，应要求客户出具资金到位证明，重点调查货币资金是否已转化为固定资产、无形资产等，是否已全部投入到经营当中；对以实物、知识产权、土地使用权等非现金资产出资的，应重点调查资产价值评估及产权过户情况。

对近期发生资产重组、股权变更、增减注册资本及分立合并的客户，应重点对其股权结构变化、资产负债规模变化、债权承继及债务承担等情况进行调查，分析判断是否对客户生产经营产生不利影响。

在条件允许的情况下，请客户提供在市场监督管理部门现场调档的完整的公司章程资料原件，涉及“公司章程修正案”的，重点关注是否附有有效的股东会 / 董事会决议（涉及股权转让的，是否同时附有股权转让协议）等相关资料，核实公司章程的完整性、有效性、连续性。

对于主要股东，重点调查主营业务、股权结构及生产经营情况，主要股东之间的关联关系或一致行动情况，主要股东所持股份的质押冻结和其他权利限制情况等。

除核查客户表面的股权关系外，还应重点了解客户背后的真实控股方和实际控制人，特别是通过一致行动人、信托等机构，以及通过家庭成员、亲戚、员工、朋友甚至司机等个人控制的关联企业。

（二）公司治理结构调查

了解客户内部组织架构、内部控制制度、重大决策程序、员工数量及岗位设置等情况，判断客户公司治理结构的合理性和经营管理的稳健性。

核实企业产权是否明晰，对存在“一套人马、几块牌子”或关联企业相互参股的，应核实企业有效资产，并确认企业对其资产是否具有产权和实际处置能力。

通过实地走访、查询媒体及互联网信息等方式，了解客户法定代表人、总经理、财务负责人等主要管理人员的年龄、履历、从业经验、管理能力、资信状况、品行情况、健康状况、个人及家庭成员国籍等相关信息。

通过实地查看客户员工工作现场、与客户员工交谈等方式，了解客户员工的精神面貌和工作状态。必要时应查阅借款人员工名册、劳务合同、工资表及社保缴纳明细等资料内容。

重点关注客户法定代表人个人履历中从业经历变动情况，从事行业是否频繁变动，跨度较大；关注客户财务负责人个人履历中工作单位是否长期频繁变动，是否为外部代账公司兼职。

项目基本信息调查

（一）项目立项材料调查

项目符合国家的产业、土地、环保等相关政策，并按规定履行了固定资产投资项目的合法管理程序。通过查询项目所在地发展与改革委员会网站相关信息，核实批复机构的权限和管辖范围，核实项目批复方式（主要分为审批制、核准制、备案制三类）的合规性及内容的完整性。

行业主管部门立项材料调查。通过查验批复原件或查询所属行业主管部门公示信息，核实项目是否经有权部门审批。

（二）项目要件材料调查

查验项目要件材料，包括国有土地使用权证、建设项目环境保护批复、建设用地规划许可证、建设工程规划许可证、建筑工程施工许可证、节能评价意见书、安全生产评价意见书、项目交通影响评价评议意见及商品房销售（预售）许可证（适用于房地产企业）等相关资质证书，核实项目是否具备建设条件。

（三）项目资本金结构调查

通过查阅验资报告（如有）、资金到位证明、公司章程及相关财务信息，核实实收资本，所有者权益是否符合项目最低资本金要求。

以实物、工业产权、知识产权、土地使用权等非现金资产出资的，应查阅资产评估报告，核实是否超出法律规定的出资比例，最终作价是否综合考虑评估与市场价值差异，防止客户以高估资产价值的方式虚增资本金；以高新技术成果出资的，应查阅相关管理部门出具的高新技术成果认定书。

（四）项目资本金投入调查

通过查验资金账户的相关会计凭证，收集并审核验资报告或相应的资金到位证明材料，核实项目资本金是否按期、足额到位。

通过内外部资金监控手段，调查项目资本金来源是否合理合规，核实资本金是否来源于银行贷款、理财产品筹资等非权益性资金或信托计划筹资等债务性资金。

（五）项目资本金使用情况调查

通过持续监控账户资金流向，分析资金用途及资金流向是否与项目建设相吻合，以及项目建设进程是否与合同履行进度相匹配。

客户行业情况调查

（一）客户行业状况调查

通过本银行信贷管理系统、相关行政主管部门公示信息、行业网站或杂志信息、行业分析报告、行业协会意见等方式，结合国家宏观调控政策、行业政策、环保政策及本银行相关行业政策，调查分析客户所处行业的市场环境和发展前景。特别要对客户所处行业开展前瞻性的分析和研判，包括借款人所处行业的成本结构、行业集中度、行业所处的生命周期、行业前景性及行业整体竞争等情况，综合判断该行业对借款人的影响程度。

（二）国家行业政策与银行行业信贷政策分析

在对客户行业状况分析基础上，积极介入符合产业规划要求、国家鼓励发展的行业，审慎进入传统行业和壁垒较低的行业。银行要认真制定行业信贷政策。要根据不同的行业特点细化行业信贷指引，明确信贷准入和信贷退出标准，对行业内客户实施名单制管理。

（三）银行行业贷款限额管理政策分析

银行要实行行业贷款限额管理。对发展前景一般或潜在风险较大的行业，要前瞻性地核定并控制行业授信总量，客户用信总额不得突破行业授信限额。

（四）客户行业发展规划调查

对于大中型客户，应通过查阅客户行业发展规划书（如有）、实地与客户经营管理人员及财务人员沟通交流等方式，了解客户近期生产经营计划及中远期发展战略、规模扩张或规模控制计划、业务转型规划、重大投资及在建项目等信息，还应调查近三年行业发展规划制订及执行情况，以判断客户规划的有效性。对于集团客户还应了解拟重点发展和支持的业务板块、成员企业发展规划等情况。

客户生产经营情况调查

（一）生产经营运转情况调查

通过实地走访、查阅财务信息等方式，分析客户生产经营运转是否正常。应调查以下主要事项：

1. 生产营运情况

生产营运情况包括调查客户主要产品名称及用途、生产能力和规模、技术和工艺水平、设备、配套设施、生产线运转、产能利用、原材料供应、库存变化、订单数量变化、订单执行及回款情况，核实客户是否出现产品滞销、库存积压、生产停滞等情况，判断其行业和市场地位。

2. 项目建设情况

对于在建项目，应调查项目投资计划、施工工期及施工进度，分析项目投资是否与施工进度相匹配，后续建设资金能否按期到位；对于已建成的项目，应调查项目是否已投产、达产，核实项目实际现金流是否与项目评估预期相符。

3. 生产经营费用缴付情况

客户水费、电费是否按时缴纳，水、电用量是否发生大幅波动；客户是否拖欠税款，应交税额是否与财务报表数据相匹配；员工工资及福利是否按时足额支付。

（二）主营业务调查

1. 通过相关资料和信息，了解、分析客户主营业务情况

通过审核客户提供的相关材料、查询外部相关机构公示信息等方式，了解客户主营业务产能规模、产能利用率、销售收入及占比、销售利润率、手持订单量等信息，并与近年度同期相应数据进行比较，分析客户主营业务的经营情况：

（1）对于制造类企业，应调查企业主导产品的种类及其构成，分析主导产品是否具备技术先进性和市场竞争力。

（2）对于贸易类企业，应调查订单数量变化、订单执行及回款情况，分析其主营业务是否出现滞销、库存积压等情况。国际贸易类企业还应结合海关进出口、国际收支量等数据分析企业主营业务经营情况。

（3）对于投资类企业，应调查企业的主要投资方向、投资回报及投资管理等，分析企业投资的合理性、风险性和收益性。对于非股权投资，应调查所投资的品种、金额、收益率及起止日期；对于股权投资，应调查投资金额、股权比例、被投资企业的主营业务及生产经营情况。

（4）对于服务类企业，应调查其主体服务类型、市场定位、市场需求、市场前景及生命周期等，分析企业提供的服务是否符合行业标准、是否具有同业竞争优势、是否过度依赖单一市场、是否具备持续赢利能力。

（5）对于事业法人，应调查其事业发展状况，包括其所涉及的领域、发展规模、供应或服务社会能力、专业实力评价等，并结合其事业收入情况、市场地位、资质等级和行政隶属级别等综合分析、判断市场发展空间及吸纳能力。

2. 通过实地走访，调查客户主营业务及经营策略是否发生变化

通过实地走访客户生产经营场所、审核客户相关材料等方式，调查客户

主营业务及经营策略是否发生变化：

（1）调查客户是否出让主营业务资产，是否对主营业务、行业属性、经营策略进行变更。

（2）调查客户是否跨行业经营，是否符合营业执照限定的经营范围，是否进入不熟悉的业务领域开展非主营业务大额投资，结合非主营业务占比增长情况分析客户是否存在主营业务不清、非主营业务过度投资等情况。

（三）销售收入和利润调查

通过调查主要原材料、产品的价格和各环节的生产成本、销售成本及销售收入等账务信息，对比客户原材料及产品的实际价格和市场价格，对比客户同行业的平均利润率，分析原材料和产品价格同期走势，分析产品产量、毛利率近年度的变化情况，判断客户的实际赢利水平及可持续性。

（四）赢利模式及竞争力调查

通过调查客户各业务板块的市场份额及实现赢利的途径与方式，分析客户行业地位及市场竞争情况；通过调查客户产品创新能力、成本控制能力、市场营销能力及技术或经营模式先进性，分析客户市场地位的稳定性及竞争力的可持续性；查验土地使用权、水面养殖权、探矿权、采矿权、专利及特许经营权等无形资产相关材料，了解权利取得方式及受保护期限，分析对客户赢利模式及竞争力是否产生重大影响。

（五）环保、节能及安全生产调查

通过查验相关证明文件或资质证书（如：环境影响评价批准文件、排污许可证、安全生产许可证、消防安检报告等），调查客户生产经营是否符合环境保护相关政策法规，环保是否达标，是否满足节能减排政策要求，是否发生环保纠纷或因环保问题受到行政处罚；走访相关主管部门了解有无对其安全生产措施方面采取的整顿措施，是否存在因安全生产不达标被勒令停产整顿的情形；通过环保部门网站等相关渠道查询客户最近是否涉及环境污染等相关违法问题。

通过实地走访客户生产经营场所及周边环境，调查客户为保障安全生产采取的措施，判断客户是否满足安全生产有关要求。

客户市场情况调查

（一）销售模式调查

通过查阅历史交易记录、走访上下游交易对手等方式，了解客户营销策略、销售模式及区域、上下游企业供销关系等情况，线下销售、线上销售占比情况及线下与线上全渠道销售情况，分析客户销售模式的合理性和可持续性。

（二）市场结构和销售网络调查

了解客户国内市场与国际市场、农村市场与城市市场结构。通过查验客户应收账款明细和发货单等销售凭证，了解客户主要销售市场分布、原材料及主要供应商、销售渠道及主要客户等情况，分析客户的市场结构是否合理、产品销售是否过度依赖单一市场。

（三）货款结算情况调查

通过调查客户销售结算方式、资金回笼情况、资金垫付情况、存货周转周期，了解客户应收款项的结构与垫付期限，分析客户资金的回收风险。通过调阅企业银行流水，核实经营性资金流入、流出是否与企业财务报表经营收入、成本费用相匹配，判断企业经营是否正常。

（四）合作商调查

了解客户是否有长期稳定的合作方，上下游贸易额占比较大的企业是否为关联企业，通过与其他上下游客户对比，分析进货价格、销售价格的合理性，核实贸易背景的真实性，防止客户通过关联企业虚增收入、利润。

对于进出口企业，还应通过税务局网站、海关进出口数据及媒体披露等渠道对客户实际经营情况和赢利水平进行核实，对利润率大幅低于正常水平的贸易型企业，应通过比对海关进出口数据、国际收支数据等，核实企业是否存在虚假贸易。

（五）上下游交易情况及成本结构调查

查阅客户历史交易凭证或交易合同，了解客户上下游交易对手集中度及近三年变化情况、采购或销售模式、原材料或销售产品名称、销售结算方式及付款周期、上下游交易议价能力、关联交易及重大贸易纠纷等，分析判断客户原材料采购及产品销售策略、应付预付款及成本管理措施是否合理有效，客户上下游交易价格是否公允，是否存在价格倒挂的情况。

（六）交易背景调查

1. 交易合同信息调查

（1）通过查询交易记录、核实交易信息，判断客户是否与交易方建立合作关系，是否已订立与信贷需求相对应的交易合同，交易合同金额是否与客户资产规模相匹配。

（2）审查交易合同相关信息，与上下游交易信息进行比对，分析合同生效时间、有效期限、交易价格、付款时间、交易对手等合同要素是否符合逻辑和行业惯例。

（3）交易对手为关联企业的，应参照合同履行地市场价格，分析交易价格是否公允，是否利用关联交易虚增资产、降低负债或夸大经营业绩套取银行信贷资金。

2. 交易证明文件调查

（1）查验货运单据、保险单据、通关证明或其他第三方提供的证明文件，核实借款人运输费用、保险支出、进出口报关或其他费用性支出与交易合同是否匹配。

（2）通过税务部门网站或按照税务部门公布的其他方式，查验发票是否真实有效，发票记载信息（销货方名称、销售货物名称、价格等）是否与交易合同一致。在税务局网上办税服务系统逐笔查询并打印、签字，留存增值税发票信息，确认发票的真实性及发票状态，同时客户经理要通过企业税控系统，逐笔查验增值税发票真实性及发票状态，并打印、签字留存。

（3）通过实地走访仓储现场，核实货物实际仓储状况是否与货物出入库、货运及质检单据所记载的信息相匹配；通过实地走访交易对手，核实交易服务是否已交付使用，许可使用价格及期限是否与交易证明文件所记载的信息相匹配。

客户财务状况调查

（一）客户财务状况调查重点

客户财务状况调查重点把握四个方面：

1. 财务分析之战略导航

从金融风险特别是信贷风险管理目的下财务分析的角度出发，在对企业经营所处的宏观经济环境、行业特点与趋势、价值驱动因素、竞争优势和经营战略进行分析的基础上，重点关注其对企业财务状况的影响和预判，为其后的具体分析准备定性基础，着重发挥其方向性作用，即导航功能。

2. 财务分析之会计调整

由于一些企业财务信息失真、报表作假现象严重，客户经理在财务分析过程中对企业财务信息要保持必要的警惕，从而做出必要的会计调整。进行会计调整的前置步骤是分析会计信息质量是否存在问题，这涉及两个主要的环节，即辨认、评价企业的关键会计政策和识别作假危险信号、剔除虚假数字。在此基础上，寻求合理解释或做适当调整。

3. 财务分析之指标分析

以企业偿债能力为落脚点，从信贷风险管理的角度出发，资产负债表的关键是看资产质量，利润表的关键是看赢利质量，现金流量表的关键是看现金流，所有者权益表的关键是看净资产。在此前提下分析企业的偿债能力、运营能力、赢利能力、发展能力、现金流量等财务指标。

4. 财务分析之前景预测

客户经理进行企业财务分析是以决策有用为导向的，但任何决策都是面向未来的，财务报表提供的信息只是过去的历史数据，因此对未来进行前瞻性预测分析，是实现企业财务分析目的的关键步骤。对企业的发展前景进行预测，特别是对企业现金流进行预测分析，是客户经理判断贷款回收可能性的必要前提。

（二）财务审计报告形式审核

对客户财务审计报告的完整性进行审查，除成立不足 3 年的客户外，原则上应包括近 3 个完整会计年度的审计报告，财务审计报告应包含资产负债表、损益表、现金流量表、利润分配表、审计说明和报表附注等（事业法人除外）；查验审计报告是否有注册会计师签字及盖章、是否有会计师事务所执业许可证、骑缝章是否清晰无误；对应当审计而未审计的财务报表，应调查未审计原因，并由企业负责人或财务负责人签章确认。

了解、判断客户的财务管理制度是否健全、内控机制是否完善、有效；了解、判断客户的主要会计政策是否合理、是否发生重大变动；重点判断是否虚增资产、收入和利润，隐瞒负债。

（三）财务报表真实合理性核查

审阅财务报告、相关财务账簿及对账单等财务资料，分析财务报表有关项目之间的勾稽关系，包括但不限于——资产负债表、利润分配表：

利润分配表中的未分配利润 = 资产负债表中的未分配利润的本年增加额；资产负债表：固定资产净值增加额 + 在建工程增加额 + 无形资产（土地）增

加额≤长期负债增加额＋所有者权益增加额＋折旧增加额，若存在资金期限错配情况，应分析错配资金的合理性；其他项目之间的对应关系，如销售收入与增值税、有息负债与财务费用、长短期投资与投资收益等。

通过相关行政管理部门查询客户主要不动产（土地、房产）、动产（机械设备）的抵（质）押登记记录，与中国人民银行征信中心“已结清贷款记录”信息进行比对，甄别客户隐性负债，核实相关财务数据的真实性。

查阅财务审计报告，对频繁更换会计师事务所的客户，应要求其说明原因，并对不同会计师事务所出具的财务审计报告进行比对，若发现异常财务事项，应向出具财务审计报告的会计师事务所咨询。

剔除报表中流动性不强、难以处置的无效资产，如待摊费用、待处理损失、无形资产、一年以上的应收账款、其他应收款及长期积压的存货等，还原真实的资产流动性。

将财务分析结论与实际调查结论进行比对，并结合相关历史数据，分析相关财务数据的合理性，财务分析结论与实际调查结论不匹配的，应进一步调查核实。

（四）主要财务项目调查

1. 货币资金

查验对应财务报表时点的货币资金总额的银行对账单，关注货币资金总量和结构（币种和类别）是否与经营相吻合，可与应付票据进行关联分析，并核实货币资金是否以保证金或监管资金、质押资金等被限制流通的形态存在。

2. 固定资产（无形资产）

（1）固定资产占总资产的比例结构是否符合行业特点，固定资产规模是否与客户生产、销售相匹配，折旧政策、折旧年限制定是否合理、谨慎，是否按照会计准则的要求计提减值准备；固定资产是否存在闲置现象，闲置资产是否做出适当安排；固定资产是否为租入（融资租赁方式或经营租赁方式），如为租入资产，应调查租赁合同，了解实际执行情况，判断租入资产账面价值是否合理；调查固定资产抵押情况，如已设立抵押，应了解具体债务情况，判断是否会对借款人经营产生影响。

（2）土地房产：查阅客户主要土地及房产的权利凭证和价值证明材料（包括房屋产权证、土地使用权证、土地出让合同、出让金缴款凭证、财产税单、评估报告等），核实其占地面积、建筑面积、使用期限、投资金额，分析其权属是否清晰、权利取得方式是否依法合规、是否设立抵押及评估价值是否公允。对于租用的土地和房产，应查阅租赁合同，了解租赁年限和租金交付等情况；对于在建工程，应调查在建工程的建设目的、是否设立抵押及会计支付与建设进度是否一致，评估在建工程对企业未来经营的影响。

（3）生产设备：实地查看客户主要生产设备，了解设备的权属、购置时间、使用年限、产品标准及市场价格，核实客户生产经营的产品种类、实际产量及主要生产设备是否设定抵押或存在经营性租赁、融资性租赁等情况。

3. 应收账款

通过查阅应收账款明细表、账龄分析表，结合企业间业务往来、历史回款情况，判断客户大额应收账款余额与经营规模是否匹配，余额变化是否合理，增减变化是否与销售收入增减变化一致，是否存在回收风险，大额交易对手中是否有关联企业，是否存在通过关联交易转移资产，分析账龄结构是否合理，是否按规定提取坏账准备金，对应收账款过于集中的客户应进一步分析交易对手的实力、声誉，对于回款周期较长的应收账款，判断客户是否有充足的营运资金可供周转。

4. 其他应收款

通过查阅其他应收款明细，了解客户主要债务人年销售额、净资产等相关信息及占用资金的原因和期限，是否存在股东或出资人虚假注册或抽逃资本金或大额资金被关联方占用的情况。对于具有投资性质的其他应收款项，应根据回收期限分析其未来流动性，是否与投资公司、期货公司、房地产公司、小额贷款公司、融资担保公司、典当行等有资金往来，是否涉及民间借贷。

5. 应付账款

通过财务报表附注相关内容，分析应付款周转天数是否合理，应付款债权人（供应商）及其分布情况是否与客户实际交易情况相符。

6. 存货

查验存货清单或其他记录文件，了解客户主要产成品和原材料价值波动情况、实地查看存放地点及状态，分析存货余额与营业成本总量是否匹配，余额变化是否合理、增减是否与营业成本的增减一致，原材料在产品、库存商品的比例结构是否合理，存货周转天数是否合理，是否存在积压、毁损、滞销及其他变现风险，是否虚增或调减存货。

7. 或有负债

查询中国人民银行征信中心或以电话、询证函等形式咨询客户上下游企业、合作银行等，对客户或有负债情况进行核实，重点关注客户对外担保的事项及重大未决法律纠纷等，分析或有负债转化为现实义务的可能性。客户为上市公司的，还可通过证券交易所网站、巨潮资讯网站及国家金融监督管理总局指定上市公司信息披露的报纸或刊物，查询公司公告或财务报告，核实其或有负债情况。

8. 销售收入及销售成本

通过查阅近年销售收入及销售成本情况，分析客户销售收入与利润变动是否相符，销售收入及成本、利润是否出现大幅波动，波动原因是否合理，是否存在人为调节关键财务数据或与关联企业虚增交易的情况。

（五）财务状况分析

1. 偿债能力分析

通过测算融资结构的类别比重、流动比率、速动比率、现金比率、资产负债率、产权比率、或有负债率、经营性现金流动比率等，结合长期租赁、担保责任等未在财务报表中反映，但会对客户偿债能力产生实质影响的因素，分析客户资产负债结构是否合理，资产是否有良好流动性，是否存在短资长用风险，是否具备较强还本付息能力。

2. 赢利能力分析

通过测算客户营业毛利率、净利率、利润率、资产净利率、营业收入增长率，结合会计报表的表外损益、未分配利润项目、现金净流量等相关信息，分析客户的赢利能力及赢利的稳定性和持久性。

3. 营运能力分析

通过客户营运资产、营运负债、营运资金需求、营运资本、应收账款周转率、存货周转率等财务信息，结合客户资产周转情况及表外相关信息，分析客户是否具备较强的营运能力。

4. 现金流量分析

通过对客户经营活动、投资活动、筹资活动产生的现金流量、净流量及各分项目进行分析，结合客户行业特征、生产经营规模及经营生命周期等因素，分析客户经营活动净现金流是否与营业利润相匹配，是否主要依靠筹资活动现金流入弥补经营活动形成的现金缺口或满足投资活动的资金需求。

（六）财务分析方法

趋势分析法：趋势决定走向。通过对企业财务报表的连续分析，判断其属于哪种趋势：上升趋势、平稳趋势、波动趋势与下行趋势。

结构分析法：结构决定质量。通过分析企业的资产结构、负债结构、应收账款结构、存货结构、产品结构、客户结构等，判断其经营管理质量情况。

比率分析法：比率决定水平。将借款企业相关财务比率，如净资产收益率、资产负债率、总资产周转率、销售增长率等指标，与国资委编发的《企业绩效评价标准值》进行对比，看其在本行业的全国平均水平属于哪个等级：优秀值、良好值、平均值、较低值与较差值。

比较分析法：比较决定差异。通过五个对比分析，即与历史比、与行业平均比、与竞争对手比、与龙头企业比、与本地同类企业比，就可判断借款企业财务状况是好是坏。

因素分析法：因素决定原因。如分析赢利大幅度增加的原因，就可通过分析其是销售增加还是成本下降，或是产品价格上涨等因素，然后进行判断。

客户信用状况调查

（一）客户综合信用状况分析

对一个企业的信用考察不能只局限于企业的银行信用，应考察企业的综合信用情况。

金融信用。包括银行贷款情况，特别是不良贷款记录、证券、债券、信托、保险履约记录等。调查企业通过股票市场、债券市场及信托、委托贷款等途径融资额度、融资成本等情况，对其中的高成本融资要特别关注，以综合判断企业融资能力。

商业信用。包括商业合同执行、应收账款、应付账款、水电气费用履约记录等。

纳税信用。包括国家、地方纳税记录等。

内部信用。包括员工工资支付与股东分红记录等。

社会信用。包括社会缴费情况、企业社会责任记录、社区关系等。

实际控制人与高管家庭信用。包括老板与高管个人征信记录、人品、家风等。

（二）客户在本银行信用状况分析

对老信贷客户增加贷款的，应了解客户与本银行发生信贷关系的时间、贷款种类、用信金额、还款情况、有无不良信用记录、不良贷款分类情况等。

通过调查信贷资金实际用途及流向情况、抵（质）押物权属及价值变动情况、债务人还款来源变化情况、保证人代偿能力变化情况、信用等级及资产分类变化情况等，分析判断客户偿债能力是否发生变化。

除法人客户自身在本银行贷款情况外，还应调查客户实际控制人、法定代表人、主要股东、高管等个人在本银行贷款情况（含信用卡），特别对大额贷款要梳理实际资金流向，关注是否存在私贷公用的情况。

（三）客户信用状况调查渠道

利用本银行信贷管理系统调查客户在本银行是否有违约记录或预警信息。

通过中国人民银行征信中心查询客户信用记录、负债规模、对外担保、逾期垫款、违约欠息等情况。对负债金额、合作金融机构数量在短期内发生异常增减的客户，应核实客户在其他金融机构是否出现违约、下调信用等级、压缩融资规模等情况。

通过司法机关、政府行政管理机构、金融同业、供应商、销售商、客户雇员等渠道，通过查询国家企业信用信息公示系统、中国执行信息公开网及当地法院信息系统，调查客户是否发生重大经济纠纷、重大合同违约、拖欠税款等情况，特别关注客户是否被列入相关行政管理机构、司法机关及行业协会的黑名单。例如，被工商部门列入经营异常名录或严重违法企业名单、被税务部门列入欠税名单、被法院列入失信被执行人名单、被银行业协会列入逃废银行债务机构名单及被列入海关黑名单、外汇管理局黑名单等。

对于进出口企业，应通过外汇管理局货物贸易外汇监测系统、中国人民银行出口货物贸易人民币结算重点监管企业名单、中国海关企业进出口信用信息公示平台等渠道，核查客户货物贸易外汇收支企业分类是否符合业务开办标准、是否被相关部门列入黑名单、是否存在处罚记录等。

对于私人控股企业，还应重点了解实际控制人及主要股东（包括客户实际控制人、主要股东及其家族成员控制的关联企业）在各金融机构的贷款情况、对外投资情况、对外担保情况、债务逾期情况、信用卡透支情况及社会缴费情况等，分析其信用状况；调查客户实际控制人及其主要股东社会声誉是否良好，个人及家庭成员、国籍及是否有不良嗜好，是否涉足民间借贷，是否涉及法律诉讼、被媒体曝光负面新闻等情况。

贷款需求与还款情况调查

（一）贷款需求调查

对于流动资金类信用需求，应根据客户的实际情况，综合考虑客户经营规模、生产计划、购销合同、交易背景、业务特征、销售利润率、自有资金及营运资金循环周期、未来现金流等因素，测算其营运资金需求，并结合借款人经营现金流、现有负债及偿债能力，分析客户经营周转类额度需求的合理性。

对于固定资产贷款类信用需求，应调查贷款项目名称、建设内容与规模、项目合法性、项目总投资及其构成、项目技术和财务可行性、项目建设进展及资金来源、项目未来现金流等，分析客户贷款需求的合理性。

对于贸易融资类额度需求，应根据客户贸易量、同业授信额度、资金周转率、银行业务占比等指标进行合理测算。

（二）贷款用途调查

贷款用途调查主要对贷款用途的合法性及合理性进行认定，包括：调查认定贷款使用是否属于营业执照所列范围；借款人的生产经营和进出口业务许可证是否真实、有效；贷款使用合法性手续是否齐全；客户贷款需求是否真实、合理，是否真正用于该贷款企业或该贷款项目；借款人的生产经营计划是否合理、购销合同是否真实；票据业务、贸易融资业务有无真实交易背景等。

对于新增信贷客户，应通过对客户基本情况、生产经营情况和投资情况的调查和分析，结合客户生产经营和投资的实际资金需求、资金周转周期和回收周期，以及客户的资金筹集和到位情况，判断客户的生产经营情况是否正常，贷款实际用途是否真实，贷款申请的金额和期限是否合理，通过资产和负债的动态平衡分析贷款申请的必要性，以及该贷款申请能否支持其经营发展的正常需求。

对于存量信贷客户，应通过监测并延伸追踪客户（受托支付方式下为收款人）信贷资金在本银行系统内的后续流向、查验贷款资金支付清单及相关交易证明材料（交易合同、发票、货运单、入库单等）、实地核实交易物品或服务状态（包括物品的交付、仓储状况及服务的使用情况等）、实地核实项目建设进度与贷款资金使用匹配情况等，分析判断客户是否按照合同约定使用贷款资金。要特别关注是否存在以本银行贷款偿还他行或其他金融、担保等机构融资及民间借贷等情况。对违反合同约定用途使用贷款的，应及时采取风险防控措施，并对新增贷款需求的可行性进行审慎评估。

（三）还款来源调查

通过对客户财务状况的调查分析，结合客户生产经营活动、投资活动、筹资活动的现金流量及净现金流量的动态分析，判断企业经营性现金净流入来源是否稳定、可靠，是否能保证还款计划的实施和落实。

担保情况调查

（一）保证人调查

对保证人的调查比照借款申请人执行，重点调查事项包括但不限于：

（1）保证人是否具有合法的保证资格，是否符合本银行准入要求。

（2）保证人是否取得董事会或股东会、股东大会同意提供保证的书面决议或其他具有同等法律效力的文件或证明。国有独资公司为保证人的，按规定须取得国有资产监督管理机构书面同意的，应取得相应文件或证明。

（3）保证人对外担保及负债的规模是否适度，财产权属是否清晰，是否具备债务代偿能力，是否具备代偿意愿，是否存在影响其代偿能力的重大事项。

（4）保证人履行保证义务的历史记录是否良好，是否存在无正当理由拒不履行代偿义务或串通借款人伪造贷款申请材料，套取、截留或挪用贷款资金等行为。

（5）保证人是否了解客户借款的真实用途，保证行为是否具有合理的经济动机。

（6）保证人与客户之间是否存在关联关系、是否涉及担保圈关联关系、保证人是否具有代偿性现金来源、关联公司或集团内部保证是否符合银行关于集团客户成员单位间保证限额的规定、由关联企业提供保证担保的信用比重是否过高。

（7）对于异地保证人，应通过实地调查与保证人所在地本银行分支机构协助调查相结合的方式，持续关注保证人资信状况和代偿能力是否发生变化。

（8）对于境外保证人，应核实其所在国或注册国是否设有外汇管制或其他资金汇出汇入限制。

（二）抵（质）押担保调查

根据抵（质）押物的种类和特点，按照《商业银行押品管理指引》及本银行担保管理制度要求，对抵（质）押权效力及抵（质）押物价值、风险缓释效果、变现难易程度等进行调查评估，重点调查事项包括但不限于：

（1）担保人是否具有合法的主体资格，是否为抵（质）押物的合法所有权人并对抵（质）押物享有排他性的处分权。

（2）按照相关法律规定，审核抵（质）押权是否具有法律效力，抵（质）押物上是否存在税款优先权、建筑工程价款优先受偿权、划拨土地使用权出让金优先权、职工安置费优先权、船舶和民用航空器优先权及其他成立在先的抵（质）押权等优先于银行抵（质）押权的权利。

（3）实地调查抵（质）押物当前状态，核实其是否在房产和土地登记部门设定地役权及其他类型的用益物权，是否发生价值减损。对于已出租的抵（质）押物，应调查租期、租金交付情况及承租人使用情况、分析出租对抵（质）押权实现是否造成不利影响；对于发生价值减损的抵（质）押物，应调查价值减损的原因，评估其价值走势。

（4）担保人是否取得董事会或股东会、股东大会同意提供抵（质）押担保的书面决议或其他具有同等法律效力的文件或证明。担保人以其经营管理的国有资产设定抵（质）押担保的，按规定须取得国有资产监督管理机构书面同意的，应取得相应文件或证明；担保人以共有财产设定抵（质）押担保的，须取得全体财产共有人书面同意。

（5）抵（质）押物是否办理财产保险，保险金额是否不小于押品价值或其担保的用信金额，本银行能否成为保险第一受益人。

（6）以土地使用权设定抵押的，应调查土地使用权取得途径、权利性质、土地用途，核实土地出让金及相关税费是否已足额缴纳。

（7）抵（质）押物是否存在被查封、冻结、扣押、监管等不利于抵（质）押权实现的情况。

（8）由第三人提供抵（质）押担保的，应通过调查担保人与客户之间的资金往来情况，分析是否存在担保人利用客户代为融资、挪用贷款资金或提供过桥资金掩盖客户资金链紧张等问题。调查担保人与本次融资客户的交易对手之间是否存在资金往来和关联交易关系。

贷款综合收益情况调查

信贷业务综合效益调查是判断信贷业务风险与收益是否匹配、制订贷款方案和贷款条件及对贷款合理定价的主要依据之一，也是判断该笔信贷业务可行性的重要参考信息。

（一）负债业务效益

信贷业务带来的负债业务效益主要体现在存款与理财规模上。存款与理财规模也是综合效益的一部分，通过计算吸存收益调节系数可以对贷款定价产生一定调节。客户存款和理财，包括其在本行所辖机构开立的结算账户存款、定期存款、银行承兑汇票保证金存款、短期和长期理财产品。

（二）资产业务效益

银行贷款利率定价应坚持三个原则：一是注重风险收益对称，评价利率定价水平是否符合低风险低收益、高风险高收益的差异化贷款定价管理原则，必须确保利率定价水平符合信贷业务风险状况；二是在注重效益的同时兼顾市场，分析利率定价在追求利润最大化的同时，是否符合区域内金融同业的总体水平，利率定价水平是否具有市场竞争力，根据同业竞争实际情况来确定利率水平；三是注重利率定价水平动态管理，对利率定价水平是否符合宏观金融背景、信贷投放政策等因素做出分析，并根据实际情况做出合理调整。

对法人客户贷款定价应逐笔测算，确保贷款定价充分弥补资金成本、操作成本、税负成本及预期损失和非预期损失。贷款定价测算结果是贷款执行利率底限，应在此基础上提高贷款定价谈判能力和谈判水平，尽量提高贷款收益。

（三）中间业务效益

信贷业务带来的中间业务效益主要体现在费率定价水平上。费率的确定必须符合国家有关规定及本银行各项具体业务管理办法的规定。费率对利率定价也有一定的影响，特别是一些关键中间业务收入，比如国际业务结算量、银行卡业务量、保险代理、财务顾问费、现金管理系统使用、个人业务量等。

（四）关联效益

1. 营销、维护、巩固优质客户

关注当前信贷业务发展对本银行整体业务拓展的潜在帮助，虽然这种效益难以用具体的经济数值进行衡量，却对本银行长远发展具有重要作用。例如通过重点项目的介入树立品牌效应、通过密切与政府的关系来获取其他政府项目、通过与开发区建立业务关系来加强与园区新招商引资客户的合作、通过与优质客户合作拓展产业链上下游优质客户等。

2. 拉动其他业务发展

对借款人存款总量、贷款总量、债券总量、信托总量、结算总量、中间业务总量等金融资源情况进行综合分析，判断法人客户金融合作价值及经济实力。各项信贷业务是相互关联、相辅相成的，资产业务的拓展可能拉动负债业务、中间业务的增长，而负债业务和中间业务的增长同样可能带来资

产业务的增长。应注重对综合收益率的分析，综合考虑信贷业务所带来的中间业务收益等其他关联业务的全部收益，不仅考虑可直接获取办理的关联业务，还要注意到对潜在收益、关联客户、关联单位的整体综合业务拉动。

3. 牵引个人金融及终端消费者金融业务

了解分析：法人企业本部及分支机构、上下游合作商员工代发工资人数、月平均工资额度；企业高管、股东及员工理财、按揭、电子银行、工资贷等个人金融产品使用量；企业消费者（包括零售与集团）金融产品使用量。通过这些信息，牵引个人金融及终端消费者金融业务

（五）社会效益

对信贷业务的综合效益进行分析时，除了要考虑到各类经济效益之外，还必须考虑信贷业务的社会效益。比如对于重点项目、重大工程的支持有利于提升本银行的公众知名度与社会影响力；对各类民生工程的支持，一方面负起应有的社会责任，另一方面有利于提升本银行的声誉。

[巴老师讲案例之九]

担保主体资格风险管理案例

一、案例简介

2021 年 6 月，某市造纸厂向某银行申请 100 万元流动资金贷款，由该市某文化用品有限公司为此笔贷款提供连带责任担保。后因贷款逾期未还发生纠纷，银行诉至法院，要求造纸厂归还贷款，并要求担保人某文化用品有限公司承担连带担保责任。

某文化用品有限公司辩称：该担保是其当时在任的总经理以公司名义私自对外提供的担保，并未按公司章程的规定由股东大会同意和授权，因此该担保为无效担保。

法院审理后判决该担保为无效担保。

二、问题思考

1. 法院为什么会判决该担保为无效担保？

2. 银行应从该案例中吸取哪些教训？

三、老师讲评

1. 法院判决该担保为无效担保的法律依据。《中华人民共和国公司法》第十五条："公司向其他企业投资或者为他人提供担保，按照公司章程的规定，由董事会或者股东会决议；公司章程对投资或者担保的总额及单项投资或者担保的数额有限额规定的，不得超过规定的限额。"

2. 银行应吸取的教训。银行在调查与审批贷款时均未查看担保人某文化用品有限公司的章程，也未要求其提供公司股东大会同意担保的合法有效证明文件，未尽审慎尽职的义务，应对导致担保无效的结果承担主要责任。如某造纸厂不能偿还贷款，银行将会面临贷款损失。

个人客户与小微企业贷前尽职调查主要内容

个人客户贷前尽职调查主要内容

（一）调查客户基本情况

1. 调查客户民事行为能力

（1）通过查验客户合法有效身份证明，确保借款人年满 18 周岁。

（2）通过与借款人面谈，确认借款人精神状况健康正常。

（3）港澳台地区及外籍人士申请个人贷款的，可以在政府许可的范围内进行支持。原则上要求借款人在贷款行或抵押物所在地，指定一名职业稳定、信誉可靠的境内人士作为联系人，并明确约定信息送达该联系人即视同送达借款人。客户经理应对联系人职业、住所、联系方式等基本情况进行调查核实。在抵（质）押类贷款办理中，已对借款合同办理强制执行公证的，可不再另行指定联系人。

2. 调查客户真实身份

（1）核验客户身份证件。对境内普通人士，应要求提供居民身份证原件及复印件。借款人居民身份证过期或丢失的，提供公安部门开具的临时身份证件。调查人员应通过中国人民银行征信中心“身份信息核查”项目，或直接通过公安部联网核查公民身份信息系统，核查借款人的真实身份信息。对现役军人和人民武装警察，应首先核实借款人所在部队是否已为所辖官兵办理居民身份证。对已办理并启用居民身份证的，应要求提供居民身份证原件及复印件；对尚未领取居民身份证的，除提供军（警）官证 / 文职干部证 / 离休干部荣誉证 / 军（警）官退休证 / 文职干部退休证 / 军事院校学员证中的任何一种原件及复印件外，还应出具军人保障卡或所在单位开具的尚未领取居民身份证的证明材料。对港澳地区人士，应要求提供港澳居民来往内地通行证 / 由中国政府签发的港澳居民旅行证 / 由中国政府签发的护照中的任何一种原件及复印件。对中国台湾地区人士，应要求提供台湾居民来往大陆通行证或由中国政府签发的台湾同胞旅行证明的原件和复印件。对外籍人士，应要求提供护照原件及复印件。

（2）调查客户户籍、婚姻状况。境内人士提供居民户口簿原件和复印件。借款人提供的户口簿复印件应涵盖首页、本人页及信息变更页。当地户籍制度改革已取消户口首页的，可不再要求提供首页。已婚 / 离异 / 丧偶人士应提供结婚证 / 离婚证 / 离婚判决书 / 民事调解书 / 配偶死亡证明原件及复印件。如果户口簿上借款人婚姻状况栏明确显示已婚（借款人已婚的，应与配偶在同一户口簿上）/ 离异 / 丧偶，应核查是否与贷款申请资料相一致。对户口簿上登记为“未婚”或未记载婚姻状况，借款人书面声明未婚的，可认定为未婚。对现役军人、人民武装警察、港澳地区人士、中国台湾地区人士及外籍人士提供国家有关部门及本银行规定的身份证明。

3. 调查客户居住和工作稳定性

（1）对工薪类客户，通过核验其收入证明调查其工作单位的稳定性。

（2）对自雇类客户（即自行成立法人机构或其他经济组织，或在上述机构内持有超过10%股份，或其个人收入的主要来源为上述机构的经营收入者），通过核验其营业执照，调查其经营场所的稳定性。

（3）对客户不能提供稳定工作单位或经营场所证明的，通过核查客户目前住所的房产证或房屋租赁合同，调查其是否具有固定住所。

4. 调查核实借款人联系电话

客户经理须通过现场拨打电话的方式，当面核实借款人留存手机号码的真实性，并在调查意见中注明：“已当面核实联系方式，正确无误。”

（二）调查个人生产经营贷款申请人生产经营情况

主要通过客户关键非财务信息，考察客户是否具备持续经营能力。区分商贸类客户、加工制造类客户和产业链客户，分别调查借款人生产经营情况。

1. 商贸类客户

（1）人品。重点考察借款人品行是否端正，有无不良嗜好，是否卷入重大经济纠纷，有无介入民间借贷等。

（2）既往经营记录。重点分析借款人从业年限，对于品牌代理商，重点考察品牌代理年限、代理品牌知名度和市场占有情况。

（3）摊位情况。重点考察产权权属（自有或租赁）、摊位位置、面积。

（4）经营稳定性。通过银行经营流水，考察客户银行经营流水进项是否稳定；对于第三方支付平台的经营流水，应综合考察电商平台记载的销售数据、物流单据等信息，与经营流水是否基本匹配。

（5）金融合作情况。借款人与本银行合作情况（信贷、结算）及在其他金融机构的个人经营性贷款情况。

2. 制造类客户

（1）人品。重点考察借款人品行是否端正，有无不良嗜好，是否卷入重大经济纠纷，有无介入民间借贷等。

（2）既往经营记录。重点分析本行业经营年限。

（3）经营规模情况。重点考察经营场地占地面积、雇员人数、机器设备等。

（4）产品销售与库存情况。产品销售渠道是否稳定，产品销售前景、库存是否合理等。

（5）水电气用量。现场考察近 1 年特别是最近 3 个月水电用量情况，分析月均用水电量是否与借款人生产经营情况匹配。

（6）金融合作情况。借款人与本银行合作情况（信贷、结算）及在其他金融机构的个人经营性贷款情况。

3. 产业链客户

（1）人品。重点考察借款人品行是否端正，有无不良嗜好，是否卷入重大经济纠纷，有无介入民间借贷等。

（2）既往经营记录。重点分析借款人从业年限。

（3）与核心企业合作情况。重点考察合作年限、合作业务及核心企业经营实力。

（4）金融合作情况。借款人与本银行合作情况（信贷、结算）及在其他金融机构的个人经营性贷款情况。

（三）调查客户信用状况

1. 行内信用调查

客户经理应查询本银行信贷管理系统，调查客户在本银行的信用状况。

2. 人民银行及其他第三方征信调查

贷款申请阶段，经办机构应取得客户书面授权，对其征信状况进行查询。

该书面授权可包含在贷款申请书中，与贷款申请书一并签署，确有必要亦可单独签署。客户经理应按本银行有关规定开展征信查询。

3. 其他外部机构信用调查

对大额经营贷款，客户经理可通过司法机关、行政管理机构等渠道，查询国家企业信用信息公示系统、中国执行信息公开网等，调查借款人是否存在拖欠税费、重大经济纠纷、重大合同违约等情况。对行政管理机构、司法机构列入黑名单的客户，原则上不予准入。

4. 不予准入的客户

个人征信报告中存在以下情况之一的客户，不予准入：到期未还的逾期贷款和信用卡恶意透支；最近 24 个月内存在连续 90 天（含）以上或累计 180 天（含）以上的逾期记录；信用卡当前逾期金额超过 1000 元；信用卡当前逾期期数为 2 期及以上；信用卡账户状态显示为“冻结”“止付”“呆账”等非正常状态；名下任一信用卡最近 24 个月存在连续未还最低还款额 3 次及以上，或累计 6 次未还最低还款额；信用卡最近 24 个月还款状态记录出现“除结清以外，其他任何形态的终止账户”。

5. 酌情准入的客户

对存在以下情况并能够说明客观原因的客户，调查、审查、审批人员可视情况酌情准入：因出国、意外事故、重大疾病等导致无法按时还款，客户能够提供出入境管理、医院、公安、司法等部门客观证明材料的；因不可抗力导致无法还款，客户能够提供客观证明材料的；因银行系统故障等非客户主观原因导致贷款逾期，客户能够提供银行相关证明的；因信用卡被盗刷等特殊情况导致贷款逾期，客户能够提供银行或公安部门相关证明的；因国家助学贷款等具有政策性的贷款形成逾期记录，客户有稳定工作单位，且申请贷款前已归还全部逾期贷款的；贷款逾期但 5 日内主动还款，或因还款卡内账户余额不足导致银行未全额扣款，客户能够提供相应还款流水证明的；信用卡当前逾期金额不超过 1000 元，或当前逾期期数超过 2 期但逾期金额不超过 1000 元，申请贷款前已归还欠款的；信用卡因挂失、年费等原因导致账户状态显示为“冻结”“止付”“呆账”等非正常状态，客户能够提供银行证明或信用卡对账单的；本银行规定的其他情形。

（四）调查贷款用途

1. 采取受托支付方式的贷款用途调查

借款人须提供用途证明材料和交易对象收款账户信息。用途证明材料包括发票、合同、收据等。

2. 采取自主支付方式的贷款用途调查

借款人在业务申请时提供用途声明，可不提供贷款用途证明，客户经理应告知借款人在贷款清偿前保留用途证明材料，在本银行提出要求后，应在规定时间内提供用途证明材料。

（五）调查客户还款能力

1. 消费类贷款申请人还款能力调查

（1）收入证明的基本形式。①收入证明书。工薪人士可提供所在工作单位出具的收入证明书，需加盖单位公章，或工资发放部门加盖印章，如财务章、人事部门公章。自雇人士可自行声明收入情况，并按要求提供其他客观证明。②收入流水。工薪人士可提供近一年之内不少于连续 3 个月的代发工资的银行卡对账单。自雇人士可提供其本人或经营实体不少于近半年的银行对账单。③住房公积金缴存证明。借款人可提供近一年之内不少于连续 3 个月的住房公积金缴存证明。调查人员应根据缴存比例推算借款人月均收入。④社保缴存证明。借款人可提供近一年之内不少于连续 3 个月的社保缴存证明。调查人员应根据缴存比例推算借款人月均收入。⑤个人所得税完税证明。借款人可提供近一年之内的个人所得税完税证明。调查人员可根据纳税比例推算借款人月均收入。⑥投资经营收入证明。借款人可提供近一年之内所持有的企业股权证明（须经工商登记）和企业净资产证明，以及近两年之内的股东分红证明。调查人员可根据股东分红稳定性及可预期性，推算借款人月均收入。

此外，借款人及配偶除自住住房外，还拥有用于出租的房产，可提供用于出租的房屋权利证明、租赁合同。客户经理可根据同等地段、同等类型的房屋租赁价格，调查、判断租金收入的合理性，并结合空置率等因素适当折算后（折算比例原则上不超过90%）作为借款人每月收入的合理补充。

（2）收入证明的认定。①工薪人士提供单位出具的收入证明书的认定。客户经理应结合当地经济发展情况，借款人年龄、职业、职务等基本情况，判断收入证明书所列收入是否合理。②自雇人士提供书面收入声明的认定。客户经理应结合当地经济发展、借款人从事行业、收入证明佐证等基本情况，判断借款人声明的收入是否合理。对借款人声明的收入远高于正常水平导致收入真实性难以判断的，客户经理应实地调查、了解借款人的经营状况，通过实地观察借款人的经营场所、经营规模、地理位置、周边客户等了解借款人经营能力、经营项目风险等，通过查看收入流水（财务报表、完税凭证或购销合同等）分析现金流状况，结合市场同行业平均经营水平等综合分析借款人经营实体的赢利能力，以测算收入，认定借款人收入。③对借款人每月收入（包含房屋租赁收入，下同）不足的认定。还可将属于借款人家庭（含借款人、配偶及其未成年子女，下同）所有的其他流动资产，在扣除应支付的首付款之后，按照一定的折算比例和贷款月数，折算计入每月收入。

（3）还款能力的认定。对住房贷款和商业用房贷款，本笔贷款月债务支出（本笔贷款月还款额 + 月物业管理费）与月收入之比应在50%（含）以下、月所有债务支出（本笔贷款的月还款额 + 其他债务月均偿付额 + 月物业管理费）与月收入之比应在55%（含）以下。对除住房贷款、助学贷款、低信用风险业务外的其他消费类贷款，月所有债务支出（本笔贷款的月还款额 + 其他债务月均偿付额）与月收入之比原则上应控制在85%（含）以下。

2. 个人生产经营贷款申请人还款能力调查

（1）周转资金测算法。①银行经营流水的认定。包括借款人本人、配偶名下近3个月的银行经营流水。如为其他自然人名下的银行经营流水，客户经理须调查其他自然人流水的合理性，同时调查认定借款人提供流水的真实性。②本年销售计划。根据借款人上年度销售情况和预期合理的销售收入年增长率综合确定。③资金周转次数。年资金周转次数一般按照四至五次确定。

（2）家庭资产负债率测算法。家庭资产主要包括借款人本人、配偶和未成年子女名下的实物资产和金融资产。资产种类及价值认定如下：实物资产主要包括房产、汽车等，由客户经理调查认定房产和汽车价值。其中，对于房产交易不满两年且交易价格合理的，按照交易价格确定房产价值；超过两年的，按照周边区域交易案例较多的二手房成交价格确定房产价值；房产价格下跌幅度较大的，原则上不予纳入。汽车购置年限不得超过5年，并根据汽车使用年限、维修保养等情况进行折旧后，合理确定汽车价值。家庭负债主要为借款人家庭的银行债务、借款人申明的债务及经客户经理核实认定的其他债务。

（六）调查担保能力

保证人调查。采用保证担保的，按本银行担保管理有关规定收集资料、核定担保额度。

抵质押担保调查。采用抵质押担保的，按本银行担保管理有关规定收集资料、评估抵质押物价值。

小微企业贷前尽职调查主要内容

（一）实际控制人及相关重要人员调查

尽可能通过多种渠道，调查企业实际控制人、法定代表人、主要股东及关键管理人员的健康状况、性格特征、受教育水平、兴趣爱好、社交范围等；调查家庭状况，包括家庭财产状况、婚姻状况、主要家庭成员及职业、家庭成员关系及生活现状等；调查从业经验、对外投资行为、管理能力、员工口碑等；调查信用记录，包括通过中国人民银行征信中心查询关键人员历史信用记录，通过司法、市场监督、税务、公开媒体、上下游合作企业等途径了解关键人员是否涉及法律诉讼、行政处罚、负面报道、商业违约等情况。从品行、能力、诚信等方面综合判断企业控制人及相关重要人员管理和运营企业的水平及风险。

调查过程中，应重点关注控制人及相关重要人员是否存在刑事犯罪记录及涉黑、涉赌、涉毒等违法行为，有无不良信用记录，有无参与民间借贷、非法集资、地下钱庄、高利贷融资等违法行为，是否卷入经济纠纷等。

（二）关联关系调查

调查企业实际控制人、法定代表人、主要股东、关键管理人员及相关家庭成员与亲属是否有对外投资、控制或兼职于其他企业的情况；借款企业与上述企业在经营管理、资金往来、相互担保等方面是否存在关联性；是否存在通过关联关系或隐性关联关系转移资产、相互占用资金、虚构交易合同套取银行信用、挪用贷款资金、过度融资等情况。

（三）生产经营状况调查

对小微企业的生产经营状况，重点加强“三表”（电表 / 水表或贸易表单、税表、工资表）、“三品”（人品、产品、押品）的调查，判断企业经营风险，解决经营信息不准确、不透明、信息不对称的问题。生产型企业的“三表”指电表 / 水表、税表和工资表，贸易型企业的“三表”指贸易表单、税表和工资表。

1. 电表 / 水表

应要求企业提供电费、水费缴费单据，并现场查取企业电表、水表数据进行对比核实，分析企业用电、用水量，以及电费、水费支出同比、环比变化情况及原因，判断企业生产经营情况是否稳定。

2. 税表

现场查验企业纳税申报表和完税证明，对税种及所纳税额进行同比、环比变化情况分析，判断企业销售、赢利情况是否正常。

3. 工资表

现场查验企业报告期工资总额、工人人数、工资发放及时性，与上期和上年同期数据进行对比，分析企业用工情况是否正常。

4. 贸易表单

客户经理应现场查验本银行信贷业务项下购销合同、运输单、报关单、出入库单、发票等贸易表单，核实贸易背景的真实性。

5. 人品

关于人品，特别要关注其孝心、诚信、责任心。

6. 产品

对生产型企业，了解企业产品质量、技术含量和可替代性，判断产品竞争力；了解企业设计产能及其利用情况、销售总量及其变化趋势，判断产品市场状况；了解原材料消耗和产成品库存，判断产销是否平衡；了解主要原材料的来源、质量、价格、运输和结算情况，判断企业原材料供应的保障状况及成本的稳定性等；了解同类产品的性能、价格和产量，结合目前销售状况，判断产品发展前景。对贸易型企业，主要调查企业经营模式、赢利模式、目标客户群及产品的市场定位，侧重关注物流单据（包括不限于出货单、货运单等）的收集和真实性判断。

7. 押品

抵（质）押担保的，审核押品相关文件，判断押品的合法性和有效性；核实押品的实际买价或建造成本，判断押品是否足值；考察押品位置、通用性和同类押品价格，判断押品的变现能力；核实企业对外保证情况，分析是否存在风险。保证担保的，调查保证人是否符合本银行规定的条件，担保能力是否充足，是否有良好的担保意愿和代偿能力；判断保证人与借款人是否存在关联关系或关联交易，是否涉及担保圈，是否存在违规开展关联交易、挪用贷款资金等行为；调查保证人履约情况，保证人本人的贷款及其担保的贷款是否出现逾期、欠息或进入不良，是否发生过应代偿未代偿的情况。

（四）银行流水调查

对比企业账户与控制人及相关重要人员个人账户的资金变化情况，掌握企业整体的资金流量和流向，结合“三表”分析企业营业收入实现的真实性和合理性。着重调查企业账户往来结算情况、控制人及相关重要人员个人账户资金变化情况、企业收支通过个人银行账户结算的情况、前12个月企业及个人账户大额资金往来的交易对象等。

（五）“信贷工厂”运作模式下的小微企业批量调查

“信贷工厂”运作模式，是对具有共同特征和金融需求的商圈、供应链、产业集群内的小微企业客户群体，按照统一的授信调查、审查、审批模板和内容，进行批量营销、批量上报、批量处理的业务运作模式。该模式中，客户部门可对商圈、供应链、产业集群内的小微企业客户群体进行批量营销、批量调查。

1. 对拟开展批量营销和调查的商圈

对拟开展批量营销和调查的商圈（包括商品交易市场、批发市场、专业市场、综合市场等），应首先调查该商圈经营持续时间，年交易额及变化，在区域和同类商圈中的排名，是否有规范的市场管理方等情况，判断商圈的区域辐射范围、交易活跃程度和行业知名度。

2. 对拟开展批量营销和调查的供应链

对拟开展批量营销和调查的供应链，应首先调查核心企业是否为本银行确定的行业重点客户（包括其直接控股从事集团主营业务经营的子公司），核心企业与本银行的合作情况，核心企业经营管理是否正常，与上下游小微企业的交易关系是否稳定等。

3. 对拟开展批量营销和调查的产业集群

对拟开展批量营销和调查的产业集群，应首先调查产业集群的年产值（或销售额）及变化，在区域及同类行业中的行业地位，是否有规范的管理机构等，判断产业集群的技术水平、产品特色和市场前景。

4. 对商圈、供应链、产业集群内的小微企业客户的重点调查项目

对商圈、供应链、产业集群内的小微企业客户，除按规定的调查内容外，还应重点调查企业在商圈、供应链、产业集群内的经营持续时间、市场地位、市场口碑、经营管理水平、发展前景等情况，择优营销优质小微企业客户。

5. 制订整体服务方案

对实行“信贷工厂”运作的商圈、供应链、产业集群小微企业客户，应制订整体服务方案。整体服务方案包括但不限于以下内容：

（1）商圈、供应链、产业集群的具体类型、范围、总体情况，市场或核心企业生产经营情况等。

（2）商圈、供应链、产业集群内小微企业客户准入标准及拟授信客户具体名单。

（3）整体融资方案，包括授信总量，单户最高授信限额，授信项下贷款用途、期限、利率、还款方式、担保方式（对批量授信客户，应追加企业法定代表人、实际控制人的连带责任保证担保）等。

（4）整体风险控制方案，包括风控措施、贷后管理方案、停牌复牌管理机制、服务方案有效期等。

6. 开展批量调查

应使用本银行统一下发的调查模板代替文字调查报告。批量调查完成后，通过本银行信贷管理系统“小微企业信贷工厂授信审批模块”管理和维护小微客户群信息，审批整体服务方案，发起批量授信审批流程。

[巴老师讲案例之十]

非法出售客户信息风险案例

一、案例简介

2020年2月，某法院以诈骗罪判处邵某等7名被告人有期徒刑3到11年不等，并处罚金4万元到15万元不等；而某银行个人客户经理周某则因向上述被告人非法出售个人信息资料2000余份，以非法获取公民个人信息罪被判处有期徒刑1年6个月，并处罚金2000元。

二、问题思考

1. 银行工作人员出售或非法提供客户信息会承担刑事责任吗？

2. 银行如何做好客户信息保密工作？

三、老师讲评

1. 银行工作人员出售或非法提供客户信息会承担刑事责任。《刑法》第二百五十三条之一："违反国家有关规定，向他人出售或者提供公民个人信息，情节严重的，处三年以下有期徒刑或者拘役，并处或者单处罚金；情节特别严重的，处三年以上七年以下有期徒刑，并处罚金。违反国家有关规定，将在履行职责或者提供服务过程中获得的公民个人信息，出售或者提供给他人的，依照前款的规定从重处罚。窃取或者以其他方法非法获取公民个人信息的，依照第一款的规定处罚。单位犯前三款罪的，对单位判处罚金，并对其直接负责的主管人员和其他直接责任人员，依照各该款的规定处罚。"

2. 银行做好客户信息保密工作的措施。银行应加强对金融从业人员保密教育，严格控制接触客户信息的人员范围，与接触客户信息的员工签订保密协议约定，并在劳动合同解除、岗位变动时实施脱密期控制；加强对客户信息的查询管理，建立查阅登记制度，除因办理业务需要外，不得违规查询客户信息，有权机关执行人员要求协助查询存款等相关信息时，要依法审查有效证件等法律手续；确保客户信息的取得过程合法，依法保管客户信息资料；

应依法依约使用客户信息，在对外合作如银企合作协议中谨慎签署“客户共享”条款；因经营活动确需将客户信息告知第三方的，应当事先告知客户并取得其书面同意；建立客户信息的使用登记台账，加强对客户信息的使用管理工作。

第三章

贷中尽职控制全流程风险管理

审查审批

信贷审查审批工作目标与原则

（一）信贷审查审批的概念

信贷审查审批是银行信贷全流程风险管理的决策环节，是信贷业务执行实施的前提与依据。银行应遵循审贷分离、权限制约、权责对称、清晰高效原则建立严格的授信风险垂直管理机制，健全信贷业务组织架构，完善授权管理体系，确保信贷审查审批按流程、权限运作。

信贷审查是银行信贷审查部门以客户部门或下级行提交的客户资料和信贷调查资料为基础，依据国家法律法规、行业政策和银行信贷政策、制度，按照规定的程序和方法，对信贷业务的合法合规性、安全性、效益性等方面进行审查，对信贷业务风险进行分析判断，并提出可行的风险控制方案和明确的审查结论，为信贷业务审议审批提供参考和依据。

信贷审批是银行决策机构与决策人，如贷款审查委员会、独立审批人、主管行长、行长，根据信贷审查部门提交的信贷审批报告事项做出的贷款批复决策。

银行应建立统一的法人授权体系，对机构、人员和岗位进行权限管理。根据受权人的风险管理能力、所处区域经济信用环境、资产质量等因素，按地区、行业、客户、产品等进行授信业务差别授权，合理确定授权权限。受权人在书面授权范围内审批授信业务，不得越权或变相越权审批授信业务。

（二）信贷审查审批的目标

揭示信贷风险。通过对调查环节提交资料的分析，客观、充分地揭示银行办理该项业务可能面临的各类风险，并提出相应的风险防控措施。

提供决策依据。通过审查，出具明确的审查意见和信贷方案，为审议、审批环节提供参考和依据。

优化信贷结构。通过审查，对信贷业务进行进一步筛选取舍，促进银行信贷业务在客户结构、行业结构和区域结构等方面的优化和调整。

促进有效发展。通过审查，提出科学合理的信用发放条件、贷款使用条件和风险管理要求，防控信贷业务的经营风险和贷后管理风险，促进信贷资产质量提高和各项业务的健康发展。

（三）信贷审查的原则

1. 控制风险与业务发展并重原则

信贷审查既要充分揭示潜在风险，也要科学估算该业务蕴含的综合效益。既不能因过分强调风险而失去成长潜力巨大的信贷蓝海市场，也不能因片面强调营销和维护客户而低估风险。通过信贷审查，提出防范和控制信贷风险的有效措施，促进和保障信贷业务的有效发展。

2. 客观公正原则

信贷审查人员要在深入分析客户资料和调查报告的基础上，对潜在风险进行充分揭示、客观估算和准确定性，防止低估风险和高估收益。要真实、全面、公允地履行审查职责，不得主观臆断、狭私偏袒。

3. 尽职审查原则

审查人员要严格按照有关制度规定在职权范围内履行职责，做到勤勉尽职，高效工作。同时要保持良好的职业操守。遵守保密要求，不得随意透露有关审查情况的信息。

4. 独立审查原则

独立审查原则是指授信审查不受客户部门和审批人干预，对审查事项独立承担责任。未经行长同意，授信审查人员不得直接向客户索取资料或与客户见面。

5. 讲究时效原则

讲究时效原则是指对客户部门提交（下级行上报）审查的授信事项，审查人员要有履行基本尽职要求所需的必要时间，同时要兼顾审查效率。如有的银行规定，单笔授信的审查时间原则上不超过10个工作日。

（四）信贷审查审批的依据

1. 信贷调查报告

客户经理提供的信贷调查报告，是信贷审查审批的主要依据。

2. 国家相关法律、法规

银行办理各项信贷业务均须符合国家各项法律、法规的相关规定。如《中华人民共和国民法典》《贷款通则》《中华人民共和国公司法》《中华人民共和国票据法》等。

3. 国家相关行业、环保及土地政策

国家行业政策、环保政策及土地政策等是信贷业务合法合规性审查审批的重要依据。审查审批时应注意查找当前最新的政策规定作为政策依据。

4. 外部监管规定

中国人民银行、国家金融监督管理总局、财政部、审计署等金融监管部门，根据国家的宏观经济政策、行业政策、行业风险变化和金融风险管理要求，发布的各类相关政策、制度和规定是外部监管的主要依据。例如"三个办法"等。

5. 本银行信贷政策、制度

本银行相关信贷政策、制度是信贷审查审批的基本依据。主要包括：信贷基本制度、信贷综合制度、单项信贷业务管理办法、信贷政策指引、行业信贷政策及其他相关的办法、规定等。

（五）信贷审查人员工作职责和业绩考评

信贷管理部门是履行信贷审查职责的业务部门，应根据审查业务的具体需要，配备具有信贷工作经验和法律、财务、金融等方面专业知识的信贷审

查人员，并对其审查工作质量和效率进行定期考评。

1. 明确工作职责

（1）掌握信贷审查业务技能。及时了解信贷审查相关的国家法律、法规、部门规章、地方性法规；更新相关财务、金融等方面专业知识；熟悉国家行业政策，外部监管部门的监管要求，银行经营战略、发展规划及信贷政策和制度等。

（2）进行尽职审查。对客户部门或下级行提交的客户资料和信贷调查资料的完整性进行审查，及时要求其补充、完善。从客户和具体信贷事项两个维度对信贷业务的合法性、安全性和收益性进行审查，并对各项审查内容做出明确的分析和判断，充分、准确、客观揭示信贷业务的有利因素和风险因素，提出有针对性的风险防范措施，并出具明确的审查结论。

（3）开展回访和调研。对已审批信贷业务进行跟踪回访，对相关行业和市场进行调研，及时搜集、整理、分析和发布相关经验和信息，为信贷审查及信贷政策制定提供参考依据，为下级行审查工作提供指导。其中对已审批信贷业务调研、回访的主要内容应包括但不限于：项目目前运行情况；市场、效益和风险的实际状况；银行贷款方案落实及贷款运行情况；限制性条款、监管要求落实及贷后管理情况；对已出台的行业信贷政策的分析与透视。

（4）指导下级行工作。主动了解和解决下级行审查工作遇到的问题和困难，耐心、明确地对下级行提出的疑难问题进行解答：及时传达、分享信贷审查相关业务知识和经验教训，做好对下级行的业务指导工作。

2. 加强职业培训

为适应信贷审查工作所面临的经济环境、所依据的法律法规和政策制度等方面的发展变化，银行应建立信贷审查业务培训制度，多形式、多渠道开展业务培训，促进审查人员及时更新专业知识，提高业务技能。

3. 开展审查审批后评价

审查审批后评价是对比分析已审查审批信贷业务经过一段时间（一般为

一年或项目建成）后的风险状况与审查时的风险判断之间的差异，总结提炼审查知识。这是不断改进和提高信贷审查审批工作质量和效率的重要举措。审查、审议、审批等相关人员与金融高管应积极、充分运用后评价成果，改进在审查审批项目，指导待审查审批项目。

4. 建立业绩考评制度

为进一步提高审查质量和效率，银行应建立审查人员业绩考评制度，主要从审查数量、审查质量、审查效率三个方面进行考核。银行要制定、完善《银行信贷审查人员业绩考评管理办法》，按季对审查人员审查质量和效率进行考核，并与绩效工资考评挂钩。

为传导“高质高效”的办贷理念，增强办贷人员的尽职意识和履职能力，化解办贷过程质量与效率的矛盾，提升营销服务水平，推进信贷业务可持续发展，有的银行还制定了法人信贷业务限质申报、限次补充、限时办结管理办法，简称“三限”。限质申报是指信贷业务调查环节向审查环节报送的申报资料必须达到规定的质量要求，否则审查环节可以不予受理；限次补充是指信贷业务在审查过程中，对补充资料的次数进行限定，防止因为多次补充、反复补充资料而影响办贷效率；限时办结，是指信贷业务各操作环节必须在限定时间内完成本职工作，并及时向下一环节提交本环节已完成的信贷业务。

信贷审查的主要内容

信贷尽职审查的主要内容包括基本资料完整性与真实性审查、风险性审查、操作规范性审查、效益性审查、审查结论及限制性条款等方面。

（一）基本资料完整性与真实性审查

1. 内部运作资料

（1）信贷调查（评估）报告。信贷调查（评估）报告须全面、真实、准确地反映客户经营状况和风险状况。信贷调查应坚持以实地调查为主、间接调查为辅，调查人员须在尽职调查的基础上，认真撰写调查报告。项目调查与项目评估由相同人员合并进行的，可仅出具一份调查评估报告，但标题和结论应有“调查评估”字样；由不同人员进行的，应分别出具调查报告和评估报告。

（2）信贷初审报告。超客户管理行权限的信贷业务，上报有权审批行审批前，客户管理行信贷管理部门按照有权审批行要求，根据客户部门提供的调查报告，出具初审报告。

（3）法律审查意见和贷审会资料。申报行权限内突破制度条款的信贷业务，还需提供申报行贷审会审议情况及申报行法律审查意见。

2. 客户基础资料

（1）基础资料。①营业执照或事业单位法人证书、注册登记或批准成立的有关文件。②有效的组织机构代码证、有效的税务登记证（必要时提供近两年税务部门纳税证明）。③国家有权部门颁发的生产经营许可证、资质等级证书、收费许可证（特殊行业）。④法定代表人身份有效证明或法定代表人授权委托书。⑤印签卡、法定代表人及授权代理人签字样本。⑥中国人民银行核发的开户许可证。⑦有权部门批准的企（事）业章程或合资、合作的合同或协议，公司章程对法定代表人办理信贷业务有限制的，需要提供董事会（股东会）同意的决议或授权书。⑧环保许可证明（按规定需取得环保许可证明的）。⑨近三年年度财务报告（小微企业两年年度）与近期财务报表，成立不足三年的客户，提供成立以来年度财务报告及最近一期财务报表。根据法律和国家有关规定财务报告须经审计的，应提供具有相应资格的会计师事务所出具的审计报告：国家法律法规虽无明确规定，但银行认为有必要的，应提供经审计的财务报表。⑩报告期银行信用查询记录及其他情况。

（2）担保资料。①保证担保。保证人为法人、其他组织需提供：一是有效的组织机构代码证、税务登记证等，特殊行业须同时提交政府主管部门颁发的经营许可证或行业资质等级证书；二是法定代表人（负责人）身份证明及签字样本，法定代表人授权委托书、委托代理人身份证明及签字样本，行政公章或合同专用章印鉴卡、客户章程；三是保证人有权决策机构依照公司章程和法律规定出具的同意担保的有效决议或证明，法人分支机构提供担保的，应取得有权授权人的授权书或有权审批机关的审批证明；四是近三年年度财务报告与近期财务报表，成立不足两年的企业，提供成立以来年度财务报告及最近一期财务报表；五是报告期银行信用查询记录；六是或有负债清单及情况说明。保证人为自然人，提供有效身份证件及固定居所证明、财产或收入状况证明；同意提供担保的书面材料。②抵押担保。抵押人为法人或其他组织，比照保证人为法人、其他组织保证担保的规定；抵押物的权属证明；记载抵押物名称、类型、数量、质量、性状、所在地及是否已设定抵押等内容的书面说明。抵押人为自然人：抵押人的有效身份证件；抵押人同意提供抵押担保的书面文件；抵押物的权属证明；记载抵押物的名称、类型、数量、质量、性状、所在地及是否已设定抵押等内容的书面说明。③质押担保。出质人提交基本资料比照抵押担保相关规定执行。以第三方保管的存货出质的，还应提供：保管人的资质等级证书或其他能够证明保管人保管能力的证明；货物保管合同；记载存货的品名、数量、质量、保管期限等事项的书面文件及财产保险单。以商业汇票出质的，还应提供能证实出质人与前手之间真实交易背景的书面证明。

3. 单项业务资料

单项业务资料主要包括客户申请用信的申请书、客户内部同意用信的有关决议及其他具体资料。

（二）风险性审查

风险性审查包括主体资格审查、安全性审查和政策风险审查。

1. 主体资格审查

（1）借款人主体资格是否合法、合格。①借款人必须是符合贷款通则规定的经市场监督管理机关（或主管机关）核准登记的企（事）业法人、其他经济组织、个体工商户或具有完全民事行为能力的自然人。如果借款人是企业法人的分支机构，需取得法人书面授权书。②营业执照记录的借款人名称与借款申请书及合同上借款人的名称是否完全一致，与公章是否保持一致。③核对经营范围，确认是否合法经营，贷款用途是否超出借款人经营范围。从事能源、医院、食品、烟草、建筑、港口、金融、电信、保险、证券等特殊行业的，需要提供有权机关颁发的特殊行业经营许可证。④核对企业章程或协议。企业章程或协议是企业对外出具法律文本合法有效性的重要依据。要重点审核企业章程或协议的内容是否涉及对外融资、对外担保等内容，有无对外融资、担保设置限制性条件或对经营管理人员权利做出限制，如有限制内容的，需出具董事会、股东会授权书或决议。⑤查询中国人民银行征信中心，核实借款人有无不良信用记录。对个人信用业务的借款人和保证人，在当事人授权的基础上，要查询、打印个人信用报告；对企业的法定代表人、主要股东及重要管理人员，如有必要的也要查询与打印其个人信用报告。

（2）担保人主体资格是否合法、合格。①担保人是否符合《中华人民共和国民法典》规定，属于营利法人、自然人及符合规定的事业单位法人。②机关法人不得为保证人，但是经国务院批准为使用外国政府或者国际经济组织贷款进行转贷的除外。以公益为目的的非营利法人、非法人组织不得为保证人。③担保人为营利法人分支机构的，是否取得营利法人合法书面授权。④担保人对外担保是否符合其公司章程规定，是否按规定经董事会或股东会同意。⑤营业执照记录的担保人名称与借款担保合同及有关法律文书上保证人的名称是否完全一致，与公章是否保持一致。

（3）关联交易审查。贷款人为股东等关联方办理固定资产贷款、流动资金贷款、个人贷款的，应严格执行关联交易管理的相关监管规定，发放贷款条件不得优于一般借款人，并在风险评价报告中进行说明。

2. 安全性审查

（1）借款人注册资本真实性审查。核实注册资本的真实性，要重点审查股东的出资方式，如果以设备出资，要重点关注设备价值的真实性；如果以货币资金方式出资，要重点核对资本金对应资产的真实性，若资本金增加的同时“其他应收款”“长期投资”等相应增加，则要关注存在虚假出资的可能性。重点审查股东投入资金的真实来源，如果股东是本银行的客户，则要分析资本金投入过程中本银行对股东是否相应增加了贷款。

（2）经营风险审查。①财务因素分析。要审查：借款人财务报表连续性，对重要财务经营指标，如货币资金、应收应付账款、长期投资、存货、销售收入等的短期内突然变化，要分析其形成原因及对未来经营可能带来的影响；公司对外股本权益性投资是否超过净资产的50%。要关注借款人融资超过年销售收入或经营性现金流入、经营性现金净流量持续负值、对筹资性现金净流量依赖度过高等现象。②非财务因素分析。要审查借款人主要经营者基本情况，核查其人品、诚信度、家庭状况及历史经营记录，特别是在金融系统的还本付息记录；应查询本银行信贷管理系统，核对借款人信用记录；应关注借款人的产品风险，产品实际销售、潜在销售和库存变化，产品对市场变化的应变能力；应关注借款人生产过程的风险，了解其原材料来源，对供应商的依赖度，是否存在供应商过于单一的问题，设备在国际国内市场上的技术先进性；应关注借款人的行业风险，行业目前的发展阶段，如果属于成熟期或衰退期，则要相应控制和压缩信用总量。

（3）担保风险审查。①担保人资产负债率是否保持在一个合理的水平，一般应不超过70%；担保人生产经营是否正常，现金流量是否能足以保障其偿付能力。②查询中国人民银行征信中心核实保证人的对外担保总额有无超过所有者权益。对外担保超过所有者权益或担保总额明显偏大的，应重点提示。③分析担保人资产的变现能力。担保人资产中对外投资或难以变现的固定资产数额偏大的，要重点分析其实际担保履约能力受影响的程度。④担保人若是异地经营企业，分析经营行能否动态掌握担保人财务经营变化情况和有效地实施贷后管理。⑤对关联企业担保，关注是否属于子公司为母公司担保的情形，如果是子公司为母公司担保的，子公司有无出具股东会同意担保的决议。要重点核实关联担保的实际有效性，审核担保单位与被担保单位实际的关联度，母公司为子公司担保的，在核实母公司净资产时一般应剔除其在子公司的相应资本。⑥抵（质）押物权属是否清晰，符合《中华人民共和国民法典》要求，足值并具有充分变现能力。抵押物是否属于《中华人民共和国民法典》禁止抵押的土地所有权；宅基地、自留地、自留山等集体所有土地的使用权，但是法律规定可以抵押的除外；学校、幼儿园、医疗机构等为公益目的成立的非营利法人的教育设施、医疗卫生设施和其他公益设施；所有权、使用权不明或者有争议的财产；依法被查封、扣押、监管的财产等。以房地产抵押的，贷款额有无超过抵押物评估值的 70%；以在建工程作抵押的，贷款额有无超过在建工程已投入价值的 50%（应剔除未付的工程款）；以机器设备作抵押的，贷款额有无超过评估值的 50%；以动产作质押的，质物是否具有较强的流动性与变现能力，贷款额一般应不超过质物变现值的 50%，最高应不超过 70%；以权利作质押的，贷款额一般应不超过凭证面值的 90%；以土地使用权抵押的，其地上定着物有无一并抵押；以房产抵押的，其占用范围内的土地使用权有无同时抵押。

（4）政策风险审查。①按照法律规定，对以下用途的业务不得提供授信：国家明令禁止的产品或项目；股本权益性投资，将银行信用作为注册资本金、注册验资和增资扩股；违反国家规定从事股票、期货、金融衍生产品等投资；贷款用于银行票据承兑、信用证、保函等表外授信业务保证金，或违反规定进行以贷收息；违反规定将贷款用于财政性支出；用于借贷牟取非法收入等；虚构贷款用途或贷款用途不明。②使用政府投资的项目，应持有政府有权部门的批准文件；需政府有权部门核准的项目，应持有有权部门核准的证明文件；需备案的，应持有向有权部门备案的证明文件，并依法办理了环境保护、土地使用、资源利用、安全生产、城市规划等许可手续。对未取得上述手续或虽已取得，但属化整为零、越权或变相越权和超授权批准的固定资产贷款，不得提供授信。③对无真实交易背景的，不得办理票据及信用证业务。④是否将流动资金贷款用于固定资产投资。

3. 操作规范性审查

（1）是否按规定对借款人进行信用等级评定、客户分类和授信。要查询本银行信贷管理系统和核对相应文件，核查与调查报告记录的内容是否一致。

（2）对集团性客户是否按集团客户授信管理的要求进行授信，是否按规定将集团所有关联企业纳入集团整体授信，集团客户授信是否在各关联公司间按资产、经营情况进行合理分配。

（3）是否超过核定的授信额度，有无突破授信限制性条款。

（4）项目配套流动资金有无落实。

（5）申请、受理、调查、评估、审查、审议和报批的程序是否符合规定，是否存在逆程序或跨环节运作情况。

（6）是否按规定提交贷审会审议，贷审会运作是否规范。

（7）调查主责任人与主调查责任人是否明确。

（8）追加贷款若超过原承诺贷款的30%，是否重新进行了评估。

4. 效益性审查

（1）直接效益分析。利率定价是否符合本银行利率政策，利率定价水平是否符合资金供求状况，与客户及所在行业的总体风险水平是否相当。对风险相对较大的一般客户及加工制造业，一般要求执行较高水平的利率。

（2）综合效益分析。借款人有无开立基本结算账户；至审查日已经发生的国际结算额、中间业务收入、日均存款等综合效益，以及通过信贷投放预期可增加的综合效益。

5. 审查结论及限制性条款

（1）应提出明确的审查结论。包括是否同意授信的意见及授信业务种类、币种、金额、期限、利率或费率、担保方式、还款方式、风险预分类意见。与固定资产贷款相关的期限安排通常包括固定资产贷款期限或总期限、提款有效期、宽限期和还款期。固定资产贷款期限或总期限指从第一笔贷款发放之日起至借款人按合同约定清偿全部贷款本息之日止的时段；提款有效期指自固定资产借款合同生效日起至借款人第一次提款的时段；宽限期指固定资产借款合同约定的，自第一次贷款发放日起至借款人开始偿还本金之日止的时段；还款期指从第一次归还贷款本金之日起至贷款本息完全还清之日止的时段。固定资产贷款期限等于宽限期与还款期之和，提款有效期原则上不超过1年。

（2）针对审查揭示的风险，应提出相应的限制性条款。主要有：要求借款人出具还款期内股东不分红的承诺；要求借款人及股东增加资本金、股本金；要求借款人承诺本行贷款优先于股东借款及其他债务偿还；要求借款人追加担保措施或更换担保方式及担保人；要求借款人制订与落实详细的还款计划；对政府性项目贷款，要求将还贷计划列入政府性债务收支计划（人大预算）；对专用于偿还银行贷款的资金来源要求予以锁定；其他条件。

6. 授信审查报告

授信审查报告应包括以下主要内容：

（1）客户基本情况。主要包括：客户全称，所有制性质，成立日期，简要的历史沿革，注册资本，实收资本，主要投资人及出资金额、比率和出资方式，经营范围，经营管理者素质等。

（2）客户财务、经营管理情况和市场评价。客户近两年来的主要财务、经营指标，分析其连续性、合理性及可信性；客户在国际国内市场的地位。

（3）客户信用情况。包括客户开户情况，在金融机构信用总量及信用记录，银行评定的信用等级、客户类型，以及授信、用信和担保情况。

（4）本笔信用的基本情况。包括用途、金额、期限、担保方式等。项目贷款需说明项目基本情况。

（5）授信风险评价。信用发放是否符合国家产业政策和本银行信贷政策要求。第一还款来源是否充足，第二还款来源是否有效。重点要揭示授信存在的问题与风险。

（6）效益性分析。直接效益和综合效益。

（7）审查结论及限制性条款或风险控制措施。

信贷审批的主要事项

（一）授信对象

信贷审批中应明确给予授信的主体对象。固定资产贷款和流动资金贷款的授信对象是企事业法人或国家规定可以作为借款人的其他组织。项目融资的授信对象是为建设该项目、经营该项目或为该项目融资而专门组建的企事业法人，包括主要从事该项目建设、经营或融资的既有企事业法人。个人贷款的授信对象是符合规定条件的自然人。

（二）贷款用途

贷款应该有明确、合理的用途。贷款审批人员应该分析授信申报方案所提出的贷款用途是否明确、具体，除了在允许范围内用于债务置换等特定用途的贷款，对于直接用于生产经营的贷款，贷款项下所经营业务应在法规允许的借款人的经营范围内，相关交易协议或合同要落实，如交易对象为借款人的关系人，更应该认真甄别交易的真实性，防止借款人虚构商品或资产交易骗取银行贷款。必要时可结合分析借款人财务结构，判断借款人是否存在短借长用等不合理的贷款资金占用，了解借款人是否存在建设资金未落实的在建或拟建的固定资产建设项目或其他投资需求，防止贷款资金被挪用。

（三）授信品种

授信品种的审批应注意四个事项：①应与授信用途相匹配。即授信品种的适用范围应涵盖该笔业务具体的贷款用途。②应与客户结算方式相匹配。即贷款项下业务交易所采用的结算方式应与授信品种适用范围一致。③授信品种应与客户风险状况相匹配。由于不同授信品种通常具有不同的风险特征，风险相对较高的授信品种通常仅适用于资信水平相对较高的客户。④授信品种还应与银行信贷政策相匹配，符合所在银行的信贷政策及管理要求。

（四）贷款金额

贷款金额应依据借款人合理资金需求量和承贷能力来确定。流动资金贷款需求量可参考《流动资金贷款管理办法》所提供的方法确定，固定资产贷款需求量可根据项目经审核确定的总投资、拟定且符合法规要求的资本金比例及其他资金来源构成加以确定；贷款金额除考虑借款人的合理需求，还应控制在借款人的承贷能力范围内，这样才能确保需求合理，风险可控。

（五）贷款期限

贷款期限的确定应采用以下方式：①应符合相应授信品种有关期限的规定。②贷款期限一般应控制在借款人相应经营的有效期限内。③贷款期限应与借款人资产转换周期及其他特定还款来源的到账时间相匹配。④贷款期限应与借款人的风险状况及风险控制要求相匹配。

（六）贷款币种

贷款币种应尽可能与贷款项下所使用的结算币种及借款人还款来源币种相匹配，并充分考虑贷款币种与还款来源币种错配情况与所面临的相关风险及风险控制。使用外汇贷款的，还需符合国家外汇管理相关规定。

（七）贷款利率

贷款利率应符合人民银行关于贷款利率的有关规定及银行内部信贷业务利率的相关规定；贷款利率水平应与借款人及信贷业务的风险状况、信用等级、交叉营销、综合收益贡献相匹配，体现收益有效覆盖风险原则；贷款利率水平还应考虑所在地金融机构的竞争状况及同类信贷业务的市场价格水平。

（八）担保方式

《中华人民共和国民法典》规定的担保方式为保证、抵押、质押、留置和定金。借款担保方式一般有三种，即保证、抵押、质押。还可采用共同担保和最高额担保等特殊担保方式。因此，信贷审批必须对保证人的偿还能力、抵押物、质押物的权属和价值及实现抵押权、质押权的可行性进行严格把关。这既是法律的强制要求，也是银行风险控制的重要手段。

（九）发放条件

应明确贷款发放的前提条件，并作为放款操作部门放款审核的依据。固定资产贷款和项目融资的发放条件应包括贷款同比例的资本金已足额到位、项目实际进度与已投资额相匹配等要求。固定资产贷款在发放和支付过程中，借款人出现以下情形，贷款人应与借款人协商补充贷款发放和支付条件，或根据合同约定停止贷款资金的发放和支付：信用状况下降；不按合同约定支付贷款资金；项目进度落后于资金使用进度；违反合同约定，以化整为零的方式规避贷款人受托支付。

（十）支付要求

应按照按需放款的要求，视情况不同采取受托支付或自主支付。采用受托支付的，还要明确规定起点金额和支付管理要求。如对流动资金贷款，应根据借款人的行业特征、经营规模、管理水平、信用状况等因素和贷款业务品种，合理约定贷款资金支付方式。

（十一）贷后管理要求

可针对借款人及相关授信业务的风险特征，提出相应的贷后管理要求。如就账户监管、资金归行、贷后检查频率、需重点监控的情况及指标、获取信息的报告反馈等事项提出具体要求。此外，还可对贷款存续期间借款人的资产负债率、流动比率、速动比率、销售收入增减幅度、利润率、分红比率等相关财务指标提出控制要求。

合同管贷

合同管贷是指按照银行内部控制与风险管理的要求，对借款合同的制定、修订、废止、选用、填写、审查、签订、履行、变更、解除、归档、检查等一系列行为进行管理的活动。

依法体现协议承诺原则

协议承诺原则一方面要求贷款人在合同等协议文件中清晰规定自身的权利义务，另一方面要求客户签订并承诺一系列权利义务，依靠法律来约束客户的行为。一旦违约事项发生，银行或者免责，或者可以追责，这样不但能够切实保护贷款人的权益，还有助于营造良好的社会诚信环境。

（一）要求借款人通过签订借款合同等协议文件承诺申贷信息的真实有效

借款人在申请贷款时，应按照协议要求提供一系列申请材料，并申明有关信息的真实性、准确性和完整性。这些申请材料或信息是否真实有效是判断借款人能否达到贷款条件、产生借贷关系的前提与基础。由于信息不对称、不透明等原因，贷款人难以审查清楚某些材料的真伪和效力。因此，在贷款人尽职调查的前提下，应在借款合同等协议文件中要求借款人等当事人签订承诺性质的条款，自我申明其提供的材料和信息是真实有效的，否则必须承担相应的违约责任，这样可以大大降低借款人提供虚假材料或信息的可能性。

（二）要求借款人通过签订借款合同等协议文件承诺贷款的真实用途

为了保证信贷资金的安全收回，贷款人具有了解和掌握贷款资金用途的权利，借款人也具有真实告知贷款人借款用途的义务。要求借款人在借款合同中明确承诺贷款真实用途并承担贷款挪用的违约责任，这样就赋予了贷款人法律武器，去对抗贷后可能产生的贷款挪用问题，对借款人产生明确的约束力。

（三）要求借款人通过签订借款合同等协议文件承诺贷款资金的支付方式

贷款人与借款人应在借款合同中明确约定贷款资金支付的相关事项，如是采取贷款人受托支付还是借款人自主支付，是否设立专门账户等。这样就为贷款人实施有关支付操作和管理提供了法律保障或法律授权。

（四）要求借贷双方通过签订借款合同等协议文件承诺各方的权利义务

贷款人应要求借款人在合同中对与贷款相关的重要内容做出承诺，承诺内容包括但不限于：贷款项目及其借款事项符合法律法规的要求；配合贷款人对贷款的相关检查；发生影响其偿债能力的重大不利事项及时通知贷款人；进行合并、分立、股权转让、对外投资、实质性增加债务融资等重大事项前征得贷款人同意等，这样就为借贷双方合法权益提供了书面法律保障。

依法制定借款合同

（一）完善借款合同形式

《中华人民共和国民法典》第六百六十八条、《商业银行法》第三十七条规定，书面形式是借款合同的法定形式，商业银行在办理贷款业务时，必须与借款人签订书面的借款合同、担保合同等相关合同，以保证其稳定性，增强各方当事人履行合同的责任，便于对合同执行情况进行检查、监督和管理，为日后处理纠纷提供证据。

同时，要求借款合同等协议文件应当明确各方当事人的权利、义务及违约责任，避免对重要条款未约定、约定不明或约定无效。同时，把合同完备性上升为金融监管内容，利用外部强制力督促和推动银行完善借款合同。

（二）完善借款合同内容

“三个办法”除了重申《中华人民共和国民法典》第六百六十八条、《商业银行法》第三十七条借款合同的内容包括借款种类、币种、用途、数额、利率、期限和还款方式等条款规定外，还要求在借款合同中约定以下条款内容。

1. 约定贷款发放和支付的条款

银行应在借款合同中与借款人约定提款条件，以及贷款资金支付接受银行管理和控制等支付条款：

（1）采用贷款人受托支付的情形、受托支付的金额标准、借款人应提供的付款资料、银行对付款资料的审查职责等受托支付事项。

（2）采用借款人自主支付时，借款人应定期汇总报告贷款资金支付情况；银行有权核查借款人贷款支付是否符合约定用途。

（3）支付方式变更及触发变更条件。

（4）贷款资金支付的限制、禁止行为。

（5）借款人应及时提供的贷款资金使用记录和资料。

为了控制好风险，银行在借款合同中与借款人约定支付方式变更的条件应当具体、具有可操作性。例如约定：借款人出现信用状况下降、主营业务赢利能力不强、经营及财务状况明显趋差、贷款资金使用出现异常，或规避受托支付及其他重大违反合同约定的行为等情形的，贷款人应与借款人协商补充贷款发放和支付条件，或根据合同约定变更贷款支付方式，停止或中止贷款资金的发放和支付。银行有权将借款人自主支付方式变更为贷款人受托支付方式。

2. 要求借款人在合同中对与贷款相关的重要内容做出承诺

银行修订完善后的借款合同，应当列明与贷款有关的重要内容，应与借款人在借款合同中约定借款人承诺事项。除了传统合同一般已有的约定之外，还应承诺如下内容：

（1）依法合规类承诺。主要包括借款人具备借款主体资格或资质；借款人及其控股股东（新设项目法人）信用良好，无不良记录；借款用途及还款来源明确、合法；贷款项目符合国家的产业、土地、环保等相关政策，并按规定履行了合法管理程序、租售程序；符合国家有关投资项目资本金制度的规定；已经依据法律法规或者按照合同约定缴纳了相关费用；不存在其他违反法律法规的情形。

（2）行为无瑕疵类承诺。例如，借款人为签署本合同或履行其在本合同项下的义务，已经依据法律法规或者公司章程履行了必要的手续；在本合同上签字或者签章的是借款人的法定代表人或其授权人；不存在其他由于借款人原因可能导致借款合同效力瑕疵的情形。

（3）诚实信用类承诺。例如，依据合同约定的期限、用途、方式等依法使用贷款，不利用贷款从事违法违规活动；积极配合国家有关主管部门及贷款人对贷款及担保的相关监督、检查；按照合同约定及时足额地偿还贷款，不采用任何方式逃避债务；不存在其他违反合同义务的情形。借款人应承诺其提供的有关借款人、担保人、股东及项目、财务等文件、资料真实、完整、准确、合法、有效。

（4）接受类承诺。例如，借款人接受并积极配合贷款人以账户分析、凭证检查、现场调查等方式对包括用途在内的借款资金使用情况的检查和监督，按照贷款人要求定期汇总报告借款资金使用情况；接受贷款人的信贷检查，按照贷款人要求提供资产负债表、损益表等财务会计资料和反映借款人偿债能力的其他资料，协助并配合贷款人对其生产经营和财务情况的调查、了解和监督。

（5）同意类承诺。例如，进行合并、分立、减资、股权变动、重大资产和债权转让、重大对外投资、实质性增加债务融资及其他可能对贷款人权益造成不利影响的行动时，事先征得贷款人书面同意，或就贷款人债权的实现做出令贷款人满意的安排方可进行。

（6）担保类承诺。例如，确保担保人为签署本合同或履行其在本合同项下的义务，已经依据法律法规或者公司章程履行了必要的手续；担保人有权以该担保物设立担保；在担保合同上签字的是有权签字人；担保不存在其他效力瑕疵或者可能产生重大不利变动的情形。

（7）其他类承诺。包括就借款合同订立与履行时的费用、债务清偿顺序等问题做出必要承诺。

3. 约定违反承诺的法律责任

贷款人应与借款人在合同中约定，借款人出现以下情形之一时，借款人应承担的违约责任，以及贷款人可采取的提前收回贷款、调整贷款支付方式、调整贷款利率、收取罚息、压降授信额度、停止或中止贷款发放等措施，并追究其相应法律责任：未按约定用途使用贷款的，未按约定方式支用贷款资金的，未遵守承诺事项的，申贷文件信息失真的，突破约定的财务指标约束等情形的，违反借款合同约定的其他情形的。

（三）修订借款合同文本

商业银行要积极完善借款合同文本，将贷款支付、协议承诺、诚信申贷、风险预警指标、重大违约、法律责任等内容引入借款合同条款。同时，应针对不同客户、不同的风险特点，量体裁衣、量身定做差异化的财务控制条款，做到内部贷款管理与外部协议管理相统一、相协调。尤其是对项目融资贷款，应体现项目融资的特殊风险和控制要求，彻底改变借款合同简单粗放、形同虚设的现状。

“三个办法”将“未按本办法规定签订借款合同”作为对商业银行违规处罚的一项内容，国家金融监督管理机构可根据《银行业监督管理法》的规定，对违规的商业银行采取监管措施。

依法采取维权措施

银行借款合同应列明借款人的违约情形，并详细约定贷款人可以采取的有关措施，以合法保护金融债权。

（一）借款合同必须列明借款人的违约情形

借款合同所列违约或影响债权安全的情形包括：

（1）借款人未按照约定偿还本合同项下借款本息及其他应付款项，或未履行本合同项下任何其他义务，或违背在本合同项下的陈述、保证或承诺的。

（2）本合同项下担保发生了不利于贷款人债权的变化，借款人未另行提供贷款人认可的其他担保的。

（3）借款人任何其他债务在到期（包括被宣布提前到期）后未能清偿，或者不履行，或违反在其他协议项下的义务，已经或可能影响到其在本合同项下义务的履行的。

（4）借款人的赢利能力、偿债能力、营运能力和现金流量等财务指标突破约定标准，或发生恶化，已经或可能影响到其在本合同项下义务的履行的。

（5）借款人股权结构、生产经营、对外投资等发生重大不利变化，已经或可能影响到其在本合同项下义务的履行的。

（6）借款人涉及或可能涉及重大经济纠纷、诉讼、仲裁；资产被查封、扣押或被强制执行；被司法机关或行政机关依法立案查处或依法采取处罚措施；因违反国家有关规定或政策被媒体曝光，已经或可能影响到其在本合同项下义务的履行的。

（7）借款人主要投资者个人、关键管理人员异常变动、失踪或被司法机关依法调查或限制人身自由，已经或可能影响到其在本合同项下义务的履行的。

（8）借款人利用与关联方之间的虚假合同，利用无实际交易背景的交易套取贷款人资金或授信，或通过关联交易有意逃废贷款人债权的。

（9）借款人已经或可能歇业、解散、清算、停业整顿、被吊销营业执照、被撤销或申请（被申请）破产的。

（10）借款人因违反食品安全、安全生产、环境保护等相关法律法规、监管规定或行业标准而造成责任事故，已经或可能影响到其在本合同项下义务的履行的。

（11）项目资本金未按计划或比例到位，或未在贷款人规定时间内补足的。

（12）未按进度完成项目建设，或项目建设和运营环境、条件发生重大不利变化的。

（13）如本合同项下借款是以信用方式发放，借款人的信用等级、赢利水平、资产负债率、经营活动现金净流量等指标不符合贷款人信用贷款条件的；或借款人未经贷款人书面同意，以其有效经营资产向他人设定抵（质）押担保或对外提供保证担保，已经或可能影响到其在本合同项下义务履行的。

（14）可能导致贷款人在本合同项下债权的实现受到不利影响的其他情形。

（二）借款合同必须约定贷款人的维权措施

若借款人违约，贷款人有权采取下列一项或多项措施：要求借款人限期纠正违约行为；调整贷款支付方式；压降授信额度；停止依据本合同和贷款人与借款人之间的其他合同向借款人发放借款和其他融资款项，部分或全部取消借款人未提取借款和其他融资款项；宣布本合同和贷款人与借款人之间其他合同项下未偿还的借款和其他融资款项立即到期，立即收回未偿还款项；要求借款人赔偿因其违约给贷款人造成的损失；法律法规规定、本合同约定或贷款人认为必要的其他措施。

应当注意的是，如果在合同中约定有借款人应承担的违约责任和银行可采取的措施这些条款，银行就必须严格执行，不得敷衍了事。银行对借款人违背借款合同约定的行为应发现而未发现，或虽发现但未采取有效措施的，很可能被认为是贷后管理不严的违规行为而受到国家金融监督管理机构的处罚。

依法动用救济方法

借款人一旦违约，贷款人应根据风险的不同类别，运用有效的救济方法：

（1）当借款人到期贷款不能偿还时，贷款人应依法及时要求保证人归还贷款本息，若保证人拒不履行代为清偿的义务，则依法申请仲裁或提出诉讼。

（2）若保证人不具备保证资格，则由其承担过错赔偿责任或由其申办人（单位）承担保证责任；若保证人保证能力不足或丧失则由其申办人（单位）承担因出资不足所带来的连带赔偿责任。

（3）若保证人保证能力不足或丧失，但对第三人有债权或到期权益的，贷款人可以在执行阶段向法院提出执行请求。

（4）若保证人申请破产，则不应无条件解除保证人承担的保证义务，贷款人应按破产债权要求受偿，以防其逃避保证责任。

（5）若借款人与保证人共同实施金融诈骗，贷款人应及时报请公安机关侦查，并在请求检察机关公诉时提出附带民事赔偿诉讼请求。

（6）还可采取变更贷款支付方式、变更（补充）贷款发放和支付条件、停止贷款资金的发放和支付、提前收回贷款等救济方法。

依法实施合同面签制度

（一）合同面签制度的作用

合同面签制度，指银行在借款合同签订过程中，指派两名面签人员对签约人身份真实、签字盖章真实完整等进行提前准备、资料核对、签字盖章、检查补救、跟踪落实的活动过程。合同面签制度，是信贷全流程管理的重要规则，是确保签约真实、合同有效、担保落实的核心措施。这对防止出现冒名贷款，或借款人的信贷资金被他人冒领挪用，保护借款人与贷款人的合法权益非常重要。

《个人贷款管理办法》第二十六条规定："贷款人应与借款人签订书面借款合同，需担保的应同时签订担保合同或条款。贷款人应要求借款人当面签订借款合同及其他相关文件。对于金额不超二十万元人民币的贷款，可通过电子银行渠道签订有关合同和文件（不含用于个人住房用途的贷款）。当面签约的，贷款人应当对签约过程进行录音录像并妥善保存相关影像。"

除了个人贷款外，固定资产贷款、流动资金贷款与项目融资的借款合同也应采取双人面签方式。

（二）合同面签制度的原则

为进一步规范合同面签管理工作，强调合同面签的严肃性和纪律性，合同面签制度执行以下原则：资格认定、双人面签；提前准备、分工合作；身份核对、签约真实；检查补救、跟踪落实。

（三）合同面签制度的重点

1. 当面核对借款当事人身份与信息的真实性与完整性

面签人员应要求签约人出具自然人身份证、公司营业执照副本、组织机构代码证副本等，认真核对，并取得核对无误的复印件。涉及房产抵押的，还应核对结婚证、离婚证、单身证明原件。涉及企业担保的，还应核对或取得股权信息，来源于工商登记部门的企业基本信息及取得企业章程，以确认股东会决议等权力机构决议的决议机构、签约人、决议生效的份额及企业能否对外提供担保等。

2. 当面核对借款人签约字迹

面签人员应引导客户在正确的签约处签字盖章，不得错签、漏签。客户签约人签字必须字迹可认，签约人字迹潦草无法辨认的，面签人员必须要求重新签署，或必须按指模确认。自然人签字处原则上应按指模确认。公章必须清晰，不模糊、不移位。借款合同、担保合同等主要合同的公司盖章处原则上应同时要求法定代表人或授权代表签字。建议盖章签字重合，先盖章后签字。签约必须由本人进行。除持有经公证过的授权委托书的人员外严禁任何人代替签约人签字。其中表明个人身份的身份材料由签约人本人签字，表明公司身份的身份材料由签约公司盖章。

3. 当面提示借款合同重要条款与重大事项

采用格式条款订立合同的，银行应当按照《中华人民共和国民法典》的规定，遵循公平原则确定当事人之间的权利和义务，并采取合理的方式提请对方注意免除或者减轻其责任等与对方有重大利害关系的条款，按照对方的要求，对该条款予以说明。

银行在面签合同过程中，需要提醒借款人注意特别提示事项，以免借款人以种种理由规避相应的义务。根据《中华人民共和国民法典》规定，如果对格式文本发生争议，采取的解释是以有利于借款人为原则。合同履行过程中发生变更事项，必须经过银行管理行审查认定。同时强调在书写书面材料时，要使用对方的全称，时间填写准确无误，以免引起不必要的纠纷。涉及需要对方确认的事项，一定要对方书面签字确认。变更后的材料，客户经理应及时归档保管，只有合法有效的、充足的文件证据，合法请求才能受到法律保护。

4. 面签人员必须全程参与面签活动

合同面签过程中，银行面签人员必须始终保持在场，不得有任何一人离开。面签合同均应在面签人员视线范围内，确保有效控制。

5. 做好合同面签后检查工作

合同面签结束后，面签人员应立即核对、检查签字盖章（包括指模）是否完整、位置是否正确、印章签字是否清晰可辨、合同份数是否正确，并按照银行制度规定及时将合同文本移交相关部门或岗位。

[巴老师讲案例之十一]

面签借款合同风险案例

一、案例简介

2021年9月17日，某银行与某实业有限公司签订借款合同，办理流动资金贷款1200万元，期限6个月。借款合同到期后该实业有限公司未按期偿还贷款，银行遂将某实业有限公司诉至法院。庭审中，某实业有限公司辩称其并未在银行借款，借款合同上的印章并非在公安机关备案印章及签字人并非其法定代表人或有权代理人，要求判决借款合同无效。

后经鉴定，证实借款合同上所盖印章与某实业有限公司在公机关门备案印章不一致，签字人也非其法定代表人或有权代理人，法院遂判决该借款合同无效。

二、问题思考

1. 结合本案例分析印章管理与面签制度应吸取哪些教训？

2. 银行面签合同应采取哪些风险管理措施？

三、老师讲评

1. 印章管理与面签制度的教训。如借款人使用的印章并非其在公安机关备案的公章，或代表借款人签字的并非法定代表人或授权代理人，借款合同可能被认定无效。银行因签订借款合同时未把好形式审查关、未尽到审慎注意的义务，对造成借款合同无效、导致贷款无法收回的后果须承担责任。

2. 面签合同风险管理措施。重点做到五核，即核印，印章与客户准入时预留印鉴、工商登记资料、公安部门备案资料三核对；核人，核对当事人与委托人；核证，核对原始证件；核权，核对公司章程规定的权利文件与委托授权书；核事，即告知并核对重大事项，如借款金融、利率、期限、担保、支付方式、承诺事项及违约责任等。

（1）对于客户印章不一致风险，防范方式是在对借款人准入时即预留印鉴并与工商登记资料、公安部门备案资料核对，其后借款人签署法律文件所用之印章均应对照预留印鉴核对。如果发现借款人预留印鉴与营业执照的记载不一致时，应以营业执照和公安机关备案的记载为准，并要求借款人予以更正。

（2）严格合同面签并核对签字人身份证件。是授权代理人签署的，应注意严格审查授权委托书的真实性和有效性，以及授权委托书内容是否明确，是否超过代理期限，代理事项是否超过授权范围，代理权是否已经中止或终止；拟对有限合伙企业授信的还应核实合伙人执行事务是否按照合伙协议的约定或者经全体合伙人授权。

（3）要核实借款人法定代表人姓名与营业执照上的记载是否相符；如果发生变更情形，应当要求其到工商登记机关办理变更登记。

（4）借款合同必须双方先协商一致并填写全部内容，协商一致后再签章。

（5）借款凭证是借款合同的有效组成部分，借款凭证的填写内容与签章应当按照借款合同要求办理，并保持一致。

（6）不得在借款合同或者借款凭证、清单等附件上填写、加盖与合同内容无关的文字、印章等。

（7）发生借款人法定代表人变更而其工商营业执照尚未及时更改时，银行应审慎对待借款人法定代表人或其授权代理人的签名。若银行已知悉借款人的变更情况，应让借款人权力机构对在过渡期内的有权签字人做出安排。

贷中核保核押

贷中核保核押的基本要求

借款担保，指银行依据法律、法规的规定，要求借款人对其偿还借款本息提供担保的法律制度。它是银行信用制度的重要组成部分。

担保控制是信贷全流程风险管理的防火墙，是贷中尽职控制的一个重要环节。因此，必须在做好核保核押后才能进入放款审核与支付管理流程。

贷中核保核押的基本要求如下：

（一）借款担保必须具备合法合规性

抵押合同以书面形式订立且有效，并要把握好借款合同与担保合同的效力关系。《中华人民共和国民法典》第三百八十八条对担保合同与借款合同的效力关系，以及合同无效后的法律责任做出了规定：“设立担保物权，应当依照本法和其他法律的规定订立担保合同。担保合同包括抵押合同、质押合同和其他具有担保功能的合同。担保合同是主债权债务合同的从合同。主债权债务合同无效的，担保合同无效，但是法律另有规定的除外。担保合同被确认无效后，债务人、担保人、债权人有过错的，应当根据其过错各自承担相应的民事责任。”

担保人必须符合法律、法规规定的主体资格要求。

担保品（押品）必须是符合法律规定、真实存在的财产或权利，担保人对其拥有相应的所有权与处置权，且担保行为获得了担保人有权机构的合法审批，并按法规要求在有权机构办理必要的抵（质）押登记。

抵押权依法设立。

（二）借款担保必须具备足值性

保证人必须具备充足的代偿能力，抵（质）押品足值，确保强抵押。强抵押的要求是合法有效、足值、变现能力强，即按照抵（质）押评估价值降价30%就可马上变现。这里说的足值不是按照评估价值计算的抵押率后的价值，关键是分析判断按照抵押评估价值降价30%能否变现，而不是按照抵押率折算后能够变现的价值。

（三）借款担保必须具备可控性

银行在担保项下应拥有对借款人、担保人相应的约束力，对保证人或抵（质）押品具有持续监控能力。银行应事先调查抵押物上是否设立居住权，同时在合同中对居住权的设置加以限制，如未经抵押权人同意，抵押人不得就抵押房产新设居住权，并明确约定违约责任，关注居住权相关问题的后续司法解释及配套法律法规。银行需对抵押物的实际占有情况进行尽职调查，注意留存证明抵押物尚未转移占有的证据。银行应在合同中约定抵押物任何方式的转让都应经银行同意，并明确银行在同意的情况下，转让价款应优先用于清偿抵押权人债权及相关的违约责任，加强对抵押人擅自处分抵押财产行为的贷后监督。

（四）借款担保必须具备可执行性与变现性

如果出现风险，银行对抵（质）押品处置方便，并考虑可能的执行与变现成本。抵押品容易保管、不变质、在授信期间内不会贬值，且抵押品的位置要好、具有通用性。

贷中核保的基本要素

（一）保证人应不为法律法规所禁止

《中华人民共和国民法典》第六百八十三条规定：“机关法人不得为保证人，但是经国务院批准为使用外国政府或者国际经济组织贷款进行转贷的除外。以公益为目的的非营利法人、非法人组织不得为保证人。”

（二）保证人应具有债务代偿能力

保证人提供保证担保时，应以拥有足够财产作为代偿债务的前提条件。银行在调查、审查保证人代为清偿能力时，应当重点审查保证人的经营状况、对外提供担保情况、是否面临重大诉讼事项、是否因进行企业改制而影响其担保能力等。

对保证人代偿能力的评价，包括代偿能力现实状况评价和代偿能力变动趋势分析。我们在实际操作时，许多案例显示，贷款人常常忽视了针对保证人偿还能力的审查，只是注重借款人是否具有偿还能力、是否具有法人资格，从而导致了很大的保证风险。一般来说，保证人必须有真实可靠的净资产与易于变现的财产，且价值要高于担保金额，贷款金额过大的，要采取银团贷款、联合贷款、贷款转让等方式。为此，商业银行应注重审查保证人的信用和实力两个方面。

（三）保证方式的约定

一般而言，一般保证方式较有利于保证人，而连带责任保证方式则更有助于债权人保障债权的实现。一般保证与连带责任保证的最大区别，在于保证人是否享有先诉抗辩权。一般保证的保证人承担补充赔偿责任，即只有在借款人不能履行债务时，银行才可向保证人追索，且还有诸多限制，如保证人先诉抗辩权等。而连带责任保证人承担连带责任，其承担责任的范围和程序与借款人是一样的。借款人若不履行债务，债权人既可以要求债务人履行债务，也可以直接要求保证人在其保证范围内承担责任。这种保证方式比较有利于债权人主张权利和实现债权，如无特殊情况，银行应当约定保证人承担连带责任保证。

根据《中华人民共和国民法典》第六百八十六条规定，保证的方式分为一般保证和连带责任保证。银行在订立保证合同时，可以任意选择一种方式。当事人在保证合同中对保证方式没有约定或者约定不明确的，按照一般保证承担保证责任。

《中华人民共和国民法典》第六百八十七条规定：“当事人在保证合同中

约定，债务人不能履行债务时，由保证人承担保证责任的，为一般保证。一般保证的保证人在主合同纠纷未经审判或者仲裁，并就债务人财产依法强制执行仍不能履行债务前，有权拒绝向债权人承担保证责任，但是有下列情形之一的除外：（一）债务人下落不明，且无财产可供执行；（二）人民法院已经受理债务人破产案件；（三）债权人有证据证明债务人的财产不足以履行全部债务或者丧失履行债务能力；（四）保证人书面表示放弃本款规定的权利。”

《中华人民共和国民法典》第六百八十八条规定：“当事人在保证合同中约定保证人和债务人对债务承担连带责任的，为连带责任保证。连带责任保证的债务人不履行到期债务或者发生当事人约定的情形时，债权人可以请求债务人履行债务，也可以请求保证人在其保证范围内承担保证责任。”

（四）保证期间的约定

保证合同当事人应当在合同中约定保证期间。保证期间，也称保证责任期间，指保证人承担保证责任的起止时间，这是债权人应当向保证人主张承担保证责任的有效期间。超过了保证期间，即使债务人未履行债务，保证人也不再承担保证责任。对此，《中华人民共和国民法典》有明确规定。第六百九十二条规定：“保证期间是确定保证人承担保证责任的期间，不发生中止、中断和延长。债权人与保证人可以约定保证期间，但是约定的保证期间早于主债务履行期限或者与主债务履行期限同时届满的，视为没有约定；没有约定或者约定不明确的，保证期间为主债务履行期限届满之日起六个月。债权人与债务人对主债务履行期限没有约定或者约定不明确的，保证期间自债权人请求债务人履行债务的宽限期届满之日起计算。”第六百九十三条规定：“一般保证的债权人未在保证期间对债务人提起诉讼或者申请仲裁的，保证人不再承担保证责任。连带责任保证的债权人未在保证期间请求保证人承担保证责任的，保证人不再承担保证责任。”第六百九十四条规定：“一般保证的债权人在保证期间届满前对债务人提起诉讼或者申请仲裁的，从保证人拒绝承担保证责任的权利消灭之日起，开始计算保证债务的诉讼时效。连带责任保证的债权人在保证期间届满前请求保证人承担保证责任的，从债权人请求保证人承担保证责任之日起，开始计算保证债务的诉讼时效。”

银行与保证人订立合同时，应对此予以充分注意，努力争取确定一个对银行相对有利的保证期间，避免未约定保证期间的情形发生。

贷中核押的基本要素

抵（质）押品作为银行贷款的第二还款来源，是第一还款来源的重要补充。抵（质）押品管理从强化第二还款来源管理着手，对抵（质）押品分类、价值评估、抵（质）押担保设立与变更、押品和权属证书保管、押品返还与处置等环节实施针对性管理，为银行债权提供有效的安全保障。在当前银行对客户还贷来源控制力不强、保证担保整体代偿水平较低的情况下，抵（质）押品作为借款人违约时银行可以依法占有和处分的资产，在甄别借款人道德风险、保证债务契约有效执行、缓释客户经营风险等方面具有十分重要的作用。

（一）核定抵押权

抵押权，指债权人享有以抵押财产的价值优先受偿的权利。银行在核定抵押权时，应从抵押人主体资格的合法性、抵押物的合法合规性、抵押合同的规范性、抵押登记的必要性等方面控制好法律风险。

1. 抵押人主体资格合法性

银行在信贷业务中，为了确保抵押合法有效，必须审查抵押人的民事行为能力，以及抵押人对抵押物的处分权限。

（1）抵押人具有相应的民事行为能力。抵押是一种法律行为，是一种处分财产权利的行为。所以，抵押人应当具有相应的民事行为能力。对自然人而言，不能是限制民事行为能力人，更不能是无民事行为能力人，而必须是具有完全民事行为能力人。

（2）抵押人对抵押物具有处分权。抵押是抵押人以其所有的财产作为债权的担保，当债务人不履行到期债务或者发生当事人约定实现抵押权的情形时，需要以抵押物的价值来清偿债务。若抵押人不是抵押物的所有权人或者有权处分人，其在抵押物上设定抵押权侵害了所有权人的权益。以自己不享有所有权或者经营管理权的财产作抵押物的，认定抵押无效。所以，抵押人必须是对抵押物具有处分权或者经营管理权的所有权人或所有权受权人。

（3）抵押人对抵押物具有处分权应当满足以下条件：

一是产权证书合法有效。产权证书是证明财产归属的重要法律文书，唯一性与法定性是它的重要特征。银行在审查抵押人的所有权时，主要审查抵押人是否持有抵押物合法有效的产权证书，或者抵押财产的权属是否已经有关部门确认。所有权不明晰或抵押人只享有使用权而无处分权的财产，银行不应接受为抵押物。

二是抵押物处分权完整。抵押财产不仅应当所有权明晰，而且，所有权也应当是完整的，尤其是处分权和占有权不应存在瑕疵。银行在审查抵押人的处分权时，主要审查在该抵押物上是否已经设定了其他担保物权，抵押物是否已被司法机关、行政机关等有权机关查封、扣押。如果抵押财产是国有资产，还应审查是否取得国有资产管理部门的批准。在审查国有资产抵押审批要求时，应当注意与所在地的地方性规定吻合。

2. 抵押物合法合规性

（1）抵押物必须合法。抵押人提供的抵押财产，可以是不动产，也可以是动产。这些财产必须是客观存在的，为法律允许设定抵押权的财产。银行应当审核抵押财产的真实性、合法性及所有权的完整性，确认其符合《中华人民共和国民法典》第三百九十五条的要求：“债务人或者第三人有权处分的下列财产可以抵押：（一）建筑物和其他土地附着物；（二）建设用地使用权；（三）海域使用权；（四）生产设备、原材料、半成品、产品；（五）正在建造的建筑物、船舶、航空器；（六）交通运输工具；（七）法律、行政法规未禁止抵押的其他财产。抵押人可以将前款所列财产一并抵押。”

（2）抵押物符合银行要求。《中华人民共和国民法典》规定可以设定抵押权的财产，是银行选择接受抵押财产的基础条件，但不是唯一条件。银行接受抵押财产需要考察的因素很多，其中抵押财产的变现性与安全性是重要因素。抵押财产符合本银行规定，是本银行接受该财产抵押的关键。

3. 抵押合同规范性

抵押必须签订书面合同。《中华人民共和国民法典》第四百条对抵押合同的形式做了规定："设立抵押权，当事人应当采用书面形式订立抵押合同。抵押合同一般包括下列条款：（一）被担保债权的种类和数额；（二）债务人履行债务的期限；（三）抵押财产的名称、数量等情况；（四）担保的范围。"

4. 抵押登记的必要性

《商业银行押品管理指引》第三十三条规定："对于法律法规规定抵质押权经登记生效或未经登记不得对抗第三人的押品，应按登记部门要求办理抵质押登记，取得他项权利证书或其他抵质押登记证明，确保抵质押登记真实有效。"

（1）不动产强制登记制度。《中华人民共和国民法典》第二百零九条规定："不动产物权的设立、变更、转让和消灭，经依法登记，发生效力；未经登记，不发生效力，但是法律另有规定的除外。依法属于国家所有的自然资源，所有权可以不登记。"第二百一十条规定："不动产登记，由不动产所在地的登记机构办理。国家对不动产实行统一登记制度。统一登记的范围、登记机构和登记办法，由法律、行政法规规定。"

（2）不动产预告登记制度。《中华人民共和国民法典》第二百二十一条规定："当事人签订买卖房屋的协议或者签订其他不动产物权的协议，为保障将来实现物权，按照约定可以向登记机构申请预告登记。预告登记后，未经预告登记的权利人同意，处分该不动产的，不发生物权效力。预告登记后，债权消灭或者自能够进行不动产登记之日起九十日内未申请登记的，预告登记失效。"

（3）不动产的抵押登记。《中华人民共和国民法典》第四百零二条规定："以本法第三百九十五条第一款第一项至第三项规定的财产或者第五项规定的正在建造的建筑物抵押的，应当办理抵押登记。抵押权自登记时设立。"

（4）动产的抵押登记。《中华人民共和国民法典》第四百零三条规定："以动产抵押的，抵押权自抵押合同生效时设立；未经登记，不得对抗善意第三人。”第四百零四条规定：“以动产抵押的，不得对抗正常经营活动中已经支付合理价款并取得抵押财产的买受人。”

（5）抵押物登记的部门。以无地上定着物的土地使用权抵押的，为核发土地使用权证书的土地管理部门；以城市房地产或者乡（镇）、村企业的厂房等建筑物抵押的，为县级以上地方人民政府规定的部门；以林木抵押的，为县级以上林木主管部门；以航空器、船舶、车辆抵押的，为运输工具的登记部门；以企业的设备和其他动产抵押的，为财产所在地的市场监督管理部门。

（二）核定抵押物

1. 核定法律规定可以抵押的财产

《商业银行押品管理指引》第十五条规定：“商业银行接受的押品应符合以下基本条件：（一）押品真实存在；（二）押品权属关系清晰，抵押（出质）人对押品具有处分权；（三）押品符合法律法规规定或国家政策要求；（四）押品具有良好的变现能力。”

《中华人民共和国民法典》第三百九十五条采用列举方法规定了可以抵押的财产。

2. 核定法律规定不得抵押的财产

《中华人民共和国民法典》第三百九十九条规定：“下列财产不得抵押：（一）土地所有权；（二）宅基地、自留地、自留山等集体所有土地的使用权，但是法律规定可以抵押的除外；（三）学校、幼儿园、医疗机构等为公益目的成立的非营利法人的教育设施、医疗卫生设施和其他公益设施；（四）所有权、使用权不明或者有争议的财产；（五）依法被查封、扣押、监管的财产；（六）法律、行政法规规定不得抵押的其他财产。”

《中华人民共和国民法典》第三百九十八条规定：“乡镇、村企业的建设用地使用权不得单独抵押。以乡镇、村企业的厂房等建筑物抵押的，其占用范围内的建设用地使用权一并抵押。”银行要注意国家关于农村产权制度改革的有关法规政策的变化。

3. 核定押品分类管理

《商业银行押品管理指引》第十六条规定：“商业银行应至少将押品分为金融质押品、房地产、应收账款和其他押品等类别，并在此基础上进一步细分。同时，应结合本行业务实践和风控水平，确定可接受的押品目录，且至少每年更新一次。”

4. 核定抵押品价值

《商业银行押品管理指引》第十七条规定：“商业银行应遵循客观、审慎原则，依据评估准则及相关规程、规范，明确各类押品的估值方法，并保持连续性。原则上，对于有活跃交易市场、有明确交易价格的押品，应参考市场价格确定押品价值。采用其他方法估值时，评估价值不能超过当前合理市场价格。”银行应明确押品估值（包括重估）的责任主体及估值流程，包括发起、评估、确认等相关环节。对于外部估值情形，其评估结果应由内部审核确认。

5. 核定抵押率

《商业银行押品管理指引》第二十条规定：“商业银行应审慎确定各类押品的抵质押率上限，并根据经济周期、风险状况和市场环境及时调整。抵质押率指押品担保本金余额与押品估值的比率：抵质押率＝押品担保本金余额 ÷ 押品估值 ×100%。”

6. 核定押品集中度

《商业银行押品管理指引》第二十二条规定：“商业银行应加强押品集中度管理，采取必要措施，防范因单一押品或单一种类押品占比过高产生的风险。”

7. 核定强抵押

确保强抵押：合法有效、足值、变现能力强，即使按照评估价值降价

30%就可马上变现。这里说的足值不是按照评估价值计算的抵押率后的价值，关键是分析判断按照抵押评估价值降价30%能否变现，而不是按照抵押率折算后能够变现的价值。

8. 核定交付与止付手续

对于法律规定以移交占有为质权生效要件的押品和应移交银行保管的权属证书，银行应办理转移占有的交付或止付手续，并采取必要措施，确保押品真实有效。

（三）防范担保物权优先受偿限制的法律风险

抵押权、质权、留置权为我国法律规定的三种担保物权，其中，抵押权和质权是银行常用的担保物权。《中华人民共和国民法典》第三百八十六条规定："担保物权人在债务人不履行到期债务或者发生当事人约定的实现担保物权的情形，依法享有就担保财产优先受偿的权利，但是法律另有规定的除外。"

但是，应当注意，担保物权人的优先受偿权，是相对优先而并非绝对优先。当遇到法律、法规另有规定的情形时，担保物权的优先受偿权将受到限制。即银行的抵（质）押权在特定的情况下，其优先受偿权利将受到限制，某些权利将优先于抵（质）押权。可见，如果存在较银行的抵（质）押权更为优先的担保权或债权时，抵（质）押权后于这些担保权或债权受偿。因此，在接受担保物权担保时，应充分评估存在的风险隐患，落实好相关应对措施，防范优先于担保物权受偿的法律风险。

根据有关法律规定，优先于担保物权受偿的权利主要有以下几种：

1. 税收优先权

《中华人民共和国税收征收管理法》第四十五条第二款规定："纳税人欠缴的税款发生在纳税人以其财产设定抵押、质押或者纳税人的财产被留置之前的，税收应当先于抵押权、质权、留置权执行。"

2. 划拨土地使用权出让金优先权

《中华人民共和国城市房地产管理法》第五十一条规定：“设定房地产抵押权的土地使用权是以划拨方式取得的，依法拍卖该房地产后，应当从拍卖所得的价款中缴纳相当于应缴纳的土地使用权出让金的款额后，抵押权人方可优先受偿。”

根据上述法律规定，划拨的国有土地使用权出让金优先于贷款银行的抵押权受偿，银行只有在以担保物折价或拍卖、变卖所得价款缴纳土地使用权出让金后，才能够就剩余部分享有优先受偿权。因此，对于以包含有划拨的国有土地使用权的房地产抵押的，商业银行应当查验抵押人缴纳土地出让金的相关票据。若土地出让金还没有全额缴纳的，银行应确定合适的抵押率，以保证房地产转让价款在缴纳土地出让金后，银行的债权能够得以全部清偿。

3. 船舶、航空器的优先权

《中华人民共和国海商法》第二十五条规定：“船舶优先权先于船舶留置权受偿，船舶抵押权后于船舶留置权受偿。”《中华人民共和国民用航空法》第二十二条规定：“民用航空器优先权先于民用航空器抵押权受偿。”根据上述规定，船舶、民用航空器优先权先于银行抵押权受偿，银行在办理船舶、航空器抵押贷款时，要充分关注可能发生的船舶、航空器优先权风险，采取增加其他担保的措施确保贷款安全。

4. 留置优先权

《中华人民共和国民法典》第四百五十六条规定：“同一动产上已经设立抵押权或者质权，该动产又被留置的，留置权人优先受偿。”

5. 建设工程款优先权

《中华人民共和国民法典》第八百零七条规定：“发包人未按照约定支付价款的，承包人可以催告发包人在合理期限内支付价款。发包人逾期不支付的，除根据建设工程的性质不宜折价、拍卖外，承包人可以与发包人协议将该工程折价，也可以请求人民法院将该工程依法拍卖。建设工程的价款就该工程折价或者拍卖的价款优先受偿。”

[巴老师讲案例之十二]

保证担保贷款风险案例

一、案例简介

在一次某银行组织的保证担保贷款专项审计中发现，某银行已成为不良的保证担保贷款达到11062万元，保证担保人代为清偿的仅为1712.5万元，代为清偿率仅为15.5%。经过分析发现，导致保证担保人不能及时履行保证责任的原因五花八门，有操作不当导致保证担保失效的，有保证担保人丧失保证能力无法如约履行保证责任的，有保证担保人诚信度不高导致保证责任难以履行到位的，最终导致保证担保不能很好承担第二还款来源的作用。面对这一现状，某银行领导很困惑：一方面保证担保方式作为一种第二还款来源保证，在实际工作中确有其诸多优势，如办贷效率高，操作简便；另一方面运用的结果又非常不尽人意。

二、问题思考

1. 分析某银行保证担保贷款管理方面存在的主要问题。

2. 鉴于保证担保贷款代为清偿率过低的状况，在保证担保贷款操作中应注意哪些问题？

三、老师讲评

1. 某银行保证担保贷款管理方面存在的主要问题。一是信贷经营文化有偏差，银行高管指导思想出了问题，没有坚守安全、稳健、价值与规范的经营文化，保证担保贷款占比过高。二是贷前尽职调查不到位。对保证人担保资格把关不严，担保意愿与担保能力判断不准。三是贷中尽职控制不到位。

没有进行严格的贷中核保，没有进行严格的放款审核。四是贷后尽职管理不到位。没有进行贷后核保，没有执行严格的催收频率，发现借款人违约也没有及时对借款人与担保人行使不安抗辩权。

2. 保证担保贷款操作中应注意的问题。一是第三方担保贷款只能作为补充，占比必须严格控制；二是对担保人的调查与借款人同等重要；三是建立强担保制度；四是把握有效性、可操作性与最佳保障性（双重担保）；五是警惕关联担保、客户互保、同行业担保、弱弱担保与第三方担保；六是严格执行贷中与贷后核保与核押制度；七是贷后管理必须及时跟上，发现风险隐患必须及时行使不安抗辩权（包括借款人与担保人）。

贷放分控

贷放分控的定义与意义

（一）贷放分控的定义

贷放分控是指银行将贷款审批与贷款发放作为两个独立的业务环节，分别管理和控制，以达到降低信贷业务操作风险的目的。贷放分控的“贷”，是指信贷业务流程中贷款调查、贷款审查审批等环节，尤其是贷款审批环节，以区别于贷款发放与支付环节。“放”是指放款，特指贷款审批通过后，由银行通过审核，将符合放款条件的贷款发放或支付出去的业务环节。

（二）贷放分控的意义

1. 有利于防范贷款风险，保障贷款人资金安全

在信贷业务中，银行风险的现实产生既不是在贷款调查时，也不是在贷款审查审批时，而是当贷款资金离开银行到达借款人账户时。因此，贷款发放是信贷业务流程控制的重要环节，其重要性不亚于贷前尽职调查和贷后尽职管理。实施贷放分控，突出强调放款环节的重要地位，是有效防止发放“带病贷款”，保障贷款资金安全的重要手段。

放款管理是银行向借款人提供资金并正式发生信用关系的重要关口，是银行对客户授信实现之前，对贷前调查、贷时审查内容和信贷正本文件进行再审查的最后一道程序。抓好放款管理必须规范放款处理流程，全面实施信贷作业监督审核制度，确保严格落实信用发放条件、完善抵（质）押担保手续和信贷档案，严禁违反审批人意志发放贷款。要建立信用业务放款分层审核制度，明确本银行各层级的审核权限，所有信用业务未经放款审核岗审核同意不得实施。此外，还要加强对放款环节的检查监督，报告放款情况和存在的问题，及时处置放款环节发生的风险事件。

2. 有利于落实贷款前提条件，防止借款人挪用贷款资金

贷款放款与支付环节是我国银行贷款全流程管理中最薄弱的一环。我国传统信贷文化将贷款发放与支付视作贷款审批通过后的一个附属环节，认为审批通过即可放款。有的对提款条件的审查不够严格；有的允许借款人在获得贷款资金后再去落实贷款前提条件；有的即使知道客户会将贷款资金用于合同约定之外的其他用途，但出于维护客户关系的目的，往往予以默认；有的甚至“有条件审批，无条件放款”，银行在审批时设定的诸如办妥抵（质）押登记手续、与客户协商开立基本账户、办妥项目建设合法合规手续、资本金到位等贷款前提条件，由于缺乏专门的独立放款审核部门与岗位进行把关审核，前台业务部门往往以市场竞争、客户需要等为由，不加任何限制或约束，或虽经审核但流于形式，未严格把关就直接通过会计部门发放至借款人账户。上述问题很容易形成风险隐患，为借款人挪用贷款资金打开方便之门。

而现在通过设立专门的放款执行部门与岗位，并建立专门的制度办法，就可以更好地落实贷款前提条件，防止借款人挪用贷款资金。

3. 有利于建设流程银行，提高专业化操作质量和效率

在传统的银行信贷管理模式中，贷款发放审核工作一般由前台业务部门负责。由于前台业务部门还要负责市场营销和客户拓展，承担着较多的经营指标任务。因此，当该部门同时承担的两项职能存在冲突业务时，存在较大的道德风险，违背了职能分离并独立的内部控制原则。此外，由于在经济新常态下，企业与银行金融创新层出不穷，金融产品日益丰富，信贷风险点也越来越多。为控制信用风险，在贷款审批时提出的贷款使用条件会越来越细，对贷款发放与支付环节的专业化工作要求也越来越高。因此，实施贷放分控，设立独立于贷款营销部门和审批部门的放款执行部门或岗位，明确部门或岗位职责，是建立流程银行的必然要求。它一方面可以通过有效地制衡机制，在制度上最大限度地确保贷款前提条件落实后才放款，有效避免贷款资金被挪用，保障贷款人债权；另一方面也可以提高贷款发放与支付的专业化水平，高质高效履行相关职责。

设立独立的放款操作部门，明确部门职责

贷放分控要求将贷款审批与贷款发放作为两个独立的业务环节，明确贷款审批与贷款发放部门的各自职责。为此，要求银行应设立独立放款操作部门，落实贷款前提条件，并负责贷款发放审核。放款操作部门应独立于前台营销部门和中后台授信审批部门，这是确保“实贷实付”落到实处的组织保证。

放款操作部门的核心职责是贷款发放和支付的审核。其主要职责如下：

（一）审核银行内部授信流程的合法性、合规性、完整性与有效性

审核内部运作资料完整性，包括银行内部授信业务流程是否合规，批准手续是否合法；银行授信业务审批文件是否在有效期内；该笔业务是否超权

限运作等。

（二）审核限制性条款落实情况

包括项目批准文件、贷款担保落实、财产保险、开立账户、资金归行、贷后管理要求等。这是最基本放款要求。

（三）审核放款前提条件

1. 审核资本金到位情况

项目资本金制度在固定资产投资项目中，发挥着重要的风险约束作用，因此，《固定资产贷款管理办法》对贷款发放和支付过程中资本金到位情况提出了具体的管理要求，放款操作部门必须审核并确认项目资本金的落实情况，监督资本金按期、按比例到位，确保资本金不被抽逃。

（1）《固定资产贷款管理办法》规定，固定资产贷款发放和支付过程中，银行应确认与拟发放贷款同比例的项目资本金足额到位，并与贷款配套使用。应当注意，《固定资产贷款管理办法》项目资本金按比例到位的规定，并不适用于房地产开发项目，房地产开发贷款要求自有资本金应当足额到位。

（2）项目融资发放和支付过程中，银行应当根据项目的实际进度和资金需求，按照合同约定的条件发放贷款资金。贷款发放前，银行应当确认与拟发放贷款同比例的项目资本金足额到位，并与贷款配套使用。

（3）采用多种方式确认项目资本金到位。查验注册资本证明、核对存放资本金账户的资金进出情况，对已经用于项目的资本金，还可核对发票或者交易合同与付款凭证等。贷款人可根据项目特点、是否约定了专门的贷款发放账户等因素灵活运用。在同比例资本金到位前，贷款人不得将信贷资金划入借款人账户。此外，对已到位的资本金，还要防范项目资本金到账后又转出、未用于项目建设等假出资行为。

2. 审核是否按进度放款

“三个办法”要求银行应当按照项目的进度和资金需求发放和支付贷款，彻底扭转一次性突击放贷、一次性全部收贷的粗放经营模式，严格按照项目进度和企业生产经营周期制订信贷发放与回收计划。这是有效实施信贷风险管理的最基本要求。对于流动资金贷款，应科学测算流动资金贷款需求量，杜绝超额放贷和突击放贷。

3. 审核提款申请是否与贷款约定用途一致

“三个办法”要求贷款资金要用于借贷双方所约定的贷款用途上，不得挪用。固定资产贷款应用于相应的固定资产项目建设，可用于置换项目资本金比例之外的借款人前期投入，可用于归还项目的负债性资金（包括债券、银行借款、股东借款、信托借款等），但不得用于置换项目资本金。流动资金贷款不得用于借款人股东分红，以及金融资产、固定资产、股权等投资；不得用于国家禁止生产、经营的领域和用途。个人贷款用途应符合法律法规规定和国家有关政策，贷款人不得发放无指定用途的个人贷款。

银行放任借款人将流动资金贷款用于借款人股东分红，以及金融资产、固定资产、股权等投资，用于国家禁止生产、经营的领域和用途的，或者违反规定发放无指定用途的个人贷款的，国家金融监督管理机构除依据《银行业监督管理法》规定采取监管措施外，还可根据《银行业监督管理法》规定进行处罚。

银行应采取以下措施加强贷款用途管理：第一，科学评估借款人的贷款需求，合理确定贷款额度、期限；第二，在合同或者协议中与借款人约定明确、合法的贷款用途；第三，在贷后管理中，通过各种途径和手段监测贷款资金的流向与使用；第四，借款人不按约定方式、用途使用贷款时，应当依法追究违约责任。

4. 审核支付管理是否符合合同约定

为了确保贷款资金必须用于借贷双方约定的用途，对于采用贷款人受托支付方式支付贷款的，银行应审核提款申请、借据中所列金额、支付对象是否与贷款用途证明材料一致，审核借款人交易对手或收款人名称、开户银行、账号、付款金额、用途等基本要素是否与交易合同、发票凭证等相关资料相一致，是否与借款合同约定的借款用途与支付要求相一致。审核工作应在贷款发放前完成。对于采用借款人自主支付方式支付贷款的，放款前银行应对借款人提交的支付申请进行审核，确认贷款发放与项目进度相匹配，贷后还应跟踪信贷资金的实际用途。

（四）审核担保落实情况

担保抵押合法、足值、有效，需办理止付手续的是否办理；抵押物最高抵（质）押率符合本银行规定，评估价值公允、合理；房地是否一并抵押；抵押物权属清晰，登记手续合规；抵押权证办理人签字；是否已办理抵质押登记，手续是否完备，阶段性担保是否在规定的额度内，他项权证是否办妥，保证金缴纳、保险等是否按规定办理，已实现抵质押登记网上查询真伪的地区还应网上查询抵质押情况等；已入库保管的权证资料取得签字。具体内容见第三章第三节“贷中核保核押”。

（五）审核信贷合同规范性和合同管贷内容完整性

审核合同的签署日期是否在审批时间之后；信用发放条件落实情况；信贷业务合同选用是否正确；根据合同管理规定需进行法律审查的，法律审查人员是否已审查同意；合同填写是否规范，主要是信贷业务合同文本文书及有关借款凭证的使用是否正确、匹配；内容填写是否准确、完整、规范；主从合同之间及合同、凭证之间是否衔接；合同载明的主体、业务种类、币种、金额、期限、利率、用途、担保方式等要素是否与审批意见一致。

信贷合同规范性审核：分期还款计划；办理保险；投资超概算，由自有资金或股东追加投资解决；经营模式变更经本银行同意；不得重复抵押；资金监管协议。

合同管贷要求审核：承诺在本银行全部贷款本息偿还完毕前不进行利润分配；市场出现重大变化或发生其他影响贷款安全的情形，约定采取停止发放贷款、要求借款人提前偿还已发放贷款、处置抵押物等措施。

合同管贷个性化内容条款：一是处于成长期客户，加强信贷资金监管条款，加强营运资金监管条款，控制盲目扩大投资条款；二是处于成熟型周期客户，防范信贷资金挪用条款，信用总额控制条款；三是处于衰退周期客户及处于行业平均值以下的客户，防止挪用信贷资金条款，建立还贷资金专户条款，加强营运资金监管条款，加入限制股东分红条款，限制社会高成本融资条款。

明确岗位设置与业务流程，建立考核和问责机制

贷款调查、审批环节属于传统信贷业务，其职责与流程相对比较明确与成熟，实施贷放分控，更迫切需要解决的问题是厘清、界定贷款审批与贷款发放的职责分工及两者之间的有机衔接，科学设置放款操作部门岗位，建立、完善对放款操作部门的考核问责机制。

（一）科学设置岗位

在独立的放款操作部门，至少应设置审查和复核两个岗位，负责贷款发放和支付审核工作。

（二）规范放款业务流程

在放款业务流程规范上，发放和支付的审核工作，既可合并进行，也可分开进行。如果借款人符合放款前提条件但尚不能提供支付项下的交易合同等相关资料，银行可先对贷款发放条件进行审核并确认，在借款人能够提交支付项下的交易合同等相关资料时再对支付事项进行审核。

（三）建立、完善对放款操作部门的考核问责机制

银行要充分认识到贷款发放与支付环节对信贷全流程风险管理的重要意义，维护放款操作部门的独立性与权威性，建立并完善对放款操作部门的考核问责机制，通过设立正向激励机制与问责机制，督促放款操作部门有效认真履职。

支付管理

支付管理的定义与原则

（一）支付管理的定义

贷款资金支付管理，是“三个办法”最具有“革命性”变革的内容之一。贷款人在发放贷款前应确认借款人满足合同约定的提款条件，并按照合同约定通过贷款人受托支付或借款人自主支付的方式对贷款资金的支付进行管理与控制。贷款人应健全贷款资金支付管控体系，加强金融科技应用，有效监督贷款资金按约定用途使用。在原有的信贷业务流程中，增加了支付方式约定环节，要求银行一方面应事先与借款人约定贷款发放与支付的方式，另一方面要设立独立的责任部门或岗位，负责贷款发放和支付审核，以确保借款人的支付符合借款合同中约定的用途。同时，将贷款资金支付分为“贷款人受托支付”和“借款人自主支付”两种方式，并对两种支付方式的适用做了具体的规定。

（二）支付管理的原则

贷款资金支付原则是：以贷款人受托支付为原则，借款人自主支付为例外，即受托支付是贷款支付的基本做法，自主支付是贷款支付的辅助做法。

（三）支付管理的监管

应当注意的是，以贷款人受托支付为主，借款人自主支付为辅的贷款用款模式，虽然有利于银行监管借款人贷款资金的使用，但是与此同时，“三个办法”也增加了银行对贷款资金的监管责任，银行若未按照合同约定的支付方式对贷款资金进行管理，就很可能被认为是违规行为而受到金融监督管理机构的处罚。

贷款资金实贷实付

（一）实贷实付与实贷实存的含义

贷款资金实贷实付是指银行按照贷款项目进度和有效贷款需求，在借款人需要对外支付贷款资金时，根据借款人的提款申请和支付委托，将贷款资金主要通过贷款受托支付，支付给符合合同约定的借款人交易对象的过程。

贷款资金另一种支付方式是实贷实存，它是传统的贷款支付方式。所谓实贷实存，是指借款人在申请贷款获得银行批准后，由银行根据借款人的指令，把贷款资金划拨到借款人在本银行的账户上并形成借款人的存款。贷款发放至借款人账户后，由借款人自主决定资金的使用，只要资金使用不违反协议约定的贷款用途，银行不实施干预和管理。实贷实存最大的弊端是容易给贷款客户挪用资金、改变用途创造条件，最终造成贷款风险。

“三个办法”紧紧抓住监控贷款实际用途这一关键环节，加强对资金流向和用途的监督，将传统的实贷实存转变为实贷实付，这是我国信贷制度的重要创新和重大变革。

（二）实贷实付的现实意义

实贷实付通过对信贷资金支付方式的规定和信贷资金使用的检查，重点强调贷款资金交易的真实性，从源头上堵住虚假骗贷和贷款挪用等制度性漏洞，保证贷款流向实体经济，有效防范和杜绝贷款资金被挪用形成的风险。

1. 有利于将信贷资金引入实体经济

实贷实付通过要求银行根据借款人有效信贷需求和项目进度，采取向借款人交易对象支付受托支付的贷款支付方式，不仅为借款人“量用为借”，节约财务成本，更可有效解决长期以来备受诟病的信贷资金挪用问题，监督并确保银行信贷资金真正进入实体经济。

2. 有利于加强贷款使用的精细化管理

实贷实付通过严格贷款支付管理方式、严格贷款支付管理措施、落实贷款支付管理部门职责等具体措施，督促银行有效推进贷款使用的精细化管理，提升信贷风险管理能力，尤其是有效管控支付环节风险的能力。

3. 有利于银行管控信用风险和法律风险

实贷实付强调借款人遵守协议承诺和诚实申贷的原则，要求银行在借款合同中约定对强化信贷风险有实质意义的条款，例如提款条件的设置、银行对贷款资金支付管理和控制机制、账户监控等，通过借款合同约束借款人的行为，锁定法律责任。

（三）实贷实付的核心要义

1. 满足有效信贷需求是实贷实付的根本目的

实贷实存的贷款资金支付方式，在制度层面给了借款人通过资金池等方式任意使用信贷资金的可能，其结果或是导致贷款资金闲置，或是被挪用，甚至发生虚假骗贷案件。另外，也给了银行脱离有效信贷需求的突击发放贷款、制造派生存款和虚假信贷需求的机会。实贷实付的贷款资金支付方式，从制度层面保证“量用为借”，抑制了虚假、膨胀的信贷需求，确保信贷资金真正流入实体经济，满足有效信贷需求。

2. 按进度发放贷款是实贷实付的基本要求

实贷实付的根本目的是满足有效信贷需求，按进度发放支付贷款，其实就是在满足具体项目某一特定阶段的有效信贷需求。也就是说，要做到实贷实付，必须首先要做到按进度发放贷款，这是实贷实付的基本要求。因此，在贷款发放过程中，银行应根据项目进度和借款人项目资金运用情况，及时慎重地调整贷款发放的节奏和数量，按进度、按比例发放贷款。

3. 受托支付是实贷实付的重要手段

实贷实付强调将信贷资金直接支付给借款人的交易对象，而要做到这一点，贷款人受托支付是重要手段。通过受托支付，确保贷款实际用途与约定用途相一致，有效降低信贷风险。同时，由于贷款基本不在借款人账户上停留，借款人的财务成本大大降低，大量信贷资金不再“空转”，而是流向确实需要资金的借款人。

4. 贷放分控是实贷实付的内部治理机制

贷放分控是指银行将贷款审批与贷款发放作为两个独立的业务环节，分别管理控制。贷放分控改变过去贷款审批与贷款发放不分的错误做法，在贷放分控机制下，审批通过不等于可以无条件放款，它只表明该贷款项目符合贷款审批条件，是否应当发放贷款，放款操作部门还应审查是否符合相关条件。

5. 协议承诺是实贷实付的外部执行依据

实贷实付要求银行事先与借款人约定明确、合法的贷款用途，约定贷款发放条件、支付方式、接受监督及违约责任等事项。协议承诺明确了借贷双方当事人的权利、义务，划清了双方当事人的权利、义务边界，具有法律约束力，也是解决纷争的重要依据。银行依协议承诺实施实贷实付，既是一种权利，也是一项义务。

贷款人受托支付方式

（一）贷款人受托支付的含义

贷款人受托支付，指贷款人根据借款人的提款申请和支付委托，将贷款通过贷款人账户支付给符合合同约定用途的借款人交易对象。

（二）贷款人受托支付的法律关系

贷款人受托支付涉及一系列法律关系：一是基础交易关系；二是资金关系，包括借款人与银行之间的存款合同关系和委托付款关系；三是支付结算关系。

基础交易关系，即与其交易对象之间的商务交易合同关系。

存款合同关系，即借款人因存放贷款资金而与银行建立的存款合同关系。存款合同关系具有以下特点：第一，存款为贷款派生存款。在贷款人受托支付方式下，银行审核同意发放并支付该笔贷款资金，是派生存款产生的前提条件。第二，资金支配受到限制。未经银行审查同意，借款人不得以任何方式（包括但不限于转账、支用）处分贷款资金，不得将贷款资金自行支付给交易对象。第三，存款期限受到限制。在贷款人受托支付方式下，贷款发放后需要及时支付，不应在借款人账户上停留。第四，贷款用途受到限制。贷款资金用途应当符合合同约定，支付对象、金额应当与交易资料一致等。

委托付款关系，即借款人委托银行将贷款资金支付给特定对象。

支付结算关系，即贷款人与借款人及其交易对象之间的支付结算关系。

（三）银行的权利义务

在贷款人受托支付方式中，银行作为贷款资金支付的受托人，其主要权利义务有：

1. 银行的主要权利

贷款人在发放贷款前应确认借款人满足合同约定的提款条件，并按照合同约定的方式对贷款资金的支付实施管理与控制。有权要求借款人提供真实、完整、有效的材料，获悉借款人真实贷款用途及与支付用途有关的基础交易资料；有权审查支付事项是否合规，例如审查借款人支付事项是否符合约定的贷款用途、支付对象与交易资料中的交易对象是否一致等；有权要求借款人配合做好贷款支付管理。贷款人应健全贷款资金支付管控体系，加强金融科技应用，有效监督贷款资金按约定用途使用。“三个办法”要求银行在贷款发放和支付过程中，发现借款人贷款资金使用出现异常或规避受托支付时，贷款人应与借款人协商补充贷款发放和支付条件，或根据合同约定变更贷款支付方式、停止贷款资金的发放和支付。

2. 银行的主要义务

按照借款人的委托将贷款资金支付给借款人交易对象；按照委托人的要求报告贷款支付处理情况；审查贷款用途及客户交易资料。

（四）贷款人受托支付的账户与时间要求

1. 固定资产贷款受托支付的账户与时间要求

采用贷款人受托支付的，贷款人应在贷款资金发放前审核借款人相关交易资料是否符合合同约定条件。贷款人审核同意后，将贷款资金通过借款人账户支付给借款人交易对象，并应做好有关细节的认定记录。贷款人在必要时可以要求借款人、独立中介机构和承包商等共同检查固定资产建设进度，并根据出具的符合合同约定条件的共同签证单进行贷款支付。贷款人原则上应在贷款发放五个工作日内将贷款资金通过借款人账户支付给借款人交易对象。因借款人方面原因无法完成受托支付的，贷款人在与借款人协商一致的情况下，最迟应于十个工作日内完成对外支付。因不可抗力无法完成受托支付的，贷款人应与借款人协商确定合理的支付时限。对于贷款资金使用记录良好的借款人，在合同约定的贷款用途范围内，出现合理的紧急用款需求，贷款人经评估认为风险可控的，可适当简化借款人需提供的受托支付事前证明材料和流程。贷款人应于放款后及时完成事后审核，并加强资金用途管理。

2. 流动资金贷款受托支付的账户与时间要求

采用贷款人受托支付的，贷款人应根据约定的贷款用途，审核借款人提供的支付申请所列支付对象、支付金额等信息是否与相应的商务合同等证明材料相符。审核同意后，贷款人应将贷款资金通过借款人账户支付给借款人交易对象。对于贷款资金使用记录良好的借款人，在合同约定的贷款用途范围内，出现合理的紧急用款需求，贷款人经评估认为风险可控的，可适当简化借款人需提供的受托支付事前证明材料和流程，并于放款完成后及时完成事后审核。

3. 个人贷款受托支付的账户与时间要求

采用贷款人受托支付的，贷款人应要求借款人在使用贷款时提出支付申请，并授权贷款人按合同约定方式支付贷款资金。贷款人应在贷款资金发放前审核借款人相关交易资料和凭证是否符合合同约定条件，支付后做好有关细节的认定记录。对于贷款资金使用记录良好的借款人，在合同约定的生产经营贷款用途范围内，出现合理的紧急用款需求，贷款人经评估认为风险可控的，可适当简化借款人需提供的受托支付事前证明材料和流程，并于放款完成后及时完成事后审核。贷款人受托支付完成后，应详细记录资金流向，归集保存相关凭证。

（五）贷款人受托支付的刚性条件

“三个办法”规定的贷款人受托支付标准，依贷款不同特点而有所差异。

1. 固定资产贷款受托支付的刚性条件

根据《固定资产贷款管理办法》，向借款人某一交易对象单笔支付金额超过一千万元人民币的，应采用贷款人受托支付方式。

2. 流动资金贷款受托支付的刚性条件

根据《流动资金贷款管理办法》，具有以下情形之一的流动资金贷款，应采用贷款人受托支付方式：与借款人新建立信贷业务关系且借款人信用状况一般，支付对象明确且向借款人某一交易对象单笔支付金额超过一千万元人民币，贷款人认定的其他情形。

3. 个人贷款受托支付的刚性条件

根据《个人贷款管理办法》，个人贷款资金应当采用贷款人受托支付方式向借款人交易对象支付，但有下列情形之一的个人贷款，经贷款人同意可以采取借款人自主支付方式：借款人无法事先确定具体交易对象且单次提款金额不超过三十万元人民币的；借款人交易对象不具备条件有效使用非现金结算方式的；贷款资金用于生产经营且单次提款金额不超过五十万元人民币的；法律法规规定的其他情形的。

国家金融监督管理总局对互联网、个人住房、个人助学等其他特殊类贷款另有规定的，从其规定。银行业金融机构发放给农户用于生产性贷款等国家有专门政策规定的特殊类个人贷款，暂不执行《个人贷款管理办法》。

（六）贷款人受托支付的审核

根据“三个办法”要求，在贷款人受托支付方式中，银行在贷款发放前，必须确认该笔支付已经过审核同意，不同意支付则不能发放。即应确认借款人符合贷款发放条件，且其支付对象符合借款合同约定用途，支付事项与其提交的交易合同等相关资料一致。

受托支付应当符合以下要求：

采用贷款人受托支付方式的，借款人应提交合同约定的交易资料供银行审核。银行应与借款人在合同中对借款人需提交的交易资料做出约定，具体规定各类交易所应提供的交易文件或凭证，以及对于交易文件或凭证的详细要求等内容。

固定资产贷款首次贷款发放与支付审核，应经客户经理及经营主管初审后，由贷款发放与支付审核岗及其主管进行审核；非首次贷款发放与支付的审核，可经客户经理初审后，由贷款发放与支付审核岗审核；对于金额较大的非首次贷款发放与支付，可比照首次的审核要求办理。

对项目融资等大型项目，必要时可要求借款人提供有监理、评估、质检等第三方机构参与签署的确认项目进度和质量的书面文件，包括但不限于借款人、承包商及第三方机构共同签署的单据等。

用于置换固定资产投资项目现有负债的固定资产贷款，要求借款人提供相关负债资金用于固定资产投资项目投入的有效证明材料，贷款资金原则上应通过借款人账户支付给债权人。

借款人自主支付方式

（一）借款人自主支付的含义

借款人自主支付，指银行根据借款人的提款申请将贷款资金发放至借款人账户后，由借款人自主支付给符合合同约定用途的借款人交易对象。“三个办法”把贷款人受托支付作为贷款支付的基本方式的同时，也允许借款人自主支付在一定范围内存在。在实际操作中需要注意两个问题：一是贷款人受托支付是贷款支付的主要方式；二是借款人自主支付不同于传统意义上的实贷实存，自主支付对借款人使用贷款设定了相关的限制措施，以确保贷款用于约定用途。

（二）借款人自主支付的贷中审核

要求借款人在提出提款申请时应同时提供：贷款资金使用计划，或用款清单所列用款事项是否符合约定的贷款用途；计划或用款清单中的贷款资金支付是否超过受托支付起付标准或条件。经审核符合条件的，方可允许采用自主支付方式。

（三）借款人自主支付后的贷后核查

采用借款人自主支付方式的，贷款人应按借款合同约定要求借款人定期汇总报告贷款资金支付情况，并通过账户分析、凭证查验或现场调查等方式核查贷款支付是否符合约定用途，以及是否存在以化整为零方式规避受托支付的情形。具体包括：分析借款人是否按约定的金额和用途实施了支付，判断借款人实际支付清单的可信性，借款人实际支付清单与计划清单的一致性，借款人实际支付是否超过约定的借款人自主支付标准；借款人实际支付是否符合约定的用途，借款人化整为零方式规避贷款人受托支付等情形。

（四）对借款人自主支付违规的处置措施

在贷款支付过程中，借款人信用状况下降、贷款资金使用出现异常的，银行应与借款人协商补充贷款发放支付条件，或根据合同约定变更贷款支付方式、停止贷款资金的发放和支付。

[巴老师讲案例之十三]

贷款资金支付风险案例

一、案例简介

2022年9月15日，某银行与A商业公司签订《借款合同》：A商业公司办理流动资金贷款人民币600万元，自2022年9月15日至2022年12月14日；借款用途为购买电器；约定放款方式是把贷款划转到B有限公司在该行开立的账户中。借款到期借款人未偿还贷款本息的，贷款人有权要求保证人履行保证责任。C公司和D公司与该行签订了《保证合同》，对该笔贷款承担连带责任保证。

某银行放款时将贷款资金600万元直接支付到借款人A商业公司账户。A商业公司全额支用该笔贷款后逾期三个月仍不还，银行多次催收，A商业公司拒不归还贷款本息。

为此，银行将借款人A商业公司、担保人C公司及D公司起诉到法院，要求承担还款责任和担保责任。

法院判决：借款人A商业公司于判决生效后十日内清偿借款本金及利息，若借款人不能按期偿还本息，担保人C公司和D公司则承担60%的连带责任。

二、问题思考

1. 法院为什么会判决担保人C公司和D公司只承担60%连带责任？

2. 应当进行受托支付而未进行受托支付的，银行将会承担哪些后果？

3. 请谈谈贷款支付方式变革对银行信贷管理的意义？

三、老师讲评

1. 法院判决的法律依据。《中华人民共和国民法典》第三百八十八条对担保合同与借款合同的效力关系，以及合同无效后的法律责任做出了规定："设立担保物权，应当依照本法和其他法律的规定订立担保合同。担保合同包括抵押合同、质押合同和其他具有担保功能的合同。担保合同是主债权债务合同的从合同。主债权债务合同无效的，担保合同无效，但是法律另有规定的除外。担保合同被确认无效后，债务人、担保人、债权人有过错的，应当根据其过错各自承担相应的民事责任。"本案例中，法院判决担保人C公司和D公司只承担60%连带责任，是因为银行没有按照借款合同规定的受托支付方式进行支付，导致主合同违约。而主合同违约会导致从合同减责甚至免责。

2. 应当进行受托支付而未进行受托支付的，银行将会承担严重的后果。国家金融监督管理机构可能对银行采取罚款、停业整顿、吊销营业执照等处罚措施。如果涉及担保，银行变更担保方式并加重担保人责任，将使保证人免责或减少责任。

3. 贷款支付方式变革对银行信贷管理的意义。有利于将信贷资金引入实体经济；有利于加强贷款使用的精细化管理；有利于银行管控信用风险和法律风险。

账户监管

账户监管的意义

账户监管是风险经理或客户经理在会计部门配合下，通过信贷管理系统和会计核算系统及时监控信贷资金账户的设立、资金流向及流量，有效把握客户现金流量，防范和化解客户第一还款来源风险的一种管理行为。

（一）是我国金融监管部门的强制要求

为引导银行加强对借款人现金流的跟踪分析，“三个办法”特别强调了对借款人回款账户的动态监测分析，并针对固定资产贷款、项目融资、流动资金贷款的不同特点，分别提出了对专门的还款准备金账户、项目收入账户和资金回笼账户的管理要求。其中，“专门账户”并不特指《人民币结算账户管理办法》中的“专用账户”，可以是一般结算账户或基本结算账户。

（二）是我国银行信贷风险管理的经验总结

贷后管理一直是我国银行信贷管理的最大短板。究其原因，很重要的一个因素在于银行实际上缺少能用于有效实施贷款发放后管理的手段和抓手。传统意义上的贷后管理往往忽视对借款人日常现金流量的分析判断，而现代信贷管理理论则直接建立在借款人现金流量的基础上，离开了对现金流量的分析，借款人所谓的财务实力分析往往流于形式。

（三）是银行监测借款人贷款资金使用情况的晴雨表

贷款资金管理是银行采取账户监管等手段，对客户获得贷款以后的资金流向和用途等情况进行跟踪监测，通过及时、准确地掌握贷款资金的运动轨迹，对客户风险提前进行识别和判断。从信贷经营管理的实践情况看，客户获得银行贷款后，其对贷款资金的运用动向，不仅能够反映企业的经营状况，也包含着许多风险提示信息。因此，从资金流动的角度加强贷后监测，并根据监测到的资金异动等各类风险信号，果断采取针对性的防控措施，是降低银行资金损失风险的有效手段。

“三个办法”关于账户监管规定

（一）关于固定资产贷款管理账户监管规定

《固定资产贷款管理办法》第二十二条规定：“贷款人应在合同中与借款

人约定对借款人相关账户实施监控，必要时可约定专门的贷款发放账户和还款账户。”第二十八条规定：“合同约定专门贷款发放账户的，贷款发放和支付应通过该账户办理。”第三十九条规定：“贷款人应加强对项目资金滞留账户情况的监控，确保贷款发放与项目的实际进度和资金需求相匹配。”第四十一条规定：“合同约定专门还款账户的，贷款人应按约定根据需要对固定资产投资项目或借款人的收入等现金流进入该账户的比例和账户内的资金平均存量提出要求。”

（二）关于项目融资业务账户监管规定

《固定资产贷款管理办法》第五十二条规定：“贷款人应当与借款人约定专门的项目收入账户，要求所有项目收入进入约定账户，并按照事先约定的条件和方式对外支付。贷款人应当对项目收入账户进行动态监测，当账户资金流动出现异常时，应当及时查明原因并采取相应措施。”

（三）关于流动资金贷款管理账户监管规定

《流动资金贷款管理办法》第三十一条规定：“采用贷款人受托支付的，贷款人应根据约定的贷款用途，审核借款人提供的支付申请所列支付对象、支付金额等信息是否与相应的商务合同等证明材料相符。审核同意后，贷款人应将贷款资金通过借款人账户支付给借款人交易对象。”第三十二条规定：“采用借款人自主支付的，贷款人应按借款合同约定要求借款人定期汇总报告贷款资金支付情况，并通过账户分析、凭证查验或现场调查等方式核查贷款支付是否符合约定用途，以及是否存在以化整为零方式规避受托支付的情形。”第三十六条规定：“贷款人应通过借款合同的约定，要求借款人指定专门资金回笼账户并及时提供该账户资金进出情况。贷款人可根据借款人信用状况、融资情况等，与借款人协商签订账户管理协议，明确约定对指定账户回笼资金进出的管理。贷款人应关注大额及异常资金流入流出情况，加强对资金回笼账户的监控。”

（四）关于个人贷款管理账户监管规定

《个人贷款管理办法》第三十四条规定："采用贷款人受托支付的，贷款人应要求借款人在使用贷款时提出支付申请，并授权贷款人按合同约定方式支付贷款资金。贷款人应在贷款资金发放前审核借款人相关交易资料和凭证是否符合合同约定条件，支付后做好有关细节的认定记录。对于贷款资金使用记录良好的借款人，在合同约定的生产经营贷款用途范围内，出现合理的紧急用款需求，贷款人经评估认为风险可控的，可适当简化借款人需提供的受托支付事前证明材料和流程，于放款完成后及时完成事后审核。"第三十七条规定："采用借款人自主支付的，贷款人应与借款人在借款合同中事先约定，要求借款人定期报告或告知贷款人贷款资金支付情况。贷款人应当通过账户分析、凭证查验或现场调查等方式，核查贷款支付是否符合约定用途，以及是否存在以化整为零方式规避受托支付的情形。"第三十八规定："贷款支付过程中，借款人信用状况下降、贷款资金使用出现异常或违反合同约定以化整为零方式规避受托支付的，贷款人应与借款人协商补充贷款发放和支付条件，或根据合同约定变更贷款支付方式、停止或中止贷款资金的发放和支付。"

账户监管的操作要点

（一）做好贷款资金发放账户监管

加强贷款资金的用前审核，严格界定客户自主支付和受托支付的范围，按照监管要求进行放款和支付操作，防范政策风险。实行信贷资金支付分级审核，由银行经营主责任人确定分级审核人，设置支付审核权限。

1. 受托支付账户监管

采用贷款人受托支付的，贷款人应根据约定的贷款用途，审核借款人提供的支付申请所列支付对象、支付金额等信息是否与相应的商务合同等证明材料相符。审核同意后，贷款人应将贷款资金通过借款人账户支付给借款人交易对象。

2. 自主支付账户监管

采用借款人自主支付的，贷款人应按借款合同约定要求借款人定期汇总报告贷款资金支付情况，并通过账户分析、凭证查验或现场调查等方式核查贷款支付是否符合约定用途。

（二）做好用后监督

贷款人应健全贷款资金支付管控体系，加强金融科技应用，有效监督贷款资金按约定用途使用。要建立资金跟踪台账，对借款人已使用的贷款逐笔记录和分析，密切关注贷款流出借款人账户后短期内通过往来款和货款等名义等额流回、贷款流向关联企业或其他银行同名账户、借款人化整为零频繁支取贷款、借款人违反日常交易习惯支用大额资金、非房地产类贷款流入房地产开发企业账户或建筑公司账户等挪用贷款风险。

无论采取何种支付方式，在借款人使用本银行信贷资金后，客户经理应及时跟踪监督信贷资金用途，填写《信贷资金用后跟踪表》，逐笔记录信贷资金使用情况。

（三）做好贷款资金账户监管定期监测

银行必须定期（按月）对借款人贷款资金账户实行动态监测。要特别关注大额资金、与借款人既往的交易习惯和交易对象等存在明显差异的资金，以及关联企业间资金的流入流出情况，及时发现风险隐患。

客户经理必须按月对借款人在本银行账户进行资金监测，掌握账户资金流入、流出情况，填写《账户资金定期监测台账》，结合借款人采购、销售模式判断借款人资金往来是否正常，并督促借款人按不低于本行信用占比办理相应份额的存款和结算业务，银团贷款按有关规定执行。

（四）做好还款资金账户监管

通过对日常生产经营资金进出账户、大额异常资金流动的全面监控和分析，银行可以真实、全面、立体了解借款人经营的全貌，有效确保贷款足额、及时归还。

1. 固定资产贷款还款资金账户监管

一般而言，当借款人信用状况较好、贷款安全系数较高时，银行可不要求借款人开立专门的还款准备金账户；当借款人信用状况较差、贷款安全受到威胁时，则应出于有效防范和化解信贷风险的考虑，要求其开立专门的还款准备金账户，并与借款人约定对账户资金进出、余额或平均存量等的最低要求。一旦贷款人与借款人约定了专门还款准备金账户，为切实达到保障还款的目的，在贷后管理过程中，应加强对该账户的监测与控制。如果借款人没有达到约定条件，可以视为违约，贷款人有权视风险情况采取有效措施保障贷款安全。

2. 项目融资还款资金账户监管

对于项目融资业务，贷款人应要求借款人指定专门的项目收入账户，并约定所有项目的资金收入均须进入此账户。该账户对外支付的条件和方式均须在合同中明确，以达到有效监控资金收支变化、提高贷款资金保障性的效果。贷款人应对项目收入账户进行监测，当账户资金流动出现异常时，应及时查明原因并采取相应措施。

3. 流动资金贷款还款资金账户监管

贷款人必须指定或设立专门的资金回笼账户。借款人应按照贷款人的要求及时提供包括对账单等信息在内的能够反映该账户资金进出情况的材料。

4. 对异常贷款资金情况账户监管

根据借款人的信用状况、生产经营情况、总体融资规模和本机构融资占比、还款来源的现金流入特点等因素，贷款人应判断是否需要对客户资金回笼情况进行更进一步的监控。对需要更进一步监控的，应与借款人协商签订账户管理协议，明确对账户回笼资金进出的管理。

在对借款人实行动态监测的过程中，要特别关注大额资金、与借款人既往的交易习惯和交易对象等存在明显差异的资金，以及关联企业间资金的流入流出情况，及时发现风险隐患。对剔除贷款以外的企业经营资金，要分析资金来源是否属于企业销售回笼款，是否属于其他银行贷款或社会借款，企业有哪些融资渠道，企业经营资金是否充足、是否符合正常生产经营需求。要密切银行会计部门和信贷部门的信息沟通，加强对贷款账户资金往来特别是大额资金往来的监测，结合企业采购和销售模式判断企业资金往来是否正常，密切关注资金异常流动。集团客户资金往来要进行持续监控，防止信贷资金通过关联交易脱离银行监管视野。

[巴老师讲案例之十四]

贷款资金账户监管风险案例

一、案例简介

2017 年 10 月，某银行给某股份有限责任公司发放固定资产贷款 37000 万元用于水电项目开发。该电站项目总体由四个梯级电站组成。根据借款合同，该贷款只能用于建设一级、二级电站，三级、四级电站由企业自筹资金解决。未来电费收入是贷款的第一还款来源。但在银行贷款发放后，该公司将电费收入全部转入关联公司账户，并挪用于三级、四级电站的建设，最终导致贷款不良。另外，借款人也没有按照规定在贷款行开立基本账户。

二、问题思考

1. 请分析该银行在账户监管方面存在哪些问题?

2. 银行在账户监管方面应采取哪些有效的举措来控制和化解信贷风险?

三、老师讲评

1. 该银行在账户监管方面存在的问题。一是基本账户开户不到位，二是账户资金定期监测不到位，三是资金归行不到位，四是风险处置措施不到位。

2. 银行加强账户监管的举措。在让借款人开立基本账户的基础上，严格把握四个监管重点。一是严格贷款支付监管。加强贷款资金的用前审核，严格界定客户自主支付和受托支付的范围，按照监管要求进行放款和支付操作，防范政策风险。实行信贷资金支付分级审核，由经营主责任人确定分级审核人，设置支付审核权限。二是严格贷款流向监管。要建立资金跟踪台账，对客户已使用的贷款逐笔记录和分析，密切关注贷款流出企业账户后短期内通过往来款和货款等名义等额流回、贷款流向关联企业或其他银行同名账户、企业化整为零频繁支取贷款、企业违反日常交易习惯支用大额资金、非房地产类贷款流入房地产开发企业账户或建筑公司账户等挪用贷款风险。三是严格企业经营资金监管。对除贷款以外的企业经营资金，要分析资金来源是否属于企业销售回笼款，是否属于其他银行贷款或社会借款，企业有哪些融资渠道，企业经营资金是否充足、是否符合正常生产经营需求。四是严格企业结算账户监管。密切会计部门和信贷部门的信息沟通，加强对贷款账户资金往来，特别是大额资金往来的监测，结合企业采购和销售模式判断企业资金往来是否正常，密切关注资金异常流动。

第四章

贷后尽职管理全流程风险管理

贷后尽职管理原则与措施

贷后尽职管理的工作内容

贷后尽职管理是指从贷款发放后或其他信贷业务发生后直到本息收回或信用结束的全过程的信贷管理行为的总和，包括现场检查、非现场检查与日常跟踪管理、担保物（人）监管、信用收回、风险预警与处理、潜在风险客户退出、档案管理、不良信贷资产清收管理和贷后工作总结等。

贷后尽职管理包括以下几项管理内容：

风险管理。执行相关政策、制度、流程，运用系列管理工具，做到风险可控，确保信用到期全额收回。

过程管理。覆盖信用发放后到收回的全过程。

动态管理。对客户动态评级、分类，项目及押品贷后评估，及时掌握贷后财务与非财务变化情况，并有针对性地采取应对措施。

合规管理。各项管理行为符合相关制度规范。

尽职管理。各项管理行为符合尽职要求。

价值管理。对优质存量客户持续营销，扩大有效需求，挖掘价值潜能；以现有产品带动其他产品交叉营销，提高综合效益。

再决策管理。持续、循环发生信用关系的存量客户，待信用收回后重新申请用信，贷后管理掌握的相关信息和资料可作为调查、审查决策的基本依据，同时作为客户“进、保、限、压、退”结构调整的重要参考。

贷后尽职管理的意义

贷后尽职管理既是信贷全流程风险管理的重要环节，又是维护客户、创造价值的重要手段。其意义主要有以下几个方面：

防范风险的需要。无论是从信贷资金的运动规律来看，还是从信贷风险的成因及银行历史经验教训来看，贷后管理是衍生风险的重要环节，是信贷风险管理的重要内容。防范风险包括事前预防风险、事中发现风险和事后化解风险。

创造价值的需要。贷后尽职管理既可化解不良贷款，创造盘活资金价值，又可通过对客户交叉营销，创造银行、客户与客户经理共赢的价值。

保护干部的需要。贷后尽职管理要求客户经理必须做到合规、尽职与控险。

银行生存发展的需要。从国际金融发展的经验教训来看，信贷风险是一家银行破产的最直接、最重要的诱因。银行高管和客户经理要像爱护生命一样爱惜信贷资产，以高度的责任感和使命感，重视和加强贷后尽职管理工作。

贷后尽职管理原则

贷后尽职管理遵循以下原则：

全面覆盖。是指覆盖信用发放后到收回的全流程，全方位管理信贷业务风险。

突出重点。是指针对信贷业务贷后管理的关键环节实施重点监管与检查，完善监管策略，丰富管控手段，提升管理水平。

分类管理。是指区分行业、客户、产品、区域、额度、风险等级等，针对风险特征采取差异化的管理策略，强化精细化管理。

明确职责。是指明晰银行各层级、各环节和相关岗位的工作内容，明确细化考核指标，分层管理，责任到人，考核到位。

快速处置。是指发现风险信号时及时进行信号分级、预警发布，并明确管理责任，落实专人实施处理方案，有效控制和化解风险。

贷后尽职管理措施

（一）落实贷后管理责任部门与责任人，运用责任管贷

1. 银行贷后尽职管理责任人界定

按照贷后管理制度界定的岗位职责和客户分层管理要求，纵向明确管理

行和经营行的管理责任和工作内容，横向明确各相关部门和岗位的管理责任与工作内容，形成纵横交织的责任网格，全面覆盖各项信贷业务及相关岗位责任人。

（1）第一责任人。银行各级行行长为贷后管理第一责任人。对辖内整体贷后管理工作负责，承担贷后管理的组织、协调、督促、决策工作，组织开展本级行及辖内各级行贷后管理工作；组织研究、处理贷后管理工作中出现的重大问题。

（2）主管责任人。银行各级行分管客户部门、信贷管理副行长为贷后管理第二责任人，协助行长做好贷后管理工作，承担所分管部门贷后管理工作的组织领导、风险处理和决策责任。

（3）直接责任人。银行各级行客户部门与客户经理对辖内贷后尽职管理工作承担直接管理职责。各级行、各部门、各岗位及相关客户经理都必须签订《客户贷后尽职管理工作责任书》，并逐条落实到位，切实履行贷后尽职管理直接职责，强制性地做好贷后尽职管理工作。

（4）营运责任人。营运部门的主管及柜员应根据客户经理的需求，负责审核发放单证，对信用业务进行发放账务处理；对质押单证进行止付、开立保证金账户、办理保证金足额缴存的账务处理；配合客户部门监督信贷资金的支付使用，对采用受托支付方式的信贷资金，严格按受托支付相关要求进行账务处理；对结息日和信用到期前客户账户资金不足的，及时提示客户经理；发现资金账户往来异常，向客户经理提示和预警；按规定扣划到期贷款本息；根据客户经理的需要提供客户账户资金明细账供查阅；负责保管各类抵质押有价单证及权证，登记表外账。

（5）监督责任人。银行管理行信贷管理、风险管理、内控、审计等部门对辖内业务条线的贷后管理工作承担系统监管职责，检查、监督业务条线贷后管理工作。

各级行信贷管理部门是贷后管理的风险监控和指导监督部门，其主要职责是：通过信贷管理系统重点监控本级行管理客户和本级行审批业务的风险；对信贷业务风险状况进行分析，发现异常风险情况及时预警；指导监督本级行客户部门及下级行的贷后管理工作，发现问题督促其及时整改；向行长和贷后管理例会报告信贷业务风险监控情况和对客户部门及下级行贷后管理工作的监督检查情况。

各级行风险管理部门是内部评级和风险分类及全面风险管理的主管部门，其主要职责是：负责开展内部评级的指导、检查和评价工作与全面风险管理；提出内部评级授权或转授权的调整建议；负责突破评级制度事项的审核；撰写内部评级相关分析报告；负责分类事项的审核；定期对辖内各级行信贷资产风险分类操作的合规性、分类结果的真实性进行监督检查，组织开展信贷资产形态偏离的评价；在风险监控中发现风险信号时，可直接进行分类发起。

2. 管理行客户部门贷后尽职管理职责

管理行客户部门对辖内本业务条线的贷后管理工作承担系统管理职责，指导和督促本业务条线下级行客户部门的贷后管理工作。

（1）法人客户管理部门。既承担对本级行直接管理客户进行贷后尽职管理职责，还承担条线贷后尽职管理职责：一是制订整体贷后管理方案，组织所辖行成立客户经理组；二是建立定期联系协调机制，联系走访客户，收集、沟通行业和客户信息；三是资金账户监管，组织所辖行客户经理做好信贷资金的用后监督，定期检查客户账户资金的往来情况；四是监测客户用信情况，组织和参加贷后检查；五是对本级行管理的存量客户开展持续营销；六是复测本级行管理客户的信用等级、分类级次及授信额度；七是牵头处理风险预警信号并组织实施风险化解措施，牵头或参与制订不良贷款处置方案，并组织实施；八是参与现场检查，定期分析客户贷后管理情况，向行长、贷后管理例会报告；九是负责指导和督促本业务条线下级行潜在风险客户的甄别和压退。

（2）个人信贷业务管理部门。承担条线贷后尽职管理职责：一是制定辖内个人信贷业务贷后管理工作目标，做好规划；二是监测辖内机构个人信贷业务贷后管理主要风险指标，开展风险预警提示和停牌复牌管理，定期跟踪、督导后续整改处置工作，直至风险信号解除；三是制定并优化个人逾期贷款催收策略，研发催收管理工具，评价逾期催收管理工作成效；四是组织开展各项个人信贷业务贷后检查工作；五是考核评价辖内个人信贷业务贷后管理工作，形成贷后管理工作报告，向主管行长汇报并报送上级行。

3. 经营行客户部门贷后尽职管理职责

（1）法人客户部门。主要工作职责包括：①根据客户的具体风险特点和业务管理要求，制订贷后管理方案；②按规定做好信贷资金的用后监督，定期检查客户账户资金的往来情况；③贷后检查，即定期检查客户生产经营及财务状况、审批要求的落实情况，检查担保人和担保物的情况；④日常跟踪监管，即收集行业、市场、客户公开信息，走访客户，跟踪客户和担保人情况；⑤对存量客户开展持续营销；⑥做好担保管理工作，完成押品重估；⑦复测客户信用等级、分类级次及授信额度；⑧风险预警与风险化解，即发现风险信号，及时提出处理建议并进行报告，落实风险化解措施；⑨风险分类及日常操作，即及时收集、整理分类相关信息，进行分类发起，以及收集、整理信贷客户档案相关资料，做好信贷管理系统数据录入、利息和本金的收回等；⑩潜在风险客户的甄别和压退，即主动、前瞻性地对存量客户开展风险底线甄别，建立退出客户名单，逐户制订压退方案并实施；⑪ 不良信贷资产管理，即直接或参与制订不良贷款处置方案，并组织实施；⑫ 撰写贷后管理报告，即在资金账户监管、贷后检查、日常跟踪管理、风险预警等工作的基础上，分析客户的贷后风险状况，撰写贷后管理报告；⑬ 报告，即向经营行行长、贷后管理例会、客户管理行客户部门汇报辖内客户贷后管理情况；⑭ 对上级行管理客户，根据上级行要求，协助落实贷后管理相关工作。

（2）个人客户部门。经营行个人客户部门承担辖内个人信贷业务贷后管理的经营责任，按照上级行管理要求落实相关贷后管理工作，主要职责是：①贷后检查，即开展延伸检查、例行检查、专项检查工作，检查客户收入及财务状况、担保人和担保物情况等；②风险预警与风险化解，即核实排查风险信号，拟订风险处置方案，控制并化解风险；③风险分类及系统操作，即及时收集、整理个人贷款分类相关信息，并录入信贷管理系统，进行分类发起，以及收集整理、更新信贷客户档案相关资料，做好信息录入等；④权证办理，即跟踪了解合作楼盘办证条件的转换情况，收集、整理办理抵押登记的相关客户资料，移交个贷中心；⑤信用收回，即对逾期客户实施上门催收、诉讼催收等，对正常客户实施到期还款处理或提前还款处理；⑥合作机构管理，即跟踪收集担保公司、中介公司、房地产开发商、汽车经销商等合作机构的业务开展情况，按照上级行要求落实合作机构的退出管理；⑦报告，即按要求向所在行行长、上级行主管部门汇报辖内个人信贷业务贷后管理情况；⑧其他职责。

（3）个人信贷中心与小微企业信贷中心。是个人信贷与小微企业信贷业务贷后尽职管理工作的组织枢纽，负责承担辖内个人与小微企业信贷业务贷后尽职管理的批量监管和日常管理。集中上收授信执行、抵押登记、贷款监测、催收管理、档案管理等贷后管理工作，落实人员承担相应职责。其中，批量监管工作需落实人员专职负责，日常管理工作由相关团队（岗位）人员分别承担。

个人信贷中心与小微企业信贷中心主要职责：①授信执行，即审核贷款发放后权利凭证、法律文书等资料的合法合规性；审核贷款发放后需归档保管的信贷档案资料的合规完整性；监测经营行核对自主支付方式下贷款交易证明的及时性、完整性；监测经营行在系统中冻结循环用款的及时性、解冻循环用款功能的合规性。②抵押登记，即办理贷款发放后的正式抵押登记（注销）手续；审核、收押移交贷款发放后收到的权利凭证；监测权证管理情况，跟踪信息录入、楼盘分类、权证应办未办情况等；监测押品信息，组织开展押品信息核查、价值重估等工作。③贷款监测，即监测贷款趋势变化，分区域分产品指导经营行落实停牌复牌管理；监测担保机构合作情况，指导经营行动态调整业务合作。④催收管理，即对正常存续期贷款，通过电话回访核实客户名称等基本信息，定期监测客户关联信息；对即将到期贷款，实施提醒服务；对逾期贷款，集中实施短信、电话催收和诉讼催收管理。⑤档案管理，即负责辖内个人贷款与小微企业贷款档案的移交、整理、入库、保管、使用、销毁等工作；分类保管信贷档案，建立信贷档案保管台账，记录信贷档案的调阅及出入库情况；集中保管押品的个人信贷与小微企业贷款中心，负责组织实施押品集中管理和账实核对工作。⑥系统操作，即根据授信执行、抵押登记贷款监测催收管理、档案管理等职责分工，按要求及时收集、整理、更新信贷管理系统中客户、贷款及抵质押物等相关信息。

个人信贷中心与小微企业信贷中心贷后管理分为批量监管与日常管理两种方式。①批量监管的主要内容是：批量监管客户信息风险，监测客户信息的有效性及失联客户信息更新维护的及时性和准确率；批量监管贷款用途风险，监测贷款用途和支付方式的合规性；批量监管合作机构风险，监测合作机构不良率、担保机构贷款代偿率等风险指标；批量监管资产质量风险指标，开展停牌复牌管理；开展风险预警提示，定期跟踪、督导后续整改处置工作，直至风险信号解除。②日常管理的主要内容是：开展个人与小微企业信贷业务贷后权证办理、权证移交、权证办理监管、押品信息监管、押品注销等工作；组织开展个人与小微企业逾期贷款辖内电话催收管理；负责个人与小微企业信贷业务档案集中管理工作。对于未集中保管实物档案的，指定专人对辖内实物档案的归档率、归档周期等进行监管；组织开展各项个人与小微企业信贷业务贷后检查；落实其他个人与小微企业信贷业务贷后管理工作。

4. 贷后管理例会职责

银行必须建立贷后管理例会制。贷后管理例会是对贷后管理事项审议和决策的平台，其主要职责是：审议客户贷后风险状况，审议贷后管理工作情况，审议上次贷后管理例会决议的执行情况。贷后管理例会由行长主持，客户部门、信贷管理部门、风险管理等相关部门负责人参加。

对于客户贷后风险状况，主要审议本级行法人、零售客户贷后整体风险状况；对出现明显风险信号或存在较大风险的客户、内外部检查发现有重大风险性问题的客户、受行业或区域政策影响较大的客户等，按户审议。

对于贷后管理工作情况，主要审议本级行及辖内各机构贷后管理工作开展情况、信贷业务风险监控和预警情况、潜在风险客户退出情况、下级行贷后管理例会召开情况等。行长组织参会人员根据客户风险状况和贷后管理工作情况的审议结果，确定客户管理策略，拟定切实可行的贷后管理措施，以及下一步贷后管理工作重点，并形成会议决议。信贷管理部门对决议的执行情况进行监督。

贷后管理例会召开时间与频率。由银行行长根据本行信贷风险状况与贷后尽职管理工作情况决定，可以按月也可按季召开。

（二）建立健全贷后尽职管理考评制度，运用奖惩机制管贷

1. 建立健全贷后尽职管理考评体系

包括上级行对下级行的考评、本级行对客户部门的考评、网点或客户部门对客户经理的考评。

2. 完善贷后尽职管理考评指标

既要考评结果指标，又要考评过程指标。对机构的考评指标按百分制计分，包括人民币到期贷款现金收回率、潜在风险客户贷款压降计划完成率、押品价值重估率、风险信息处置率、受托支付合规率、风险容忍度（不良贷款率）等指标。对客户经理的考评指标按百分制计分，包括人民币到期贷款现金收回率、贷款综合回报率、风险容忍度（不良贷款率）等结果指标和贷后定期检查与日常检查、风险预警及处理、到逾期贷款催收、贷后管理方案制订与报告等过程指标。

3. 运用好贷后尽职管理考评结果

将贷后管理工作的考评结果与辖属机构综合绩效考核、管理责任人履职考核及信贷资源配置等挂钩。考核结果同时与客户经理工资奖金、综合评价、提拔任用挂钩。

（三）建立完善贷后管理系统，运用人工智能管贷

银行必须全面应用信贷管理系统贷后管理功能，不断完善信贷管理系统贷后管理模块，实现贷后管理操作电子化。重点研发与完善以下贷后管理相关系统：

1. 押品管理系统

押品管理系统是满足专业化、精细化押品管理要求的全流程的押品管理网上作业系统，其与贷后管理相关功能主要有：

（1）押品价值贷后重估。可以完成贷后重估批量处理，包括贷后重估信息查询、贷后重估信息清单批量上传等。

（2）押品估值模型应用。押品评估流程中嵌入房地产、机器设备、汽车、收费权等类型押品的估值模型，可以调用模型进行评估测算，提供评估模型参数管理和可比实例管理等功能，辅助客户经理、风险经理、押品审核岗位更好地完成押品价值贷前评估和贷后重估工作。

（3）资产评估机构机制制约。将资产评估机构作为一类特殊主体纳入信贷管理系统法人客户管理，并根据银行准入管理要求对评估机构进行业务信息收集和赋权，已准入评估机构在押品评估流程中只能按照银行赋权的评估范围和区域范围开展业务合作，有效解决经营行与未准入机构合作和超准入范围合作的情形。

（4）押品风险预警监控。可以对抵质押率不合要求、未按频率重估等与押品相关的预警指标在信贷管理系统中的预警监控系统进行自动预警。同时全面支持客户经理、风险经理对押品状况及价值变动情况的跟踪，从技术上提高对抵质押物的风险预警能力。

2. 风险预警监控系统

风险预警监控系统是贷后管理运用的重要工具，其功能主要有：

（1）风险预警提示。系统设置多个预警指标模型，按照设定的预警频率和范围自动预警；同时系统提供人工预警信息生成模板，监控人员可通过系统生成各类人工预警信息。系统会自动向与客户有信贷业务关系的机关机构提示客户风险信息。

（2）风险控制。通过法人和个人的授信、用信业务风险控制工具，实现对符合共性风险特征的客户或业务（如行业、品种、经营机构、平台类客户、压退名单客户等），以及具体客户进行业务开展的机制制约，达到风险管控目的。

3. 财务分析系统

财务分析系统是针对客户财务风险的分析引进的外部专业分析预警软

件，其功能主要有：

（1）报表真实性检验。可以判断报表真实性，反映粉饰程度，识别并提示异动的财务科目。

（2）生成现金流量表。判断报表完整性，根据资产负债表与利润表自动生成现金流量表，与客户提供的现金流量表进行差异分析。

（3）同期报表比较。对客户在同一报告期提供多套报表的，提供基本科目比较、财务指标具体比较等功能。

（4）财务指标计算。可以通过选择年报、半年报、季报、月报等报表时间段对财务指标进行计算；提供了客户指标值与行业授信可接受值、企业绩效评价标准值的比较功能。

（5）生成财务分析报告。自动生成财务分析详细报告（从客户赢利能力、偿债能力、营运能力等财务状况进行分析）、财务风险分析详细报告（从科目异动、报表真实性、负债规模、资金链监控等方面对财务风险状况进行分析）及财务分析综合报告。

（6）其他功能。可以完成趋势分析、图表展示等功能；提供杜邦分析法、沃尔比重分析法等典型财务分析工具。

4. 账户资金监管系统

账户资金监管系统充分挖掘信贷、会计类数据（法人账务数据、行内外关联关系数据、信贷管理系统数据），建立客户资金监管体系，打造全行法人资金查询与分析的平台，为资金的全流程监管提供技术支持。其功能主要有：

（1）交易明细查询。设置查询条件查询客户结算账户的交易流水，用于分析客户资金往来情况。

（2）贷款资金流向跟踪。查询贷款发放后N天内资金流出情况，用于分析贷款资金流向是否符合用信要求。

（3）还贷资金来源分析。查询贷款还贷前N天内资金流入情况，用于分析还贷资金来源情况。

（4）关联客户资金往来。用于查看借款人和关联客户之间资金往来情况，包括资金往来的时间、金额、用途及关联交易量占比等信息。

（5）资金流转圈监控。用于监控信贷资金发放后资金流入借款人自身、关联企业或类同账户的情况。

（6）特定交易监控。用于监控信贷资金流入投资、融资、房产、小额信贷、担保、证券、典当、房地产开发等客户的情况，但同客户账户间内转除外。

（7）日常经营费用分析。用于分析客户的税收、水费、电费、工资和社保等日常经营费用扣收情况。

（8）客户流入流出。用于分析在某一段时期内客户资金流入流出情况，根据分析结果可认定贸易链关系。

（9）贷款结息情况。分析贷款付息情况。

（10）货款归行占比分析。

5. 集团与关联客户分析系统

集团与关联客户分析系统通过对信贷管理系统的信息、国家金融监督管理部门披露信息、中国人民银行征信信息等数据进行抓取和加工，满足贷后管理中对于集团与关联客户风险监控的需要。功能主要有：

（1）对单一法人客户，可以实现：①关联关系自动搜索与图谱展示。提供自定义搜索下一层级关联关系的功能。②担保分析。提供担保关系分析、互保及担保圈分析、担保信息列表展示的功能。③两单客户关联关系查询。用于在直接关联关系基础上，查询两个客户之间的间接关联关系。④信用情况分析。通过自定义起始和终止时间及分析项目，查询出相应时间段的用信情况，用于对客户用信历史峰值的分析。⑤风险分析。从与该客户关联企业及其信用情况角度分析客户的风险状况。⑥生成分析报告。报告中包括摘要、基本情况、关联图谱、财务、授信、用信、担保、预警、同业披露、征信风险信息。

（2）对于集团客户，可以实现：①关系网图谱展示。提供银行在信贷管理系统中已认定的集团客户拓扑视图、展示集团客户成员列表、集团信用总账查看、展示成员关系网明细列表等功能。②集团综合关系网展示。通过搜索行内外关联关系来形成集团客户综合关系视图。③集团差异分析功能。通过制订的差异规则，对银行已认定的集团与通过关联关系搜索出来的集团客户综合关系网之间所具有的差别，提供差异客户关系列表展示。④集团担保分析。以图谱和列表形式，提供集团内担保分析、集团与外部担保分析、集团间担保分析。⑤提供集团信用情况分析、集团风险分析、集团分析报告。

（3）关联信息批量分析功能。通过设置查询条件，对客户关联信息进行批量的查询分析，辅助管理行对关联风险的管理。

6. 个贷风险监测系统

是对个人贷款资金的用途和还款来源进行跟踪监测的工具。其功能主要在于：可以提供资金转入资本市场监控、一户多贷、一户多还（一级）、一户多还（二级）、多贷一用（一级）、多贷一用（二级）、疑似资金掮客清单、疑似高利贷清单、合作商不良率监控、合作项目不良率监控、合作项目不良笔数月增量监控、机构不良率预警、机构不良率月升幅预警、机构五级分类月升幅预警、机构关注类余额占比月增量预警、机构不良及关注类余额月增量预警等风险线索进行提示。但该功能提供的只是个人贷款的风险线索信息，并非确定的客户风险信号，根据查询结果相关业务人员还需要进一步筛选排查，最终甄别确认是否属于实际风险。

（四）强化信贷管理与风险管理部门对客户部门的监督，运用部门制约管贷

信贷管理部门与风险管理部门是贷后管理的风险监控和检查监督部门，承担贷后管理检查监督职能。信贷管理部门通过风险分析、信贷监测、监督检查工作行使贷后管理风险监管职能。

1. 信贷风险分析

信贷管理部门结合信贷监测、内外部渠道获取的信息，对客户部门抄送的贷后管理报告进行综合风险分析。主要分析：贷后管理报告本身反映客户情况是否全面，风险的揭示分析是否充分。信贷管理部门根据风险分析结果，

判断是否需要风险提示。如需风险提示，经行长审定后，由客户部门采取措施防范风险。

2. 信贷风险监测

信贷风险经理主要通过信贷管理系统监测客户具体风险和信贷业务整体风险情况。

3. 贷后尽职管理工作监督检查

信贷管理部门需对本级行客户部门及下级行贷后管理工作进行监督检查。

（1）经营行信贷管理部门至少每年对同级行客户部门贷后管理工作情况进行一次现场检查。检查内容主要包括：客户经理（组）配备、资金账户监管、贷后检查、资产预分类、贷后管理报告、风险预警、信贷管理系统的信息录入、信贷档案管理等工作开展情况。

（2）信贷风险经理需随时通过信贷管理系统检查和监督客户部门贷后管理工作情况。

（3）管理行信贷管理部门至少每年对同级行客户部门进行检查，其主要通过客户部门提交的贷后管理方案及贷后管理报告等，检查客户部门贷后管理工作开展情况。

（4）信贷管理部门对下级行贷后管理工作的检查。各级行信贷管理部门根据实际情况，通过现场或非现场的方式，每年对下级行的贷后管理工作至少进行一次全面检查或抽查。检查结果作为信贷基础管理考核评价和信贷业务经营管理综合评价的重要依据，应及时反馈至被检查单位。

4. 撰写贷后管理风险分析报告

信贷管理部门要根据风险分析、在线监测和贷后监督检查等工作结果，每年撰写贷后管理风险分析报告，提交贷后管理例会审议。风险分析报告至少包括以下内容：信贷业务整体风险状况；风险分析、在线监测和贷后监督检查工作开展情况；工作中发现的问题；问题整改建议及下一步工作建议。

5. 组织信贷年度大检查

每年度由管理行统一组织，由信贷管理部牵头，相关客户管理部门、风险管理部、内控合规部、法律事务部、监察部等部门共同参与和具体实施，对辖内各经营单位上一年度发生的所有信贷业务，在各经营单位自查的基础上对经营管理合规情况和风险情况进行检查。并根据检查结果分别实施逐一整改、合规培训、违规积分、经济处罚、纪律处分、叫停问责，与授权管理、绩效考核挂钩等。

[巴老师讲案例之十五]

主从合同链接风险案例

一、案例简介

2022 年 6 月 22 日，某银行与某贸易公司签订最高额抵押担保合同，约定自 2022 年 6 月 22 日至 2023 年 6 月 22 日，贸易公司向银行提供担保最高贷款债权余额不超过人民币 8000 万元，并办理了抵押登记手续。2022 年 6 月 24 日，银行与某钢铁公司签订《商业汇票银行承兑合同》，约定由贸易公司在最高抵押额范围内为钢铁公司提供担保。银行随即对钢铁公司签发的 5000 万元商业汇票予以承兑，但在该合同中无任何条款与最高额抵押合同关联。后钢铁公司到期未付款，银行垫款后未能收回票据款项，遂以贸易公司为被告，要求法院确认抵押合同合法有效，并处分抵押物，用于归还票据款项。法院经审理认为，银行、贸易公司、钢铁公司所签订的合同合法有效，但银行提交的证据无法证明银行承兑的票据属于最高额抵押合同项下的债务，贸易公司提供担保的债务未实际发生，据此驳回银行的诉讼请求。银行因汇票承兑缺乏有效担保，蒙受经济损失。

二、问题思考

1. 分析借款合同与担保合同之间的法律关系。

2. 分析银行在主从合同案例中的风险管理措施。

三、老师讲评

1. 借款合同与担保合同之间的法律关系。如果从合同未与主合同形成有效链接，则无法认定担保合同对应的主合同，担保合同将被认定为无效。

2. 风险管理措施。银行必须在担保合同中约定担保的主债权及主债权对应的合同名称与编号，确保主合同的签订时间早于（或同时）从合同，以保证主从合同之间建立有效链接。制式担保合同均对此预留填写空白，客户经理应按照制度要求规范填写。使用非制式合同时应注意对此做出约定。

贷后尽职管理规范流程

制订贷后管理方案

（一）贷后管理方案的主要内容

贷后管理方案至少包括如下内容：客户基本情况、贷后管理组织架构及责任人、客户主要风险点及风险防范措施、贷后管理工作时间安排（按月、按季）、突发风险事件应急措施（应急预案）、贷后管理工作的反馈机制及路径。

（二）贷后管理方案的制订要求

公司贷款客户一户一案，即一个公司客户制订一个贷后管理方案。个人贷款客户与小微企业贷款客户可整体制订贷后管理方案。对于管理行直接管理的集团客户，由管理行客户部门制订贷后管理整体方案，经营行客户部门根据集团客户贷后管理整体方案制订所辖成员企业的贷后管理方案。对于管理行直接管理的单一客户，由管理行客户部门制订贷后管理方案，经营行按要求落实，不需单独制订贷后管理方案。

（三）贷后管理方案的制订时间

公司客户贷后管理方案应在授信审批后用信之前按户制订，可根据公司客户贷后管理实际需要进行调整。对集团客户，经营行要按照客户管理行制订的集团整体贷后管理方案拟订具体客户的执行方案。个人客户与小微企业客户可按年或半年制订整体贷后管理方案。

（四）贷后管理方案的报送与实施

客户部门需将贷后管理方案抄送本级行信贷管理部门，信贷管理部门监督客户部门执行情况。必须时可报告上级行客户部门。客户经理（组）需根据贷后管理方案要求，逐项落实方案的工作要求，并向客户部门负责人报告。

贷后非现场监测管理

（一）贷后非现场监测的作用

非现场监测是指银行通过信贷管理系统和报送的各种经营管理及财务数据、报表和报告等资料，政府相关部门、社会网络等渠道，运用一定的技术方法，对被监测对象的贷款合规情况、风险管理状况及贷后管理工作情况进行分析，以发现银行风险管理中存在的问题，评价被监测对象的信贷风险状况与管理工作情况，采取相应风险管理措施。非现场监测在进行风险评估、风险预警、贷后管理及指导现场检查中都有重要作用。通过非现场监测，能够及时和连续地监测银行贷款机构、客户部门与客户经理及贷款客户的经营和风险状况，实现对银行风险状况的持续监控和动态分析。

通过非现场监测及时发现违规信用、事实风险、潜在风险。违规信用是指违反本银行信贷制度、办法规定的贷款；事实风险是指新形成不良贷款、或有资产垫款的贷款；潜在风险是指新发生贷款延期偿还、关注、欠息及财务经营状况下滑严重的信贷业务。

（二）贷后非现场监测的对象与内容

1. 管理行对贷款网点

银行管理行通过信贷管理系统及报送的各种经营管理和财务数据、报表和报告等资料，运用一定的技术方法，对贷款网点的贷款合规情况、贷款风险管理状况及贷后管理工作情况进行分析，以发现贷款网点风险管理中存在的问题，评价贷款网点的贷款风险状况，指导网点做好信贷风险管理工作。重点内容是风险容忍度管理。在此基础上，对贷款网点实行信贷停牌复牌制度。

2. 贷款网点和客户部门对客户经理

银行贷款网点与客户部门通过信贷管理系统及报送的各种经营管理和财务数据、报表和报告等资料，运用一定的技术方法，对客户经理的贷款合规情况、贷款风险管理状况及贷后管理工作情况进行分析，以发现风险管理中存在的问题，评价客户经理的贷后管理工作，指导客户经理做好信贷风险管理工作。重点内容是风险容忍度（贷款不良率）与贷后管理规定动作执行情况。在此基础上，对客户经理进行考核奖惩。

3. 客户经理对借款人

客户经理通过信贷管理系统、借款人报送的报表、生产经营资料及政府相关部门、社会网络等渠道，运用一定的技术方法，对借款人的信贷风险状况进行分析，以发现借款人的风险信号，并采取相应对策。重点内容是借款人信贷风险信号。在此基础上，进一步做好现场检查与其他风险管理措施。

对借款人非现场监测的主要内容，包括行业状况特别是重点行业动态监测、组织架构动态监测、资信状况特别是整体风险情况动态监测、资金流向动态监测、财务状况动态监测、客户管理能力动态监测；对上级行和其他渠道提供的预警客户和业务进行持续跟踪监测。

（三）贷后非现场监测的程序

1. 采集数据

贷款机构、客户部门、客户经理及借款人按银行统一规定的格式和口径报送基础报表和数据，形成银行非现场监测的基本数据库；监测机构、部门和客户经理从数据库中采集所需要的数据，以进行非现场监测分析。

2. 对有关数据进行核对、整理

监测机构、部门和客户经理在收到被监测对象报来的资料后，对其完整性、真实性、准确性进行审查，必要时还可到现场予以核实。然后按照非现场监测指标及风险分析的要求，进行分类和归并。

3. 形成风险监测指标值

将基础数据加以分类、归并后，按照事先已经设计出来的软件系统和一套风险监测、控制指标，自动生成资产质量、风险容忍度、贷后管理水平、客户经营管理等一系列指标值。根据这些指标值，进行风险监测与分析。

4. 风险监测分析和质询

对计算处理得出的结果进行分析，对被监测网点、客户经理及借款人在信贷风险管理上存在和可能发生的问题，提出质询，被监测网点、客户经理及借款人应按规定时间和方式对质询事项做出说明，并提供有关资料。

5. 风险初步评价与早期预警

监测机构、部门和客户经理要对历史分析、水平分析的结果、差异，以及导致上述结果与差异的原因进行综合分析，最后得出被监测网点、客户经理及借款人整体风险水平及发展趋势的初步综合评价，及时向被监测对象发出早期预警信号。并按规定写出非现场监测报告，提出采取的措施、意见和

建议，必要时可做出处理决定，监督被监测对象执行。同时应及时将非现场监测结论、处理决定和其他有关分析报告向本级机构负责人和上级机构报告，对非现场监测中发现的重大问题，要写出专题报告。

6. 指导现场检查

根据非现场监测发现的主要风险信号和存在的疑问，下达延伸检查通知书或制订现场检查计划，确定现场检查的对象、时间、范围和重点，并合理分配检查力量，从而提高现场检查的效率和质量。

贷后批量监管

（一）贷后批量监管工作的方式

贷后批量监管是指运用信贷管理系统、银行大数据平台、政府相关部门及社会网络渠道等内外部数据信息，区分行业、客户、产品、区域及合作机构等不同维度，批量监测、分析关键风险环节，识别、管控、化解贷后风险的过程。

（二）贷后批量监管工作的组织实施

贷后批量监管工作主要由个人信贷中心与小微企业信贷中心来组织实施。

贷后批量监管周期由银行结合业务实际确定，一般分为实时批量监管与定期（按月、按季）批量监管。

批量监管发现风险线索，应视风险情况及时延伸至现场检查。对已核实的重大风险，及时组织专班与专人进行处置。

（三）贷后批量监管工作的内容

批量监管的内容包括但不限于客户信息、贷款用途合规、权证押品信息、担保机构资产质量等。

1. 客户信息监管

（1）客户与担保人联络方式。确保贷款存续期间客户联络方式始终有效。定期对客户、担保人进行电话回访，主要核查联系方式有无变化，包括联系电话、地址及就职单位。贷款期限一年（含）以内的，回访频率不低于每季度一次；贷款期限一年以上的，回访频率不低于每半年一次。发现联络方式无效等异常情况，要做好书面记录，并向贷款网点发出风险提示函，通知客户经理及时核查并更新信息。具备条件的地区，可通过定期更换问题、转换提问技巧等，提高内容核实的可靠程度。

（2）客户关联信息。核查虚假或冒名贷款的可疑信息。对新发放购房贷款，以楼盘为单位，按季组织集中监测，判断有无虚假、冒名贷款。其中，每年至少组织一次覆盖两年以内新发放贷款的集中监测。对集中断供的个人贷款，及时监测关联信息并分析判断是否为虚假贷款。通过系统提取相关信息，汇总具备相同或类似特征的客户清单，主要可疑特征有：客户就职单位相同、异地客户身份证号码前几位相同、联系地址相同、联系电话相同、抵押物产权证号相同、客户单位为合作机构或关联企业、同一楼盘（汽车经销商）集中断供等。监测人员可通过电话、联网核查等方式核查疑点，并向贷款网点发出风险提示函，也可将客户清单直接移交经营行（网点）核查贷款真实性。

2. 用途合规监管

确保采取自主支付方式的贷款及时归集交易证明，及时跟踪监管资金用途。

（1）对于采取自主支付方式的贷款，信贷管理系统开通用途监控功能的，银行经营行在定期归集、审查交易证明的基础上，通过系统对用途合规情况进行勾对。循环用款下，发现资金挪用或超期限未提交交易证明的贷款，银行经营行应立即冻结系统的循环用款功能。

（2）对于采取自主支付方式的贷款，信贷管理系统尚未开通用途监控功能的，贷款网点定期收集、审查交易证明，编制勾对清单记录交易证明的核对情况，并将勾对清单报个贷中心与小微企业信贷中心进行核对。

（3）信贷管理系统开通用途监控功能的，个贷中心与小微企业信贷中心负责对贷款网点勾对不及时、冻结不及时、解冻不合规的情况进行督导整改。信贷管理系统尚未开通用途监控功能的，个贷中心与小微企业信贷中心要对贷款网点勾对清单不完整或提交不及时的情况进行督导整改。

3. 贷款权证监管

（1）信息录入。以楼盘为单位监管办证进度。监测楼盘关联贷款比率、楼盘分类比率。向贷款权证办证比率低的贷款网点发出风险提示函，分析原因，督导整改，监测跟踪整改进度。楼盘关联贷款是指在信贷管理系统中与合作楼盘（项目）建立关联关系的购房贷款。楼盘分类是指在信贷管理系统中将合作楼盘分为“具备办证条件”“尚未具备办证条件”“丧失办证条件”和“无法具备办证条件”四种类型。

（2）楼盘分类。及时跟进并落实权证管理措施。按楼盘建立台账，监测楼盘分类变动情况。定期与房屋登记机构沟通联系，获取合作楼盘办理首次初始登记、首笔转移登记等信息后，及时通知贷款网点对合作楼盘进行分类调整。重点监管放贷时间较长（由各银行结合当地平均办证周期确定，原则上不低于 2 年）的合作楼盘的办证条件转化情况，及时向贷款网点发出风险提示函，要求反馈开发商经营变化、楼盘工期进度等情况。

（3）一手房贷款权证。①管控办证缓慢的担保风险。对他项权证归行率，区分机构、楼盘（具备办证条件）两个维度，重点监管贷款发放 2 年以上权证归行率低的机构与楼盘，向贷款网点发出风险提示函，分析原因，督导整改，监测跟踪整改进度。②监督权证限期办理进度。完成初始登记并开始办理房屋（房地产）权证的贷款，应在 6 个月内完成转移登记；客户取得房屋（房地产）权证的贷款，应在 3 个月内办妥他项权证。重点监管办理进度慢的楼盘，通过风险提示函督促贷款网点加快办理进度。③监督凭抵押预告登记受理证明放款转为抵押预告登记贷款的进度。重点监管办理时间超过合理期限的贷款，通过风险提示函督促贷款网点落实抵押预告登记手续。

（4）其他抵押、质押担保贷款（不含一手房贷款）权证。管控未及时办证的担保风险。注意权证（指移交银行保管占有的抵押物权属证明，及动产、权利质押物的权属证明或有价单证）归行率的高低，区分机构、产品两个维度，重点监管权证归行周期长（超过合理期限）、比率低的情况，向贷款网点发出风险提示函，分析原因，督导整改，跟踪整改进度。

4. 押品信息监管

押品范围包括不动产、动产抵押物，以及权利动产质押物。

（1）押品变动信息。避免抵（质）押物悬空的担保风险。定期从房屋登记机构等相关部门获取被查封、注销抵押登记的押品变更信息，核查比对是否为银行存量贷款的抵押物。发现非正常变更情况，及时将信息清单移交相关人员，督促其采取措施化解风险。

（2）押品保管。确保押品保管规范、系统录入及时。组织押品保管部门、贷款网点等核对信贷管理系统数据、营运系统表外账及权证实物三者是否一致，监测检查他项权证、权利凭证的交付保管情况。重点监管账实、账账不相符情况，督导相关机构落实整改。

（3）押品价值重估。确保押品的担保价值始终足额。个贷中心与小微企业信贷中心根据银行信贷业务担保制度规定，定期对押品价值进行重估。在资产价格剧烈波动的下行阶段，以楼盘为单位，及时对押品缓释能力进行监测与评价。价值重估后，相关人员应将押品重估信息及时录入信贷管理系统。

5. 担保机构监管

按担保机构建立管理台账，监测下列指标：

（1）贷款不良率。评价管理担保机构的履约风险。定期监测担保机构与银行合作贷款的不良率，达到警戒线的，通过风险提示函通知贷款网点暂停业务合作，采取措施压降不良贷款。

（2）贷款代偿率。评价管理担保机构的担保实力。每年向担保公司索取其在当地与银行同业合作的贷款代偿情况，定期监测代偿比率。达到警戒指标的，及时发送风险提示函，指导贷款网点通过暂停、缩减业务合作实施退出策略，防范业务风险。

6. 资产质量监管

（1）贷款到期管理。履行告知义务。贷款到期前，通过系统批量发送扣款，提醒通知客户按期还款。采用分期还款方式的，在贷款到期前 5 日发送扣款提醒通知；采用一次性还款方式的，在贷款到期前 1 个月发送扣款提醒通知。

（2）贷款逾期管理。通过催清收化解单笔业务信用风险，通过停牌复牌管理评价经营机构的风险管控水平。通过短信、电话等方式进行集中催收。其中，对逾期 30 天以上的经营类贷款与消费类贷款，向贷款网点发送逾期客户清单，督促贷款网点采取上门催收等措施进行清收，或按相关规定由专门机构进行催收。建立诉讼催收台账，定期监测诉讼进展情况。诉讼台账应包含贷款信息、诉讼时间、诉讼时效、诉讼进程、客户回应情况、信用收回情况等，按期统计催收效果，及时跟踪诉讼状况。对于诉讼进程超过正常周期或可能超出诉讼时效的贷款，发送风险提示函，督促贷款网点及时催收。按月监测不良贷款比率，区分产品、机构两个维度，根据个人与小微企业信贷业务停牌复牌管理的相关规定，进行预警、停牌复牌管理，跟踪管控辖内个人与小微企业贷款资产质量。

（3）贷款趋势管理。早发现、早介入风险隐患。监测贷款风险分类变动情况，主要监测正常贷款迁徙到关注贷款的趋势变化，重点监管增额大增、快增的异常情况及反复进出关注形态的贷款，向贷款网点发送风险提示函，要求查找、分析成因并积极采取措施化解风险。

贷后现场检查与评价

包括延伸检查、定期检查、尽职监督检查和专项检查。

（一）延伸检查

1. 延伸检查的组织实施

延伸检查是指针对贷后非现场监管和贷后批量监管发现的风险线索，由监管行客户部门（个贷中心与小微企业信贷中心）对贷款网点发出风险提示函或延伸检查通知书，责成贷款网点进行延伸检查，对风险环节或风险隐患进行现场核查评估，并将延伸检查结果反馈监管行客户部门（个贷中心与小微企业信贷中心）。

2. 延伸检查的主要内容

（1）客户信息。贷款网点接到风险提示后，指定专人负责，对客户联络号码无效（空号或错号）的情况，通过上门拜访等方式，查找、核实客户有效联络方式，即时更新信贷管理系统相关信息；对客户身份、行为及关联信息的可疑情况，通过面谈、联网核查等手段，核实客户身份、行为及交易的真实性，利用其他辅助手段监测可疑资金流向还款来源，通过走访合作机构了解经营状况、关联人员使用情况，综合判断是否存在虚假冒名贷款。

（2）贷款用途。贷款网点接到风险提示后，指定专人负责，督促客户及时提供交易证明，并通过账户分析、凭证查验、现场调查等方式，核实贷款资金实际用途，判断有无挪用行为。发现资金挪用的，立即冻结系统循环用款功能并督促客户限期纠正，必要时采取有效措施化解风险。同时，及时补报交易证明勾对清单、用款冻结与解冻清单等送上级行核查。

（3）权证管理。贷款网点接到风险提示后，以楼盘为单位落实专人负责，督促客户经理在信贷管理系统及时录入贷款信息、准确调整楼盘分类，同时加快推进权证办理进度。对于办证进度慢的楼盘，按月跟踪反馈开发商经营变化情况、楼盘工期进度等。已具备办证条件的楼盘，须按月反馈权证限期办理情况并积极协调客户关系，对开发商要深入沟通，寻求支持配合。客户拒不配合的，要采用寄送律师函、下调客户评级与贷款风险分类等手段督促客户配合完成权证办理。

（4）押品信息。贷款网点接到风险提示后，指定专人负责，通过联网核查、现场调查等方式逐笔核查贷款抵押物变更信息。发现抵押物被查封或被违规注销的情况，采取追加担保、补办抵押登记等措施化解风险。对权证账实、账账不符的情况，通过补录信贷管理系统信息完善、更正表外记账等措施进行整改，规范权证保管。

（5）担保机构。贷款网点接到风险提示后，暂停与担保机构的业务合作或根据管理要求缩减业务合作额度范围等，继续跟踪收集担保机构的经营变化、财务状况变化、担保能力变化等信息，对逾期贷款采取清收措施进行压降。

（6）资产质量。贷款网点接到风险提示后，指定专人通过短信、电话等方式有效落实贷款到期告知义务。接到逾期客户清单后，指定客户经理通过上门催收、诉讼催收等履行对违约贷款的清收职责。接到诉讼催收进度督办后，及时跟踪反馈诉讼进展，加强诉讼进程管理。接到停牌复牌预警提示或通知后，组织专项小组进行单项产品或重大风险信号的全面风险排查，完成自查自纠和后续整改。

3. 延伸检查的报告要求

（1）贷款网点检查人员应按要求提交延伸检查报告，总结分析原因，对核实确认的风险，提出并采取相应风险控制措施。延伸检查报告由贷款网点负责人审核，必须对以下内容进行明确：是否存在风险信号，采取何种风险控制措施，当前处置结果，以及是否需作后续跟踪检查等。

（2）延伸检查报告经贷款网点有权人审批同意后，原则上应在收到风险提示后 5 个工作日内上报监管行。其中属于重大风险信号必需的，在风险预警后 2 个工作日内反馈监管行。延伸检查发现新的风险信号，纳入风险处理流程一并管理。

（二）定期检查

1. 定期检查的组织实施

定期检查是指贷款网点管户客户经理对借款人首笔贷款的检查和定期对单笔信贷业务或合作机构进行的日常贷后检查。通过检查收入经营状况、资金用途抵（质）押物状况、档案资料等，评估业务风险。检查频率由银行管理行或经营行确定。

2. 定期检查的频率要求

具体检查频率由各银行规定。

（1）对法人客户，贷款网点客户经理需采取实地现场检查形式，掌握客户生产经营情况和真实的风险状况。如有的银行规定，信用等级在AAA-（含）以上的客户至少每半年进行一次贷后检查，信用等级在AAA-以下、BBB-（含）以上的客户至少每季进行一次贷后检查，BB级、B级、C级客户至少每月进行一次贷后检查。管理行客户部门对本级行直接管理客户的核心企业每年至少参加一次贷后检查。

（2）对个人客户，可通过现场或非现场方式进行贷后检查。有的银行规定，对一次性还本的经营类业务至少每半年检查一次，对分期还款的个贷业务，实行逾期催收检查制度。

3. 定期检查的主要内容

（1）公司贷款客户的检查内容。客户经理进行贷后检查前要进行充分准备，结合资金账户监管、日常跟踪、风险监控掌握的信息，确定检查重点。客户经理贷后检查内容主要为：①检查批复中的信贷管理要求落实情况；②客户生产经营情况，包括但不限于企业开工情况、设备运转情况、订单变化情况、企业库存情况、员工数量增减情况、管理层主要人员变动情况、事业单位的经营管理指标等；③信贷资金使用情况，主要通过检查客户交易合同的履行，查验信贷资金的使用情况；④客户财务情况，通过账实核对、账账核对、账表核对，对主要财务指标进行检查分析；⑤现场核查抵（质）押物的合法性和完整性，核查质押物的保管是否符合规定，确认抵押权是否受到侵害，有必要的需赴有权登记部门进行权属核实，现场核查担保人的担保意愿及担保能力；⑥与管理人员面谈，详细了解原材料、主要产品市场、生产技术、组织管理、经营计划、制人员变动、经济纠纷、与其他债权人的合作、对外担保、关联企业及关联交易等情况；⑦对于固定资产贷款，现场重点检查项目进展情况与固定资产贷款评估报告及工程规划是否存在较大差异，投资、建设是否按项目计划进行，项目主要技术、工艺、设备是否出现较大变化，固定资产贷款是否被挤占挪用，项目能否按期竣工和达产情况，预计效益和市场情况等；⑧日常跟踪发现的问题。

公司贷款客户出现以下情况时应立即进行贷后检查：客户信用等级评定

下降三个（含）等级以上；贷款风险分类形态向下迁徙一个（含）等级以上；贷款发生欠息、逾期及或有资产到期垫付；客户出现停产、半停产状况；客户发生可能影响信贷资产安全的投资活动、体制改革、债权债务纠纷、事故与赔偿、重大环境和社会风险事件等重大事项。

（2）个人贷款客户的检查内容。①检查第一还款来源。主要检查个私业主借款人生产经营、财务状况的安全稳定性，工薪供职借款人职业、收入的安全稳定性。②检查第二还款来源。对抵质押方式贷款主要检查抵质押担保的合法合规性、押品足值有效性、押品是否账实一致、押品保管是否符合要求，以及专业市场商铺使用权质押情况等；对保证方式贷款主要核查借款人的征信状况，检查担保机构经营状况、担保能力变化情况、保证金的落实情况、代偿情况等，以及专业市场的市场经营情况等。③对采用信用方式的大数据贷款，主要核查大数据的真实性、可靠性、稳定性、闭环性及参数设计的科学性，借款人的征信状况；资金用途合规性和真实性，贷款支付方式的合规性、资金用途的合法合规性。④对同一合作商下个人贷款和集中逾期的个人贷款，主要检查借款人关联信息，判断是否为虚假贷款。⑤对经营类贷款业务，主要检查客户生产经营、财务状况的安全稳定性；抵押担保的合法合规、足值有效性；贷款资金用途的合法合规性，其中信用方式与保证担保方式的贷款应定期核查客户的征信状况。⑥对大额消费贷款业务（额度由银行确定），主要检查客户职业收入的安全稳定性，其中信用方式与保证担保方式的贷款应定期核查客户的征信状况。⑦对合作机构（包括提供保证担保的汽车经销商、房地产中介机构、信用担保机构和专业市场合作方等），主要检查合作机构经营状况、担保能力变化情况和保证金的落实情况、代偿情况等，以及专业市场的市场经营情况、商铺使用权质押情况等。⑧检查其他情况。检查借款人是否存在死亡、触犯刑律、沾染黄赌毒等不良嗜好、遭受重大自然灾害或者意外事故及其他家庭重大变故等情况，影响其正常还款。

4. 定期检查的报告要求

（1）公司贷款客户定期检查的报告要求。客户经理贷后检查结束后5个工作日内，结合非现场监测、日常跟踪、账户资金监管等工作掌握的信息撰写贷后定期检查报告。检查报告由客户部门负责人审核，必须明确以下内容：是否存在风险信号，采取何种风险控制措施，当前处置结果，以及是否需加强后续跟踪检查等。

（2）个人贷款客户定期检查的报告要求。客户经理应提交个贷定期检查报告，总结分析原因，对核实确认的风险，提出并采取相应风险控制措施。检查报告由客户部门负责人审核，必须对以下内容进行明确：是否存在风险信号，采取何种风险控制措施，当前处置结果，以及是否需加强后续跟踪检查等。检查发现风险信号的，原则上应在10个工作日内，将经有权人审批后的检查报告或表格报送上级行，后续跟踪反馈纳入风险处理流程一并管理。

（三）尽职监督检查

1. 尽职监督检查的组织实施

尽职监督检查是指银行各级行公司与个人客户部门根据业务特点与内部控制的客观要求，定期对高风险领域、内部控制薄弱环节及监管部门关注事项等实施检查，对经营管理状况进行风险评估。

2. 尽职监督检查的频率要求

银行各级行每年至少组织（参加）一次尽职监督检查，对高风险机构与业务品种应加大检查力度。

3. 尽职监督检查的主要内容

尽职监督检查的主要内容包括：资产质量的真实性；各项规章制度、业务流程执行落实的有效性；贷后管理工作质量和效率；尽职监督检查确定的其他相关检查内容。

4. 尽职监督检查的报告要求

（1）检查人员应出具检查底稿，提交尽职监督检查报告。尽职监督检查报告的内容包括但不限于：检查组织和开展情况，检查发现的主要问题及成因分析，是否存在风险信号，风险控制措施，以及是否需进行后续跟踪检查等。

（2）检查发现风险信号、被出具检查底稿的责任单位应及时提出具体整改方案及措施，原则上应在收到检查底稿后7个工作日内反馈上级行，后续跟踪反馈纳入风险处理流程一并管理。

（四）专项检查

（1）专项检查的组织实施。专项检查是指银行结合内外部监管要求，对不良资产、新增业务品种、信贷风险管理隐患较大网点、大幅异动业务品种或某一特定业务品种，制订检查方案，确定检查对象、目的、内容、要求、时间范围等，并通过实施检查对经营管理状况进行风险评估。检查流程遵照银行相关制度办法执行。

（2）专项检查的频率要求。检查频率由银行根据实际情况确定。

（3）专项检查的报告。检查报告与尽职监督检查要求基本一致。

贷后核保核押

（一）贷后核保

1. 对保证人建立贷后定期核保制度

客户经理要按贷后检查频率要求对保证人进行核保，发现保证人保证能力下降，不足以保障银行信贷债权的，应要求借款人偿还信用或补充有效担保。

2. 贷后核保的主要内容

（1）防止脱保问题发生。保证人在下列情况下可以免责，使保证担保脱保。①《中华人民共和国民法典》第六百九十六条规定：“债权人转让全部或者部分债权，未通知保证人的，该转让对保证人不发生效力。保证人与债权人约定禁止债权转让，债权人未经保证人书面同意转让债权的，保证人对受让人不再承担保证责任。”②《中华人民共和国民法典》第六百九十五条规定:“债权人和债务人未经保证人书面同意，协商变更主债权债务合同内容，减轻债务的，保证人仍对变更后的债务承担保证责任；加重债务的，保证人对加重的部分不承担保证责任。债权人和债务人变更主债权债务合同的履行期限，未经保证人书面同意的，保证期间不受影响。”③《中华人民共和国民法典》第六百九十三条规定:“一般保证的债权人未在保证期间对债务人提起诉讼或者申请仲裁的，保证人不再承担保证责任。连带责任保证的债权人未在保证期间请求保证人承担保证责任的，保证人不再承担保证责任。”④《中华人民共和国民法典》第三百九十一条规定:“第三人提供担保，未经其书面同意，债权人允许债务人转移全部或者部分债务的，担保人不再承担相应的担保责任。”⑤担保合同无效，保证人不存在过错的，不承担责任。根据《中华人民共和国民法典》第三百八十八条第二款规定:“担保合同被确认无效后，债务人、担保人、债权人有过错的，应当根据其过错各自承担相应的民事责任。”“过错责任”原则是无效保证的保证人承担民事责任的前提，无过错则无责任。⑥担保合同是主合同的从合同，主合同无效，担保合同无效。

（2）防止代偿能力降低。保证人应具有代为清偿的能力，这是保证功能上的当然要求，如果保证人没有代为清偿的能力，保证对于债权人也就失去了意义。要密切关注保证人代偿能力的变化。发现保证人代偿能力下降，不足以保障银行信贷债权的，应要求借款人偿还信用或补充有效担保。

（3）持续关注担保人经营管理状况变化。

3. 贷后核保后的风险管理措施

借款人发生异常情况可能造成保证人担保意愿降低、代偿能力降低或担保责任免除的，视情况采取下列一项或多项风险防控措施：确认保证合同效力；跟踪事态发展；增加监管频率；要求保证人停止损害银行利益行为；调整担保额度或终止担保额度的继续使用；行使不安抗辩权；通知用信人为保证人补充追加担保；发律师函；其他合法的风险防控措施。

（二）贷后核押

1. 贷后核押的操作规范

客户经理必须定期对抵押物使用、管理和价值变化等情况进行贷后现场核押，重点检查押品保管情况及权属变更情况，排查风险隐患，评估相关影响，采取相关措施。

贷后现场核押可与贷后检查一并进行，也可单独进行。贷后现场核押结束后，客户经理应形成贷后核押报告并录入信贷管理系统作为信贷档案留存。贷后现场核押与贷后现场检查一并进行的，可不单独出具贷后核押报告，但应按照贷后管理规定记录贷后现场核押的有关情况。

2. 贷后核押的主要内容

（1）对押品实行动态监测。银行应建立动态监测机制，跟踪押品相关政策及行业、地区环境变化，分析其对押品价值的影响，及时发布预警信息，必要时采取相应措施。

（2）对押品进行分类管理。银行应在对押品实行分类管理、审慎确定各类押品的抵质押率上限的基础上，根据经济周期、风险状况和市场环境及时调整。以金融质押品和房地产质押品为例，金融质押品的质押率相对较高；而房地产的抵押率一直以来控制较严，导致评估市场乱象，一些银行往往配合借款人根据贷款需求来倒算房产价值，导致房地产的抵（质）押率虚低。

（3）对押品进行重估。银行应根据不同押品的价值波动特性，合理确定价值重估频率，每年应至少重估一次。价格波动较大的押品应适当提高重估频率，有活跃交易市场的金融质押品应进行盯市估值。出现下列情形之一的，即使未到重估时点，也应重新估值：押品市场价格发生较大波动；发生合同约定的违约事件；押品担保的债权形成不良；其他需要重估的情形。

（4）对押品进行压力测试。银行应根据押品重要程度和风险状况，定期对押品开展压力测试，原则上每年至少进行一次，并根据测试结果采取相应的应对措施。

（5）对押品变化情况进行核查。①对发生可能影响抵（质）押权实现或出现其他需要补充变更押品的情形时，银行应及时采取补充担保等相关措施防范风险。②抵（质）押合同明确约定警戒线或平仓线的押品，银行应加强押品价格监控，触及警戒线时要及时采取防控措施，触及强制平仓条件时应按合同约定平仓。③银行在对押品相关主合同办理展期、重组、担保方案变更等业务时，应确保抵（质）押担保的连续性和有效性，防止债权悬空。

（6）对押品的返还与处置。押品所担保的银行信用已经全部清偿，在抵（质）押注销登记手续办理完毕后，银行经营行相关岗位应及时将所保管的有价单证或权属证书等资料返还抵押人，并办理签收手续。出现下列情形之一的，银行应办理抵（质）押注销登记手续，返还押品或权属证书：抵（质）押担保合同履行完毕，押品所担保的债务已经全部清偿；人民法院解除抵（质）押担保裁判生效；其他法定或约定情形。银行向受让方转让抵（质）押担保债权的，应协助受让方办理担保变更手续。

3. 贷后核押风险后的风险管理措施

（1）抵押物转让。抵押期间，抵押人转让抵押物的，应当经过银行同意，并应将转让抵押物所得的价款向银行提前清偿债务或者向公证处提存。如转让的价款明显不合理且不足以偿还贷款的，可要求抵押人补充提供担保，否则可不同意其转让。为防止抵押物转让价款的流失，银行可主动介入到抵押物的转让过程中，与借款人（抵押人）、受让人等协商签订抵押物处置协议，约定受让人对银行的付款责任，确保银行对转让价款的用途控制。如抵押人或受让人中途违约转移资金，规避偿还贷款的，银行应及时申请法院保全转让价款。

（2）抵押物出租。抵押物被出租对银行实现抵押权有重大影响，客户经理在贷前调查时应特别注意对抵押物的租赁情况进行专项调查，实地查勘抵押物，做好相关调查笔录，拍照留存亲临现场证据，确认抵押物设定抵押时的状况（包括但不限于房屋使用情况、装修情况、现场居住人等）。银行信贷业务非制式合同条款，要在抵押合同“其他事项”中对抵押物的出租作补充约定，抵押人违反补充约定，即视为违约，抵押权人（贷款人）有权采取停止发放借款、提前收回已发放借款、处置抵押物或其他资产保全措施。

如抵押物出租在先、抵押在后的，抵押时应要求抵押人书面告知承租人，尽量取得承租人放弃优先购买权的书面承诺，同时将《租赁合同》作为信贷调查资料保存。对《租赁合同》约定的租赁期限过长、租金一次性收取等可能影响抵押物处置的条款，在可能的情况下银行可要求抵押人与承租人重新协商变更《租赁合同》相关条款，并在《抵押合同》“其他事项”中作补充约定：抵押人承诺在变更《租赁合同》前须经抵押权人审查同意，签署后应将副本交抵押权人。变更后的《租赁合同》中不得约定全部租金一次性收取，承租人须按期将租金划入抵押人在贷款人处开设的租金收入账户，抵押权人有权对该账户进行资金监管，未经抵押权人书面同意的，抵押人不得提取该账户内款项。抵押权人有权从租金收入账户中按约定比例扣收借款本金及利息。

对抵押在先、出租在后的，虽然处置抵押物时《租赁合同》对受让人不具有约束力，但为了避免因抵押物出租影响处置工作，应要求抵押人承诺：抵押物在抵押给抵押权人时，未出租给第三人。抵押人出租抵押物的，必须事先经抵押权人书面同意，《租赁合同》签署前须经抵押权人审查同意，签署后应当将副本交抵押权人。在与承租人签订的《租赁合同》中，租赁期限应先于银行抵押权到期，不得约定全部租金一次性收取，承租人须按期将租金划入抵押人在贷款人处开设的租金收入账户，抵押权人有权对该账户进行资金监管，未经抵押权人书面同意的，抵押人不得提取该账户内款项。抵押人变更《租赁合同》或租金收取方式等须经抵押权人书面同意。应加强贷后监管，发现抵押物有出租迹象的应及时介入。

银行《最高额担保借款合同》《最高额抵押合同》及《抵押合同》均应明确约定，抵押人承诺如实向抵押权人告知抵押物已出租等情况，否则应按所担保主债权本金数额的一定比例向抵押权人支付违约金；造成抵押权人损失的，应同时给予全额赔偿。签约时客户经理应重点向抵押人提示上述条款，强调抵押人的相应责任，特别要注意填写抵押人的违约金比例，以防抵押人违约时银行权利落空。

客户经理应要求抵押人提供租赁合同复印件，以固定证据，避免抵押人与承租人事后串通，伪造或变造虚假的长期限租赁合同架空抵押权，规避对抵押物的处置。

在处置抵押物过程中，如突然发现抵押人或抵押物承租人提供租赁期限较长的租赁合同，要本着怀疑的态度，从审核合同签订时间、查验租金交付银行凭证、现场走访等手段查明事实真相。如果查明是抵押人与承租人合谋逃债、倒签合同的，应向承租人说明诈骗或妨害民事诉讼的法律后果，促其说出真相，放弃租赁权的对抗，扫清抵押权实现的障碍。

（3）抵押物被征收或灭失。按照法律规定，“在抵押物灭失、毁损或者被征用的情况下，抵押权人可以就该抵押物的保险金、赔偿金或者补偿金优先受偿。抵押物灭失、毁损或者被征用的情况下，抵押权所担保的债权未届清偿期的，抵押权人可以请求人民法院对保险金、赔偿金或补偿金等采取保全措施”。因此，客户经理发现抵押物存在灭失、毁损、被征收等情形时，要及时要求抵押人就抵押人获得的保险金、赔偿金或补偿金优先受偿，或者要求借款人提前清偿债务。尤其是在保险金、赔偿金、补偿金上有多个受益人可能要求受偿的情况下，要高度警惕，必要时应及早采取保全及诉讼措施，以保证本银行受偿顺序靠前。

因国家建设、城市改造等需要，作为贷款抵押物的房地产可能会遇到被征收、拆迁等情形。客户经理应加强对抵押物的监管力度，了解掌握抵押物的现状、市场价值及是否受到权利限制等信息。对于房屋被征收的，银行应根据《国有土地上房屋征收与补偿条例》及相关法律的规定，及时与抵押人就重新设定抵押或清偿债务进行协商。如果征收补偿是实行房屋产权调换的，银行和抵押人可以协商以调换后的新房产作抵押，重新签订抵押合同，并办理抵押登记。如果是实行货币补偿的，银行既可要求抵押人重新提供抵押，也可要求抵押人以获得的补偿金提前清偿债务。若银行与抵押人达不成新的抵押协议，或债务人不能清偿债务的，银行有权向房屋征收主管部门申请暂停向抵押人（即被征收人）支付补偿金或办理产权调换，或者依法请求法院采取诉讼保全措施，使银行抵押权益不因抵押房屋被征收而受损。

（4）抵押物被查封或扣押。①法律规定抵押权人对抵押物享有优先受偿权，如果抵押物被其他债权人申请法院查封、扣押，那么就会丧失优先处置权，失去对抵押物处置进程的控制。一旦发现抵押物被查封、扣押后，债权行应当及时主动向做出查封、扣押决定的司法机关说明查封、扣押财产已被本行设定抵押的情况，并提交抵押合同、抵押权利证书等相关证据情况，请求保护对抵押物的优先受偿权。②抵押物被查封、扣押后，债权行应及时向查封法院提交参与分配申请书，申请参与分配程序，主张优先受偿权。

（5）抵押预告登记失效。《中华人民共和国民法典》第二百二十一条明确规定了预告登记制度，但是预告登记有时间限制，即债权消灭或者能够进行不动产登记之日起九十日内未申请登记的，预告登记失效。实践中，办理房屋预告登记后，一般来说，房屋竣工验收即可将预告登记转为正式的抵押登记，但可能由于借款人、开发商不配合，或登记部门有意拖延，导致房屋能够进行登记之日起三个月内未申请登记的，最终预告登记失效。

为防止上述情况发生，可以采取这些措施。①在借款及担保合同中明确借款人所购商品房能进行正式抵押登记的详细条件，明确购房人及开发商配合办理正式抵押登记的义务，并约定较为严厉的违约责任。②客户经理应与开发商联系，掌握预售商品房的建设进度等信息，不定期实地查看预售商品房建设进度。③在预售商品房竣工验收后，及时通知开发商提供相应的产权过户手续，并要求购房人和开发商配合银行到登记部门办理产权登记和现房抵押登记。④对于存量预告抵押合同，应督促购房人办理现房抵押登记。如当事人不配合或贷款出现风险，应依据借款合同追究其违约责任，或依法诉讼保全查封房产，以保障银行权益。

贷后交叉营销

借款人得到银行信贷服务以后，增加了对银行的信任度与联系度，因而贷后管理时段是客户经理进行交叉营销的最好时机。

（一）交叉营销的意义

交叉营销是客户经理借助 CRM（客户关系管理），发现客户有多种需求，并通过满足其多种需求而产生的一种新型营销方式。

交叉营销意义重大，好处很多：提高贷款综合效益，降低信贷风险；可以提升银行品牌，提高市场竞争力；可以增加客户黏性，增加客户转移成本，锁定客户；可以扩大销售、降低成本，提高边际营销效率；可以实现客户、银行与客户经理多方共赢。

这就是营销中的魔鬼定律：当一个客户使用一个银行5种产品以后，就可以成为稳定的忠诚客户。权威机构调查表明，产品销售数量与客户流失关系高度关联：使用1种产品，客户流失率72%；使用2种产品，客户流失率62%；使用3种产品，客户流失率52%；使用4种产品，客户流失率42%；使用5种产品，客户流失率只有12%。

（二）对贷款客户交叉营销的考核

1. 个人贷款客户1+15+5+1营销

个人贷款客户1+15+5+1营销，即1个个人贷款客户营销15种产品（手机银行、网上银行、电话银行、短信银行、自助银行、微信银行、借记卡、贷记卡、存款、理财、贵金属、基金定投、第三方存管、保险、银期转账等），5个个贷客户朋友，1个企业或单位（以私带公）。

2. 小微企业贷款客户1+10+5+5营销

小微企业贷款客户1+10+5+5营销，即1个小微企业贷款客户营销10种产品（存款、贷款、网上银行、财产保险、理财、结算、电子商务、代理业务、电子收单、电子付款），5个高管（董事长、总经理、分管副总经理、财务部经理、资金科长），5个上中下游合作商。

3. 公司贷款客户1+25+10+10+N营销

公司贷款客户1+25+10+10+N营销，即1个公司贷款客户营销25种产品，10个高管股东，10个合作商，N个员工（即以公带私，包括代发工资、员工理财、信用卡、按揭贷款、工资贷等）。

（三）贷款客户交叉营销的步骤

第一步，了解挖掘客户金融需求；第二步，根据客户需求，制订金融服务方案；第三步，与客户深入沟通，确定金融服务方案与客户需求无缝对接；第四步，执行、实施与反馈金融服务方案。

信贷风险预警和处理

（一）信贷风险预警的定义

信贷风险预警是指客户经理或风险经理及信贷管理人员通过一系列技术手段对商业银行借款人进行系统化、连续化监测，提早发现和判别风险来源、风险范围、风险程度和风险走势，发出相应的风险警示信号，银行启用快速应急机制防范化解风险的一种贷后管理行为。

（二）信贷风险预警的处理流程

信贷风险预警的处理流程包括信号导入→信号分级→信号发布→处置反馈→跟踪督办→信号解除，形成闭环运行。

1. 信号导入

银行发现借款人存在风险隐患或问题时，应及时梳理风险信号并录入信贷管理系统。信号导入遵循“谁录入、谁分级、谁发布”原则。

（1）非现场监管、批量监管、尽职监督检查与专项检查发现风险信号的，由组织责任单位将风险信号逐笔录入信贷管理系统。同时，建立整改台账，定期跟踪处理情况。

（2）延伸检查与定期检查发现风险信号的，由银行经办行将风险信号逐笔录入信贷管理系统。同时，建立整改台账，定期跟踪处理情况。

（3）通过信贷管理系统自动预警模块发现风险信号的，收到风险预警的经营机构，应建立整改台账，定期跟踪处理情况。

2. 信号分级

借款人维度的风险信号，视影响大小、性质轻重、预计损失多少，由高到低划分为红色、橙色、黄色、蓝色四个级别。信号分级遵循“多级分布就高预警”的原则。红色风险信号是指影响恶劣、预计损失严重或对信贷资产安全构成严重危害的风险信号。橙色风险信号是指影响范围较大、预计出现损失或直接威胁信贷资产安全的风险信号。黄色风险信号是指影响程度一般，威胁信贷资产安全的风险信号。蓝色风险信号是指可能对本银行信贷资产产生不利影响的提示性风险信号。

3. 信号发布

银行通过信贷管理系统的贷后管理模块——公司客户与个人客户风险预警功能，将风险信号及处理方案发送经营行（贷款网点），同时抄送相关责任单位。还未运用贷后管理系统的银行可先实行手工台账管理，在条件成熟时再运用系统管理。

（1）发布预警信息，包括预警风险信号的等级、预警经营行、预警原因、预警时间等内容，应列示客户名称、业务品种、贷款余额、贷款发放日和到期日等明细信息。

（2）发布预警信息时，对同时存在多种风险信号的，应将多种风险信号一并预警。发布预警后，又出现其他新的风险信号的，应对新发生的风险信号进行预警。

4. 处置反馈

管理行客户部门是风险信号处理的牵头部门，经营行客户部门是风险信号化解措施的落实部门。客户部门负责人在接到风险信号后，立即组织本部门采取措施及时处理。超本部门处理能力的，及时向行长汇报，由行长组织本级行制定风险化解措施并落实，必要时召开贷后管理例会审议。

银行相关人员每个工作日必须通过信贷管理系统查看并及时处理预警风险信号。处理情况原则上在 5 个工作日内反馈预警发布行，并抄送相关责任单位。如不能按计划完成原处理方案，应及时上报具体原因和后续实施计划。

5. 跟踪督办

银行管理行必须安排专人负责管理、整改台账，区分信号级别、信号来源，对风险处理进行跟踪督办，监测考核辖属贷款机构整改工作。

6. 信号解除

对于全额收回或经整改消除风险因素的风险信号，贷款经营机构应及时反馈上报，经相关管理责任单位审核确认后，进行风险信号解除，不再对该风险信号进行跟踪。

（三）风险信号的处置措施

1. 红色风险信号处置措施

对红色风险信号客户制定清收退出政策，采取冻结授信额度、停止新增信用、行使不安抗辩权、提前或限期收回存量信用、诉前财产保全等措施。

2. 橙色风险信号处置措施

对橙色风险信号客户采取主动退出政策，采取调整授信、逐步压缩存量信用等措施。

3. 黄色风险信号处置措施

对黄色风险信号客户实施维持性政策，采取增加担保、置换低信用风险业务等措施。

4. 蓝色风险信号处置措施

对蓝色风险信号客户加大贷后检查频次，密切关注客户生产经营情况，防范风险恶化。

贷款展期管理、还款管理与到逾期收回

（一）贷款展期管理

“三个办法”对于固定资产贷款、流动资金贷款和个人贷款的展期要求，“借款人申请贷款展期的，贷款人应审慎评估展期原因和后续还款安排的可行性。同意展期的，应根据借款人还款来源等情况，合理确定展期期限，并加强对贷款的后续管理，按照实质风险状况进行风险分类。期限一年以内的贷款展期期限累计不得超过原贷款期限；期限超过一年的贷款展期期限累计不得超过原贷款期限的一半且最长不得超过五年。”

（二）贷款还款管理

《固定资产贷款管理办法》第二十五条规定：“贷款人应在合同中与借款人约定明确的还款安排。贷款人应根据固定资产贷款还款来源情况和项目建设运营周期等因素，合理确定贷款期限和还款方式。贷款期限超过一年的，应实行本金分期偿还。贷款人应当根据风险管理要求，并结合借款人经营情况、还款来源情况等，审慎与借款人约定每期还本金额。还本频率原则上不低于每年两次。经贷款人评估认为确需降低还本频率的，还本频率最长可放宽至每年一次。还款资金来源主要依赖项目经营产生的收入还款的，首次还本日期应不晚于项目达到预定可使用状态满一年。”《流动资金贷款管理办法》第二十三条规定：“贷款人应在借款合同中与借款人明确约定流动资金贷款的金额、期限、利率、用途、支付、还款方式等条款。对于期限超过一年的流动资金贷款，在借贷双方协商基础上，原则上实行本金分期偿还，并审慎约定每期还款金额。”《个人贷款管理办法》第十条规定：“贷款人应建立借款人合理的收入偿债比例控制机制，结合借款人收入、负债、支出、贷款用途、担保情况等因素，合理确定贷款金额和期限，控制借款人每期还款额不超过其还款能力。”

（三）到期收回管理

贷款到期收回是一个完整的信贷业务循环周期实现完美收官的关键环节，也是银行信贷资金价值创造的兑现阶段。贷款到期收回管理通过对到期信贷业务的资金收回方式、抵（质）押关系处理、贷款展期或周转等信贷事项进行规范处理，既能够有效减少银行资金沉淀、防止不良贷款产生，又能够保证信贷资金在取得经营收益的基础上再次投入新的信贷循环周期。

1. 提前通知借款人与担保人

对将要到期的信贷业务，客户经理应在每笔贷款到期前 20 天，填制一式三联的《信贷业务到期通知书》，发送借款人和担保人取得回执，或采取其他有效方式，及时通知客户。个人贷款可通过银行信贷管理系统进行催收。承兑、信用证等业务到期前 10 天，借款人账户资金不足以还款的，及时通知借款人将足额资金存入本银行。分期归还贷款利息的，在结息期前 3 天，借款人账户资金不足以还款的，通知借款人将足额资金存入本银行。

2. 抓好企业还款资金监管

贷款到期前，对已经进入企业账户的销售回笼资金要加强控制，防止企业挪用还款资金。对以销售回笼款为对应还贷来源的项目融资和贸易融资类贷款，要严格控制账户资金流出，并按照合同约定收回贷款。要加强对企业还贷资金来源的分析，看企业的还贷资金是否来源于正常的销售收入、是否为其他银行贷款或社会借款、是否存在资金“拆东墙补西墙”现象。

3. 受理借款人主动提前还款申请

借款人主动申请提前偿还贷款或发生合同约定事项导致贷款提前到期的，报银行经营行行长同意后，由客户部门向借款人和担保人发出《贷款提前到期通知书》，办理相关还款手续。根据合同约定收取相应违约金。

4. 受理贷款到期归还

信贷业务到期归还，要按照借款合同约定的期限和还款方式，由借款人主动归还。借款人与银行经营行签订《划款授权书》的，银行经营行可按《划款授权书》的约定自动从借款人的账户或银行卡中予以扣收。

5. 贷款还清后手续办理

借款人还清全部贷款后，银行经营行应将抵押、质押的权利凭证交还抵押、质押人并作签收登记，设定抵押、质押登记的要及时与抵押、质押人共同向登记部门办理登记注销手续。

6. 抓好贷款到期收回率考核

贷款到期收回率是体现一家银行信贷经营管理水平的重要指标，应当纳入银行单位与客户经理经营目标考核。

（四）业务变更

业务变更内容具体包括贷款期限、贷款利率、担保方式、还款方式等，银行贷款网点（个贷中心与小微企业信贷中心）收到客户的变更申请，按流程要求进行审批。业务变更完成后，通过短信或电话告知借款人，并将相关资料移交借款人。

抓好贷款展期和周转管理。贷款到期必须严格按约定收回，贷款展期要严格按照“三个办法”的要求办理。对资金链已经断裂、展期后风险没有降低的借款人不得办理展期。要严格控制借新还旧，除追加或补充有效担保，提高担保安全度的业务以外，不得办理借新还旧。借新还旧业务必须按照新发放贷款管理要求审慎办理。

（五）违约贷款提前收回

对发生借款合同约定的违约事项导致贷款提前到期的，报银行经营行有权人同意后，向借款人和担保人发出贷款提前到期通知，督促借款人及时筹集资金归还贷款，并办理相关还款手续。借款人或担保人不予配合的，应积极收集违约证据，行使不安抗辩权或启动诉讼程序。

（六）逾期违约收回

1. 银行要制定逾期贷款催收作业规范，严格执行催收规定动作

对不按约定归还本息的逾期贷款进行催收。逾期 30 天内，必须通过系统、电话催收或信函催收；逾期 30 ～ 60 天内，必须上门催收；逾期 90 天以上，必须诉前财产保全或诉讼催收。银行经营行（个贷中心与小微企业信贷中心）应视贷款逾期的时间执行相应的催收处置措施，收回贷款逾期本息。

2. 采用多种催收方式

（1）直接送达。债务人、担保人为法人或其他组织且正常经营、住所地地址清晰的，在诉讼时效存续期间内，直接向其发出《债务逾期催收通知书》《担保人履行责任通知书》，并由其法定代表人、主要负责人、负责收发信件的部门或者被授权主体签收送达回执。债务人或担保人为自然人的，由本人或同住的具有完全行为能力的亲属或者被授权主体签收送达回执。

（2）邮寄送达。对于住所地在外地或债务人、保证人拒绝签收且办公地址清晰明确的，可采用邮寄送达，邮寄送达的封面要注明“×× 债务逾期催收通知书”或“×× 担保人履行责任通知书”等字样，要将收款人的全称、收款人的地址写正确，并保留邮局盖章收取的收款人收到该邮件的收款人签字回执。

（3）公告催收。对于债务人下落不明的，可在国家级或者下落不明的当事人一方住所地的省级有影响力的媒体上刊登具有主张权利内容的公告的，公告的内容必须有债权的金额、主张权利的意思表示及债务人还款的时限等，但法律和司法解释另有特别规定的，适用其规定。

（4）公证送达。对于债务人或担保人拒绝签收催收通知书时，可通过公证机关派遣公证人员现场公证送达，即在债务人或担保人合法的办公场所由公证员现场公证送达《债务人逾期催收通知书》《担保人履行责任通知书》，并保留公证文书。

（5）银行账户扣收。在诉讼时效期间内，当债务人基本账户或借款账户有现金的，银行可根据《借款合同》约定直接从借款人账户扣收欠款本息，

该扣收行为可构成诉讼时效的中断。但银行员工主动存款后再扣收该存款的，不发生中断诉讼时效的效力。

（6）向国家有权机关主张权利。当以上方式无法维护债权时，债权人通过向人民法院申请支付令、起诉、申请仲裁、申请破产、申报破产债权、为主张权利宣告债务人死亡或失踪、申请诉前财产保全、申请强制执行、申请追加当事人或被追加当事人等法律途径都可引起诉讼时效的中断。涉嫌刑事犯罪的，权利人向公安机关、人民检察院、人民法院报案或者控告，请求保护其民事权利的，诉讼时效从其报案或者控告之日起中断。

3. 超过诉讼时效的补救措施

（1）对于超过诉讼时效期间，债权人向借款人发出催收到期贷款通知单，债务人在该通知单上签字或者盖章的，应当视为对原债务的重新确认，该债权债务关系应受法律保护。

（2）超过诉讼时效期间，当事人双方就原债务达成新的还款协议，属于新的债权、债务关系，该还款协议应受法律保护。

（3）担保人超过诉讼时效后，债权人书面通知保证人承担保证责任或者清偿债务，保证人在催收通知书上签字的，人民法院不得认定保证人继续承担保证责任。但是催收通知书内容符合《中华人民共和国民法典》有关担保合同成立的规定，并经保证人签字认可，能够认定成立新的保证合同的，人民法院应当认定保证人按照新的保证合同承担责任。

（七）涉诉管理

对于逾期超过 90 天的债权，原则上应采取法律手段进行催收。在上述逾期时段之内的贷款，银行经营行发现借款人存在恶意逾期、转移资产等情况的，可提前启动司法诉讼。对已进入诉讼程序的贷款，应加强进程管理，有效维护银行债权。

（八）不良贷款管理

对于形成不良的信贷业务，银行经营行应及时报告原审批行信贷管理部门和客户管理行客户部门，按照不良信贷资产管理的相关制度规定进行处置，并要严格追究相关责任人员的责任。

信贷资产风险分类

信贷资产风险分类是商业银行按照《商业银行金融资产风险分类办法》，为准确评估信用风险，真实反映金融资产质量，对表内承担信用风险的金融资产进行风险分类，包括但不限于贷款等。表外项目中承担信用风险的，应按照表内资产相关要求开展风险分类。

（一）信贷资产风险分类的定义、原则与理念

1. 信贷资产风险分类的定义

明确金融资产五级分类定义，设定零售资产和非零售资产的分类标准。金融资产按照风险程度分为五类，分别为正常类、关注类、次级类、可疑类、损失类，后三类合称不良资产。正常类：债务人能够履行合同，没有客观证据表明本金、利息或收益不能按时足额偿付。关注类：虽然存在一些可能对履行合同产生不利影响的因素，但债务人目前有能力偿付本金、利息或收益。次级类：债务人无法足额偿付本金、利息或收益，或金融资产已经发生信用减值。可疑类：债务人已经无法足额偿付本金、利息或收益，金融资产已发生显著信用减值。损失类：在采取所有可能的措施后，只能收回极少部分金融资产，或损失全部金融资产。

2. 信贷资产风险分类的原则

真实性原则，风险分类应真实、准确地反映金融资产风险水平；及时性原则，按照债务人履约能力以及金融资产风险变化情况，及时、动态地调整分类结果；审慎性原则，金融资产风险分类不确定的，应从低确定分类等级；独立性原则，金融资产风险分类结果取决于商业银行在依法依规前提下的独立判断。

3. 信贷资产风险分类的理念

商业银行开展风险分类的关键是准确判断债务人偿债能力。逾期天数和信用减值是资产质量恶化程度的重要指标，能有效反映债务人的偿债能力。金融资产逾期后应至少归为关注类，逾期超过 90 天至少归为次级类，逾期超过 270 天应至少归为可疑类，逾期超过 360 天应归为损失类。要求商业银行对非零售金融资产进行风险分类时，应以评估债务人的履约能力为中心，债务人在本行债权超过 10% 分类为不良的，该债务人在本行所有债权均应分类为不良；债务人在所有银行的债务中，逾期超过 90 天的债务已经超过 20% 的，各银行均应将其债务归为不良。提出重组资产的风险分类要求。细化重组资产定义、认定标准以及退出标准，明确不同情形下的重组资产分类要求，设定重组资产观察期。

（二）信贷资产风险分类的制度与流程

金融资产风险分类管理制度的内容包括但不限于分类流程、职责分工、分类标准、分类方法、内部审计、风险监测、统计报告及信息披露等。

商业银行应完善金融资产风险分类流程，明确“初分、认定、审批”三级程序，加强各环节管理要求，建立有效的制衡机制，确保分类过程的独立性，以及分类结果的准确性和客观性。

银行经营行客户部门进行分类发起的，提交本级行风险管理部门审核，逐级提交有权认定行风险管理部门审核确认，有权认定人认定。

银行经营行风险管理部门进行分类发起的，提交上级行风险管理部门审核，逐级提交有权认定行风险管理部门审核确认，有权认定人认定。

银行管理行客户部门进行分类发起的，提交同级行风险管理部门审核，逐级提交有权认定行风险管理部门审核确认，有权认定人认定。

银行管理行风险管理部门进行分类发起的，逐级提交有权认定行风险管理部门审核，有权认定人认定。

风险经理根据分类发起形成的相关资料，对借款人还款意愿、财务情况、现金流情况、担保状况等进行综合分析，按要求撰写审核报告，提出初步审核意见。风险管理部门负责人对初步审核提交的分类事项及材料进行复核，确认审核意见。对属于本级行认定权限的，确认后提交有权认定人；对超过本级行认定权限的，确认后逐级提交有权认定行风险管理部门。

（三）信贷资产风险分类材料的准备

客户经理在信贷调查或贷后管理过程中，应收集客户及债项相关风险信息，按规定完成客户信用等级、信贷资产第二还款来源保障度测评，并根据分类系统测评结果提出初分意见，准备分类必要材料，提交部门负责人进行确认。客户部门负责人对客户经理提交的客户评价及债项评价等资料进行复核，对初分意见进行确认。

（四）信贷资产风险分类的发起时间

客户部门发现信贷资产风险情况变化后，应在 3 个工作日内进行分类发起。银行经营行风险管理部门或银行管理行风险管理部门在风险监测中发现风险信号，应督促银行经营行客户部门限期进行分类发起，必要时应直接进行分类发起。商业银行应至少每季度对全部金融资产进行一次风险分类。对于债务人财务状况或影响债务偿还的因素发生重大变化的，应及时调整风险分类。

（五）信贷资产风险分类的注意事项

银行必须依法、准确、客观、真实地做好信贷资产风险分类工作。

一要确保银行内贷款分类制度的合法合规性。要求商业银行健全风险分类治理架构，制定风险分类管理制度，明确分类方法、流程和频率，开发完善信息系统，加强监测分析、信息披露和文档管理。银行在制定贷款风险分类制度时，须保持与监管规定的分类标准、方法相吻合，保证制度的合法、有效。

二要确保贷款分类的实际操作符合监管规定和银行制度要求，做到贷款分类准确、客观、真实。准确分类是商业银行做好信用风险管理的出发点，商业银行应严格按照《商业银行金融资产风险分类办法》要求开展风险分类，并根据债务人履约能力以及金融资产风险变化情况，及时、动态调整分类结果。对于暂时难以掌握风险状况的金融资产，商业银行应从严把握分类标准，从低确定分类等级。此外，商业银行应在依法依规前提下，独立判断金融资产的风险程度，不受其他因素左右而影响分类结果，确保风险分类真实、准确反映金融资产的风险状况。

三要确保报送数据的准确性。银行在向金融监管部门报送贷款分类数据时应仔细核对数据，如报送后发现数据确实存在错误，应由有权行及时修改；如报送数据准确无误，银行不能应借款人要求随意改动。商业银行应按照规定向国家金融监督管理机构及其派出机构报送与金融资产风险分类有关的统计报表和分析报告。商业银行应于每年年初 30 个工作日内向国家金融监督管理机构及其派出机构报告上一年度金融资产风险分类管理情况。

潜在风险客户退出

（一）界定潜在风险客户

潜在风险客户是指不符合本银行信贷发展战略要求、经济资本占用较大、存在潜在风险因素、可能影响贷款正常收回，需对其采取主动性措施压降贷款额度或收回全部贷款的客户。

（二）对潜在风险客户实行名单制管理

银行要对潜在风险客户实行名单制管理。潜在风险客户名单由银行信贷管理部逐户审核，经行长或分管副行长审批同意后实施。银行潜在风险客户名单属于商业机密文件，不得对外泄露。有的银行运用信贷管理系统对潜在风险客户进行管理，对凡是列入潜在风险名单的客户，系统只能收贷，不能增加贷款。

上年度风险特征未消除且仍有贷款余额的客户，需继续列入本年度退出名单。

（三）制定潜在风险客户退出措施

银行客户部门需对所管理客户进行梳理，全面掌握客户风险状况，拟订潜在风险客户和退出方案，并依据潜在风险客户名单及退出计划，采取强制退出、提前收回、只收不贷、多收少贷、置换为低信用风险业务等多种措施开展退出工作。

（四）加强对潜在风险客户退出工作的监督检查

银行信贷管理部门按潜在风险客户名单定期监测和督促下级行和有关客户部门的退出工作，年末对退出计划的完成情况进行考核和通报，相关结果需纳入对下级行及客户部门的贷后管理考核。

提交贷后管理报告

（一）贷后管理报告的内容

1. 法人客户贷后管理报告内容

法人客户贷后管理报告的内容包括：市场前景分析、信贷批复要求落实情况、贷后管理方案落实情况、借款人生产经营变化情况、财务状况变化分析、资金账户监管情况、贷后核保核押情况、融资和对外担保情况、贷后检查工作情况、风险因素分析与评价、应采取风险管理措施。

2. 个人客户与小微企业客户贷后管理报告内容

个人客户与小微企业客户贷后管理报告的内容包括：是否存在风险信号、采取何种风险控制措施、当前处置结果、是否需加强后续跟踪检查等。

（二）贷后管理报告的报送时间

1. 法人客户

客户经理贷后检查结束后 5 个工作日内，结合贷后检查、非现场监测、日常跟踪、账户资金监管等工作掌握的信息撰写贷后管理报告。半年、年度贷后管理报告需严格按照贷后管理报告要求填写，报告事项要全面、真实地反映客户实际情况，深入剖析客户风险状况，提出针对性风险管理措施。按季或按月撰写的贷后管理报告可只写客户的变动情况。客户经理要对报告内容负责。

2. 个人客户与小微企业客户

客户经理每半年、每年需要对管理客户撰写整体贷后管理报告，总结分析原因，对核实确认的风险，提出并采取相应风险控制措施。检查发现风险信号的，原则上应在 10 个工作日内，将经有权人审批后的检查报告或表格报送上级行，后续跟踪反馈纳入风险处理流程一并管理。

（三）贷后管理报告的报送流程

客户经理将贷后管理报告提交客户部门负责人阅签，客户部门负责人签署意见后，将贷后管理报告依次提交分管副行长、行长阅签，同时将贷后管理报告抄送信贷管理部门。如客户为上级行直接管理客户的，还需上报上级行客户部门。

（四）贷后管理报告的运用

客户经理根据贷后管理报告，制订一户一策的信贷风险管理方案。对优良客户，可采取增加贷款策略；对稳定客户，可采取保持贷款策略；对一般风险客户，可采取减少贷款策略；对严重风险客户，实行退出贷款策略。

银行经营行与管理行要将贷后管理报告作为贷后管理责任认定的重要依据。

信贷档案管理

（一）信贷档案管理的意义与程序

信贷档案是银行主张债权的法律依据；是了解你的客户、了解你的业务、了解你的风险的法律依据；是划分贷款责任的法律依据。

银行对信贷档案实行信贷流程化（包括贷前尽职调查六大流程、贷中尽职控制六大流程与贷后尽职管理十二大流程）、流程文件化（所有的流程都要有书面文件资料）、文件档案化的管理程序（所有的信贷文件都要入档管理）。

（二）信贷档案管理的种类

1. 信贷电子档案

信贷电子档案是指通过信贷管理系统及其子系统录入或扫描上传的各类信贷业务资料，其中贷后管理子系统资料是指通过信贷管理系统录入的客户或项目贷后管理信息，包括：法人和个人客户现场检查情况、日常跟踪、贷后管理报告、风险预警、资金账户监管等信息；信贷管理部门对客户部门贷后管理工作进行检查的信息；信贷业务在风险分类各环节信息、分类结果和分类原因等。贷后管理上传资料是指贷后管理过程中由借款人提供或本银行从外部取得的各类资料，包括变更的还款计划、股权变更事项及其他重大变更事项资料；债权重组、诉讼（仲裁）、破产清偿、处置抵质押物、以资抵债、呆坏账核销等过程中形成的资料。

客户部门、信贷管理部门及相关部门按照“谁录入，谁负责”的原则对录入内容的真实性、准确性负责。

2. 纸质信贷档案

纸质信贷档案包括：具有法律效力的抵质押权证原件；法律文书、证明类资料；信贷综合管理工作中形成的各类文件资料。

抵质押权证原件包括：存单、保单、国债、有价债券、股权凭证等有价单证；办妥抵质押登记手续取得的他项权证、产权证明书、抵押登记证、抵押物保单等。

法律文书、证明类资料包括：借款人申请书、个人收入证明、董事会（股东会）同意申请办理信贷业务或同意提供担保的决议、合同、借据等能够证明本银行与借款人的债权债务关系及其合法性的法律文书和证明资料；有借款人签章的各类报表、还款计划书、重大事项情况说明、到逾期贷款催收通知书等资料；债权重组、诉讼（仲裁）、破产清偿、处置抵质押物、以资抵债等资产处置过程中形成的法律文书和证明资料；本银行与借款人签订的协议及其他有借款人签章的资料。

综合管理档案包括贷审会资料（会议纪要、审议表、记录本等）、信贷业务分析资料、审计报告、各类内外部检查整改资料以及其他信贷综合管理资料。原件和复印的各类信贷业务资料均要扫描上传至信贷影像档案管理子系统，客户经理须在复印件上签署“与原件核对一致”并签名。

（三）信贷档案管理的移交与保管

信贷档案管理员依据移交清单审核、接收相关部门移交管理的信贷档案资料，并对入库档案资料的操作规范性及实物和清单的一致性把关；审核纸质档案和相应电子档案内容的一致性；按照信贷档案管理要求规范管理入库档案；严格执行保密规定，做好档案保密工作；负责信贷档案的各项基础管理工作。

客户经理应及时移交信贷档案，不得长期留存，按照“谁经办、谁负责”的要求，对经办档案的真实性、有效性、规范性、完整性负责。

抵（质）押权证类档案按照押品管理的有关规定，抵（质）押有价单证放入金库保管；办妥抵（质）押登记手续取得的他项权证、产权证明书、抵押登记证、抵押物保单等抵质押权证原件，放入重要空白凭证库保管。权属证书入库后，由运营管理部门进行核对或检查，确保档案资料的安全、完整。

[巴老师讲案例之十六]

抵押物管理风险案例

一、案例简介

某银行向某置业公司发放房地产开发贷款6000万元，贷款发放之初抵押物为在建工程（土地及两层地下室、地上1～5层建筑物），项目建成后该银行将在建工程抵押变更为地面1～3层建筑物。由于1～3层部分商铺对外出售，购房人实际已取得所购房产的所有权。后来此笔开发贷款形成不良，该银行处置抵押物时，抵押物与其他已出售房产同属于一个商场整体，物理界限不明显，不能独立经营，受经营方式限制，拍卖变现难度较大。同时，抵押物上存在租赁关系，影响买受人竞买的积极性，从而难以处置。

二、问题思考

根据本案例，结合本银行实际，谈谈贷款抵押品管理工作中的经验教训。

三、老师讲评

1. 正确确定抵押品。在办理抵押贷款时，银行必须对每一笔抵押贷款都认真细致地审查，确定抵押品，使之合规合法，更好地防范风险。要注重选择多品种、易变现、保值或升值空间大的抵押品。

2. 合理估值抵押品。坚持剔除评估增值部分。防范借款人利用主动高估对评估报告的间接操纵行为。

3. 明确贷前、贷中、贷后的关注重点。贷前对押品的权属、状态、处置抵押物时的社会影响、其他优先权利等方面进行全面调查研究，合理选择押品、准确评估押品价值；贷中认真执行押品登记、保管操作规程，做到一物一权，贷款风险全覆盖；贷后坚持对押品的使用情况、权属变更情况、变现能力变化情况等进行持续监控，严防物理界限不明显，不能独立经营，受经营方式限制，拍卖变现难度较大的问题发生。

4. 把押品管理纳入全面风险管理系统。完善抵押操作规程，明确各部门、各岗位人员的管理职责、监管内容，规范押品受理、评估、登记、监控等各环节内容和操作程序。

5. 加强押品价值的动态监测。加强研判预警，动态掌握本银行押品构成，对房地产、矿产及其他重要押品资产的市场价格，要加强监测分析预警；加强压力测试，对重点押品价值波动风险进行动态压力测试，并根据结果制订应急预案，及时采取措施缓释风险；加强押品管理，动态调整贷款抵质押率，适当扩大押品范围，做好押品登记核对，定期进行押品估值，并相应采取补充抵押、增加担保等措施，确保足值担保、市场可流通、法律关系明确。

6. 做好押品管理的培训。定期组织押品管理业务培训，提高押品管理人员的业务技能和管理水平，提高押品价值评估的独立性和权威性。

7. 加强对押品管理的监管考核。银行要加强对押品定期重估、不足值及日常管理等情况的监管与考核，特别是对押品管理中重大违规事项，及时进行责任认定并追究有关人员责任。在各项现场检查中，将押品管理情况作为必查内容，及时指出银行在押品管理中存在的不足，督促整改，推进银行押品管理工作质效双升。

[巴老师讲案例之十七]

贷后交叉营销案例

一、案例简介

情景：有个企业女老板客户申请贷款3000万元，银行审批通过。该客户经营已达10年，总资产52000万元，在全国开分公司15家，员工918人。

客户经理小李与小张两人在与这个客户面签借款合同时作交叉营销，一次性卖出了5种以上的金融产品。

小李："陈老板，您好！很高兴我们又见面了。您是我们市里女企业家的形象代表吧？！太有风范了！"

陈老板："是吗？谢谢！"陈老板很开心。

小李："陈老板，您在我们银行申请贷款3000万元，10天时间已经审批下来了，恭喜您已经成为我们的优良客户。您知道贷款为什么审批得这么快吗？"

陈老板："真是太好了！肯定是你们银行办事效率高呗！"

小李："是的。那是必须的！还有个重要原因，陈老板，您的企业财务管理非常规范。想不到陈老板不仅人长得这么漂亮，而且财务管理也做得这么好！我今后要拜您为师，好好学习财务管理知识。”

陈老板：“哪里哪里！李经理太谦虚了，我们互相学习。”

小张：“陈老板，您的皮肤为什么保养得这么好啊，用的什么化妆品？我也好为我们的贵宾客户推荐一下。”

陈老板：“哈哈！我很少用化妆品！”陈老板开心极了。

（营销第一步：赞美客户。小李与小张连续赞美客户，让客户全程高兴。客户高兴的时候与面签借款合同的时候都是最佳营销时机。）

小张：“陈老板，您做企业超过10年了，很不容易吧！我们看您与9个合作商合作时间都超过5年以上了。他们又都在本地。在您方便的时候，您做东，我买单，让您的合作伙伴在一起聚聚。您看行吗？”

陈老板：“是啊！做企业家太不容易了！你这个主意好！我也是要好好答谢这些伙伴了。时间定了，我再告诉你。”

（营销第二步：营销上下游合作商。营销的方式：通过客户转推介，取得了1+9=10的批量获客成果。）

小李：“陈老板，您的这笔贷款是要到两个企业购买原材料。按照监管部门的规定，大额贷款资金必须进行受托支付。这个您是知道的。您看这两个企业也在本地，建议您给两个企业老板打个招呼，也到我们银行开户，这样您的资金管理就更加方便了。”

陈老板：“这个好说。我明天就打电话。”

（营销第三步：贷款交易对手的营销。营销的方式：通过客户转推介，取得了1+9+2=12的批量获客成果。）

小张：“陈老板，去年，您开了15家分公司。今年又新开了几家？”

陈老板：“今年又开了4家。”

小李：“陈老板真是太厉害了，经济下行期，企业经营管理得还这么好。您的分公司总数已达到19家，建议您为企业建立一套资金集中管理系统。与您分享一个世界500强的企业管理的重要经验，事权可以分散，财权必须集中。我们银行有一个现金管理平台（或者推荐企业超级网银），可以帮助您的企业实现资金管理四个零：账户零余额（所有分公司账户资金集中到总部）、资金零在途（实时到账）、管理零距离（坐在办公室里指挥全国）、控制零风险（银行为您的企业建立资金安全高速公路）。”

陈老板：“是吗？你推荐的这套资金管理系统真是太适合我们企业了。你们银行安排人下周给我们装上吧！”

小张：“陈老板接受新知识的能力太强了！不过请您先不着急。你们不是马上要开财务人员会议吗？我们为你们作一个免费的培训。先选择两家分公司试用。如果您觉得安全放心了，我们再全部使用。您看行不行？”

陈老板：“好的！好的！你们真是考虑得太周全了！”

（营销第四步：企业资金管理系统建立。营销的产品：现金管理或超级网银。产品的卖点：四个零。营销的方式：免费培训，体验营销。）

小李：“陈老板，您最近看新闻了没有？××工业园山体滑坡，许多企业与老百姓的房屋都被冲走了。好惨啊！”

陈老板：“是啊，这些企业老板的资产一下子全没了！”

小李：“您企业在山脚下，为防止山洪灾害，我建议您办个财产保险，只用花少量的钱就可以保几亿元的资产安全。中国的许多企业家有个误区：企业财产与家庭资产没有建立防火墙（购买财产保险），企业一旦出现问题直接影响家庭生活。建议您的企业通过我们银行代理来投保。企业通过银行代理投保有三大好处：保障好、费率低、服务优。因为我们银行对保险公司有话语权，比单个企业去投保效果更好。我们为您的企业定制了一个代理保险方案，下周送您看看。”

陈老板：“你们这个建议很好，我会考虑的。”

（营销第五步：代理保险营销。营销的方式：痛点营销与优惠营销。）

小张：“陈老板，听说您企业员工工资是由G银行代发的，你们真会利用银行来帮员工理财啊！”

陈老板：“是的。”

小李：“陈老板，如果由我们银行来为你们企业代发员工工资，能享受服务优惠、服务优先、服务优质三大好处。而且你们企业员工70%以上是‘80后’和‘90后’，大都有购买住房需求。而我们银行可为你们员工按揭贷款提供四优一联的服务：优先受理、优先提供额度、优惠利率、优惠成数、联系优质开发商团购。这样吧，我将这套员工金融服务方案送给您，请安排工会人员征求员工意见，我们下次再谈，您看好吗？”

陈老板：“好的。”

（营销第六步：企业员工代发工资营销。营销的方式：公私联动营销、价值营销与差异化营销。）

小李：“陈老板，您做生意经常需要短期资金吗？”

陈老板：“对啊。”

小李：“那我建议您办一张信用卡，我可以给您办授信额度30万元，有56天的免息期，很节约成本。在此基础上，您最好再办一张贵宾卡。”

陈老板：“办贵宾卡有什么好处呢？”

小张：“这样就可以自动还款，您以后来银行办业务还可以走我们的贵宾通道，去机场有贵宾通道，到火车站有贵宾窗口，到医院看病也能享受专家预约挂号服务，还可以参加我们的财富管理俱乐部！如果累计积分高，还可享受超千万额度的交通意外保险保障服务呢！”

陈老板：“你们银行的贵宾卡还真是好啊！那你帮我办一张吧！”

（营销第七步：企业老板信用卡与贵宾卡的营销。营销的方式：交叉营销、服务营销。）

二、问题思考

1. 你所属银行及你本人还存在“放裸贷、开裸户、办裸卡”等“三裸”问题吗？是什么原因造成的？

2. 客户经理把金融产品叠加买给客户就等于交叉营销吗？

三、老师讲评

1. “三裸”问题在我国部分银行还相当普遍。其主要原因是四缺：一是缺乏交叉营销的意识；二是缺乏交叉营销的勇气；三是缺乏交叉营销的方法与技能；四是缺乏交叉营销的考核机制。

2. 银行产品不等于客户需求，金融产品说明书不等于客户金融服务解决方案。一方面，交叉营销必须以客户需求为基础。在实行交叉营销的过程中，客户经理要学会站在客户的角度着想，使客户产生认同感，进而接受和认同客户经理、认同本银行、认同营销的金融产品。交叉营销不是做捆绑销售，而是做组合销售，做资产配置。客户经理在向客户营销金融产品时，可以根据客户的不同需要，提供不同的理财建议，进而促使客户购买更多的产品。客户使用的产品越多，转移成本就越高，就越离不开银行。另一方面，还要注意交叉营销的持续性。在上述案例中，客户经理小李和小张在与客户的商谈中，不断地挖掘客户需求，紧跟客户需求，然后站在客户的角度，选择能满足客户需求的金融产品与服务进行对接营销，让客户觉得这些金融产品适合自己，这样既没有引起客户的反感情绪，又合理自然地把产品卖了出去，以后维护起来也会比较方便。不过在实际营销商谈工作中，对于没有丰富经验的客户经理，建议一次性选择 1 ~ 3 种产品来营销，逐步地扩大交叉营销的产品数量，持续地进行跟踪服务。

[巴老师讲案例之十八]

信贷风险信号预警管理案例

一、案例简介

某股份有限责任公司在某银行办理流动资金贷款 400 万元，期限 1 年，用企业价值 960 万元的厂房作抵押，5 个股东同时签订连带责任担保合同。贷款 9 个月以后，银行客户经理通过非现场监测和贷后现场检查发现该企业产品销售额连续 3 个月下降，且比同期下降 37%，经营利润也比同期下降 35%，有 3 个月未发员工工资。客户经理连续 3 天电话联系董事长，均联系不上。

二、问题思考

1. 请分析识别该企业存在哪些重大信贷风险信号？

2. 银行应采取哪些有效举措来控制和化解该企业信贷风险？

三、老师讲评

1. 分析识别该企业存在的重大信贷风险信号。一是经营状况严重恶化：该企业产品销售额连续3个月下降，且比同期下降37%；二是财务状况严重恶化：经营利润也比同期下降35%；三是工资拖欠严重：有3个月未发员工工资；四是高管失联：客户经理连续3天电话联系董事长，均联系不上。

2. 银行应采取的风险处置举措。一是进行重大风险信号预警报告（录入信贷管理风险预警系统）并及时电话或邮件上报；二是做好行使不安抗辩权准备工作，收集借款人违约的相关证明文件；三是做好诉前财产保全准备；四是现场实地走访，进行风险排查；五是根据风险排查情况，立即采取相应行动。

不良贷款清收36法

营销手段清收

（一）主动催收清收法：抢先机

抢先机是指责任客户经理主动深入到借款人经营场所了解情况、催收贷款的方法。应经常深入到管辖客户中研究实际问题。将信贷客户群体在进行风险排查的基础上分类排队，本着先易后难，先好后差，先小额后大额，先近程后远程，先重点后一般的工作思路，寻找催收切入点。

坚定信心，反复多次开展工作，并一定要在所到之处签发催收通知书和办理相关合法手续，以达到管理贷款、提高质量、收回不良贷款的目的。

（二）协商共赢清收法：同理心

对于出现不良贷款的客户，不要一概责备或训斥，不要使用强硬语言，激化矛盾，以“依法起诉”相威胁。而首先应以一份同情心、同理心，倾听对方诉说苦衷与艰辛、困难与挫折。站在借款方观点，换位思考，分析问题，查找根源，寻找出路。使自己的观点与客户相融合，以获得其同情，被对方接受，在工作交往中融入感情，建立友谊。在此基础上，引导对方接受自己的观点，即借款人注重信用可以实现客户赢信用、社会赢环境、银行赢安全的共赢目标，入情入理地细说不良贷款给借款人带来的不利影响，如能及时归还贷款，既能表现实力，又能申请再借，既是遵守合同，又是信守承诺，使信用度得到提高。信用度的提高，就是自己的无形资产。通过有利因素和不利因素的分析使借款人产生同情与理解，以达到贷款清收的目的。

（三）帮助管理清收法：助管理

客户经理应与客户建立正常的工作关系。经常深入到客户中去，掌握客户的经营状况，帮助客户客观分析经营中出现的问题。找出问题的主要原因，使客户能欣然接受，进而参与到经营管理中去。通过与客户共同研究，提出增收节支的具体措施，提高客户赢利水平，降低客户的经营成本，并关心客户的措施落实情况，力争取得成效，促进不良贷款的收回。

（四）协助讨债清收法：协讨债

客户在经营中大多存在应收账款不能按时收回而且数额越累越大的现象。面对这种情况，客户经理应当准确掌握应收账款的笔数、金额、拖欠时间及对方的基本情况。深入分析、仔细研究，将应收账款按易难程度、先后顺序分类排队，按先易后难的基本思路，亲自参与清收应收账款。清收成果应以归还不良贷款为先，或部分归还贷款，部分用于经营，然后对客户应继续提供帮助，不能放手不管。

（五）财务顾问清收法：当参谋

充分发挥银行客户资源、信息资料、经营管理、人才等资源优势，充当财务顾问角色，为符合一定条件的借款企业牵线搭桥，向一些战略性客户推荐，由他们牵头对借款人进行兼并、重组、联合等改革，使借款人获得新生，走向正常经营轨道，从而增强还款能力。

（六）赞美客户清收法：胡萝卜

针对一些长期讲信用而这一次遭遇还款困难的客户，可采用赞美客户法，让客户心情愉快起来。客户高兴之时就是不良贷款收回之时。“我知道您是一个很有责任感的企业家（人），是一个非常讲信用的人，是一个朋友很多的人。眼前这一点困难根本难不倒您。您在业界的口碑、您的经营管理能力，加之您好多朋友帮忙，相信您一定会找到好办法，把这笔贷款偿还上。”

（七）帮忙推卸责任清收法：给面子

针对一些非主观原因造成贷款逾期的客户，可以帮忙“推卸责任”来清收。“周老板，我知道您是一个非常讲信用的人，业界的口碑相当好，企业（家庭）的经营管理还是相当不错的。这次贷款出现还款困难，主要是经济下行（或自然灾害）引起的，责任不在您。我相信以您的诚信和人脉关系，一定会想办法尽快把这笔贷款偿还的。”

（八）分期分段还款清收法：减压力

有的客户不良贷款往往是本金归还不了，利息也越欠越多，还款压力越来越大。在这种情况下，不要单一考虑贷款本息一次归还问题，应当化整为零，视借款人的实际还款能力，协商采取分期分段还款法，重新签订还款协议书，分步进行。既能维持客户生产经营或家庭基本生活，又能逐步归还贷款，还能保持诉讼时效，直至贷款本息还清。

（九）资金启动清收法：增资金

对不良贷款要进行深入实际的调查分析，以便对症下药。当认定借款人信用好，具有一定的经营管理能力，只因暴雨雪、洪水、火灾等特殊自然灾害，使生产经营损失严重，影响了按期归还贷款本息。

银行应综合考察客户信用，特别是再生产能力与发展前景，在保证担保足值的前提下，采取资金启动法，向受灾受损客户提供一定数额的新贷款支持，使其精神上受到鼓舞，经营上得到帮助，尽快恢复生产，恢复经营，走出困境，进入常规营运轨道，再逐步收回不良贷款。需要注意的是，使用这一方法时，银行一定要谨慎。

（十）借新还旧清收法：搞盘活

借款人因临时周转困难无法偿还银行贷款，有的银行通过借新还旧方式盘活不良资产。但这往往是下策。使用这种方式需重点注意三个问题：

一是慎重应用。失败率高，成功率低。

二是保证人问题。根据《中华人民共和国民法典》第六百九十五条规定："债权人和债务人未经保证人书面同意，协商变更主债权债务合同内容，减轻债务的，保证人仍对变更后的债务承担保证责任；加重债务的，保证人对加重的部分不承担保证责任。债权人和债务人变更主债权债务合同的履行期限，未经保证人书面同意的，保证期间不受影响。"因借新还旧贷款对原合同用途、还款期限等主要条款进行变更，实为新设合同，一般都需要原保证人继续承担保证责任，但在实践中存在两个问题：保证人不同意借新还旧，不愿意继续承担保证责任；保证人在外地无法回来或根本联系不上。因此，建议银行经友好协商，在充分告知保证人的前提下，在保证合同中可以约定：保证人承诺如主合同发生任何变化，仍承担相应保证责任，并用加粗、下划线、打星号等突出字样标明，提醒保证人予以注意。

三是担保物问题。借新还旧合同为新合同，因此对原主合同的担保物要重新签订抵（质）押合同，抵（质）押登记也要重新办理，保证债权担保的延续性和有效性。

（十一）减息免息清收法：给优惠

通过减息免息政策给贷款客户以优惠，让他尝到甜头，主动归还贷款。如果把贷款本金收回来了，这叫丢卒保车，虽然损失了一部分贷款利息，但对提高银行信贷资金的整体效益是有积极作用的。

（十二）战略结盟清收法：促联合

银行牵头与证券公司、保险公司、信托公司、第三方合作机构及战略性客户实现结盟，实现跨界融合、资源整合、平台互建、客户互联、利益互享，可以把问题企业变成优势企业，把包袱转化成资源。联合的方式有三种。一是债权人帮忙促联合：不良贷款企业与良好企业具有供应链关系且都有本银行贷款，由良好企业接受不良贷款企业的订单或偿还应收账款。二是新增贷款：将良好企业与不良贷款企业相关链条业务对接，盘活贷款。三是由银行牵头，将不良贷款企业的有效资产与良好企业进行并购、重组。

行政手段清收

（一）借助关系清收法：讲人情

对借款人的配偶、儿女、亲朋要进行详细的调查了解，选出有重要影响力的代表人物，单独与其恳谈，进行利弊分析，劝借款人主动还款，也可以共同与借款人讨论还款问题，寻找还款的最佳方案。

（二）第三者调解清收法：给台阶

在拒绝归还贷款和即将依法起诉的矛盾相持中，不急于采取依法起诉方法，而应当拓展新的思路，寻找新的方法，特别是通过第三者调解的方法。村干部、居委会、政府领导、政法民政干部及公安干警等都是应考虑到的因素。利用这些因素充当第三者，以中间立场出现，帮助分析利弊，拉近双方距离，化解矛盾，进行有效调解，使借款人在依法诉讼前归还贷款。

（三）群体进攻清收法：造声势

一个人的能力和智慧是有限的。面对难点，可以采用组建团队、集中人员清收的办法，寻找突破口，选择最佳时机，发起群体进攻，利用宣传车，制造强大的清收声势，让那些赖账、逃债户在团队清收与社会舆论的双重压力下主动还款。

（四）车轮战清收法：换套路

总是一副面孔、一个套路，难免打不开不良贷款清收工作的局面。有的借款人与银行清收人彼此太熟悉，甚至经办客户经理存在面子情感或违规办贷等其他问题，致使个别借款人不按期归还贷款本息。银行可以采取换人清收法或轮流派人清收法，不断地进行车轮战，直到让客户主动还款为止。

（五）组织干预清收法：借力量

在我国，组织的力量非常强大。有些借款人不仅是党员干部，还有很多头衔，政协委员、人大代表、优秀企业家等。无论多少个头衔，不管在什么组织任职，只要形成不良贷款，理应受到追究。对借款人的上级组织，或为其命名的有关部门均可发出信函，告之不良贷款事由和归还贷款要求，请求组织干预，形成高压态势。必要时可派专人上门与有关组织商谈解决。

（六）黑名单公示清收法：丢脸面

每个人都是有尊严有形象的，借款人也是如此，我们应尊重他们的尊严与形象。同时也必须强调尊严与形象必须建立在诚信的基础上，失去诚信必然失去尊严与形象。借款人不能按期还本付息，且在多种努力无果的前提下，应当采取黑名单公示法。可在报刊、广播电台、电视台等多方位周期性公示，施加社会影响，促其归还贷款。贷款本息还清时撤销公示。除了在媒体进行黑名单公示外，还可运用征信黑名单公示、行业黑名单公示、涉嫌欺诈禁入同业黑名单公示、法院执行记录黑名单公示等多种手段。

法律手段清收

（一）不安抗辩权清收法：核武力

当借款人违反借款合同约定的义务而贷款尚未到期时，银行可以行使不安抗辩权，中止合同履行，单方解除合同，宣布贷款提前到期，也就是要求借款人在贷款到期之前提前偿还贷款。行使不安抗辩权是银行对借款人的违约进行自我救济的一项重要权利。商业银行借款合同文本对借款人设定了多项义务，借款人违反其中任何一项义务，银行均可行使不安抗辩权，提前收回贷款本息。提前收回贷款对借款人的经营活动可能产生重大影响，并引起借款人的不满，甚至发生法律纠纷。因此，银行应当慎重从事，严格把握行使不安抗辩权的条件，在决定提前收回贷款前，必须掌握借款人违约的充分证据，没有充分证据就不能轻率提前收回贷款。银行行使不安抗辩权，宣布贷款提前到期应当以书面方式通知债务人，要求其提前履行还款义务，同时也要书面通知相关担保人。

（二）法律惩戒清收法：震慑力

银行应明确告知借款人：如果违约将会面临“三损”（即信用损、声誉损、朋友损）、“三难”（即再贷款难、经营难、高消费难），受到国家法律法规的严惩，促使其不愿失信、不能失信、不敢失信，自愿守信。中共中央办公厅、国务院办公厅 2016 年 9 月印发《关于加快推进失信被执行人信用监督、警示和惩戒机制建设的意见》，对失信被执行人出台 11 类 37 项惩戒措施，决定加快推进对失信被执行人跨部门协同监管和联合惩戒机制建设，构建“一处失信，处处受限”的信用监督、警示和惩戒工作机制。这一全方位的惩戒机制将使得“老赖”们评先、受奖、从业、担任高管、出行、出境“处处受限”。

（三）公证转执行清收法：执行力

《中华人民共和国民事诉讼法》第二百四十八条第一款：“对依法设立的

仲裁机构裁决，一方当事人不履行的，对方当事人可以向有管辖权的人民法院申请执行。受申请的人民法院应当执行。”

因此，有些银行在信贷管理实践中，采取了办理公证以取得具有强制执行效力的债权文书的方法。凡经办理公证的贷款出现不良，经客户经理或公证员催收无效后，可以直接转入执行程序，申请法院执行庭依法强行收回贷款。

（四）诉前保全清收法：威慑力

诉前财产保全属于应急性的保全措施，目的是保护利害关系人不致遭受无法弥补的损失。特别是可以威慑客户主动协商还款。

所谓诉前财产保全，也就是诉前保全，是指利害关系人因情况紧急，不立即申请财产保全将会使其合法权益受到难以弥补的损害的，可以在起诉前向人民法院申请，由人民法院所采取的一种财产保全措施。

（五）抵押物品处置清收法：处置力

抵押物品和质押物品，主要以房屋所有权、矿产权、存单等为主要内容的物品作为贷款的保证物品。但要把握抵质押贷款的核心是确保强抵押，即评估和变卖处置现值一定要大于贷款本息，差额越大，贷款的安全性越高。当贷款不能按期归还时，一定要及时按合法程序处置抵押质押物品，确保贷款安全。

传统的行使抵押权的方式是先经过诉讼确定债权和抵押权，再通过强制执行拍卖抵押物来实现抵押权，这一方式耗时长，变现慢。近年来，法律规定了直接行使抵押权的途径，极大地节省了时间和精力，提高了抵押物处置效率。

《中华人民共和国民法典》第四百一十条规定：“债务人不履行到期债务或者发生当事人约定的实现抵押权的情形，抵押权人可以与抵押人协议以抵押财产折价或者以拍卖、变卖该抵押财产所得的价款优先受偿。协议损害其他债权人利益的，其他债权人可以请求人民法院撤销该协议。抵押权人与抵押人未就抵押权实现方式达成协议的，抵押权人可以请求人民法院拍卖、变卖抵押财产。抵押财产折价或者变卖的，应当参照市场价格。”

因此，银行在借款、担保合同中可以约定：当借款人未按合同约定履行债务的，银行有权以抵（质）押物折价或者以拍卖、变卖该抵（质）押财产所得的价款优先受偿。抵（质）押物的处理方式有三种，即折价、拍卖、变卖。

（六）担保责任追究清收法：追偿力

为借款人提供担保，在于借款人不能按期还款时，担保人承担归还贷款本息的义务，以保证借款合同全面履行和信贷资金安全性。然而在实际操作中，重视借款人而轻视担保人的现象较为严重，这是一个误区。贷款一旦形成不良，一定要对借款人与担保人一并追究。当借款人不足以归还贷款时，不能忽略对担保人担保责任的追究，直至贷款本息全部还清。

保证人违反保证合同义务，足以影响借款安全的，银行有权按照借款合同的约定行使不安抗辩权，停止发放借款、宣布主合同债务提前到期，要求债务人履行债务，同时要求保证人承担保证责任。

根据保证合同约定，保证人不履行保证责任时，银行有权直接从保证人账户中划收相关款项，但依法律法规规定、当事人约定或依账户性质不能扣划的除外。扣划时应当注意：划收之前需向保证人发送《担保人履行责任通知书》，并要求保证人签收回执，或通过公证送达等方式取得证明保证人已收到该通知的证据；如果主合同债务是被宣布提前到期的，在发送《担保人履行责任通知书》的同时，还应向保证人发送《贷款提前到期通知书》。

借款有多个保证人，且各保证人之间对债权人承担连带责任的，银行可以要求其中一个保证人，也可以要求全体保证人承担保证责任。

（七）申请支付令清收法：清偿力

支付令是人民法院依照《中华人民共和国民事诉讼法》规定的督促程序，根据债权人的申请，向债务人发出的限期履行给付金钱或有价证券的法律文书。

当了解到不良贷款客户的相关账户及关联账户有钱但拒不还款时，银行可向法院申请支付令来清收贷款。

《中华人民共和国民事诉讼法》第二百二十五条：“债权人请求债务人给

付金钱、有价证券，符合下列条件的，可以向有管辖权的基层人民法院申请支付令：（一）债权人与债务人没有其他债务纠纷的；（二）支付令能够送达债务人的。申请书应当写明请求给付金钱或者有价证券的数量和所根据的事实、证据。”

《中华人民共和国民事诉讼法》第二百二十六条：“债权人提出申请后，人民法院应当在五日内通知债权人是否受理。”

《中华人民共和国民事诉讼法》第二百二十七条：“人民法院受理申请后，经审查债权人提供的事实、证据，对债权债务关系明确、合法的，应当在受理之日起十五日内向债务人发出支付令；申请不成立的，裁定予以驳回。债务人应当自收到支付令之日起十五日内清偿债务，或者向人民法院提出书面异议。债务人在前款规定的期间不提出异议又不履行支付令的，债权人可以向人民法院申请执行。”

银行申请支付令必须符合以下条件：有权提起督促程序的，只能是债权人；案件必须是给付之诉，即要求债务人履行一定给付义务，确认之诉和变更之诉不适用督促程序，而且督促程序只适用于债权人要求债务人给付金钱、有价证券的案件等；债权人与债务人没有其他债务纠纷的；请求给付的金钱或者有价证券已到期且数额确定，并已载明请求所依据的事实和根据；支付令能够送达债务人的；债权人申请支付令，必须向有管辖权的人民法院提出申请；债权人申请支付令，必须向人民法院提交书面申请，并附有债权文书。

（八）依法起诉清收法：强制力

依法起诉是最后的方法，选择此法要权衡利弊，把握时机，务求起诉必胜，胜必有果。在以下情况下，应重点考虑依法起诉：依法保护债权的时间即将超过诉讼时效期；以土地使用权、房屋、机器设备所有权进行抵押并登记的贷款逾期时间较长；借款人死亡或失踪；反复协商催收无效；需冻结、查封、扣押债务人资产及相关物品时；恶意逃废债务。

依法起诉应注意以下问题：一是注意诉讼时效；二是应及时申请查封抵押物；三是担保物权人申请直接参与执行分配。

创新手段清收

（一）大数据清收法：收情报

通过大数据手段充分做好借款人的信息挖掘工作，对不良贷款清收特别重要，尤其是借款人的经济往来、产品销售、应收账款、资产处置等有价值信息。银行要通过四个大数据平台（本银行数据平台、政府数据平台、第三方数据平台及社会数据平台）和六个网络系统（本银行信贷管理系统、中国人民银行征信中心、国家企业信用信息公示系统、银行业协会系统、政府部门系统和社会网络系统），充分地收集不良贷款客户的信息情报，从中发现商机，有针对性地开展不良贷款清收工作，达到事半功倍的效果。要高度重视，密切关注，发现有利因素，立即采取措施。特别是多头开户的各家银行账户，务必搞清查实，一旦发现进账款项，立即展开工作或依法冻结账户，创造出收回不良贷款的必要条件。

（二）项目转让清收法：找接盘

借款人经营项目已经上马，设备已安装调试或进入生产状态，但因某种事先未预测到的因素，导致生产无法连续进行或生产产品越多亏损越多，或主要经营者因病、意外事故、涉嫌犯罪，使经营项目不能继续进行。在全面分析各种影响因素并确认后，应当立即采取断然措施，不要拖延时间，选择把损失降到最低点的最佳方案。首先应考虑项目整体转让，寻找经营管理能力强、实践经验丰富的同行商谈全面接收问题，包括接收不良贷款问题，力争取得好的结果。

（三）互联网 + 清收法：用平台

银行要主动寻找本地及全国从事与银行不良贷款资产清收处置相关联的互联网公司进行合作，进行平台对接、信息对接、客户对接、交易对接，将银行不良贷款资产转化为互联网公司的优质资产进行销售，从而达到清收的目的。

（四）保险受益清收法：获补偿

银行信贷客户，均应动员其参加财产保险、人身意外伤害或其他品种保险，建立安全生产、生活的防火墙。谁都不愿意发生意外伤害，但又谁都无法避免意外事故的发生，如火灾、车祸、工伤、自然灾害等。一旦事故发生，将会造成无法想象的损失，包括贷款不能按期归还而形成不良。如客户参加保险，可以获得一定的补偿，而这种补偿在提前约定的情况下，应优先归还贷款。

（五）贷款重组清收法：抓重组

重组资产是指因债务人发生财务困难，为促使债务人偿还债务，商业银行对债务合同做出有利于债务人调整的金融资产，或对债务人现有债务提供再融资，包括借新还旧、新增债务融资等。对于现有合同赋予债务人自主改变条款或再融资的权利，债务人因财务困难行使该权利的，相关资产也属于重组资产。

贷款重组是指借款企业由于财务状况恶化或其他原因而出现还款困难，银行在充分评估贷款风险并与借款企业协商的基础上，修改或重新制订贷款偿还方案，调整借款合同条款，控制和化解贷款风险的行为。

按照《商业银行金融资产风险分类办法》规定，目前商业银行合同调整包括以下情形：展期；宽限本息偿还计划；新增或延长宽限期；利息转为本金；降低利率，使债务人获得比公允利率更优惠的利率；允许债务人减少本金、利息或相关费用的偿付；释放部分押品，或用质量较差的押品置换现有押品；置换；其他放松合同条款的措施。

（六）业务外包清收法：借外包

将一部分不良贷款外包给律师事务所、信用咨询调查公司、保理公司等社会中介机构进行处置，可节约市场交易成本和内部组织成本、提高处置效率。由于建立了委托代理处置的契约关系，这种契约像借款合同一样可以批量定制，单位成本很低，银行将只需面对几个社会中介机构，并且处于不良贷款资源的垄断性供给方，处置的交易成本和组织成本将会大大降低，效益必将有所提高；而社会中介机构面对银行不良贷款处置这块大蛋糕，为了自身的利益，也将努力争取代理处置权，高效率进行处置。这样一来，银行可以变被动为主动，不良贷款处置速度将会大大提高。

（七）债转股清收法：转股权

严格意义上，债转股是传统类不良资产处置方式的一种，即通过将收购的不良债权资产转化为股权的方式。但是债转股有政策的渊源，已经演变成为专有名词，并且还在政策研究中，再加上 2016 年是新一轮“市场化债转股”元年，因此作为创新类单独列出。

按国际惯例，债转股主要有三种运作模式：一是直接将企业对银行的债权转为银行对企业的股权；二是由 AMC（第三方资产管理公司）购买银行的债权，第三方再将这一笔债权变为对企业的股权；三是银行将股权交给 AMC，由 AMC 管理，银行再从 AMC 处获得股息和红利。运作模式不同，其中涉及的主体及其他地位、责任也有差异，但基本的运作过程和机理仍然是相似的。

由于我国实施债转股的背景、环境与国外不同，所以，目前在我国主要实施第二、第三种模式。

（八）资本营运清收法：借资本

将不良贷款转让至资产管理公司。长城、信达、华融、东方四大资产管理公司，是中国商业银行不良资产的主要“买主”。

通过产权、金融资产交易所挂牌转让。随着不良资产转让需求增加，银行也在探索更多的转让渠道，除了资产管理公司外，其他各类机构正越来越多地介入其中，各地的产权交易平台和金融资产交易所，已成为其中的主要力量。

（九）资产证券化清收法：证券化

通过证券化方式，商业银行既拓展了自身业务，也积累了资本市场的运作经验。对于不良债权及部分经过债务重组等方式转换而来的债权，商业银行可以按贷款额度、担保方式、地域分布、行业类别等分类标准，挑选一部分资产，并可与实物资产组成不同资产池，委托或者出售给特殊目的机构SPV（Special Purpose Vehicle），该机构再以这些资产为支持，发行较高收益债券。

不良资产证券化必须报金融监管部门批准方可开展。

（十）信托处置清收法：信托买

商业银行可将一个地区的不良资产整体打包，按一定的底价委托给一家当地信托公司，先由该信托公司一次性支付债权购买款项予以买断，然后双方利用信托公司的特殊地缘人脉优势（政府背景）和信托功能（如重组、转股等投资银行手段）对上述债权予以清收，收回部分由信托公司和银行按比例分成。

由于信托资产所特有的独立性和破产隔离制度，一旦信托公司受托处理银行不良资产，可最大限度利用信托公司的制度优势将这些资产与所有的债权人分离，利用自己的融资渠道及产业基金的优势，通过注资经营，快速、高效地处理大量的不良资产。

[巴老师讲案例之十九]

银行债权风险管理案例

一、案例简介

2017年10月19日，某小微企业以企业自有房产作抵押，向某银行办理流动资金贷款570万元，期限1年。贷款逾期后，某银行也只在2018年10月19日对该笔贷款进行了催收。2021年12月9日，某小微企业起诉了某银行，要求法院确认银行的抵押权灭失。

法院审理后判决某银行的抵押权灭失并退还抵押人房屋产权证。

二、问题思考

1. 法院为什么会判决银行抵押权灭失？

2. 结合本银行实际谈谈贷款逾期催收工作的经验教训。

3. 在主张债权工作中，银行应采取哪些法律行为？

三、老师讲评

1. 法院判决银行抵押权灭失的法律依据。《中华人民共和国民法典》第四百一十九条规定："抵押权人应当在主债权诉讼时效期间行使抵押权；未行使的，人民法院不予保护。"《中华人民共和国民法典》第一百八十八条规定："向人民法院请求保护民事权利的诉讼时效期间为三年。法律另有规定的，依照其规定。诉讼时效期间自权利人知道或者应当知道权利受到损害以及义务人之日起计算。法律另有规定的，依照其规定。但是，自权利受到损害之日起超过二十年的，人民法院不予保护，有特殊情况的，人民法院可以根据权利人的申请决定延长。"（2017年10月以前，诉讼时效期间为二年）。

2. 结合本银行实际谈谈贷款逾期催收工作的经验教训。一是催收一定要有频率要求。二是催收方式要多样化，包括直接送达、邮寄送达、公告催收、公证送达、银行账户扣收、向国家有权机关主张权利等方式，但一定要有催收回执。三是催收一定要注意诉讼时效。四是注意对超过诉讼时效的贷款采取补救措施。五是对不良贷款进行专项清收处置。

3. 银行主张债权的法律行为包括让客户还款付息、催收回执、重新签订还款协议、行使不安抗辩权、诉前财产保全、诉讼等。

第五章

贷款风险点识别与管理

信贷行业风险点识别与管理

水电行业

（一）行业风险点识别

1. 政策风险

水电行业在发展过程中需要获得政府相应的政策支持和投资环境保障。如果政府的政策不稳定或者政策变化频繁，可能导致水电行业的投资情况出现不确定性。政府监管的力度和政策执行的效果也会直接影响水电行业的发展趋势。国家为了保护环境和优化能源结构，会不断调整相关的政策和法规。例如，环保法规的加严可能会增加水电项目的成本和延误工期。国家对水电行业的补贴政策也可能会发生变化，这将直接影响水电项目的投资回报率。

2. 合规风险

水电项目根据机组规模大小划分核准权限。由于各种原因，有相当一部分水电站在取得核准批复前，已进行工程建设。如果遇到政策变化或重大事故，容易出现项目缓建甚至停建风险。

3. 环境风险

水电项目对水土保持、河流生态会产生较大影响，又面临移民安置等问题，如果影响过于严重，会影响环评的正常批复，甚至会出现叫停的风险。全球气候变化也可能会影响水资源的分布和流量，从而影响水电站的发电效率和经济效益。

4. 投资超概算风险

水电项目受自然环境和地质条件等影响，建设期较长，在此期间，物价上涨、补偿标准提升、实际地质结构与勘测设计结果有偏差等因素，都有可能导致项目总投资超概算，造成资金缺口。

5. 市场风险

国内水电在建装机规模较大，在经济下行期，不排除会出现电力供应过剩的可能性；若水电上网定价政策进一步调整，水电电价还会受到抑制。此外，由于工程施工的滞后性，很可能在大量水电站开始运行的时候，市场已经饱和，导致电力供大于求，这种情况下小型电站很难和大中型电站竞争。在价格下行、市场需求下行的情况下，还款来源风险较大。如若出现运营不良，资产难以处置也是一个潜在风险。

6. 完工风险

由于水电项目建设周期较长，建设条件根据当地地理环境、民生支持的不同，会存在较大差异，容易出现工程延期。这种情况下，资金链往往会变得脆弱，需要银行特别关注其工程建设难度和资金保障情况。

7. 来水不足风险

水电依靠水力发电，特别是小水电，蓄水能力不足。如果来水不足，将影响发电能力。干旱、河流改道、上游水源截留等导致来水量减少，对项目收益也有较大影响。

8. 移民搬迁的风险

若移民搬迁遇到困难，将影响项目的总投资增大，也可能造成工程延期。

9. 技术风险

水电行业是一个资金密集型和技术密集型行业，需要具备先进的技术和设备才能保证发电的质量和效益。如果水电站的技术水平不达标或者存在技术难题，就会影响到发电的效率和可靠性。

10. 运营风险

由于水电站通常建在地势崎岖、落差大、水流急的地方，建设和运营管理中也面临各类挑战。水电站的运营管理水平直接影响到其安全和效率，如果管理不善，可能会导致安全事故和效率低下。同时，水电设备的维护是保证其正常运营的关键，但设备维护可能会面临技术和资金的挑战。

（二）风险管理措施

1. 掌握水电行业政策变化情况

必须及时掌握最新水电行业政策变化情况，包括项目准入政策（准入条件、资质信用和权限）、能源政策特别是新能源和清洁能源政策、发电补贴政策、新型储能政策、电价政策、入网政策、环保政策（水土保护）、移民安置政策、能源绿色低碳政策、投融资政策、供电服务政策、电力智慧化运行政策、安全生产政策、行政执法政策等。

2. 调查客户基本情况

重点关注客户的股东背景、相关行业的从业经验、投资实力等，是否属于本银行水电行业客户名单中的支持、维持类客户。

对小水电客户重点关注以下情况：

（1）关注企业或其主要股东的开发及运营资质。水电项目施工的专业性非常强，企业或其主要股东是否具备电力背景或水电站项目的开发经验，直接关系到项目建设是否顺利、项目运营是否如期进行，以及项目持续的赢利能力。由于小水电项目工程规模小、预算有限，往往选择报价低的施工队伍施工，工程质量有待考察。此外，由于项目审批权限在地方（一般单站总装机容量 50 万千瓦及以上项目由国务院投资主管部门核准，其中单站总装机容量 300 万千瓦及以上或者涉及移民 1 万人及以上的项目由国务院核准；其余项目由地方政府核准。以国家有关部门最新规定权限为准），总投资较低，参与主体较为分散，出资能力差别较大，部分股东通过民间集资形式解决自有资金缺口，这些因素致使自有资金到位风险较大，若出现完工风险，将直接导致总投超概算风险。

（2）关注电站发电和上网能力。小水电多为无调节能力或调节能力弱的径流式水电，有些地方小水电资源丰富，但枯水期和丰水期发电量差别较大，发电小时数不稳定，导致地方更愿意选择稳定的大电站作为电源。电站能不能上网主要看电力输送消费区域的消化能力，国家电网一般优先保障大中型电站上网。有的小水电站地处偏远，电网送出条件有限，容易出现无法上网的现象。电站无法上网，即便有水资源，也不能产生效益。

（3）关注电站的技术指标。电站的技术指标有三项，主要是水资源、设备利用小时数和装机容量。这三者之间相互影响，水电主要依赖水资源发电，水资源又直接决定其设备利用小时数，项目的装机容量一般按照实际水资源情况设计。

（4）关注收入和成本。水电站投资成本中，土建成本和设备成本比例一般为8：2，而运营过程中设备的重置维修成本较低，其主要成本是折旧和财务费用。收入与上网能力密切相关。

（5）关注担保方式。水电的风险主要集中于建设期，建设期可落实在建工程抵押，有能力的落实股东连带责任担保或第三方有效资产抵押；电站建成后，追加收费权质押和整体资产抵押，同时密切监管电费质押账户，确保电费收入及时足额归行；必要时，签订三方电费结算协议。

3. 调查合法合规性

调查有权部门对项目的核准、环评、用地预审、水土保持方案和并网等批复或许可文件。

4. 调查建设条件

（1）水利资源。所在流域的气候特点、多年平均降雨量、多年平均流量、多年平均年径流量等是否满足发电要求。

（2）自然条件。所在区域是否属于自然灾害多发区，若处于地壳活动频繁区域，还要了解其地震基本烈度级别对项目的影响。

（3）技术条件。勘测、设计、施工单位的资质和技术力量，判断其专业水平和工作质量能否保证工程质量和项目经济性。

（4）运输条件。坝址所在地交通状况，铁路、公路等运载能力能否满足项目所用设备的运输要求。

（5）移民方案。工程占地是否涉及移民搬迁，耕地淹没的面积和移民数量，相关补偿协议，目前搬迁补偿工作的进展情况，若补偿方案未确定，是否会影响工程进展及总投资。

（6）入网方案。项目至变电站的接入系统由何方投资建设（一般情况下由借款人负责建设）、是否已纳入总投资，变电站至主网的线路投资建设情况。

（7）设备采购。是否已签订主设备订购合同或意向，交货期与项目建设进度是否匹配。

5. 调查投融资方案

（1）关注耕地淹没的面积和移民数量，是否签订了相关的补偿协议，若补偿方案未确定，应关注总投资超概算风险及项目能否按建设计划顺利开展。水电项目通常建设期较长、地质结构复杂、离骨干电网远，应考虑将保险费、支付给专业担保机构的担保费和接入系统投资纳入总投资。对于由电网公司出资建设接入系统的应提供相关文件。

（2）与同类型项目比较，判断单位千瓦造价、单位电能投资水平是否合理。

（3）项目资本金是否达到国家规定水电项目最低标准。

6. 调查市场情况

关注目标区域电力市场供求，对比分析同区域已建成水电项目，股东其他已建成水电项目的上网、电价情况。

7. 调查偿债能力

（1）上网电价。并入国家电网和南方电网两大电网的项目执行国家发展改革委公布的标杆电价，若采取其他电价标准需说明原因；并入地方电网的项目上网电价由电源客户与地方电网公司签订的并网协议确定，主要参考地方电网平均电价或近期其他当地同类电源电价。

（2）上网电量。计算上网电量应考虑有效电量系数、厂用电率和线损等因素，扣除相关发电损失后确定上网电量。年利用小时数应参考项目设计年利用小时数和该区域水电平均年利用小时数，合理取值。

（3）贷款偿还期。中小型水电站项目贷款偿还期一般为建设期加十年左右，大型水电站项目贷款偿还期一般为建设期加二十年左右。而《固定资产贷款管理办法》第九条规定："固定资产贷款期限一般不超过十年。确需办理期限超过十年贷款的，应由贷款人总行负责审批，或根据实际情况审慎授权相应层级负责审批。"贷款偿还期较长的需予以关注。

（4）CDM 收入（碳减排收入）。原则上碳减排收入仅是项目财务效益的参考因素，若将 CDM 收入纳入项目财务效益测算，必须取得国家发展改革委的相关批复和销售协议。

（5）财务基准收益率。取值一般为 7% 或 8%，若低于 7% 需说明原因。

8. 信贷方案设计

由于水电项目投产后即按月或按季与电网公司结算电费收入，现金流较稳定，通常情况下短期信用需求较少，因此贷款品种以中长期固定资产贷款为主。固定资产贷款调查的核心是把握水电开发条件如何，径流量能否满足水力发电要求，上网电价如何确定。

火电行业

（一）行业风险点识别

1. 政策风险

国家对火电产业的政策总体导向是"严控新增、低碳转型、市场化改革"。一是严格控制火电新增项目，优化煤电布局。二是环保标准趋严，新建机组煤耗标准须达到国际先进水平，加快推动现役火电机组节能降耗、供热和灵活性改造"三改联动"，有序淘汰燃火电落后产能，取消和缓建一批煤电项目。三是加快市场化改革，电价改革是关键，未来将更好发挥市场在电力资源配置上的作用。上网电价是火电企业将所发电量卖给电网公司的价格，同样是火电行业最为敏感的参数之一。与发电利用小时数一样，从宏观的角度来讲，上网电价是由国家调控政策及市场供需关系决定的。目前，我国采用煤电价格联动机制，即依据中国电煤价格指数和上一年度煤电企业供电标准煤耗，测算并确定煤电标杆上网电价。四是实施碳达峰、碳中和“1+N”顶层设计及相关配套政策。

2. 合规风险

近年火电行业装机容量呈稳定增长趋势。由于受规划、环保和资源等问题的困扰，火电项目核准进度用时较长，部分业主在项目合法性手续不齐备的情况下开展项目建设。在这种情况下，银行若提供信用支持，既不符合外部监管规定，也给贷款安全带来隐患。

3. 转型风险

国家电网初步计划，到2050年全面建成新型电力系统。新能源逐步成为电力电量供应主体，火电通过CCUS（碳捕获、利用与封存）技术进行排放，成为长周期的调节电源。在碳中和背景下，碳交易对火电行业带来了压力，对企业财务表现有明显影响，也会增加商业银行的信用风险。对火电行业碳交易压力测试的关键压力指标，是通过量化碳价、行业基准线、碳配额有偿分配比例、减排技术应用等压力因素对企业的影响程度得出的度电成本增加值。因此，传统火电企业必须加快转型。

4. 市场风险

（1）电力市场化改革的冲击。伴随电力市场化改革的逐步推进，市场化交易电量规模快速增长。

（2）绿色低碳的能源消费模式的冲击。国家将发展目标更加聚焦于能源安全、低碳转型和创新发展。并从战略安全、运行安全、应急安全等多个维度，加强能源综合保障能力建设。未来一段时期是碳达峰的关键期，能源绿色低碳发展的重点在于做好增加清洁能源供应能力的“加法”和减少能源产业链碳排放的“减法”，推动形成绿色低碳的能源消费模式。电源结构将逐步向绿色低碳转型，技术落后、装机规模小的火电机组仍面临关停压力。

（3）面临水电、风电等清洁能源在投资成本、运营管理、上网电价、赢利能力等方面的竞争冲击，清洁能源电量对火电电量替代、挤占程度加剧。

5. 成本风险

燃料成本是火电企业最大的经营成本支出，约占火电发电成本的60%～70%，其余成本还包含折旧、期间费用、营业税金及附加、运维成本、环保成本等。燃煤成本又可以细分为两个维度：一是发电机组的平均煤耗，二是标准煤的市场价格。实际生产经营中，火电企业成本对于动力煤市场价格的敏感度非常高。煤炭市场价格波动对火电行业生产成本影响巨大。调查煤炭成本还必须考虑运输半径。通常，距离煤炭产区越近，运输费用越低，采购成本越低。因此在分析火电企业购煤成本时，需要考虑电厂是否拥有煤炭资源以及所在区位的因素。

6. 燃煤供应风险

火电是指利用煤炭、石油、天然气等燃料燃烧，并通过发电设备将热能转化为电能的发电方式。我国能源禀赋的结构是“富煤、少油、少气”，因此我国的火电几乎等同于煤电。燃煤供应能否保障直接决定火电企业的生存发展。燃煤供应的风险表现在以下几个方面：燃煤供应的总量能否保证火电企业的正常生产；燃煤供应的可持续性能否保证火电企业的长期发展；燃煤供应的运输距离半径、运输网络健全直接影响火电企业的正常运转和财务成本。

7. 环保风险

我国环保进程加快，环保标准提高，环保设施更新，环保监管趋严，火电企业的环保投入必将大幅增加，对火电行业的利润和偿债能力影响巨大，一些环保投入不足、环保不达标的中小型火电企业还可能面临被责令关停的风险。

8. 完工风险

火电项目建设周期较长，建设条件受当地的地理、经济及社会环境影响较大，如果项目在计划的建设期内不能按期完工，将造成双重风险——投资总成本增加，预期经营收入、赢利和现金流减少，直接影响贷款本息的按期偿还。

9. 运营风险

火电企业的业务模式简单，影响火电企业运营的核心要素为装机总量、平均发电小时数、上网电价、燃煤成本（单位煤耗、煤炭价格）、机组单位造价。这些要素的变化对企业的运营成本、利润及还款能力都将产生重大的影响。

（二）风险管理措施

1. 严格控制政策风险

通过积极与地方政府和行业主管部门合作，配合参与行业和大型项目规划，跟踪了解行业政策、项目审批程序，防范项目准入的行业系统性风险。银行应严禁进入未经国家有权部门批准的 30 万千瓦以下的常规火电项目，严禁进入远离煤炭区的小型常规火电项目。客户经理必须及时掌握最新火电行业政策变化情况，包括项目准入政策（准入条件、资质信用和权限）、能源政策特别是新能源和清洁能源政策、新型储能政策、电价政策、入网政策、环保政策、能源绿色低碳政策、投融资政策、供电服务政策、电力智慧化运行政策、安全生产政策、行政执法政策等。

2. 调查客户基本情况

重点关注客户的股东背景、相关行业从业经验、投融资实力等方面。火力发电的技术成熟、经营模式简单、产品同质，在行业赢利空间收缩的大背景下，火电企业主要的护城河在于对资源的获取是否有优势：一是能够获取稳定的燃煤供应，二是能够在售电环节与电网公司保持良好的合作。

通常在同一地区相同条件下，国企（特别是央企）在获取稳定的煤炭资源以及较高的上网小时数方面较民营企业有一定的优势。

为避免项目建设中可能出现建设资金不足或资本金不能及时到位等风险，银行在评审中要对项目概算和项目发起人的出资能力进行评估；在贷款合同中明确资本金先期到位或同比例到位条款规定，并在建设期加强项目资金监管。

3. 调查合法合规性

合法合规性调查包括有权部门对项目的核准、环评、用地等合法性手续，以及并网批复。火力发电项目（燃烧天然气除外）编制环境影响报告书，30万千瓦及以上和敏感区的燃烧天然气电厂编制环境影响报告书（以国家有关部门最新规定权限为准），其他燃气电厂编制环境影响报告表。

4. 调查建设条件

项目建设的地形、地质条件，煤、灰、水、路、灰渣存放落实情况，燃料供应的保障性、价格稳定性，运输半径的合理性及运输网络的有效性。

5. 调查市场情况

（1）了解本区域内电力供需状况；综合本区域内经济增长、新项目投产、落后产能淘汰、区域之间电力输入或输出等因素，预测电力供需的未来发展趋势。通常距离负荷中心较近的项目和距离煤源较近的坑口电厂具有上网优势和成本优势。

（2）关注客户与电网公司签订上网协议的情况。

（3）对于热电联产项目，关注区域内热力供需状况、工业用热与居民用热的比例。

（4）关注地方政府“上大压小”的规划和落实情况。

6. 调查流动资金需求

火电项目的发电客户一般按月或按季与电网公司结算电费，现金流较为稳定。申请中短期信用主要用于购买发电燃料，应根据电厂规模、年耗煤量和协议燃料（煤炭、天然气等）价格，计算总流动资金需求，并根据经营周期特点计算短期信用需求。

7. 调查偿债能力

要从短期偿债能力和长期偿债能力两个方面进行分析，特别要调查上网电价、上网电量、偿还期限、财务指标等情况。并入两大电网的项目测算电价以国家发展改革委公布的标杆电价为准，若采取其他电价标准需说明原因；并入地方电网的项目上网电价由电源客户与地方电网公司签订的并网协议确定，主要参考地方电网平均电价或近期其他当地同类电源电价。年利用小时数应比较项目设计年利用小时数与目标市场内火电平均年利用小时数，合理取值。

8. 调查财务指标

重点关注资产负债结构、赢利水平、现金流三个项目。对于负债率超过80% 或者持续亏损的企业要审慎。

9. 调查关注行业经验值

行业经验值包括：地区火电项目单位造价情况，全国火电设备利用小时经验数，分地区燃煤机组标杆电价情况，评估经验数据。

10. 积极预防项目的技术性风险

火电行业的技术含量很高，在项目贷款评审时即引入行业技术专家参与项目评审的机制，尤其对于大型项目采要取聘请各方面的专家组成专家团进行项目审议。对已经审批正在建设的项目，银行也可聘请有关技术专家进行决策咨询，提出合理化建议，引导项目加强科技创新，降低投资成本，避免投资损失。

11. 多管齐下，严控项目运营风险

一个火电项目从开工到并网发电是一个涉及资金、土地、能源、环保等多方面的系统工程，一个环节出现问题，将会导致项目营运失败。银行在支持火电项目时，应未雨绸缪，多方面入手，确保项目营运过程中成功控制风险。重点考虑发达地区、沿海负荷中心的火电企业，对于电力严重过剩，发

电小时数过低的区域要审慎；重点考虑装机总容量较大且单个机组装机容量大于 60 万千瓦占比较大的企业，对于小机组集中、环保改造压力较大的企业要审慎；重点考虑上网价格在合理区间、配套电网完善、发电并网且售电稳定的企业，或者是特高压等送出通道附近的大型煤电一体化项目，对于上网发电难以稳定保障的企业要审慎。

12. 加强动态监控，严格贷后管理

火电项目多是中长期贷款，其建成到投产过程中，受政策、市场变化等因素影响较大，不可预见因素较多，各种因素均有可能诱发银行贷款出现风险，因此，加强动态的贷后管理尤为重要。要高度关注经济周期、电力行业走势；要与发展改革委、物价、财政、电力公司等部门加强联系、密切协作，以保证还贷政策、还贷资金的稳定性和延续性。

风电行业

（一）行业风险点识别

1. 风能资源风险

风能是一种自然资源，具有可再生性，又有不可控性。自然条件改变，风能资源勘探、测量、规划不合理、设计单位资质不够、数据不准确等因素都会导致风电项目位置选择不合适，影响风力资源的稳定性。

2. 合法合规风险

风电项目建设较为复杂，涉及部门众多，存在批复的合法合规风险。如在土地上，占用土地是否涉及基本农田，是否需取得当地土地管理部门的审批意见；如在选址上，风场能否避开自然保护区的核心区和缓冲区，能否取得环保部门编制的环境影响评价（表）项目申请报告（以国家有关部门最新规定权限为准）；如在电力系统接入，和 / 或接入系统设计及审查文件，能

否取得项目所在地电网公司同意拟建风电场并网的承诺等；此外项目是否取得发展改革委主管部门的核准（按照国家有关部门规定权限）；等等。

3. 政策风险

风电属于新能源，自身赢利能力较弱，国家扶持政策对行业发展起着举足轻重的作用。目前整个风电行业正在由高速增长向高质量增长转变，国家对风电行业的政策已经悄然发生变化，从开发建设向高效利用转变，控制规模、调低补贴成为必然趋势。

4. 环保风险

环保问题成为制约风电产业健康发展的重要因素。国家对项目生态环境保护的要求将越来越严，风电开发企业将承担更大的环境风险和法律责任。国家明确提出要严禁风电项目使用重点林区林地，未来环保、水保、林地、土地等审批将更加严格。

5. 上网风险

风力发电能否顺利接入电网、保持发电量和电价的正常稳定是影响风电项目运营和财务效益的重要因素。

（1）风电开发与电网发展不匹配，与风电配套的电网工程建设滞后，部分风电场建成后不能及时并网或并网后出力受限。

（2）风电资源远离负荷中心，风电项目缺乏具体的电力消纳和送出方案。

（3）风力本身具有季节性和不稳定性，风力发电会影响电网的频率控制、电压调整、潮流分布、电能质量和稳定性，降低电网负荷预测精度。

（4）上网电价的高低、国家补贴的力度会随政策变化。

6. 发展变化风险

未来一段时间，风电行业将出现以下发展趋势：进一步提升海上风力发电占比；容量为王，单机大型化按下加速键；多驾并驱，风机整装技术持续进阶；全面向智能化控制方向发展。风电企业如果不能及时创新应变，将面临被淘汰出局的风险。

7. 市场风险

新能源发电项目的三大核心：土地、指标、电接入，其中的电网建设滞后是新能源弃风限电的重要因素之一。近年来，风电项目实际运行中一直存在并网难的情况，其原因涉及电价机制、电网规划、布局、接入等多方面。主要原因是风电开发与电网发展规划不协调，风电场建设快于电网配套工程建设，造成部分风电场不能及时并网或并网后输出能力受限，直接影响项目的收益。

8. 风电建设质量风险

风电建设质量问题不容忽视。一些风电机组由于设计能力不足和工艺水平较低，设备质量不容乐观，发电机、齿轮箱、控制系统、电气系统等故障频繁出现；随着时间推移，越来越多的机组出现质保问题，部分早期投产的老旧机组故障率逐年增加；有些开发商一味追求速度，忽视风电场建设质量，出现过风机着火、倒塔等严重事故；特别是海上风电，建设质量问题频繁发生，海上风电运维难度大，对项目发电量和经济效益影响很大。

9. 投资回报风险

发电资源、资金成本、运营成本是决定风电企业效益甚至生死存亡的关键因素，这对风电企业的决策、投资、运营、融资都提出了精细化的要求。如果在建设成本模型、风资源评估模型、运维成本模型、限电模型、竞价模型等各方面稍有差错，风电项目将面临巨大的投资回收风险。

（二）风险管理措施

1. 调查合法合规性

合法合规性调查包括：有权部门的核准批复、环评批复（环境影响报告表）、用地预审意见、电力公司对接入系统可研报告的审查意见或同等效力文件。大于 5 万千瓦（含）的风电项目须国家能源主管部门核准（以国家有关部门最新规定权限为准），其他项目由地方有关部门核准；涉及外商投资的遵循相关规定。对可能造成水土流失影响的项目，须取得水利部门对水土保持方案的批复。这些固定资产投资要件（项目核准证、土地批复、环评批复、可研报告）的取得，可以避免风电项目在后续转让、运营、抵（质）押中的合法合规操作风险。

风电项目投资开发过程中包含民事、行政甚至刑事法律关系，合同种类主要包括政府间框架协议、开发协议、政府立项批文和各种审批手续、土地征占合同、土地租用合同、勘察设计、建设工程合同、设备采购合同、服务合同等。因此，风电项目开发建设的法律风险涉及的法律关系十分广泛，客户经理需要结合跨领域、多学科的综合专业知识及实务经验加以风险防控。

2. 择优选择目标

客户选择：优先选择国家大型电力集团全资或投资控股的企业，省级国有重点大型能源投资集团公司及其全资控股的成员企业；对于风电机组制造商从事电站建设的，优先选择总装机容量 1000 万千瓦时以上的上市企业。

项目选择：优先选择区域上风能资源丰富且靠近电力负荷中心区域的风电项目，选择列入省和国家重点发展规划的风电项目、额外享受项目所在地地方风电电价补贴政策的项目。

装机规模：陆上风电装机规模不低于 30MW，年平均发电小时不低于 1900 小时（含）的项目；海上风电装机规模不低于 150MW，年平均发电小时不低于 3000 小时（含）的项目。

3. 调查建设条件

（1）风电场风力资源。关注风能资源是否丰富，风向是否稳定，全年发电时间，是否存在无效或破坏性风速。

（2）年利用小时数。一般来讲，东北地区年利用小时数为 1850 ～ 2300 小时，华北地区为 2000 ～ 2500 小时，华南地区为 2100 ～ 2400 小时，西北地区为 2100 ～ 2900 小时。对具体项目可掌握在平均年利用小时数为 2000 小时以上。

（3）交通地质等条件。工程地质条件，周边铁路或公路等交通施工条件是否便利，有无占用耕地、移民拆迁等因素影响，勘测设计单位的资质。

（4）项目上下游配套设施条件。一是风机设备的订购情况、订购价格和质量，若为进口风电设备，应督促借款人尽快签订进口设备订购合同，设备到货期应与项目建设进度匹配；二是配套电网及调峰电源的规划和建设情况，入网协议中应明确电价结算方式、时间等。

4. 调查经济可行性

判断风电项目能否赢利指标中最重要的指标是风电场单位千瓦造价、风电场年等效上网小时数。对于风电场单位千瓦造价，银行应通过纵向与前期项目对比，横向与区域内同时建设的其他项目对比，评价其是否具备成本优势。其中还应重点关注项目设备选择、设备投资、单机容量、设备运行的可靠性和设备维护费用。调查分析项目所选用设备的生产厂家是否为行业领先的实力企业，相应设备在已投产同类项目运行情况，评估实际维护费用对项目赢利能力的影响。对于风电场年等效上网小时数，银行应重点考察可研报告中的项目测风数据，数据取得的时间长度，与区域内类似相比，审核项目测风数据在经济上是否可行，核实测风数据的真实性。根据电监会相关调查，目前我国风电场经营出现困难的主要原因在于风能资源评估存在偏差，风电发电小时数普遍低于预测设计值。

5. 调查市场情况

除分析目标区域电力市场供求外，还应对比分析同区域已投产风电项目运行情况，关注股东在全国范围内已建项目的运营情况，重点调查该项目的股东背景、装机规模、总投资、发电量、上网电量、年利用小时数、执行电价等指标，判断项目是否具有区域优势。还应重点关注是否须取得电网公司出具同意接入电网意见函，电网公司是否根据开发建设方案中项目核准时间和投产时间，落实电网接入和消纳市场，确保风电项目建设与配套电网同步投产和运行。

6. 调查担保方式

风电项目建设期一般采用在建工程抵押担保，经营期由项目形成的固定资产抵押和电费收费权质押担保，如有必要，应追加股东连带责任担保或有担保能力的第三方担保，阶段性的保证担保时限可视情况在项目经营基本正常 1～2 年后解除。

7. 科学设计授信方案

申报方案中应要求后续待风力电站通过并网许可等批复，且通过运营期后，以电站收费权质押、电站抵押等担保方式增加前期担保方式。对于国企投资项目，采取股东连带责任保证、抵（质）押担保等风险控制措施，可根据项目具体情况适当降低担保条件。同时要求借款人签订账户监管协议，并约定全部电费收入通过专用账户结算。由于政策和赢利模式存在不确定性，建议采取银团贷款。

电网行业

（一）行业风险点识别

1. 政策风险

国家产业政策和主辅分离、输配售分开、销售电价调整、县级供电客户管理体制改革等，都会对行业发展造成较大影响。

2. 合法合规风险

建设用地规划许可、工程规划许可、环保审批、水保审批手续、建设施工许可、政府需核准项目的环节审批等，存在“未批先设计，先施工”“边建设边审批”“先建设后补批”等现象，导致项目进行一半被叫停、被作为违建拆除等处罚；或因前期审批缺失，项目迟迟不能进行验收，导致资源闲置浪费。工程建设项目边勘察、边设计、边施工“三边”建设现象导致项目可行性研究论证不深，走弯路，推倒重建等乱象；建设偏离预期计划，突发情况无以应对，延误工期进度甚至项目搁浅，同时工程质量无法保障。.

3. 自然灾害风险

由于服务地区范围广，电网企业必须面对多种自然灾害和异常气候带来的巨大风险。

4. 科技变革风险

科学技术的快速变革对电网企业而言既是机遇也是挑战，需要不断适应新技术以维持竞争力。

5. 经济效益风险

部分农网改造工程地处偏远，改造成本高，经济效益较低。

（二）风险管理措施

1. 调查市场情况

关注电网公司覆盖范围内的供电能力与市场需求均衡程度，以及与其他电网公司相互调剂电量的能力。

2. 调查偿债能力

（1）城市电网项目。以上网电价、上网电量及销售电价、销售电量为重点，调查客户经营收入和效益的稳定性和可靠性。

（2）农村电网改造项目。重点分析国家和地方政府的还贷加价基金政策，关注还贷加价标准、电量基数、中央和地方分配比例等指标，计算还贷资金的充足性，并判断到位的及时性。

3. 调查担保情况

（1）两大电网公司及其所属的省级（含）以上电力供应企业用信若无法落实有效担保，可采用信用方式；其他电力供应企业用信原则上不得采用信用方式。

（2）对以电力设备抵押和电费收益权质押作为第二还款来源的贷款，要加强抵（质）押物评估的审查，确保担保足值、合法、有效，并且要求抵押物办理财产保险，约定银行为第一受益人。

（3）农网建设与改造工程收费权质押须关注以下方面：以地方电力企业为出质人的，必须在承贷银行开立基本账户，出质人须与银行签订代收电费协议，对出质人未在承贷银行开立基本账户的，应与其基本账户银行、承贷银行共同签订电费划转协议；农村电网建设与改造工程贷款偿还期最长不超过20年（按《固定资产贷款管理办法》规定权限审批）。

公路行业

（一）行业风险点识别

1. 政策风险

公路项目受政策调整影响较大，公路收费标准或收费政策变化直接影响公路运营效益，如燃油税改革、政府还贷二级公路取消收费等。部分地区存在项目实际运作模式与批复的公路性质不一致，股权或经营权违规，或低价转让等不合规现象。

2. 资本金到位风险

公路行业投资大、建设期长，对出资方实力要求较高。部分经营性公路的股东出资能力不足，资本金不能及时到位，过度依赖银行借款，造成项目停滞、转让、工期拖延或建成后运营成本过高。

3. 项目完工风险

因建设资金未能及时到位、总投资超概算、工程施工难度大、工程设计变更、合法性手续取得滞后、征地拆迁遇阻、项目业主或股权变更等因素造成项目不能按期完工。

4. 经营风险

经营风险主要指车流量及收费标准达不到预期的风险，原因包括评估预测过于乐观、相邻路段建设滞后、新建竞争性路段或其他运输方式造成的车辆分流、车辆通行费减免政策变化等。

5. 其他交通工具分流风险

高速铁路的快速、大范围扩张对公路形成分流，还有航空运输业的快速发展也与公路行业产生竞争。

6. 偿债压力风险

由于高速公路建设初始投资大、投资回报周期长，以及资本金有限，目前高速公路建设投资主要以债务投入为主，因此我国的高速公路债务规模也随着建设里程的增加而快速膨胀。公路行业债务压力越发沉重，债务风险有所加剧。收费公路方面，公路建设运营成本高企、车流量不及预期、通行费增速较慢等因素叠加，导致收费公路行业债务缺口逐渐扩大。与此同时，非收费公路的债务问题同样不容乐观。债务问题事关政府财政安全、行业发展前景、公众出行服务、信贷资产安全等方方面面，必须妥善处理。

（二）风险管理措施

1. 调查客户基本情况

客户应具备公路行业的建设、运营和管理经验，特别关注未从事过公路项目投资、投机性较强的股东，防止出现建设风险或中途转让项目股权的风险。

要特别关注授信申请人的股东实力。我国公路建设资金主要来源于国有资本和部分民营资本，建设主体主要包括交通主管部门及下属企业（包括交通投资集团、高速公路经营控股公司等企业）、项目公司（国有、民营或外资企业注资成立）、民营企业。借款人的自身实力对于公路建设项目能否按计划完工具有重要意义。要特别注意股东对其资金的支持或资金抽调情况。

如果股东在建工程多，规模大，很可能以项目公司为融资平台，然后抽调资金，对此需要加以重视。

交通主管部门及下属企业、公路项目公司的资金实力主要取决于所辖公路的通行费收入规模，以及财政部门对收入的返还政策、返还力度和速度。

对民营企业，除综合判断借款人的综合实力是否足以支持公路建设项目按计划完工外，还需要认真审核 BOT 合同及重要条款。针对按照特许经营方式建设、经营的收费公路，需要认真审核特许经营收费合同，确保各项条款没有法律瑕疵，申请人拥有法律保护的经营收费权利。在分析借款人及股东情况后，还需要关注工程施工企业资质和监理公司等级，确保工程施工质量。

2. 调查合法合规性

经营性公路项目应与批复中确定的公路性质一致。需提供中标通知、投资协议、特许经营权协议等文件。对涉及公路性质变更的须符合《收费公路管理条例》《收费公路权益转让办法》等文件要求。对因超概算而追加贷款的，要按照国家及地方对项目概算调整方面的要求取得相应审批手续。

公路项目采用核准制，国道主干线、西部开发公路干线、国家高速公路网、跨省项目由国务院投资主管部门核准，其余由地方政府投资主管部门核准（以国家有关部门最新规定权限为准）。应有同层级的生态环境部门环评批复。须审查项目是否具有文物、矿藏、森林、大江大河审批手续。如果公路线路需要跨越大江大河建设桥梁工程，要获得江河行政主管部门的批准。近年来国家对文物保护加以重视，因此要特别注意项目是否具有文物主管部门的批准文件。

3. 调查投融资方案

根据项目建设方案，关注项目总投资估算是否合理，应将项目单位里程造价与同类地区、同类项目进行比较，防止出现通过高估项目总投资套取银行贷款或逃避出资的风险。

经营性公路项目应重点关注股东的出资实力，全面分析股东及实际控制人的资产规模、在建拟建项目资金需求和经营发展能力。了解资本金到位计划及其他银行支持意向，合理确定本银行贷款额度。

4. 调查经济可行性

考察项目建设的各项指标是否经济可行，确保顺利完成项目建设。

（1）公路的性质与地位。确定公路在国家及所属省、市路网规划中的地位，是否属于国家国道主干线、国家重点公路或国家重点公路网的路段，以及在省、市路网规划中的情况。

（2）项目建设可行性指标。主要包括：交通量、所在地区人均 GDP、通车里程、百人汽车保有量、年公路客运（货运）周转量、通车年交通量、第 5 年交通量、年通行天数、收费价格及年限等因素。

（3）项目的主要技术指标。主要包括：建设里程、桥隧里程、车道、车速、设计荷载、建设期等各项指标。

（4）项目建设财务指标。主要包括：项目总投资（包括建筑安装工程费、设备及工器具购置费、其他建设费用、预备费用、借款利息等）、单位造价、资本金比例、银行贷款结构。

5. 调查偿债能力

公路项目自身的偿债能力是贷款安全性的重要保障。

（1）合理测算收入。主要包括：年均通行费收入、年均养路费收入、年均补助收入及其他收入。重点关注车流量水平及增速、收费标准是否合理，车辆分流比率是否恰当，评估方法有无重大错误，具体可参考《建设项目经济评价方法与参数》《公路建设项目经济评价方法与参数》《公路工程技术标准》等依据文件。进行车流量预测时，还需了解相连路段建设进度，防止本项目建成后成为断头路，影响项目车流量及效益。在测算通行收费时，需要采用客观、严谨、科学的方法测算年均交通量，必要时可以聘请专业机构。

（2）合理测算成本。公路项目的成本一般包括：养护费、大修费、人员工资及福利、经营管理费、折旧费（根据道路类型可能不计提）、摊销费、利息支出、其他费用等。

（3）在合理测算收入与成本的基础上，分析约定期限的贷款偿债保证比例、最大还款能力的贷款偿还期限、财务内部收益率、投资回收期、盈亏平衡点等各项财务指标。

（4）压力测试和敏感性分析。为确保贷款安全，需要做交通量下降10%、20%的压力测试和敏感性分析，进一步判断项目的偿债能力。

6. 授信方案设计

对额度较大或效益一般的项目，尽量采用银团方式，建立风险共担机制。严格控制流动资金贷款业务。对项目融资业务，争取追加股东全程连带责任保证担保；要求办理建设期工程保险，银行享有相应权益。

7. 完善公路债务风险监测预警体系，加强风险评估预判

加快完善收费公路债务风险监测预警体系，加强风险评估预判。应对收费公路运营项目加大财务风险排查力度，根据收支缺口、偿债能力、融资结构、财务成本等现金流情况，科学设置债务风险警戒标准。对收费公路企业建立以资产负债率为核心，以企业成长性、效益、偿债能力等指标为辅助的企业资产负债监测与预警体系，动态掌握企业债务风险情况，对超过预警线的监管企业，做好债务风险状况预判。规范收费公路企业在资产划转、重组及收费等方面的管理，防止行业竞争力和财务自生能力丧失，保障银行信贷资产的安全。

城市基础设施行业

（一）行业风险点识别

1. 政策风险

在城市基础设施项目进行过程中，一些政府及相关部门的政策法规的出台和更新，可能会对项目的推进造成一定的影响，诸如投融资政策、财政补贴政策、土地规划政策、补偿和安置政策、环保政策等，都会对项目的施工进度、营利性、社会影响和融资成本等造成一定的影响。特别是国

家对地方政府融资平台管理政策的不断调整变化，对城市基础设施行业影响巨大。

2. 价格风险

（1）定价自主性低。由于行业的准公益性质，特别是大部分直接关乎居民生活成本，故城市基础设施行业产品、服务的定价方案往往由各地方政府制订，采取价格听证制度或进行社会公示，经营主体议价能力极低。

（2）成本风险难以转移。煤炭、钢材、燃油、电等原料、燃料的市场化定价程度已较高，价格的波动会直接影响企业生产经营成本。但由于产出实行政府定价，缺乏上下游价格联动机制，致使价格与市场脱离，形成成本价格上涨与企业利润下降之间的矛盾。

3. 行政干预风险

城市基础设施行业的市场化是大势所趋，但在建设和未来经营过程中政府对特许经营权的保障至关重要。政府对相关产业结构调整政策、环保标准及节能减排政策、定价机制改革、地方发展建设规划调整、招商引资等政策，以及对《特许经营协议》中补偿或保障性承诺是否按时履约，都将关乎项目成败。

4. 市场风险

城市基础设施项目可能会受到宏观经济环境、市场供需、同业竞争等的影响，波及项目进度以及销售，从而影响项目赢利能力和还款来源。同时房产价值也会受到房地产市场的影响产生波动，从而影响银行的抵押物价值以及相关处置回收的金额。市场营销策略和推广渠道选择不当等原因，也可能影响到项目的销售效果。

5. 偿债能力风险

城市基础设施行业的准公益性质决定该类项目的社会效益远大于经济效益。项目经营目标一般为“保本微利”，但由于上下游价格联动机制缺失和定价机制的制约，加之准公益性产品收费体制的薄弱和财政性补贴到位的不确定性，经营主体往往经营效益不佳，致使第一还款来源存在不确定性。银行在城市基础设施建设过程中开展的相关信贷业务，可能会由于客户经营状况出现问题导致资金链紧张，或由于工程质量、工期延误以及项目规划不合理等问题导致没有达到预期收益，从而影响了借款人的还款能力，无法正常偿还贷款。

6. 建设风险

城市基础设施建设是指在一个地区或国家范围内为支持经济、社会和环境可持续发展而进行的各种基本设施的规划、设计、建造、维护和更新的过程。基础设施建设涵盖了多个领域，如供水、燃气、集中供热、轨道交通、道路桥梁、地下综合管廊、排水、园林绿化、市容环境卫生等等，各方利益关系协调难度较大。

城市基础设施项目在建设过程中，可能会受到一些内外部因素的影响，导致施工遇到困难，施工工期被延误或是工程质量出现问题，从而导致项目进展受阻，影响施工进度，进而影响贷款的偿还。在施工中如设计、材料或一些技术问题，也可能会导致项目整体进程受到影响，同时开发商对项目管理的能力和水平，也在一定程度上影响着项目能否按计划进行。

7. 环保风险

随着社会对环保和可持续发展的关注不断增加，未来基础设施建设将更加注重绿色和环保要求，包括清洁能源、节能减排等方面的投资，这将在一定程度上增加城市基础设施项目的投资成本。

8. 法律风险

在城市基础设施项目中会涉及诸多合同，如银行与开发商、开发商与建筑公司、销售公司与购房者、拆迁补偿合同等，任何一方出现履约不规范或是违约行为，都会引发合同纠纷，从而产生法律风险。在城市基础设施项目中的一些如土地使用权、环境保护和城市规划等方面的法规和标准，也容易引发相关风险，导致项目的整体受到影响，进而产生信贷风险。

9. 担保风险

城市基础设施项目由于其准公益性质，以收费权质押存在法律瑕疵，项目资产处置难度大，且由于专用性强，变现能力差，抵押不可行。同时以项目自身资产和收费权提供担保，还存在第一、第二还款来源同质的风险。

（二）风险管理措施

1. 调查政策准入和变化

根据国家加强地方政府融资平台公司管理有关政策规定，对照借款人主体资格、项目性质、自身现金流对贷款本息的覆盖程度是否符合准入标准。对于非政府融资平台以 BT 模式等市场化方式建设、需以政府财政性回购资金为还贷来源的项目贷款，应关注借款人自身综合收入（除政府财政性回购资金以外）对贷款本息的覆盖程度，对不能足额覆盖的，应对照客户类别、项目性质、政府财政偿债能力及担保方案等是否符合准入条件。

银行应密切关注与城市基础设施建设行业相关的规划、土地、环保和信贷相关政策的变化，并与政府及相关部门保持合作和沟通，及时了解相关政策法规的出台和变动情况。对于政策法规的变化，要深入分析政策法规的具体内容和影响，对存量的合作项目进行评估，从而及时采取措施减小可能发生的风险。同时应建立相应的风险管理体系和应急预案，针对可能出现的变化，制定相应的应对措施，从而降低相关政策变化带来的风险。

2. 调查客户基本情况

（1）行业特许经营。从事特殊行业经营的申请人应当取得国家有关行政主管部门颁发的有效行业特许经营证明，不能存在被吊销、注销和声明作废等情况。

（2）股东背景。调查应关注投资主体的股东背景，除筹资能力、管理水平外，还应着重分析股东或主要管理者的本行业从业经验，是否成功运作过同类模式、同等技术标准的项目。如果民营企业为借款人，管理层的信用记录、从业经验尤为重要。

（3）市场地位。调查应准确判断项目在区域范围内是否具有经营上的垄断性。对于需要资源整合、集中经营的项目，要求地方相关部门对区域内既有的散、小企业制订明确的整合或关停计划；对于该项目在区域内的垄断性应在《特许经营协议》或其他文件中予以明确。

（4）加强对借款人的信用评估。深入调查借款人的经营实力、行业经验、社会关系和信用情况，全面分析其还款能力，筛选出优质客户。对具体项目，也应对其赢利能力、资金计划和风控措施等进行评估，确保该项目具有足够的赢利能力和还款能力。同时还要加强对项目的监测和风险预警，定期对项目的还款能力、工程进度和抵押物价值进行评估和监测，及时识别可能存在的信用风险，并及早采取应对措施。

3. 重视新基建的信贷投入

城市基础设施建设分为传统基建和新基建。传统基建，通常指铁路、公路、桥梁、机场、港口、水利工程等大建筑。传统基建投资，过去一直是拉动国内 GDP 增长的主要方式，主要驱动力是加大旧基建的建设，从而形成对整体经济的拉动。与传统基建相对，新基建涵盖 5G 基建、特高压、城际高速铁路和城际轨道交通、新能源汽车充电桩、大数据中心、人工智能、工业互联网，涉及了七大领域和相关产业链，被誉为中国版的“信息高速公路”。银行要高度重视对新基建的信贷投入。

4. 调查市场变化情况

城市基础设施项目建设规模应与区域内市场有效需求相匹配，并根据地方规划、经济发展趋势，应具备一定的前瞻性。重点选择市场容量大、地方经济发展水平较高、人口集中的大型城市、区域中心城市，适度投向经济实力强、还款有保障的中小城市，对于县级以下的村、镇项目应审慎支持。关注国家重点区域性发展规划，提高政策敏感度和大局意识，同时应清醒认识城市基础设施建设带来的机遇与挑战，客观判断项目市场及效益前景。

银行应及时密切关注市场变化与动态，定期进行市场调查与评估，及时根据市场情况调整风险管理策略。应与相关同业机构和协会保持密切合作，建立合作网络和信息共享机制，共享市场信息和相关数据。做好未来长期的市场预测和规划，及时掌握市场未来的演变，根据可能出现的情况调整业务开展重点和风险管理策略，从而适应市场形势和趋势的变化，保证城市基础设施建设项目的市场适应能力和赢利能力。

5. 调查经营模式

（1）重点了解项目实际运作模式，判断各经营模式在各阶段存在的风险。

BOT 模式：即“建设—经营—移交”，是以政府特许权换取非公共机构融资建设经营公共基础设施的一种投资方式。典型形式是政府部门授予项目公司特许权利——就某项特定项目进行筹资建设，在约定的期限内经营管理，并通过项目经营收入偿还债务和获取投资回报；约定期满后，项目设施无偿转让给所在地政府。

BT 模式：即“建设—移交”，是 BOT 模式的一种变换形式，是政府利用非政府资金进行基础非经营性设施建设项目的一种融资模式。

TOT 模式：即“移交—经营—移交”，政府将已建成的项目，在一定时期内一次性地有偿转让于非政府投资主体经营，政府将回收资金用于新项目建设，但政府拥有原投资建设项目的最终所有权；当经营期届满，投资者再将项目移交给政府。与 BOT 相比，TOT 对民间投资者具有更大的吸引力，因为它是以现存的基础设施项目为基础，避免了建设期间的风险，降低了进入壁垒。

PPP 模式：PPP 是一种新型的政府与民营企业合作模式，典型结构为：通过政府采购的形式，政府部门与中标单位组成的 PPP 公司（一般由中标的建筑公司、服务经营公司或对项目进行投资的第三方组成的股份有限公司）签订特许合同，由 PPP 公司负责筹资、建设及经营。政府与 PPP 公司间的利益按照不同项目的不同阶段，通过调整租赁价格进行分配和调整。在项目成长期，政府实行象征性的租赁价格，为 PPP 公司实现合理的投资收益提供保障；在项目成熟期，为回收部分政府投资，同时避免 PPP 公司产生超额利润，政府通过调整租金，调整项目收益的分配；在项目后期，PPP 公司将项目全部资产无偿移交政府，或续签另外的经营合同。

ABS 方式：是指将缺乏流动性但能产生可预见现金流收入的资产汇集起来，通过结构性重组和信用增级，将其转换为金融市场上可以出售和流通的证券。相当一部分的城市基础设施项目能提供稳定的现金流量，具有可证券化的特点，具备收费机制的基础设施项目都是 ABS 的适用对象。

（2）了解项目经营收入的资金运转流程，判断项目业主对经营现金流是否具有实际控制力。对于企业现金流入取决于政府部门拨付或划转的项目，应特别注重政府信用状况，并强化资金监管措施。

（3）关注特许经营协议 / 合同的明确性和完备性。特许经营协议 / 合同中应明确规定特许经营内容、区域、范围及有效期限、产品和服务标准、价格和收费的确定方法及标准等，并根据经营模式详细约定项目建设、运营、移交等各阶段双方的权利义务，以及纠纷的解决方式等。同时还应注意合同中是否明确约定以下事项：结算依据、方式和时限；收费标准调整的条件及调整方式；若非企业原因或不可抗力造成项目开工率不足等情况影响经营效益，政府是否有明确的补偿保底措施。

6. 调查项目资本金

对于城市基础设施项目，国家有明确的资本金最低标准规定。银行必须按照不同的项目进行调查核实。

7. 调查偿债能力

（1）价格及定价机制。应关注项目运行期内效益评估测算所依据的收费标准是否经当地物价局等有权部门批准。判断标准是否合理可行，须与当地现行收费或同水平地区收费标准相比较，若明显超出，则项目经济效益评估过于乐观，应重新测算。关注经济效益预测中的价格上调幅度及可实现性。居民用户价格调整需通过价格听证或社会公示等程序，工业用户价格调整需经当地物价局等部门批准。

（2）财政性补贴到位保障。重点关注以下方面：政府补贴占比是否过高，若属于主要依靠财政性资金还款的项目，则不得提供贷款支持；补贴机制是否明确，是否在《特许经营协议》或其他有效文件中约定了支付的时限和程序；当地政府的财政实力和信用状况。

（3）客户结构与项目效益。若客户群体主要为城市居民，定价一般与市场脱节且调整难度大，加之部分地区收费征收率较低，往往需要政府补贴才能实现保本，如公共交通、市政供暖企业；若客户群体中企事业单位占比较大，如主要面向工业园区的供水、供热、供气企业，企业定价能力和项目经济效益相对较好。

8. 调查担保方式

（1）应落实抵押。由于公益性和专用性特点，以项目形成的资产提供抵押担保实际意义不大，但在可落实的情况下应落实抵押，特别是对于民营企业投资项目，若不能提供抵押，也应要求企业出具不将项目资产抵押给第三方的承诺。并追加企业或股东其他自有房产、土地等有效资产抵押，以及主要股东及实际控制人连带责任保证担保。

（2）收费权不能单独质押。有的银行关于收费权质押的规定，对于城市供水、供热、供气及垃圾、污水处理收费权等公益单位综合收费权等收费权质押，在法律效力明确前，不能作为有效担保方式单独设定质押，必须同时落实其他合法、足值、有效的担保。

9. 合理约期

针对基础设施项目具有长期稳定现金流的特点，调查应根据项目可实现的年均现金流入情况，合理审慎约定贷款期限，防止因约期不合理造成风险。

10. 调查资金账户监管

除供热企业收费有一定的季节性外，城市基础设施行业一般具有持续稳定的经营现金流入。调查需关注项目收入资金的归集，应要求企业在本银行开立资金归集账户，并在合同中约定销售收入归行率不得低于贷款份额。对于采用特许经营模式的项目，要求借款人、政府部门、银行签订三方资金监管协议，约定将经营收入资金及时转入银行专用账户，实行封闭运行，接受银行资金监管。

11. 严防法律风险

银行应对相关合同条款进行严格审查，明确各方的责任划分和约定的违约责任，同时对合同各方的履约进行监控，一旦发现问题及时采取相应的措施。在项目开始和进行阶段，要充分了解项目涉及的法规和标准文件，定期对项目进行评估，保证项目未违反相关的法规。还要与项目的各利益相关方保持好沟通联系，做好信息的共享与沟通，建立良好的协作关系，以应对可能会出现的法律风险。

12. 加强贷后管理，做好项目监督

在项目的建设过程中，银行应做好工程进度的监督和评估，了解项目进行的情况、遇到的难点和下阶段的计划等内容，并委派专人进行现场考察。该过程中银行可以聘请一些工程专业人员，对项目情况进行专业的评估，以便银行更加准确地掌握当前的进度和实际情况。还应加强对开发商和建筑公司等项目关键方的监测，对其行业地位、相关资质、负面信息等情况及时更新，若发现有可能会影响项目进行的情况，应立即采取相应的风险管理措施。

工程机械行业

（一）行业风险点识别

1. 产业周期风险

工程机械产业周期性非常明显，GDP 和固定资产投资的增长速度对其影响巨大，直接影响工程机械的需求量。据我国近年来经济数据分析，GDP 每增加 1%，工程机械销售收入将会增加约 0.7 个百分点，固定资产每增加 1%，工程机械大约会增加 0.96 个百分点。随着“一带一路”倡议、国家新型城

镇化规划、铁路及城市轨道交通规划、社会保障性住房建设等政策的实施推进，工程机械行业迎来黄金增长期。工程机械行业是我国国民经济建设的重要支柱产业，是装备制造业的重要组成部分。近年来，我国颁布了一系列产业政策，为工程机械行业发展提供了有力支持。

2. 政策风险

目前，国家对工程机械行业政策主要集中在以下几个方面：

（1）推动节能减排和绿色制造标准体系建设。我国对节能环保的要求越来越高，执行力度逐步加大，给机械行业的企业经营带来一定挑战。国家强化工业节能和绿色环保，工程机械行业节能减排任务艰巨。企业产品升级紧迫性大幅提高，企业需投入相应资源应对环保标准的提高，成本支出持续增大。

（2）推进工程机械行业智能制造和“互联网 +”转型。

（3）加强去产能去库存的工作力度，进一步淘汰落后产能。工程机械行业产成品占用额仍较高，低端产能过剩问题依然存在。低端产能过剩导致市场无序竞争、企业产能闲置、产品利润率下降、企业投资回收情况不佳，对行业健康发展造成较大隐患。

3. 汇率波动风险

工程机械企业出口业务大多以美元报价和结算，汇率波动对企业产品的出口竞争力将产生一定影响，同时企业还需要承担由此产生的汇兑损失。

4. 销售结算模式风险

当前我国工程机械主要生产企业以信用销售结算模式为主，采用信用销售结算模式实现的收入规模远高于全款方式，其中信用销售结算模式中又以按揭贷款、融资租赁为主。工程机械行业经过多年快速发展，市场化程度较高，基本属于完全竞争行业。因产品竞争日益激烈，而工程机械产品价格普遍较高，为抢夺市场份额，工程机械生产企业通常采取了分期付款、按揭贷款、融资租赁等较为激进的信用销售结算模式。所谓信用销售，即借用商业信用、银行信用实现的销售，有别于自有资金全款支付，从而实现降低购买门槛、提升销售规模、快速占领市场的目的；尤其是银行参与的按揭贷款、融资租赁模式，由于银行中介作用产生的杠杆效应，更促进了企业销售规模的加快甚至放大。而另一方面，信用销售结算模式的广泛采用一定程度上加剧了对市场的透支，势必导致未来市场竞争的进一步激化。

5. 生产企业垫付、回购风险

通常信用销售结算模式下的按揭贷款、融资租赁方式由生产企业提供逾期垫付和回购担保，生产企业、银行、下游终端客户往往通过签署三方协议等形式对此加以明确。若下游终端客户无力偿还银行按揭贷款或租赁租金，生产企业先行垫付并回购产品，以此确保银行信用收回。与此同时，生产企业及银行对下游终端客户的按揭贷款偿还能力、租金支付能力都难以核实，生产企业承担的回购担保规模及责任也难以衡量，风险程度难以把握，而且受世界经济低迷影响，下游终端客户还款压力加大愈发普遍，按揭贷款、租金逾期率呈上升趋势，一旦下游终端客户还款出现问题，生产企业垫付及回购风险增加。即使生产企业承担回购责任，但回购的产品已属二手设备，价值也会大打折扣，给生产企业带来潜在损失。

6. 技术风险

国内工程机械企业对某些关键零部件的研发、生产能力相对较弱，某些中高端工程机械产品的关键配套件，如发动机、变速箱、驱动桥等需依赖进口。而国外供货厂家价格较高、供货周期长，制约了国内工程机械企业的生产经营。国内工程机械企业要加大新产品及关键零部件研发、生产工艺改进等技术升级，需长期投入大量资金，存在研发周期较长或者失败的风险。

7. 国际贸易及境外投资风险

（1）国际贸易风险。目前，各国对工程机械产品的认证均不一致，欧洲有CE认证，俄罗斯有GOST认证，中东、东南亚各国都有自己的认证。标准认证本质上是中国企业和国外企业之间的利益竞争，而在产品出口的过程中，我国工程机械产品常常面临相关标准在国际上得不到认可的局面，极大地影响我国工程机械产品出口贸易。

（2）境外投资风险。目前，工程机械行业推进国际产能合作的国家及“一带一路”沿线国家，多是处于经济转型中的发展中国家，其政治经济发展均有一定的不稳定性。同时，宗教信仰、风俗习惯等人文环境与国内存有一定的差距，导致境外投资存在一定风险。

8. 经营管理风险

（1）市场定价失误。

（2）渠道管理不当。对渠道让利或帮扶不足，导致渠道弱小，无法形成整体竞争优势。

（3）债权管理不当。风险敞口设置过大，导致行情异动时厂商陷入被动；重销售轻债权，资源配置失衡，引发债权控制力度不足，失血状态引发的资金占用或债权管理失序。

（4）服务保障不足。

（二）风险管理措施

1. 调查摸清销售结算模式

摸清工程机械行业生产企业的销售结算模式，对银行了解客户实际经营及财务水平至关重要，也是判断客户风险的重要依据。因此对生产企业采取的销售结算模式种类、占比，以及各模式下实现的销售收入、现金回流等情况必须做好详细调查。

2. 调查客户真实经营情况

在信用销售模式影响下，银行对工程机械行业生产企业最终真实收入、现金回流实现程度较难判断，且银行对企业下游终端客户也难以考察，无法通过财务数据核实企业真实经营状况，容易对企业经营、财务水平等产生误判。同时，由于生产企业承担的回购担保规模及责任难以衡量，使得银行对企业承担的总体回购担保规模合理性难以准确推算，对企业面临或预计面临的风险难以准确把握。因此，银行一定要加强对企业真实经营情况的尽职调查。

（1）加强应收账款审核。加强对生产企业应收账款质量、客户结构等调查力度，了解欠款客户与企业的合作关系、信用记录，以及企业对应收账款的管理办法、历年管理效果等。

（2）掌握垫付及回购担保情况。掌握生产商在各信用销售模式下下游客户逾期金额、生产企业提供回购责任的额度，近年提供的已垫付及履行回购责任额度，已垫付及履行回购责任的追偿情况和回购产品价值，据此分析对生产企业资金、经营的影响。

3. 调查企业是否符合行业及市场趋势

工程机械行业与国民经济发展密切相关，须实时关注行业、市场的发展动态，工程机械客户在产能规模、扩张程度、产品种类、产品产销量等方面与行业、市场趋势是否吻合。企业发展规划、对市场竞争的应对策略是否符合国家产业政策要求和行业发展趋势。特别要关注国家对基础建设的投入、房地产政策和市场景气度。

4. 调查评估产业集群与区域风险

工程机械有较强的集群性，也是一个具有规模产业优势的行业。而一个地区的产业一旦形成产业集群，就会具备多方面的优势，不仅会得到地方政府的政策支持，而且集群的产业布局，方便整机企业采购原材料，降低物流成本。

5. 调查企业核心技术

核心技术是企业生存与发展的核心动力，调查时须加强对企业技术研发实力及研发投入的认识及掌握，分析其技术水平及研发方向是否符合企业实际需要及行业发展方向，关键部件的解决方案是否有所突破等。

6. 调查抵押担保能力

尽量落实有效资产抵（质）押担保，特别是房地产抵押担保，减少信用方式、关联企业担保，尤其防范企业间互保，切实增强信用风险缓释能力。

7. 选择好信贷产品

在行业低迷、未来形势难以预计时，工程机械行业生产企业用信品种应以票据、贸易融资等表外或风险较低品种为主，审慎介入流动资金贷款等。同时督促生产企业严控融资租赁、按揭贷款回购担保规模，防范按揭贷款、融资租赁销售结算模式下的潜在风险。

汽车制造行业

（一）行业风险点识别

1. 政策风险

从产业政策未来发展趋势来看，我国将从以下几个方面推动汽车行业发展：一是继续促进汽车消费。二是大力推广新能源汽车。加快推动城市公交、出租、物流、环卫等公共领域车辆和公务用车电动化。三是强化基础设施建设。四是加强停车场、充电桩、换电站、加氢站等配套设施建设。未来一段时间，新能源乘用车加速对燃油车替代，渗透率将超过35%，这对部分传统汽车制造企业将是一个巨大的挑战。

2. 新“四化”冲击风险

目前，国内汽车制造行业正处于百年未有之大变局，“电动化”“网联化”“智能化”和“共享化”的“新四化”将成为未来趋势。在“新四化”浪潮的冲击下，汽车工业正在由“硬件为王”逐步向“软硬兼具”转型，汽车制造企业在保持硬件实力的同时，进一步提升对软件的重视程度，诸多新配置、新技术将加速渗透，研发能力和技术水平成为市场竞争的重要因素。部分传统汽车制造企业在“新四化”冲击下，将逐步被边缘化，市场份额可能被挤压，面临新的困境，甚至被逼入绝境。

3. 市场风险

汽车行业景气度与宏观经济走势、市场购买力、对外开放等因素高度关联。随着国内百人汽车保有量的大幅增加，部分居民购买意愿下降；部分发达国家对我国汽车出口设置关税壁垒。这些对我国的汽车市场消费将产生很大影响。

4. 成本风险

汽车制造企业的原材料以钢材、铝材、动力电池和其他汽车零部件为主，受国内和国际经济波动影响较大。部分汽车制造企业的成本费用控制能力不足，且尚无法通过规模摊低单台车辆的成本费用，处于长期亏损状态，在与其他车企的竞争中，若不能尽快实现产品销量的突破、成本费用管控能力的提升，或将面临被淘汰的风险。

（二）风险控制措施

1. 调查客户的基本情况

应符合银行客户名单制管理中“支持类客户”条件，并进行客户分类。优先支持获得国家认可、品牌认知度高、掌握核心技术，自主研发能力、竞争力、赢利能力强，以及服务网络健全的全国性龙头企业；择优支持在汽车细分行业中排名靠前、品牌知名度较高、产品性价比突出的区域性龙头企业；审慎支持具有品牌优势、市场份额较大、赢利能力较强、装备先进的行业龙头企业；禁止支持生产规模小、市场地位出现边缘化趋势、车型升级换代压力大、财务情况较差的企业。

分析客户所处行业的发展阶段、行业竞争程度、行业壁垒、产品在行业产业链中的地位，判断行业整体及上下游行业的发展趋势和稳定性，预测未来发展前景。

2. 调查合法合规性

项目应符合国家汽车产业发展政策等相关法规的规定，并取得有权部门批准及相应环评、用地的批复。项目名称、产品车型型号和技术参数已列入国家有权部门发布的《道路机动车辆生产企业及产品》公告（已被撤销名录的除外），产品车型和技术须符合国家相关政策法规和强制性标准的规定。

3. 调查市场情况

对整车生产厂商，关注同类车型国际市场情况、国内市场份额、近几年市场需求变动情况、总体价格水平、主要竞争对手采用的竞争策略等，特别要关注新能源汽车市场发展变化。

对零部件生产厂商，关注其是否与整车企业签订采购协议，是否为对方唯一或主要配套企业。

4. 调查财务状况

比照行业平均指标分析申请人偿债能力、赢利能力、营运能力和现金流状况，对汽车零部件企业要关注应收账款、存货结构和周转周期，并与同类型企业比较分析。

5. 调查偿债能力

应结合项目产品的市场供需状况和未来汽车市场的发展趋势，既要考虑价格自然增长因素，也要关注汽车行业激烈竞争下的价格下降等因素。

6. 调查担保方式

按照汽车产业链来调查汽车行业贷款担保方式。对上游汽车零配件供应商重点提供银行承兑汇票，可采取保理、应收账款质押等担保方式；对中游汽车制造商重点提供综合授信业务，可采取房地产与设备抵押等担保方式；对下游经销商重点提供银行承兑汇票，可采取由汽车生产企业提供回购担保与合格证监管，或者车证动产质押等担保方式。

房地产行业

（一）行业风险点识别

1. 政策风险

房地产行业是国家重点调控的产业，近年来受政策变化影响市场波动较大，相关投融资及税收等政策出台较为频繁，特别是提出了“房子是用来住的，不是用来炒的”政策导向，我国房地产市场进入了一个新时期。我国房地产行业景气度与房地产调控政策高度关联，国家不断调整宏观调控力度，持续进行房地产市场调控。

2. 市场风险

所有可能引起供需变化的因素都会影响市场风险的大小，包括地方财政收入、居民收入、人口结构、宏观政策变化等。从市场的角度来讲，影响市场风险的因素主要是供需关系和竞争程度。

我国老龄化进程的加快，影响着房地产需求的释放，叠加户均拥有房产的增加（未来 20 年左右，独生子女将可能接受拥有 3 至 6 套房产，即夫妻自身和双方父母各有 1 至 2 套房产），供求关系将严重失衡。我国城镇化也进入了新阶段，对房地产行业的促进作用将减弱。同时，土地及房产市场交易的监管和信息披露还不完善，市场秩序和透明度有待增强，房地产市场风险将越显突出。

3. 开发商“三高”风险

部分房地产开发企业长期“高杠杆、高负债、高周转”经营，多元化经营叠加无节制扩张，形成了高额负债，容易发生资金链断裂风险，偿债风险剧增。

4. 行业风险

房地产属资金密集型行业，国内房地产企业融资渠道较为单一，多以银行贷款为主，一旦市场不景气，企业资金链紧张，流动性将经受严峻考验，行业风险将明显上升。未来相当长时期，我国房地产行业仍将处于调整期，行业面临供求关系发生重大变化的新形势，行业风险缓解还需时日。此外，还有房地产企业多元化经营风险、工程质量风险、企业财务风险、企业管理风险等。

5. 经营管理风险

房地产企业的经营风险在于其所开发的房地产项目建设的风险。房地产项目开发是一个资金需求量大、需较高技术水平的高风险的经营运作。房地产项目开发是一个长期而缓慢的过程，从立项、开发到物业交付的平均年限在 3 ～ 6 年，这一过程中充满了太多不确定因素。比如开发商跑路、项目烂尾、工程质量事故等，使得房地产项目开发本身就具有较大的风险，再加上房地产开发企业一旦出现拖延还贷的情况，银行极易出现坏账风险。

（1）资金周转风险。房地产开发资金主要来源于项目外部借款和销售回款。为了保持房地产开发的持续性，开发企业需要不断进行融资。因此，房地产开发企业负债率较高，一旦销售情况不佳或者某个资金筹集环节出现差错，就会引起连锁反应，出现资金周转不过来的风险。

（2）经营风险。部分开发商经验不足、好高骛远，扩大资金使用范围，导致摊子铺大了难以为继，资金链断裂，造成烂尾工程等问题。

（3）项目转让风险。房地产项目转让是指一方将已获得的土地使用权连同项目规划许可证、施工许可证等有关文件和已建成的房地产实物部分有偿转让给受让方，由受让方完成项目建设。

（4）管理风险。如果采用科学、高效的管理可以为企业节约成本、提高工作效率，反之粗放、低效的经营管理方式会加速房地产开发商走向衰落。

6. 资金监管风险

房地产企业及其关联公司通常同时开发多个项目，银行对单个项目资金实行封闭管理的难度较大，并且企业一般与多家银行开展按揭贷款业务，进一步增加了信贷资金监管难度。

7. 信用风险

主要表现为借款人还款能力下降，或借款人遭遇重大变故影响还款意愿。

8. 担保抵押风险

房地产贷款的抵押物一般是房地产，抵押率在 60% 上下。若市场受供需关系或政策出台影响，造成房价大幅下跌，则抵押物的价值也将大幅下降。房价大幅下降，也会引起购房者对房价上涨预期减弱，进一步影响抵押物变现速度。还有的房地产贷款用办公用房、商业用房作为抵押物，而办公用房、商业用房的贬值风险、处置风险越来越明显。有的抵押物还位于异地，不便于银行定期检查和后续管理。

（二）风险管理措施

1. 房地产开发贷款风险管理措施

（1）调查房地产调控政策。我国房地产行业景气度与房地产调控政策高度关联，并形成一个规律：政策严格调控，房价下调；政策调控放松，房价反弹。在政策调控下，房地产投资行为必将受到打击。

（2）调查客户基本情况。①客户应符合银行“支持类”客户准入标准。对于新客户，要特别关注股东背景和出资能力，并核实出资来源的合法合规性。②通过分析客户及其股东的房地产开发资质等级、累计开发面积、销售面积、销售额、市场份额、在建项目等情况，判断其房地产开发经验和实力。对申请商业用房开发贷款的客户，应特别关注是否有同类物业开发、销售或运营经验。对本银行曾提供贷款支持的客户，应审查项目建设和销售是否达到预期，是否按销售进度还款，对还款进度滞后的，应从严控制新项目贷款，原则上要求新增信用前按销售进度收回存量贷款。③对自然资源部门认定的土地闲置超过 1 年的房地产开发企业，不得发放新开发项目贷款。不得介入土地购置成本过高的房地产开发项目。④调查客户及其所属集团土地储备规模是否合理、是否结欠土地出让金，对结欠土地出让金数额较大的客户，应从严审查其项目贷款。

此外，应调查客户经营范围是否包括房地产开发以外的业务，对部分从事建材经销业务的房地产企业，应了解其拟建、在建项目情况和整体资金需求，防止将短期信用用于房地产开发。

（3）调查财务状况。①对专门成立的项目公司，重点调查项目资金来源及投入情况。通过客户财务报表中“实收资本”“其他应付款”“长期应付款”或“应付账款”等科目分析资金来源，审核项目资本金是否符合相关规定。根据发票或支付凭证，核实项目已投入资金是否在“预付款项”“存货”和“在建工程”等科目中反映。②对连续开发多个项目的客户，还应分析客户或所属集团整体财务状况，参考行业平均指标，分析其偿债能力、赢利能力、营运能力及现金流状况。同时，根据其在建及拟建项目规模，测算其是否具备同时开发多个项目的出资能力，防止同一资金被用作多个项目资本金。

（4）调查项目合法合规性。①调查项目是否已取得合法有效的核准（备案）、环评等手续，项目评估总投资与核准（备案）金额是否一致，外商投资房地产项目核准手续是否合法合规。②调查房地产开发“四证”（国有土地使用证、建设用地规划许可证、建设工程规划许可证、建筑工程施工许可证）取得情况，核实各证件记载内容（主要是建筑面积）是否与调查内容一致，记载的用地性质是否与实际用途一致。

（5）调查项目投资方案。调查项目总投资构成是否合理。房地产项目总投资一般构成包括土地费用、建筑安装费用、前期工程费用、基础设施配套费用、管理费用、销售费用、财务成本、税收成本和不可预见费用。其中土地及建安费用是房地产项目总投资的主要构成部分。但是由于项目类型、地理位置、借款人社会资源等因素的差异，项目总投资结构有所不同。一般而言土地费用约占总投资的 30% ～ 40%（这部分基本就是项目的自有资金），总投资其余部分以建安费用为主。要分析土地成本是否与实际支出相符，建安成本是否与同类项目水平相当。了解区域内同类项目或邻近区域可比项目的单位造价，判断项目总投资的合理性。

（6）调查项目融资方案。①项目资本金比例是否符合制度规定，银行贷款、自筹资金占比是否合理。②明确资本金性质是否符合规定，是否纳入所有者权益科目核算。③调查项目自有资金或项目资本金的到位计划和已投入资金的证明。④综合分析客户及其股东的出资能力，充分考虑其在建、拟建及储备项目对该项目资本金出资能力的影响。特别是对商业、写字楼等总投资变动风险相对较大的项目，更要关注出资方资金实力和后续出资能力。

（7）调查项目市场前景。①调查了解项目所在城市（区域）房地产投资、施工面积、新开工面积、竣工面积、销售面积、销售均价等主要指标及近期变动趋势，结合当期国家有关房地产政策判断区域市场的短期走势，对区域商品房销售总量较小的地区（如中小城市或县域地区），应特别关注项目建设规模是否与当地市场容量相适应。②根据区域内同类项目情况，对比分析项目所处地理位置、交通状况、户型结构、品质（如容积率、绿地率、装修水平等）、配套设施（如超市、医院、学校等）、定价等方面的优劣势，判断项目的综合竞争力。对已预售或认购的项目，应进一步核实实际销售价格和进度是否符合预期。③对大中型商业、办公或综合性商业地产项目，还应特别关注客户或股东有无成功开发经验，分析品牌实力和营销能力，判断项目运作模式是否合理。例如分割出售方式对定位于高端项目的商业地产或写字楼就是不尽合理的运作模式，将会导致入驻客户的层次参差不齐，后期物业管理水平难以保证，市场风险增大。

（8）调查偿债能力。①调查项目定价是否合理，是否充分考虑项目所在区域内同类项目的租售价格。②项目销售（出租）进度预测应综合考虑政策影响和区域内同类项目竞争压力。基于审慎原则，住宅累计销售率一般不超过 95%、商业及写字楼不超过 90%、车库不超过 80%。③综合分析项目成本效益，判断项目赢利能力和财务抗风险能力，重点关注土地取得成本偏高的项目。④贷款期限设定应与项目建设和销售期匹配。

（9）调查担保方式。商品房开发贷款原则上采用足值房地产抵押担保方式。调查应把握以下原则：①优先采用贷款项目的土地使用权及在建工程作抵押，因特殊原因以其他房地产作抵押的，应要求约定本项目土地使用权和在建工程不得抵押给第三方。②可通过查询公共信息、当地相关部门网站等途径，了解同类抵押物市场交易价格，分析抵押物价值评估是否审慎、合理。③视项目风险情况，可要求客户主要股东提供连带责任保证担保，主要股东如为上市公司等，难以落实保证担保的，可要求书面约定承担共同还款责任。④关注其他银行对该客户的用信条件，原则上本银行担保条件不低于其他银行。

（10）加强房地产企业资金监管。①设立房产项目资金专户进行合理监管。房地产开发贷款及预（销）售资金均必须存入专项账户，由贷款银行监管，确保工程进度与资金使用幅度相匹配。同时，与开发商签订监管协议，要求房屋预（销）售款必须存入该指定账户，避免资金被挪用。②要求个人住房贷款在本银行办理。通过与开发商签订办理按揭贷款业务合作意向书，要求购房人在银行办理个人住房抵押贷款，从而可以深入了解房屋预（销）售情况，也能更好地对资金使用情况进行监管。③与开发商约定按预（销）售进度收回贷款。可以设定具体的回款计划，根据房屋预（销）售进度，收回相应贷款。④密切关注房产项目的开发建设及预（销）售进度，要求开发商定期向银行提供房产销售数据、资金使用情况以及会计报表（季报、年报），并配合本行进行该房产项目的账务抽查、核查。

2. 对经营性物业贷款风险管理措施

经营性物业包括商业营业用房、办公用房、宾馆酒店、Shopping Mall（大型购物中心）、酒店式公寓、工业和仓储用房等物业形式。

（1）调查客户基本情况。①客户信用等级、所有者权益、项目位置、产权状况、建设规模、出租（入住）率等指标应达到制度规定条件。相关指标涉及所在城市（或所在区域）平均指标的，可通过网络查询等途径，进一步验证调查提供的平均指标是否合理。例如，可在各地旅游管理部门网站查询酒店平均入住率。②分析物业经营现状、出租率、租期分布、租金水平和租金支付方式。调查租赁合同中是否存在损害银行利益的条款。关注物业在抵押给银行时，是否存在承租人已经一次性支付长期租金，或者将租金用来抵偿债务的情况。调查承租人资信、经营状况、判断租金支付能力。③关注客户及其关联企业有无同类物业开发和运营经验，了解其他已投入运营的物业的经营状况。由于经营性物业投资回收期较长，物业经营前景受宏观经济环境、市场供求、相关行业政策和客户资金实力、销售管理经验及能力等多重因素影响，不确定性较大。因此必须高度关注项目运营风险。

（2）调查财务状况。①分析“固定资产”“无形资产”“存货”及“预付账款”等科目明细，确认项目开发成本是否全部在账面反映，账面成本与竣工决算报告所登记的项目开发成本是否一致。对纳入固定资产核算的，调查是否按照会计制度计提折旧，客观反映账面净值。②分析负债及所有者权益相关科目，审核项目投资资金来源，投资开发过程中的自有资金比例是否符合国家规定。③对已经投入运营的物业，应分析赢利能力及现金流情况。

（3）调查合法合规性。①产权手续应完备，包括是否取得全部房产证、记载用途与实际用途是否相符、产权证与建设工程规划许可证记载的建造规模是否一致等。②对自建物业，应关注原建设手续是否完备、合规。③对购置物业，关注购置行为是否合法、有效，有无相关完税证明。

（4）调查市场前景。①分析项目所在城市（区域）的同类物业整体经营情况和变化趋势（包括当地商场、写字楼、酒店的整体规模、分布、平均出租率和租金水平、宏观经济环境变化对该区域商业物业经营的影响等），关注政府相关部门的商业规划、在建或拟建项目的总体规模对该区域未来商业物业经营的影响。新建大型商业物业项目，应特别关注与当地消费水平、市场容量是否匹配。②选择同区域若干同类物业，通过对比营业规模、地理位置、交通状况、品质定位、业态组合、主力店（或受托管理方）品牌知名度、租金价格、出租（入住）率、租户年营业总额等指标，分析该项目的优劣势，结合项目当前出租、经营状况，综合判断其市场竞争力。③分析租约期限结构和租户构成（如酒店客人以散客为主还是旅游团为主），判断项目经营的稳定性。

（5）调查偿债能力。①对尚未投入运营的物业，应以租约为基础，参照周边同类物业判断预测的价格、出租率及相应增幅是否合理，并与行业平均毛利率指标值进行对比。②对已经投入运营的物业，根据目前实际收入水平判断收入预测是否合理、是否与租约内容相吻合，逐项分析贷款期内各项成本费用与账面数据是否相符，避免低估成本、费用。③除关注商业租金收入外，还应关注车位、广告牌位出租收入预测是否合理，即预测的价格、使用率是否与物业的客流量、商业氛围相符。④涉及综合还贷的，应调查本物业产生的现金流占还款来源的比重是否符合银行制度规定。⑤要防止物业价值高估风险。房地产价格上升，经营性物业项目的贷款额度也会相应增加，但物业未来可产生的现金流增长相对较慢，还款现金流对贷款的覆盖率有所降低。房地产市场的回调会致经营性物业贬值，带来抵押担保风险。

（6）调查贷款用途等情况。贷款用途、金额、期限、还款计划是否合理，是否与物业的经营特征相符。

（7）调查担保情况。参考周边同类物业市场价值分析抵押物评估价值是否审慎合理，采用收益法评估物业价值所选取的折现率是否符合规定。关注拟抵押房产是否利于整体处置。关注承租人依法享有的承租权、优先购买权及其他权利对银行实现抵押权的限制和影响。

酒店行业

（一）行业风险点识别

1. 宏观经济环境风险

我国国民经济水平虽然持续上升，但受国际经济金融形势变化的影响，未来经济增速波动及经济结构调整带来的压力不容忽视。酒店行业经营与国民经济景气度深度相关，在经济增长率波动的调整阶段，行业发展同样会受到较大压力。

2. 新业态的冲击风险

目前，我国酒店住宿业正在进入大住宿业时代。行业分层、分级、分业态的细分将进一步明晰，整体布局将进一步在市场驱动下优化调整。酒店式公寓、生态休闲度假、客栈民宿、短租公寓等非标准住宿业态迎来爆发式发展，对传统酒店企业造成巨大冲击。传统酒店企业必须由标准化向特色化变革，由产品层面向文化层面推进，由住宿提供者向消费者体验场所演变，进而打造生活方式分享平台，提高市场竞争力。

3. 行业升级风险

目前消费者驱动的物联网时代将进一步推进酒店行业升级。“酒店 + 信息化”将逐步转变为“物联网 + 酒店”，物联网将从早期的工具、中期的渠道演变为当前的生态圈。目前大多数的住宿企业对物联网的应用还处于工具和渠道之间，仅仅是用于营销、传播环节，但是移动互联、大数据、智能化等技术从投资环节直到消费者的消费体验，将产生全方位影响。自助入住退房、客房智能控制系统、可穿戴智能技术等技术应用将带来住宿行业运营模式的改变；消费者的大数据分析，以及在线民宅短租等重组行业产品的物联网企业将对住宿业产生巨大影响。一些品牌酒店凭借雄厚的资金实力和先进的管理经验，在数字化转型方面走在前列，例如运用大数据进行精准营销，利用 AI 技术优化入住体验，通过云计算实现高效的运营管理，并借助移动互联网推出自助入住、智能客房等一系列服务。其他的酒店住宿企业若不加速改革创新、升级发展，将面临被边缘化、被淘汰的困境。

4. 在线预订市场挤占风险

物联网的全面普及，为人们生活提供了更加便捷的方式。我国住宿用户中超过八成的用户会通过在线方式预订住宿产品，打破了传统的预订模式（酒店柜台办理、客服电话预订），其中重度垂直的在线旅游平台以其丰富的产品类型、快速的查询方式等特点，成为用户在线预订的首选途径。这导致酒店对第三方预订平台过于依赖，减弱酒店赢利能力，直接影响酒店的良性价格策略，使其行业话语权弱化。

5. 管理人才不足风险

近年来人力资源短缺一直是住宿业面临的突出问题。新的市场竞争格局对酒店管理人员的知识结构和技能水平提出了更高要求，连锁化、集团化、物联网化的模式变革要求管理人员技能更加多元化、复合化，传统的单店运营管理人员在网络营销、会员体系建设、收益管理、新生代消费者消费方式转变等方面存在知识和技能上的不足。同时非标准住宿如公寓、客栈民宿等新型业态管理人员以及现代式酒店企业管理人才严重不足，制约了行业的转型创新。

6. 资金风险

资金风险主要关注的是资金不足以支持酒店全面建设或资金链断裂的问题。这可能导致无法按时完成工程建设，无法及时采购所需设备，或因债务累积而加大经营过程中的财务压力。资金风险不仅影响项目的即时进展，也可能长期影响酒店的偿债能力。

7. 建设风险

在酒店的建设过程中，可能会遇到成本估算失误，原材料及劳动力成本上涨，或是设计与实际需求不符的问题。这些因素都可能导致建设成本超支，建设周期延长，进而影响项目的整体赢利模型和投资回报率。

8. 管理风险

酒店行业竞争激烈，尤其是高档酒店和连锁酒店，对品牌优势、股东实力、行业经验、管理能力等要求较高。

酒店成功经营的关键在于经营管理能力和服务质量，而经营管理能力和服务质量的提升则依靠行业经验积累形成特有的管理模式，阻碍新的进入者。同时，随着商务、度假等高消费旅游者市场更加成熟，消费者对酒店行业的需求越来越趋于个性化，消费需求的层次也越来越高，加之更多的信息技术介入，旧时饭店客房传统的“舒适”“安全”等标准不断被更新，可以说，以信息技术为核心的现代科技正在形成中国连锁酒店行业新的管理与技术壁垒。

9. 运营风险

酒店企业经营状况对区域经济发展变化较为敏感，区域经济、旅游市场发生的波动，会很快传导到酒店的入住率及房价上。酒店的经营管理中也隐藏着诸多风险，包括但不限于对行业动态的误判、管理层决策失误或服务管理跟不上等。这些风险会直接影响客户体验和满意度，从而影响酒店的市场占有率和赢利能力。还要特别关注酒店企业运营中的安全风险，包括食品安全、财产安全、人身安全等。

（二）风险管理措施

1. 调查酒店企业类型

我国酒店主要分为以下几种类型：星级酒店是由国家（省级）文化和旅游部门评定的能够以夜为时间单位向客人提供配有餐饮及相关服务的住宿设施；连锁酒店是指以连锁经营模式经营的酒店，一般都具有全国统一的品牌形象识别系统、全国统一的会员体系和营销体系；单体酒店指由个人、企业或组织独立拥有并经营的单个饭店企业，其特点是单独、分散地存在于各个城市和地区，独立地进行营销活动和管理活动，不属于任何酒店集团，也不以任何形式加入任何联盟。

非标准住宿产品的类型主要有客栈民宿、公寓、度假别墅等。非标准住宿产品具有房源更分散、单点房源量较少、单个房间产品更个性化、经营主体多元化、提供个性化设施及服务、相对依赖物联网 + 的特征。银行要根据不同类型的酒店企业制定不同的信贷准入政策。

2. 调查合法合规性

包括有权部门的核准批复（备案登记）、环评批复（环境影响报告表）、用地批复或“四证”等合法性手续。

3. 调查投融资方案

调查中应注意投资概算中装修成本的合理性。一般来说，委托酒店管理公司管理的项目，装修成本相对较高，评估采用的装修成本应与酒店和管理公司签订的合同数据一致，否则，需关注投资超概算的可能。

酒店项目最低资本金比例必须符合国家规定。对资本金比例不达标的企业不能授信。

4. 调查市场情况

调查中应关注区域经济发育程度和酒店市场定位之间的契合度。

（1）同业比较。①将酒店的市场定位及目标客户群与当地市场的主流酒店和客户群进行比较，分析酒店的档次是否符合当地主要消费客户的需求等市场情况。②比较相邻位置、规模和类型相似的已开业酒店的入住率和平均房价等经营情况。

（2）项目优劣势分析。分析项目所处地段、交通便捷程度、酒店管理方品牌效应、星级档次、价格等是否具有比较优势。

（3）项目经营模式。自营性质应关注客户或股东资金实力、以往经营业绩；委托管理模式应关注酒店管理公司的行业地位和经营特点，以及与酒店业主之间的收入分成方式和比例。

5. 调查偿债能力

（1）注重分析收入结构，关注客房收入和餐饮收入的占比。客房收入分析重点是通过比较判断客房入住率和平均房价的合理性；餐饮收入分析应关注餐饮部分是自营还是委托经营，委托经营只能计算出租收入所得。

（2）对于大型旅游地产或商业地产的配套项目，应统筹判断综合偿债能力。

（3）确定项目经营期限时关注是否存在超过土地使用年限的问题。

（4）景区内酒店的收入预测应关注季节因素，区别考虑淡、旺季的入住率和房价。

（5）委托管理型项目应扣除酒店管理公司收入分成比例部分。

6. 调查担保方式

酒店行业项目建设期一般由项目土地使用权和在建工程抵押担保，完工后以项目形成的固定资产抵押担保，不足部分追加其他有效担保。景区内的酒店建设项目，划拨性质土地使用权不能单独设定抵押。

旅游行业

（一）行业风险点识别

1. 行业风险

（1）旅游行业存在资源垄断性且行业壁垒较高的特征，拥有稀有性、不可再生性的自然景区资源企业，拥有更强的资源垄断优势。

（2）旅游行业的政策敏感性较强，国家和地方政府关于门票收费等政策的调整，对以门票收入为主的企业短期内的赢利能力将形成较大的冲击。

（3）旅游行业易受突发性事件影响，无论是突发性自然灾害、人为灾害以及旅游安全事故等，都可对旅游业造成极大的冲击。

（4）旅游行业同质化竞争激烈。在物联网信息迅速传播的背景下，各地新开发的旅游景区、乡村旅游区、旅游度假区遍地开花，而相对资源独特的项目，往往又一窝蜂地上民俗和乡村旅游项目。因此，持续经营压力大，需要不断进行创新。

（5）旅游行业周期性波动较强、与经济周期的相关性高，受经济环境、淡旺季、人民消费能力、工作时间等因素影响较大。

2. 市场竞争风险

旅游、酒店（餐饮及客房）、旅游综合体开发管理等都属于充分竞争行业，如果企业无法合理配置资源或巩固各板块已有地位，可能面临失去竞争优势和赢利能力下降的风险。

从旅游业态上看，在文旅融合的大趋势下，行业发展的底层逻辑是内容生态的不断演化，实现从传统旅游、资源升级到内容服务的业态升级，行业发展的动力来自新业态、新技术、新媒介、新型人群消费的兴起。旅游在传统六要素“食、住、行、游、购、娱”的基础上，随需求垂直化及内容化的演变，逐渐延伸出“商、学、养、闲、情、奇”新特点，其中表现较为突出的旅游 + 新业态形式为：康养旅游、研学旅游、工业旅游、体育旅游、旅游演艺、精致露营、沉浸式戏剧、景区数字藏品、云旅游、旅游直播等，这将对传统旅游企业的发展带来较大的冲击。

随着居民收入水平的不断提高，我国将全面进入大众旅游时代，旅游业发展处于重要战略机遇期。旅游企业必须从坚持创新驱动发展、优化旅游空间布局、构建科学保护利用体系、完善旅游产品供给体系、拓展大众旅游消费体系、建立现代旅游治理体系、完善旅游开放合作体系、健全旅游综合保障体系等方面进一步创新发展，才能不断提高市场竞争力。

3. 旅游景区经营权不确定风险

许多旅游企业根据政府授权行使旅游景区的经营管理权，且作为景区的唯一经营主体，具有景区垄断经营权。企业自主从事旅游经营活动，后期若自身经营政策或地方政府旅游产业政策出现调整，这种垄断经营行为能否长久保持具有一定的不确定性。

4. 季节性波动风险

企业经营的景区、酒店、旅行社等旅游业上下游业务板块受自然气候和游客闲暇时间分布等因素的影响，具有明显的季节性特征，若企业不能因地制宜地根据季节性波动规律制定适合的经营策略，可能使得经营业绩呈现一定的季节性波动。

5. 投资回收风险

旅游行业是一个高投入行业，尤其是随着旅游行业的可持续发展和进一步完善，都需要增加投入。而旅游产品又具有不可存储性、非完全排他性及临时使用性等特点，使得旅游项目投资的风险明显增大。

6. 旅游项目资产不可转移性风险

工商业投资可以转产，而旅游投资一旦形成，若无人使用，其产品价值就不能转移，投资退出难度较大。

（二）风险管理措施

1. 加强客户准入管理

信贷准入的旅游企业应具备以下资格：股东方背景实力强，股东应具备相应的旅游景区运营经验，且以往已投资建成的旅游景区运营情况良好；评为国家 4A 级及以上风景名胜区，知名度较高、客源稳定、交通便利、配套设施完善、内部治理结构健全；具有景区产权或取得授权经营协议，审批手续完备；具有良好稳定的门票、缆车等经营性收入，近两年经营性净现金流不连续为负值。

若固定资产贷款给新建旅游景区，应符合以下条件：

（1）符合国家旅游产业发展规划，符合地方政策要求，经国家或省（区、市）各相关主管部门审批核准或备案，各项审批手续合法、完整、有效，各项资质证书齐备、有效，项目资本金比例符合国家政策要求。

（2）项目应具备明显的资源优势，经营特色突出，区域内旅游基础设施及公共服务体系完善，区域内同类型景区供求情况较为平衡，预期经营发展前景较好。

（3）应以项目资产抵押或景区经营收费权质押。

（4）在本银行开立经营收费权专户，落实对项目经营现金流的有效监控。

2. 调查地方政府的支持情况

旅游项目多为地方政府主导开发，或地方政府与民间投资者联合开发。在确认政府支持力度的同时，也要防范地方政府搞政绩工程而造成的项目合法性风险与烂尾工程风险。

3. 调查了解项目周边的城镇化水平和旅游发展基本条件

人口规模、密度与地区城镇化有直接关系。旅游项目附近交通便利、经济发达、城市化水平高、流动人口较多，就为旅游提供了良好的客源市场条件。还要了解项目周边旅游要素、旅游配套和旅游环境基础，评估项目的落地性与可持续发展能力。

4. 全面分析旅游企业情况

重点加强对旅游企业拥有的资源条件、品牌知名度、交通便利程度、公共服务安全体系、客流稳定性、经营现金流、专业团队等方面的分析。

旅游项目需要有专业团队精心设计与营运管理，才能提高核心竞争力。

5. 调查项目主题是否具有区域文化特色

如果旅游项目的主题选择与所在地区的文化有明显差异，将不会受到当地游客的欢迎，也没有市场吸引力。

6. 调查旅游项目是否具有区域的唯一性与独特性

大多数旅游项目的有效客源市场半径范围为 200 ～ 300 公里及高铁运输圈，在这个范围内应避免雷同，减少市场风险。

7. 科学设计授信方案

授信方案应以控制景区门票及基本设施经营收入为要点，采取景点收费权质押并对收入账户采取封闭式监管、具备实力的企业担保或其他关键资产抵押担保等风险控制措施；办理景区收费权质押的，应要求借款人提供景区主管机关同意收费权质押的文件。

授信额度的核定应与旅游景区的营业收入规模以及实际资金周转情况相匹配。

对于依托景区或旅游项目从事的各种商业地产开发，或借旅游项目名义、实际收入及还贷来源以房地产开发为主、且投资主管部门可研批复未明确是旅游项目的，应纳入房地产类贷款管理，执行房地产行业授信政策。

合理确定贷款期限，对于经营明显具备季节性特征的旅游景区，要充分考虑其经营周期，合理确定分期还款计划安排。

8. 调查还款能力测算是否合理

一般情况下，景区类、综合类项目的收入来源主要为门票收入和景区内经营性项目收入。测算还款能力时，要着重分析游客人数（客流量）以及门票价格预期可实现的可能性。

9. 加强贷后管理，防范资金挪用风险

应重点防范景区收费被挪用风险，要求借款人在本银行开立景区收费专用账户，落实收费权质押及收入账户监管，景区经营收入按融资比例进入该账户，且账户现金流与预期收入应基本匹配。

加强景区贷后管理工作，动态跟踪景区日常经营中的基础服务设施、环境卫生、安全保障、实际接待能力等情况，防范景区因摘牌、降级等处罚影响客流，导致收入与预计出现偏差，影响还款来源。

建筑行业

（一）行业风险点识别

1. 行业风险

（1）与固定资产投资投入产出关联度强，总体发展规模与国家当年固定资产投入总规模密切相关。宏观经济的波动对建筑行业影响巨大。

（2）行业内企业普遍存在资金紧张的局面。由于行业竞争激烈，施工工程大部分都是通过招投标方式获得，为了获得工程，施工企业不断采用压价、垫资等方式，这些因素导致行业内企业普遍存在资金紧张的状况。

（3）产业链风险。建筑行业上游涉及钢铁、建材、咨询及金融行业，下游包括房地产、铁路、公路、地铁、装饰、安装、水泥等行业，每个行业的波动都会对建筑行业产生影响。

（4）行业进入的门槛比较低，企业实力参差不齐。施工总承包企业数量偏多，专业承包企业过少；劳务层素质较低，且疏于管理；大企业不强、中小企业不专。这些情况是引发过度竞争、造成建筑市场混乱、效益低下的主要原因。

（5）产品的投资额大、建设周期长。建筑施工行业是一个资金密集型行业，且由于平均建设周期较长，资金从投入到回收需要一个较长的周期。

2. 挂靠风险

在经营模式上，许多经营规模较大、资质等级较高的施工企业往往利用自己的资质资源允许其他施工企业以自己的名义去投标，获得稳定的管理费收入，而众多中小施工企业只能依附这些大企业挂靠生存。所谓“工程挂靠”，主要是指不具备承接某项工程资质要求的单位或个人，以某个具备资质条件的企业名义去承接施工任务，并向该资质施工企业交纳相应“管理费”的行为。建设工程的挂靠形式主要有如下两种：一种是指挂靠人或挂靠单位带着工程信息与被挂靠单位商谈承包条件，一般以缴纳少量管理费达成协议，然后由挂靠人携带被挂靠单位公章、资质证书、营业执照等有关证件与建设单位签订工程承包合同；另一种是挂靠人携带一管理人员、机具设备、资金和队伍投靠被挂靠单位，并交付较高管理费用后以被挂靠单位名义承接工程。在建筑市场上，由于挂靠企业没有资质或者资质较低，管理施工人员素质不高，被挂靠企业对挂靠企业难以实施有效监管，容易引发工程质量安全事故，出现经济纠纷，造成信贷风险。

3. 投标报价风险

建筑市场竞争日趋激烈，施工企业在承揽任务、参与工程项目的投标时为了获得竞标机会，甚至不惜以低于成本的价格承包工程。建筑施工企业以低价中标，缩小了施工企业的利润空间，如果在施工项目过程中管理不当，就有可能亏本经营，工程质量得不到保障，从而使企业信誉受损，陷入进退两难的尴尬局面。

4. 合同履约风险

目前建筑市场存在的许多问题，如工程质量问题、工程款拖欠问题、原材料价格问题等，都与合同履行不良有密切关系。许多业主利用施工企业急于揽到工程任务的迫切心理，在签订合同时附加某些不平等条款，致使施工企业在承接工程初期就处于非常不利的地位，甚至掉入合同陷阱。合同是建筑施工企业一切风险的源头，如果合同“先天不足”，势必给企业埋下风险隐患，造成工程项目实施中的被动。

5. 资金风险，特别是垫资风险

建筑行业面临激烈的市场竞争环境和买方的强势地位，垫资施工及超低比例进度款的支付成为目前建筑市场最大的问题，从而给应收账款的回收埋下隐患。而应收账款的拖欠和增加，使许多施工企业承受巨大的资金风险，增加企业的财务成本和管理成本，影响企业的再投资、再发展。

6. 成本控制风险

由于工程项目建设规模大、周期长、投资大，建筑材料受市场需求和宏观经济变化的影响，原材料涨价、劳动力价格和人力成本上升，往往导致企业在成本控制方面产生极大的风险，从而影响建筑施工企业的赢利能力和竞争能力。

7. 质量安全风险

质量与安全是施工企业永恒的生命线，是工程项目施工管理的重要内容。随着建筑市场的发展及我国建筑企业经营规模的迅速扩大，质量、安全生产面临着巨大的压力和严峻的挑战。一旦出现质量与安全事故，不仅给伤者及家属带来不幸，也给企业造成巨大的经济损失，影响企业的形象和声誉。

8. 生产经营管理不确定性风险

建筑项目过程中涉及的利益主体是多重的，包括设计商、材料供应商、承包商、分包商等，而要将这些利益主体联系起来共同完成建筑产品的生产，且生产周期长、规模大，因而不确定性因素比较多。

建筑施工企业面临的生产经营管理风险相对较最多，包括技术风险、材料风险、设备风险、安全风险、人员风险等，这些对企业的生存发展影响巨大。

9. 区域环境风险

由于建筑施工企业的服务对象很多是地方政府建设项目，如果地方政府的还款意愿与偿债能力不高，很容易造成建筑施工企业项目完工而无现金流的风险。

（二）风险管理措施

1. 关注建筑企业的资质

国家对建筑施工企业实施资质等级管理制度，将建筑业企业资质分为施工总承包、专业承包和施工劳务三大序列。

施工总承包序列企业，是指对工程实行施工全过程承包或主体工程施工承包的建筑业企业。施工总承包序列企业资质设特级、一级、二级、三级共四个等级，划分为 12 个资质类别。

专业承包序列企业，是指具有专业化施工技术能力，主要在专业分包市场上承接专业施工任务的建筑业企业。专业承包序列资质设一级、二级、三级共三个等级，划分为 36 个资质类别。

施工劳务序列企业，是指具有一定数量的技术工人和工程管理人员，专门在建筑劳务分包市场上承接任务的建筑业企业。施工劳务序列不分类别和等级。

新设立的建筑业企业资质等级，按照最低等级核定，并设一年的暂定期。

2. 调查了解实际控制人及团队的品行、经验

许多建筑企业往往由少数关键人物带领发展壮大起来，并主要依靠人脉资源。核实施工企业以往施工经验、施工的项目数量及质量、获得的荣誉等情况，这是衡量企业强弱最有效，也是最容易操作的方式。

3. 调查核实施工合同

作为施工企业最重要的商业文件，施工合同是分析企业项目施工情况、结算方式、回款状况、利润率及主要财务的真实性、资金需求及偿债能力的核心书面合同。因此，对施工企业贷款的施工合同的调查核实是该类项目尽职调查的必要程序。特别是核实有无阴阳合同和签订合同的连续性。

4. 调查核实挂靠情况

申请借款人是处于被挂靠地位还是挂靠地位；挂靠收入的比例及记账方式；挂靠企业的实际资质；挂靠企业的投标文件、中标文件及施工合同；挂靠企业的过往施工项目情况，特别是有无工程质量问题。

5. 调查核实真实收入

关注建筑企业的真实收入，特别是要关注了解自营收入与挂靠收入占比情况。由于建筑产品施工期长、工程结算速度较慢等原因，部分建筑施工企业出于各种考虑，未对其工程项目按企业会计准则中建造合同规定及时结转收入、成本，导致其财务报表不实，影响银行对企业经营状况的正确判断。因此，对施工企业进行财务分析时，其工程收入、成本结转的正确性也是关注的重点之一。

6. 调查核实项目垫资和回款情况

垫资经营是施工企业为了承揽工程普遍采用的一种经营方式，是造成施工企业现金流紧张的主要原因。而施工企业出于税务、行业规范、银行融资等多种因素考虑，往往隐瞒企业的垫资现状。但对施工企业提供授信，其垫付资金如果不能及时收回，是影响企业到期偿债能力的一个潜在地雷。客户经理在尽职调查时，应重点对施工企业的垫资情况进行核实。

施工企业申请借款，其所施工的项目合同执行情况及项目回款质量，也对其到期偿债能力影响重大。一般企业财务都会自行制定各个项目回款情况汇总表，客户经理在尽职调查时应尽可能要求施工企业提供该汇总表，以便与其主要施工合同、银行流水及财务报表核对，全面掌握企业资金回流状况。

7. 关注工程业绩和在手工程量

建筑企业的工程业绩和在手工程质量，能够真实地反映企业的运营状况和管理水平。运营状况良好、管理水平较高的企业，风险水平较低。

8. 调查地方政府的信用情况

许多城建项目多为地方政府主导开发，或地方政府与民间投资者联合开发。在确认政府支持信用状况的同时，也要防范地方政府搞政绩工程造成的项目完工不付款或烂尾工程风险。

9. 授信方案设计

在授信方案的设计中，重点使用保证类业务，包括投标保函、履约保函、工程维修保函等风险较低、收益较高的产品。

纺织行业

（一）行业风险点识别

1. 行业风险

（1）宏观调控风险。纺织行业属于国家宏观调控的“两高一剩”行业，即高污染、高能耗，产能过剩。

（2）产业链上下游关联度风险。产业链上游原材料主要包括棉花、麻、蚕茧丝等天然纤维以及人造纤维、合成纤维等化学纤维，涉及农业种植、养殖、化工等相关行业，产业链中游主要包括纺织品、服装加工及制造环节，产业链下游主要包括各类线上及线下销售渠道。每一个环节的波动都会对纺织企业带来影响。

（3）产品附加值低下风险。

（4）产能过剩、出口减速和人民币升值等因素将加速行业重组和整合，国内棉纺织行业将面临重新洗牌，众多规模小、产品技术含量低、效益差的小棉纺企业将被淘汰出局。

2. 政策风险

纺织行业受国家出口退税、劳动保障、节能减排、产品进口国贸易壁垒保护等政策影响较大，相关政策变动及导向对纺织行业发展影响重大。

3. 绿色低碳转型风险

国家出台多项政策促进纺织行业绿色智能化发展。在“双碳”战略下，支持纺织企业开展工艺流程改造、强化节能降碳管理，挖掘节能降碳潜力，推动供应链整体绿色低碳转型。绿色低碳转型势必加大一些纺织企业的资金投入、技术投入和人才投入，增加运营成本，挤压利润空间。反之，若不抓紧向绿色低碳转型，也将面临被淘汰的困境。

4. 市场风险

纺织行业进入门槛低，同业竞争较为激烈，但行业内大型企业数量较少，存在重复建设的情况。同时，纺织行业常规性产品过剩，差别化及特种纤维等高端产品相对供应不足，存在产品结构性供需矛盾，技术含量较低的企业生存压力较大。

一些纺织企业缺乏品牌经营意识，无法给消费者带来信用保障，缺乏消费者的信任，市场竞争能力自然就被削弱，从而无法获得更高的利润、更好的发展。

5. 国际贸易风险

（1）纺织行业面临更加复杂多变的国际贸易环境，贸易摩擦日益增多，纺织企业外部压力仍可能会加剧。

（2）来自东南亚、印度、巴基斯坦等劳动力低成本国家的对产品出口的强有力竞争。

（3）以美元为代表的国际汇率变化和人民币汇率机制改革对纺织行业形成新的影响。产品以出口为主的企业在纺织行业中占比较大，对外依存度较高，易受国际宏观经济形势及汇率波动的影响。

6. 原材料供需风险

由于国内棉纺行业的棉花需求远大于产量，虽然国家进口棉花配额进一步放开，但远远满足不了需要。再加上原材料棉花价格的波动也较大，生产成本逐渐增加，市场竞争越来越激烈，从而影响纺织企业的效益和偿债能力，进而影响贷款安全。

7. 环保风险

印染企业或有染整生产流程的纺织企业，能耗高、污染重，随着国家节能减排政策要求不断提高，存在环保风险。

8. 运营成本特别是劳动力成本风险

纺织行业属于劳动密集型行业。从运营成本看，近年来，部分地区劳动力、燃料等生产要素成本压力日益突出，用工短缺现象严重，纺织行业整体赢利水平降低。

（二）风险管理措施

1. 调查客户基本情况

重点关注客户生产经营活动是否符合国务院《纺织工业调整和振兴规划》等产业政策、行业规划；关注客户在行业中所处地位、内部管理机制、从业经验、主要产品及竞争力。新客户还应符合银行纺织行业信贷政策中新客户的准入条件和要求，严格把控贷款的准入关，对符合条件的客户，支持其向规模化发展，支持其向高尖端产品发展。对产品单一、设备老化、管理落后的客户严格限制。

2. 调查合法合规性

向纺织品进口设限国家出口的企业应持有出口纺织品配额许可证，生产工艺涉及印染的应符合《印染行业准入条件》。

3. 调查原材料供应

客户是否与原材料供应商建立长期稳定的合作关系，有无长期供货合同作为保障，对原材料主要依靠进口的客户还需关注供应商所在国家的相关出口政策、形势变化。

4. 调查生产设备

关注客户主要生产设备及产能，对使用《产业结构调整指导目录》《国务院关于进一步加强淘汰落后产能工作的通知》列明的限制类、淘汰类设备作为主要生产设备的客户须退出。

5. 调查市场情况

企业产品在市场中有无替代品、有无明显的竞争优势，与下游企业有无长期销货合同作为保障，近年来主要产品的产销率及市场份额有无明显变化。可优先支持产品附加值较高且市场需求旺盛的差别化及特种纤维纺织企业。对存在盲目扩张、低水平重复建设的新建项目和为规避环保政策约束进行产能转移的项目，应持审慎态度。

6. 科学设计授信方案

优先采取变现能力较强的房地产抵押，尽量避免关联企业互保，谨慎选择专用机器设备抵押。对中、小私营企业追加实际控制人与股东全程连带责任保证担保。

煤炭行业

（一）行业风险点识别

1. 行业风险

（1）煤炭行业属于国家宏观调控的“两高一剩”行业。

（2）行业本身的周期特性。煤炭行业景气度与宏观经济发展趋势一致，在大多数情况下，宏观经济处于上行周期，则煤炭行业景气度高，反之亦然。

（3）行业的竞争格局。煤炭行业对煤种、煤质、开采条件、区位等天然因素依赖度很高，而且短时间内煤企难以通过技术手段改善这些基础属性，所以先天的禀赋条件基本上就决定了煤企在行业中的竞争地位，资源储量大、煤种稀缺、开采条件好且具备运输优势的煤企竞争力更强，在行业低迷时期更具经营韧性，风险抵抗能力更强。

2. 政策风险

煤炭是重要的基础能源行业，对国家能源安全和税收收入均有重要贡献，受政策调控也较为频繁。提质增效、高质量发展成为行业政策重心，所以煤炭企业的重点在于技术进步与淘汰低效产能，经营效率较差的企业面临被整合或产能出清的局面。国家将严格控制新增煤电项目，新建机组煤耗标准应达到国际先进水平，有序淘汰煤电落后产能；推动重点用煤行业减煤限煤；大力推动煤炭清洁利用，合理划定禁止散烧区域，多措并举、积极有序推进散煤替代，逐步减少直至禁止煤炭散烧等。这些政策调整将对一些煤炭企业的发展带来挑战。

3. 转型风险

在双碳目标的有序推进下，煤炭企业将积极寻求转型升级：推动绿色开采，增强矿区生态功能；加强节能降碳技术创新，深入推进循环经济发展；推动清洁利用，拓展煤炭消费空间；加速推进煤矿智能化开采。未来为加大煤炭的绿色开采和清洁利用，煤企将形成新一轮的固定资产投资，形成资金压力，增大财务成本。银行需要高度关注煤炭企业转型升级衍生的风险。

4. 产品替代风险

随着绿色发展理念逐渐深入人心，节能减排力度逐步加大，我国能源结构调整步伐正在加快，清洁能源替代利用加快，煤炭消费占比逐步下降。

5. 安全生产风险

我国煤炭储量虽然丰富，但煤层复杂，开采条件属中等偏下水平，存在煤矿通讯、压风、防尘供水系统不完善等问题，超层越界开采、超能力、超强度、超定员组织生产等情况屡见不鲜，安全事故频发。如果出现安全事故，企业将会受到监察和管制，影响生产、运营以及声誉。

6. 财务风险

由于煤炭市场整体供大于求，煤炭行业经营效益波动较大，企业负债率大幅增加，存在较大的偿债风险。同时一些煤炭企业实施多元化经营，盲目扩张投资，导致资金链断裂，引发较大的信贷风险。

7. 运输瓶颈风险

我国煤炭资源区域分布严重不均，煤炭生产和需求地区相距较远，煤炭运输瓶颈是影响煤炭供需的主要因素。

8. 资源性风险

部分煤炭企业主要矿井开采服务年限较长，面临资源枯竭的情况。

9. 经营风险

煤价持续波动、成本不断上升，煤企经营风险增大。

（二）风险管理措施

1. 调查合法合规性

煤炭行业企业需要国家有权部门的核准、环评批复、水土保持方案批复、建设用地预审、安全设施设计批复、采矿许可证等。办理授信或流动资金贷款业务，除上述手续外，还需客户提供安全生产许可证、矿长资格证、矿长安全资格证等。对于从其他法人或自然人名下受让的项目，重点关注项目是否存在权属纠纷等历史遗留问题。

2. 调查资源禀赋和区位条件

煤炭资源具有品质以及开采条件的差异性，煤炭资源的储量、煤炭可采年限、煤种类别等因素对企业经营业绩有决定性影响。一般情况下，资源禀赋主要关注煤炭资源储量，煤炭可采年限，主要煤种分布等因素。此外，我国煤炭资源供求地区分布极不平衡，煤炭生产集中在西部、北部、西南地区，而煤炭需求地则集中在华东、华南等沿海地区及华中、华北部分省区，煤炭的生产和消费不匹配。煤炭企业所处的地理位置和区域内的交通运输情况，影响着企业煤炭的销售量和赢利能力。

3. 调查市场地位和销售情况

煤炭企业的产量、生产区域分布等方面的情况，以及企业在区域内的市场地位或在细分煤种的市场地位，是判断企业竞争能力的重要依据。煤炭企业的销售结算方式、销售区域、销售客户，决定了销售顺利程度和企业生产稳定性。

4. 调查安全生产

煤炭开采业务的特殊性导致其属于高风险行业，而且往往是突发性的安全事故，导致停产整顿，影响企业的效益，甚至存在被责令关停的可能，对企业的持续生产经营产生重大影响，所以对于煤炭企业信贷调查还要重点关注其安全生产情况。

5. 调查准入门槛

不得对新增煤炭产能的企业增加贷款。

6. 调查行业集中度

支持和培育优强企业发展壮大，提高产业集中度，延伸产业价值链。

7. 科学设计授信方案

煤炭项目普遍采用采矿权抵押。采矿权价值的评估一般采用贴现现金流量法。调查需核查采矿权价款缴纳凭证，关注采矿权价款是否已足额支付，评估价值是否已扣除未缴纳部分。

煤化工行业

（一）行业风险点识别

1. 行业风险

（1）煤化工行业属于国家宏观调控的“两高一剩”行业。

（2）与煤炭行业高度关联。可比照对煤炭行业的信贷风险识别与管理办法进行分析。

（3）大部分煤化工产品属高耗水产品，产业的无序发展可能引发区域水资源供需失衡。

2. 政策风险

国家对煤化工行业准入门槛逐步提高，审批权限进一步上收，为淘汰落后产能，国家出台了清洁生产审核、实施差别电价、促进产业升级、建立退出机制等一系列政策措施，对行业发展影响较大。由于资源禀赋特点和地方投资冲动，国家对于煤化工的发展政策波动性较大，但总体上要求在满足最严格的环保要求和保障水资源供应的前提下，稳步推进煤化工产业高标准、高水平发展，坚持“示范先行”。

3. 环保风险

煤化工企业生产过程中产生大量的污染物，而采取工艺不同对环境污染的程度也不同。以褐煤、烟煤为原料进行气化产生的污染物远远高于以无烟煤和焦炭为原料产生的污染物。与固定床相比，流化床和气流床工艺的废水水质较好。随着煤化工技术的发展和国家节能减排要求的提高，以及国家对环保的要求越来越严，国内将有一大批中小型煤化工企业（如合成氨、煤制甲醇）因为环保问题而关停。

4. 市场风险

目前传统煤化工企业普遍存在产能过剩，各企业开工不足，目标市场对项目发展有较大的影响。现代煤化工发展面临的一个最大的不确定因素是国际和国内石油化工的竞争。不少产油国从单纯石油输出正转变成石化产品输出，以增加国际石化产品的竞争性，这是煤化工必须面对的新冲击。在现代煤化工中，目前国内煤制天然气企业经济效益不乐观，实际产量低、综合成本较高、成本与售价倒挂、生产运营困难；我国煤制烯烃行业取得了显著的发展成就，随着技术的不断进步和工艺的优化升级，煤制烯烃企业不断提高产品的质量和性能，产能规模不断扩大，但也面临着环境污染、资源利用率低、技术创新能力不足和政策支持力度不足等问题。

5. 资源保障风险

煤化工一般对煤、水、电资源消耗较大，资源的保有及取得价格对煤化工企业经营有较大的影响。调查中应关注企业有无配套煤矿，当地水资源是否合适发展煤化工，如为集团客户的关联企业，有无长期优于市场的资源价格保障等。

6. 技术风险

现代煤化工尚处于示范升级阶段。现代煤化工起源于西方国家，但经过几代人的努力，我国通过技术研发和工程实践，实现了煤化工领域的“弯道超车”，在多项新型煤化工技术领域取得了突破，整体达到了世界领先或先进水平。在煤化工设备方面，静设备整体性能已赶上世界先进水平，动设备水平发展相对滞后，某些设备依然依赖进口，项目业主如何取得该技术及技术转化能力是保障项目运行的关键。

7. 安全风险

煤化工行业的生产过程涉及高温、高压等危险因素，存在一定的安全风险。

8. 行业界定不明风险

煤化工行业范围比较广，相关行业、工艺、产品相互交叉，难以明确定义行业界限，目前国家尚未界定煤化工的具体范畴。部分产业是煤化工与其他行业的结合，如电石法 PVC、联碱法生产纯碱为煤化工与盐化工的结合；部分产品仅前道工艺属煤化工，如尿素，先生产合成氨，后以合成氨生产尿素（尿素生产企业基本都有合成氨）；部分石油化工、天然气化工的产品与煤化工的产品一致，如甲醇有煤制甲醇、天然气制甲醇等，如 PVC 项目有电石法 PVC 和乙烯法 PVC；合成氨有以煤、天然气、石油等为主要原料的三种生产工艺。

（二）风险管理措施

1. 调查客户基本情况

关注客户或股东的行业地位、出资能力等，近年有无环保或安全事件发生，同类产品的质量是否稳定。关注客户已有的市场份额及销售渠道的建立情况，近年已建成同类项目的投达产及销售情况。现代煤化工项目投资规模大、技术复杂，须特别关注客户及项目管理团队有无从业经验。

2. 调查合法合规性

（1）项目审批层次。

（2）行业准入。国家已出台氯碱行业、纯碱行业（联碱法生产纯碱）、电石行业的准入政策。另外国家对部分行业定期公布行业准入名单。对列入行业淘汰落后企业名单中的客户，以及不符合政策、制度的项目，不得新增信用，已有信用要落实退出计划。

（3）其他政策。如电价政策，焦炭管理政策，资源税改革对煤化工也具有较大的影响。

3. 调查技术工艺

对项目（或客户）的生产工艺、装置水平进行分析，判断其行业地位（是否符合行业准入要求、是否为淘汰落后产能，现有装置的开工情况）。对传统煤化工行业要支持行业排名靠前的企业及项目，调查不能仅关注一个集团或某一子公司的产能是否符合规定，而要进一步了解其装置情况，特别要了解该集团内有无涉及应淘汰而未淘汰的落后产能；对现代煤化工要关注项目的技术风险。

4. 调查市场情况

重点分析产品的目标市场，一方面关注业主的市场拓展情况，另一方面关注产品运输问题（方式和运费）。

5. 调查投融资方案

注意分析总投资的合理性，既要与同类项目比较分析，也要注重分析项目自身的特点。对煤化工项目应适当提高项目资本金比例。

6. 调查偿债能力

煤化工项目各子行业对原料煤要求不同，煤价差异对项目效益有较大的影响；注意产品销售价格的地区差异；PVC 项目电费成本占比高，调查应特别关注电价对项目效益的影响；应关注产能利用率预测的合理性，审慎评价项目经济效益。

焦化行业

（一）行业风险点识别

1. 行业风险

焦化行业属于国家宏观调控的“两高一剩”行业。焦化行业与煤炭行业高度关联。可比照对煤炭行业的信贷风险识别与管理办法进行分析。

2. 转型风险

焦化产业转型面临三大突出问题：焦炉煤气燃烧是碳排放的主要来源，清洁替代技术路径相对缺乏；焦化行业排污环节多，环境治理难度大；产业链延伸不足，产品低端化问题突出。国家行业政策要求焦化行业有效降低能耗、物耗、水耗和污染物排放量，重点是提高余热回收利用、水循环利用及固废资源化利用效率，注重源头控制、过程管理和末端治理的有机结合，适应高炉大型化，加强高炉用焦特质研究、炼焦用煤研究，尤其要从可持续发展角度研究焦炭质量提高对炼焦煤资源的需求等问题。焦化企业超低排放，是指所有生产环节（备煤、炼焦、熄焦、焦处理、煤气净化、化学产品深加工等生产环节，以及物料产品储存运输）的大气污染物有组织排放、无组织排放及运输过程达到超低排放要求。

如何推动污染物排放强度和碳排放强度“双下降”，对焦化企业的科技创新、资金投入、成本控制、人才建设都带来了严峻挑战。

3. 经营风险

焦化产品价格波动较大，环保成本较大，焦化企业资产负债率较高，企业面临较大的经营风险。

4. 环保风险

近年国家不断加强节能减排监管力度，提高准入标准，并对焦炭行业提出了淘汰落后产能企业名单。随着环保政策日趋严格，焦化行业的节能减排准入标准将不断提高，环保投入不断加大。新修订的《中华人民共和国环境保护法》实施，极大地提高了环保违法成本；同时《水污染防治行动计划》将焦化行业列入要求专项整治的十大重点行业；新修订的《炼焦化学工业污染物排放标准》对二氧化硫、烟尘、氮氧化物等主要污染物的排放标准进一步提高。

5. 原材料价格风险

焦炭的主要原材料炼焦煤属于稀缺资源性产品，价格具有刚性，且煤炭资源的持续整合使煤炭供应企业的议价能力进一步增强，国内焦化企业面临的原材料价格风险将持续。

6. 市场风险

焦化行业总体受宏观经济波动影响较大，产品价格与焦煤、钢铁价格相关性强，同时受国家节能减排、淘汰落后产能、提高出口关税及出口配额管理等产业政策的影响，环保安全支出等经营成本持续增加，行业整体利润空间进一步受到挤压，焦化企业特别是中小企业的市场风险加大。

7. 燃爆风险

焦化企业涉及的燃爆风险主要集中在危险化学品、生产设备、储存设施和工艺过程管控等方面，安全生产压力巨大。

（二）风险管理措施

1. 调查客户基本情况

焦化行业企业应符合银行客户名单制管理中“支持类客户”条件，并已对其进行了客户分类；现有产能应符合国家规定的最低要求；属煤化工企业的客户应在国家发展改革委公布的准入名单内；对列入行业淘汰落后企业名单中的客户，不符合政策、制度的项目，不得新增信用，已有信用要落实退出计划。

2. 调查项目准入

严格对照国家关于焦化行业的节能减排准入标准，节能减排指标必须达到国家准入标准：生产工艺是否为落后淘汰类的生产工艺；改扩建项目是否符合国家、地方政府的准入要求，生产工艺是否为国家提倡的先进工艺，是否只是产能达到规定、工艺为淘汰的项目；兼并重组行为除实现产能的扩大和销售区域的垄断，能否带来生产工艺、组织结构、产业链的提升和优化。

3. 调查原材料供应

关注焦化企业主要原料炼焦煤的供应保障程度和议价能力，对于不掌握炼焦煤资源或供应缺乏保障的焦化企业用信须严格控制。

4. 调查市场情况

钢铁企业附属的焦化企业，产品直接提供给钢铁企业，承受的市场风险压力较小，可适度支持。独立焦化企业的产品销售要直接面对市场，承受的市场风险压力较大，须严格控制其新增信用，并重点关注其副产品的市场供需情况。近年来，焦化企业生产经营受到上下游的双重挤压：炼焦煤作为焦炭的最主要生产成本，近年来呈现资源偏紧、价格高位运行的态势，而作为焦炭的主要下游，钢铁市场跌宕起伏使得焦炭价格升少降多。

造船行业

（一）行业风险点识别

1. 行业周期性风险

造船行业与宏观经济形势息息相关，受海运市场的影响较大，存在一定的周期性。2018 年以来，全球造船业陷入低迷，不论是新接订单量还是手持订单量都出现了不同程度下滑。疫情之后，中国全球工厂地位进一步提升，中国出口大幅增长带动了船舶需求大幅增长，我国造船新接订单量在 2021 年上升迅速。近年来，我国造船完工量、新接订单量、手持订单量三大指标持续保持全球第一。

2. 国际竞争力风险

中国是全球主要的造船基地，拥有完备的造船工业体系，因此我国造船业不只承接国内订单，更多的还是国外订单。同时，制造标准提高，国际海事新标准、新规范频繁出台，船舶安全、绿色、环保要求全面提高，造船业参与国际竞争的技术门槛大大提高。2022 年，在全球新造船市场大幅回落的背景下，我国船企继续巩固在优势船型的领先地位，批量承接各类船舶订单，共有 12 种船型新接订单位居全球首位，集装箱船、散货船、原油船、化学品船、海洋工程辅助船、汽车运输船和多用途船等 7 种船型全球市场份额超过 50%，我国造船完工量、新接订单量、手持订单量三大指标国际市场份额继续保持全球第一。

3. 成本风险

造船属于典型的劳动力密集、资金密集及技术密集行业。劳动力成本上升、制造标准的提高、船用钢板价格波动较大，使我国造船行业的成本风险上升。

4. 汇率风险

船舶价格一般以美元或欧元定价，且收汇时间长，汇率风险显著。

5. 船东弃船风险

该风险是预付款（还款）保函业务的主要风险。当造船市场低迷、船舶价格下滑，海运市场景气度不高、海运市场价格不能支撑船舶的营运成本时，船东弃船风险增加。

6. 垫付风险

该风险是贷款（含固定资产及流动资金贷款）、信用证及银行承兑汇票业务的主要风险。当所建船舶未按时建成或建成的船舶难以及时交付变现时，企业现金流出现困难，容易出现信用违约情况。

7. 现金流断裂风险

船舶行业是资金密集型行业，这使得船企有巨大的融资需求。但是，一些金融机构已经将航运公司和造船企业列为高风险行业，船厂和船东在赢得资金和保函时都面临重大考验。

（二）风险管理措施

1. 调查宏观形势和行业动态

结合国内外宏观经济形势，把握造船行业整体走势，了解国际贸易活跃度、国际海运市场景气度、原材料价格走势，及时掌握最新信息，如新船订单及价格、波罗的海综合运价指数等。

2. 调查客户基本情况

（1）了解客户概况、行业排名、财务及现金流情况，关注客户信用记录，有无保函延期及撤单情况。

（2）要特别把握新客户的准入，优先支持手持订单充足、经营状况良好、产品技术含量和附加值高、综合竞争力强的大型造船龙头企业集团及其核心控股子公司等优质企业。

（3）了解客户是否具备相应造船能力（如造船所需的船坞、龙门吊、晒装码头等核心造船设备）、是否存在超出实际造船能力接单的情况（如查看其船坞的排产情况）；是否具有所接船舶订单的造船经验（如查看其造船完工量、新接订单、手持订单、已交船船型及其造船的技术力量等）。

（4）了解客户的船舶市场情况，船东的资金实力及接船信用记录，查看船厂是否有因自身原因（如船舶建造未按节点及时开工、造船技术参数未达标等）而被船东弃船的记录。

（5）要通过高度关注航运市场及船东经营状况来判断造船行业走势，密切关注造船客户新接订单量、手持订单量、造船完工交付量及弃船情况等经营指标。

（6）从严审核企业订单的真实性和可靠性。

3. 调查客户资金链

详细了解客户从接到船舶订单到建成交付需要的资金总量，在剔除船东支付的预付款后，核实差额部分的资金来源渠道及可靠性。船东支付的预付款应专款专用。若由代理方代理出口，除要求代理方提供相关有效、足值的担保措施外，同时应追加造船企业连带责任保证担保。

4. 调查船东资信

了解船东国别及经济实力、履约能力，其预付款支付是否有保障（如船东银行是否会出具保证付款的预付款保函）、船东有无恶意弃船记录。

5. 选择用信品种

新增授用信要对应具体的船舶订单，船舶预付款保函与配套的信用证、银行承兑汇票、流动资金贷款等应合并授信，一并审批；增加企业自有资金比例，造船企业任意时点单只船舶用信总额（保函 + 配套融资）不超过船价的 65%，严格控制信用风险敞口。流动资金贷款业务，可视客户整体实力和经营情况，并在确定船舶开工及建造进度符合合同要求后，就资金缺口部分给予适当信贷支持。信用证或银行承兑汇票业务，应核实其贸易背景的真实性，并确保所采购的原材料或设备是建造船舶必需的要件。对新建及扩大产能的固定资产贷款应持审慎态度，调查中需关注下列事项：确认项目建设合规合法性，新建船坞需经有权部门审批；查看船舶订单价格是否合理，价格偏高则船东弃船概率高，价格偏低则造船企业会出现亏损；认真审核船舶买卖合同协议的内容（如造船完工节点与船东预付款到位时间是否匹配等）。

6. 调查担保情况

为防控造船行业信贷风险，必须切实落实合法、足值、有效的资产抵押担保，特别是房地产抵押担保，原则上不得采用信用方式，减少关联企业担保和船企互保，在建船舶抵押率不得高于造价的 40%，切实增强银行信用风险缓释能力。

钢铁行业

（一）行业风险点识别

1. 行业风险

（1）钢铁行业属于国家宏观调控的“两高一剩”行业。

（2）钢铁行业为典型的强周期性行业，不仅与国内经济息息相关，而且与全球经济波动高度关联。

（3）作为典型的中游行业，行业内多数钢企上游的铁矿石依赖进口，下游又受制于地产、基建、汽车需求的不稳定，利润受供需两端影响均较大。

（4）属于典型的重资产行业。

（5）具有较强的区域性。钢铁区域总体分布特点为“东多西少、北重南轻”，内陆多、沿海沿江较少，从地理位置分布的角度来看，钢铁产量和产能集中在北方和中东部地区，同时钢材具有一定的销售半径，物流成本高以及匹配的低效性一定程度上限制了钢材的跨区域流动。

2. 政策风险

国家对钢铁行业相关政策出台密集，调控力度不断加大，通过调整进出口税率、提高准入门槛、完善落后产能退出机制，出台大气治理、优化布局、结构调整等多种政策，严格控制钢铁总量、调整钢材品种结构，加快淘汰落后产能，促进企业重组，提高产业集中度。因此，产能、技术、装备、环保等方面达不到国家产业政策要求的企业将面临较大的政策风险。

3. 转型风险

为了推动绿色低碳转型，我国钢铁行业正在积极推进产能置换、超低排放和极致能效三大钢铁工程。在“双碳”背景下，银行加强了环境风险评估，环境效益成为企业资信评级的重要因素，这对钢铁企业既是挑战也是机遇。钢铁企业应在提高经营绩效水平的同时积极进行绿色低碳转型，拓宽融资渠道，降低融资成本。

4. 产能过剩风险

产能过剩风险依然存在。国家统计局数据显示，2022 年黑色金属冶炼和压延加工业产能利用率为 76.3%，为近 5 年最低值；同比下降 2.9%，为近 5 年最大降幅。按照国际通用的产能过剩评价标准（美国≤ 75%、欧盟≤ 70%、日本≤ 78%），如果我国钢铁行业产能利用率进一步降低，产能过剩有可能再现，从而容易引发系统性风险。同时，受国家宏观经济形势影响，钢材整体消费量下降，钢铁行业产能过剩的压力还将进一步加大。

5. 环保风险

随着全球对环境保护问题的日益关注，我国环保政策密集出台，“三废”排放标准进一步提高，钢铁企业环保达标要求日趋严格，节能减排任务重，环保投入不断加大，环保成本增加，环保风险不容忽视。

6. 原材料供应与定价风险

钢铁生产主要原料是铁矿石，在成本中占比约30%左右。我国铁矿石对外依存度较高，2017年达到历史高点88.9%，此后持续下降，2021年我国铁矿石对外依存度降至76.2%，时隔七年后首次降至低于80%。国际铁矿石价格受供求关系的影响，但并不完全取决于供求关系，由于进口铁矿石基本被国外三大矿山公司垄断，存在卖方垄断。加之我国众多分散钢企缺乏与进口量对等的定价话语权，买卖双方力量悬殊，铁矿石的价格在很大程度上由卖方决定。钢材价格与进口铁矿石价格呈不对称运行态势，吞噬钢铁企业利润。

7. 市场风险

钢铁行业与经济周期相关性较强，受汽车、房地产、耐用品等其他行业的景气度影响显著。随着钢材贸易全球化程度不断提高，我国钢铁行业市场波动加大。国家取消多种钢铁产品出口退税，调高出口关税，向市场释放出“努力减少钢铁出口、坚决压缩钢铁产量”的政策信号，以实际行动有力引导行业预期，有利于钢铁行业向高质量发展转型。在加快构建新发展格局背景下，钢铁等重点产业的发展必须更好服务于国家战略需要，减少出口、压缩产量也是钢铁业转型过程中需要承受的阵痛。

8. 贸易保护风险

以美国为首的发达国家开始出现贸易保护趋势，给我国部分主要依赖出口的钢铁企业带来巨大风险。

9. 财务风险

受钢铁需求下滑、钢材价格持续走弱、原料价格波动、经营成本居高不下等多重因素影响，钢铁行业效益大幅下滑，钢企负债率偏高，资产流动性较差，部分企业出现较大亏损，现金流紧张，财务风险明显上升。

10. 重组风险

随着《钢铁行业兼并重组条例》的出台、淘汰落后产能的推进和行业准入政策的实施，钢铁行业重组整合将更加频繁，行业格局将发生重大变动。

（二）风险管理措施

1. 调查客户准入情况

应符合银行“支持类”客户准入标准。关注客户或股东的行业地位、排名、产品特色等。银行应细化对钢铁行业客户分类标准，减少定性描述指标，提高标准的可操作性。

重点调查以下几个方面：股东背景和外部支持；企业规模，钢企规模是衡量钢企抗风险能力最重要的指标之一；产品构成，产品结构齐全的钢企有利于平滑需求波动风险；多元业务，随着钢铁行业下游需求逐渐放缓，部分钢企选择发展多元产业；原材料供应保障程度与成本控制，钢企能否稳定且以较低的价格获得原材料供应是控制成本的关键；生产效率与社会负担，人员冗余问题将影响钢企生产效率。

2. 调查合法合规性

（1）对列入钢铁行业淘汰落后企业名单中的客户，以及不符合政策、制度的项目，不得新增信用，已有信用要落实退出计划。

（2）坚决实行“环保一票否决制”，对不符合环保要求的、有环境违法行为的客户，不得新增信用，已有信用须尽快退出。

（3）鉴于目前国家发展改革委已暂停审批新增产能的钢铁项目，调查中应特别关注项目审批手续是否存在越权审批、“化整为零”等现象，严禁向违规审批项目提供信贷支持。

3. 调查市场情况

（1）了解客户主要产品市场供需情况及价格走势，销售渠道是否稳定，有无签订长期供货协议。

（2）分析产销结构及产品竞争力。对比客户近三年铁、钢、材产能及产量，具体分析增减变化原因，产能利用率、产销率是否合理。

（3）关注产品特色、主要销售区域、目标客户、市场占有率，判断生产是否贴近消费市场，是否具有市场话语权。

4. 调查生产经营情况

（1）分析原材料成本优劣势。

（2）分析技术装备水平。

（3）分析销售模式及结算方式。是直接面向客户销售还是通过钢贸商代理销售，销售渠道是否稳定，有无长期供货协议；主要结算方式、各结算方式占比及近年变化情况。

5. 调查财务情况

（1）分析融资与经营规模是否匹配。

（2）分析重要科目变化隐藏的潜在风险。

（3）分析收入及利润构成，还原真实盈亏。分析收入、利润与实际经营是否匹配，当地政府对其是否存在税收、土地、补贴等优惠政策及政策可持续性。

6. 调查重组与产业升级问题

调查时要注意企业转型升级计划落实情况，注意国家明确的重组企业、重点支持发展的企业以及产品和项目，尤其是兼并重组的行业重点企业，关注银行贷款落实情况。密切关注淘汰落后产能进度，加快信贷退出力度。

有色金属行业

（一）行业风险点识别

1. 行业风险

有色金属行业属于国家宏观调控的“两高一剩”行业。贯彻“节能减排”政策，在有助于加快有色金属行业整合及淘汰落后产能的同时，也增加了企业的成本，挤压了企业利润空间。

2. 环保风险

随着全球对环境保护问题的日益关注及重金属污染事件频发，环保政策密集出台，排放标准不断提高，有色金属企业环保达标要求更加严格，环保投入不断加大。近年来，电解铝企业积极落实“双碳”目标，主动把部分使用煤电的电解铝产能等量、减量转移到水电较为丰富的云南等省区。转移到云南等省区的电解铝产能已逐步投产达产，对减少煤炭消耗和二氧化碳排放起到了积极作用。

3. 技术风险

有色金属冶炼行业技术风险主要是涉及申请专利的技术以及新技术创新，造成有色金属冶炼企业侵犯别的企业技术产权以及技术上的相对落后。有色金属冶炼行业技术创新风险是由外部环境的不确定性、技术创新项目本身的难度与复杂性、创新者自身能力与实力的有限性导致的技术创新活动达不到预期目标。

4. 原材料供应风险

我国有色金属资源相对匮乏，对外依存度高，进口议价能力弱，特别是优势性和稀缺性资源，国内外集中度不断提高，长期看价格呈现上涨趋势，导致行业成本上升。

5. 价格风险

有色金属行业受经济形势影响较大，是典型的周期性行业。同时，有色金属兼具实体经济属性和大宗商品交易属性，价格既受实体经济供需关系影响，又受期货或现货市场投机性行为的推动。价格波动频繁且幅度较大，给行业的稳定发展带来诸多隐患。

6. 产能过剩风险

有色金属行业产能过剩风险依然存在，要持续深化供给侧结构性改革，继续严控电解铝产能，化解重点行业过剩风险。有色金属市场需求整体疲软，特别是近年来宏观经济增速放缓，铜、铝、铅、锌等主要产品价格不断下跌，企业经营压力普遍较大，行业风险不容忽视。

7. 成本风险

全球经济环境对产业链和供应链与国际市场密切相关的有色金属的影响不可低估，国内以新能源汽车、光伏为代表的新兴领域，对有色金属行业形成有力的支撑。各金属品种间价格走势将会有所分化，部分金属品种受能源成本支撑价格将以宽幅震荡为主基调，部分金属价格或将出现高位回调。总体看，主要有色金属品种价格回调、能源等原材料成本上升，单位产品赢利能力收窄。

8. 出口结构与产品开发风险

出口结构性矛盾突出，市场需求进一步萎缩。我国有色金属工业高端产品开发能力较弱，整体上处于国际有色金属产业链中端，亟须提高自主创新能力及高端产品开发能力。

（二）风险管理措施

1. 调查客户基本情况

重点支持行业排名靠前或具有区域垄断性的企业。关注客户的资金实力、矿山资源、生产规模、技术装备、环境保护和生产管理经验等。原则上不介入单纯新增产能的电解铝项目和镁冶炼项目，以及新建、改扩建的钨、钼、锡、锑冶炼项目。

2. 调查合法合规性

（1）对列入行业淘汰落后企业名单中的客户，以及不符合政策、制度的项目，不得新增信用，已有信用要落实退出计划。

（2）应特别关注项目审批手续是否存在越权审批、“化整为零”等现象，严禁向违规审批项目提供信贷支持。

（3）关注自然资源部及工业和信息化部下发的年度钨矿和稀土矿开采总量控制指标，对未在指标范围内违法开采的企业，不得提供信贷支持。此外，国家对稀土等有色金属相关产品出口控制越发严格，须及时跟踪国家相关出口政策（包括出口限额、税收政策等）。

（4）目前国家已陆续出台铜、铝、铅、锌、镁等行业准入条件，增加了对新项目综合能耗的要求，同时要求新项目准入须符合相关行业准入标准。

3. 调查环保情况

坚决实行“环保一票否决制”，对不符合环保要求的、有环境违法行为的客户，不得新增信用，已有信用须尽快退出。重点调查项目或客户的环保审批手续、验收手续、排污许可证是否齐全有效，环保设施是否齐备并正常使用。

4. 调查资金用途

为应对有色金属价格波动，客户通常采用套期保值、期货投机交易等方式，调查中应关注客户资金用途，严禁将信贷资金用于期货交易，同时须密切关注客户期货交易是否严格控制在套期保值的范围，分析期货投机行为对企业的影响程度。

水泥行业

（一）行业风险点识别

1. 行业风险

（1）水泥行业属于国家宏观调控的“两高一剩”行业。

（2）产业链风险。上游的成本方面，能源成本构成了水泥生产的主要成本；下游需求层面，基建和房地产是水泥的主要需求来源。

（3）季节性。基于水泥产品自身的性质和“错峰生产”的政策限制，水泥的供给具有一定的季节性。

（4）区域性。由于水泥的理化性质不太稳定，运输半径短，水泥企业的经营均呈现出一定的区域性。

2. 政策风险

目前水泥行业已被列为产能严重过剩行业，国家政策严禁水泥新增产能。

3. 转型升级风险

目前水泥行业最主要的矛盾是提升先进产能比例的迫切需要和总体产能依然严重过剩之间的矛盾。行业供给侧结构性改革任务愈发艰巨，既要显著提升先进产能比例，又要加快推动低效产能退出，水泥行业转型发展面临极大的挑战。

水泥行业必须加快绿色化转型，通过加强对水泥行业节能监察，加快水泥行业高端化、智能化、融合化发展，推动水泥行业企业节能降碳改造升级。

水泥行业的低碳转型方式主要有：

（1）能源减排，通过提高能源利用效率，使用清洁能源、替代能源，实现碳减排。

（2）原料减排，使用粉煤灰、工业废渣、尾矿渣等替代原料。

（3）技术减排，发展碳捕集利用与封存（CCUS）技术降低碳排放量。

4. 淘汰落后产能风险

根据《高耗能行业重点领域能效标杆水平和基准水平》的产业政策，干法中空窑、立波尔窑、湿法窑等落后生产工艺生产线面临淘汰，水泥熟料生产规模偏低的生产线，一些即使通过技术改造也很难达到排放标准要求的新型干法生产线，被行业默认为相对落后的低效产能，未来可能通过产能减量置换淘汰或更新换代。水泥行业 2500 吨 / 日及以下的生产线将会被不断整合或退出。

5. 环保风险

矿山开采会造成山体、植被等环境的破坏，原料牙口产品破碎、储运等过程会产生含尘气体，粉磨站会产生粉尘和噪声，因此，国家对水泥生产各环节均有较严的环保要求。随着环保政策密集出台，水泥行业环保达标要求更加严格，环保投入不断加大。国家要求推动现有水泥企业超低排放改造，促进水泥企业实现减污降碳协同增效。

6. 市场风险

水泥工业是资源和能源高消耗型行业。石灰石可供开采储量及价格、电和煤的取得价格、生产工艺、生产规模等因素直接影响水泥企业的生产经营成本。普通水泥的销售半径，汽车运输的合理半径约为 150 公里～ 200 公里，铁路运输的合理运输半径约为 300 公里～ 500 公里，水路运输的合理运输半径在 600 公里以上，某些特种水泥的运输半径超过普通水泥，因此区域内市场需求、现有及潜在竞争对手的产能等均对水泥企业的销售产生重大影响。随着“公转铁”“公转水”，交通运输成本下降，水泥的销售半径将进一步扩大。

（二）风险管理措施

1. 调查客户基本情况

客户或其股东应在国家重点支持的大型水泥企业（集团）名单中，投资新建水泥生产线项目的企业应是在国内大陆地区现有从事生产经营的水泥企业。对列入行业淘汰落后企业名单中的客户，不符合政策、制度的项目，不得新增信用，已有信用要落实退出计划。

2. 调查项目准入

工业和信息化部发布的《水泥行业规范条件》，在区域总量、产能规模、能耗水平等方面设定了详细的准入标准，调查中应根据最新的政策要求，严格执行准入条件。

3. 调查环保手续和环保投入

没有环保部门正式批准的水泥建设项目环境影响评价文件不得授信。调查水泥企业的环保投入是否达到国家低碳转型要求。

4. 调查原材料供应

石灰石可供开采储量应满足项目设计要求（一般 30 年以上），取得相应的采矿权证，并注意开采有效期。

5. 调查技术工艺

可介入工艺先进的新型干法水泥项目，严禁介入并主动退出立窑等工艺落后的水泥生产企业。

6. 调查资本金比例

水泥项目的最低资本金比例不得低于国家规定。还要认真核查实收资本金情况。

7. 调查市场前景

着重考虑拟建项目的经济可行性。关注销售半径范围内是否有大型建设项目，项目产能和产品品种是否能满足目标市场需求。

造纸行业

（一）行业风险点识别

1. 行业风险

造纸行业属于国家宏观调控的“两高一剩”行业。

2. 环保风险

造纸行业是我国主要污染源行业之一，近年来随着国家对环保问题的日益重视，污染物排放标准逐步提高，相关企业的环保成本大幅提升，给企业带来了较大经营负担。

3. 国际贸易风险

造纸是典型原材料进口型行业，大国之间国际贸易争端的不断升级，贸易政策的不稳定性导致人民币汇率的变动，进而对我国进口贸易造成影响。我国木浆进口依赖度较高达 70%，而纸行业 80% 的成本来自纸浆进口，大多以外币结算。当前外部环境复杂严峻，国际形势复杂多变，全球经济发展前景不确定性持续，造纸行业面临着汇率变动风险。

4. 原材料及资源供应风险

造纸所需原材料的供应是否充足、稳定和持续，生产用水等资源是否能够满足企业长期生产需求，直接影响造纸企业的生存和发展。国内的人工林产量还不足以支撑造纸业的生产，中国造纸业的原生浆大部分依赖进口，这提高了产业供应链的不可控风险。

5. 投资回收风险

造纸行业项目设备投资额度巨大，项目投资回收期限长。

6. 产品研发风险

我国造纸工业自主创新能力建设较薄弱，产学研未形成有机整体，引进技术消化吸收再创新不足，在新工艺、新设备和新产品的开发上缺乏自主创新的产业化重大成果。

7. 出口风险

目前国际贸易摩擦增多，我国纸张产品出口受阻。

8. 电子媒体冲击风险

近年来，随着电子媒体的快速发展，文化用纸细分领域企业受到较大冲击，市场需求大幅萎缩，导致一些造纸企业陷入停产倒闭状态。

9. 经营风险

作为资金、技术密集型行业，造纸业存在进口产品冲击、国家环保政策变化、产品供求结构失衡、原材料短缺以及企业经营效益下滑、偿债能力欠佳等综合经营风险。

10. 担保风险

造纸行业客户的固定资产多为工业用地、厂房、专用机器设备及贫瘠的荒地、荒山等，抵押物所处的位置大多比较偏僻，以该类资产作抵押，实际价值较低，变现能力较弱。

（二）风险管理措施

1. 调查客户基本情况

（1）关注客户及股东的行业排名、品牌优势、产品结构等。

（2）分析区域发展政策对客户经营的影响。长江以北地区造纸产业发展以调整原料结构、减少企业数量、提高生产集中度为重点。长江以南造纸产业发展重点地区以林纸一体化工程建设为主，加快发展制浆造纸产业。重点环境保护地区、严重缺水地区和大城市市区不再布局制浆造纸项目，禁止严重缺水地区建设灌溉型造纸林基地。

（3）造纸企业治污投资加大，关注客户环保投入情况及资金来源，重点关注是否有挤占正常生产经营资金的现象。

（4）对列入行业淘汰落后企业名单中的客户，不符合政策、制度的项目，不得新增信用，已有信用要落实退出计划。

2. 调查项目准入

国家发展改革委《造纸产业发展政策》明确了“浆”和“纸”的规模准入门槛，造纸工艺及设备，鼓励、限制及淘汰方面内容。调查中应根据最新的政策要求，严格执行准入条件。

3. 调查环保手续

关注客户环保手续是否合法、完备。

4. 调查原材料及资源保障

（1）关注客户原材料来源及落实情况。对于自有原料林基地的，关注林木砍伐轮作方式是否符合环境保护规定。

（2）关注水资源保障，获得取水许可。处于水资源紧张的地区，即使获得取水许可，也应慎重。

5. 科学设计授信方案

针对造纸企业客户融资需求的多样性，可采用“一企一策”的融资方式。对时间短、频率高且时效要求高的融资需求，可提供短期流动资金贷款和银行承兑汇票产品支持；对固定资产投资时间长、金额大、回收周期长的融资需求，应选择还款期限与贷款期限相匹配的固定资产贷款、融资租赁业务或信托产品；对融资渠道通畅的价格敏感性客户，选择“内保外贷”的形式，利用境外低成本资金；对出口型客户，可选择贸易融资和资金交易类产品用于经营周转需要和规避汇率风险；对造纸行业产业链上下游的优质企业，可凭借自身信用和实力，利用供应链金融产品、国内保理降低其上游或下游的客户的融资门槛。

战略新型产业

（一）节能环保产业风险管理措施

大力发展绿色信贷业务。由于产业集中度低，单个项目、单个企业规模较小，调查中应关注股东出资能力、经营规模，并关注企业被兼并重组的可能性。重点调查分析节能环保项目的技术可行性，是否拥有自主知识产权和核心竞争力。

节能环保产业的设施、设备专业性强，审查中需审慎判断抵押物评估价值的合理性，尽可能追加其他有效担保。

（二）新一代信息技术产业风险管理措施

新一代信息技术产业是国民经济的战略性、基础性和先导性产业，具有资本技术及知识高度密集、产业附加值高、辐射带动性强等特点，主要包括电子信息制造业以及软件和信息技术服务业。其中，电子信息制造业主要包括集成电路、新型显示、电子材料、关键元器件、电子专用设备、通用设备、仪器仪表等。软件和信息技术服务业包括软件开发、信息安全、云计算、大数据、人工智能、信息技术服务等，应用于智能制造、航空航天、汽车制造等各类场景，在数字化进程中还衍生出了智慧金融、智慧医疗、智慧教育等多个新的应用领域。

新一代信息技术产业具有研发投入高、投资规模大等特点，对股东实力有特别高的要求，在实际项目调查中要特别注重对股东研发能力、投资能力的分析。

新一代信息技术产业的技术壁垒高，更新速度快，有可能出现项目尚未建成就被新技术替代的情况。调查应关注行业内技术发展趋势，谨慎介入技术更新速度过快和发展方向尚未明确的项目。

新一代信息技术产业一般市场推广期较长，而产品一旦获得市场认可，就会被大量效仿，丧失先发优势。调查要关注这一特点，合理设定贷款偿还期和还款计划。

（三）生物产业风险管理措施

生物产业可以为社会提供商品和服务的行业的统称，包括生物医药（服务产业）、生物农业（资源产业）、生物能源、生物环保等，以及生物工业（生物制造产业）。该行业具有高投入性、高创新性、高技术性、高风险性及高效益性等特点。生物产业创新不确定性大，抵押资产少，企业研发周期与授信时间期限存在矛盾。

生物技术产业属智力密集型产业，要特别关注技术人才储备及人工成本是否合理。

应特别关注生物产业的技术转化能力，重点调查客户在专业领域大规模工业化生产的经验和能力。

注重医疗体制改革对生物制药产业的政策影响。

银行要充分利用风险补偿机制。借助政府提供的业务贴息、利差补贴、风险补偿等政府激励政策，通过政府引导、商业化运作、专业服务模式，为部分信誉良好的企业提供无抵押、免担保信用贷款；与保险公司合作，建立“政府＋银行＋保险”的风险分担机制；与担保公司合作，通过批量担保和个案担保两种形式，为企业的信贷提供担保。

（四）高端装备制造业风险管理措施

高端装备制造业，是指生产制造高技术、高附加值的先进工业设施设备的行业。高端装备主要包括传统产业转型升级和战略性新兴产业发展所需的高技术、高附加值装备。高端装备制造业是以高新技术为引领，处于价值链高端和产业链核心环节，决定着整个产业链综合竞争力的战略性新兴产业，是现代产业体系的脊梁，是推动工业转型升级的引擎。

在高端装备制造业发展中，企业面临着技术研发、市场竞争、盲目投资和政策依赖等风险。

银行重点支持以下高端装备制造行业的客户和项目：以干支线飞机和通用飞机为主的航空装备，卫星及其应用产业，轨道交通装备，海洋工程装备，以数字化、柔性化及系统集成技术为核心的智能制造装备。

（五）新能源产业风险管理措施

新能源产业主要是源于新能源的发现和应用。新能源指刚开始开发利用或正在积极研究、有待推广的能源，如太阳能、地热能、风能、海洋能、生物质能和核聚变能等。

新能源产业的发展时间并不长，且存在着技术不成熟、投资回报周期长等特点。与传统产业相比，新能源产业发展过程中面临着较大的风险。一是行业风险。资本投入大、技术性强是新能源产业发展最突出的特点。意味着新能源企业在创立之初和成长阶段，需要较大规模的投资金额支持。但新能源项目的涌现速度非常快，市场竞争异常激烈，市场需求变化也存在着很多不确定因素。二是技术风险。新能源有些技术尚未成熟，市场中的不确定因素使得新能源产业面临着较大的技术风险。三是市场风险。原材料的市场价格，对于新能源项目的实施成本有着直接的影响。国内、国际经济的波动，对新能源企业的市场扩张也影响巨大。

关注新能源产业的政策支持力度。新能源产业初期赢利能力往往较弱。特别是新能源产业很大程度上依赖政府的政策支持与财政补贴进行发展。调查中要特别注意国家、地方的扶持政策和执行力度，要关注政策调整。

关注重复建设、产能过剩问题。新能源产业是当前的投资热点，可能出现阶段性的产能过剩。

关注新能源产业的市场效益。部分新能源项目发展初期成本较高，而产品定价未与成本挂钩，导致经济效益不佳，须关注相关政策补贴和其他还款来源的保障程度。

（六）新材料产业风险管理措施

新材料产业包括新材料及其相关产品和技术装备。主要涵盖新材料本身形成的产业，新材料技术及其装备制造业，传统材料技术提升的产业等。与传统材料相比，新材料产业具有技术高度密集，研究与开发投入高，产品的附加值高，生产与市场的国际性强，以及应用范围广，发展前景好等特点。

新材料产业的信贷风险主要包括宏观经济波动、政策变动、技术研发、原材料价格波动、经营管理等方面。

关注新材料产业的技术成熟度。新材料产业技术先进，但往往未经市场检验，缺少行业标准，调查中应特别关注产业技术转化能力，重点调查客户在专业领域大规模工业化生产的经验和能力。

新材料产业技术更新速度快，调查中应关注行业内技术发展趋势，谨慎介入技术更新速度过快和发展方向尚未明确的项目。

关注新材料产业的市场需求。新材料产业产品定位细，目标市场规模较小，某些产品单个项目产能就可能占到总市场份额的 10% 以上。要特别注意市场容量及成长性，防止市场预测过度乐观。

（七）新能源汽车产业风险管理措施

新能源汽车是指除汽油、柴油发动机之外所有其他能源汽车，被认为能减少空气污染和缓解能源短缺。近年来，我国新能源汽车快速发展的同时，融入了人工智能、互联网、大数据等多种变革性技术，汽车产业生态正在全面重塑。

新能源汽车研发成本较大，调查须注意项目介入时点，避免过早介入。

随着新能源汽车产业的发展和成熟，国家补贴力度会逐步降低。调查应关注相关政策补贴的保障程度和可持续性。

关注新能源汽车产业的配套设施建设，如充电桩、充换电站等。

[巴老师讲案例之二十]

行业政策风险案例

一、案例简介

某制药厂是国家重点建设项目，2005 年，为缓解当时我国葡萄糖等原料紧缺的状况，充分利用当地生产玉米的优势，国家有关部门批准该厂引进先进技术及生产线，生产葡萄糖等产品。但因企业引进关键技术尚不成熟，生产流程长期未能打通，丧失了市场良机。

2013年，经地方政府批准，企业又盲目上马维C生产线，造成重复建设；建设投资过大，资本金仅占总资产的14%，导致生产成本中财务费用比重过大。后因市场发生变化，只有葡萄糖生产线维持运营，其他产品因生产成本过高或产品供过于求已经停产，致使企业资不抵债，经营处于十分困难的境地。至2014年年底，欠银行借款本息18734万元，均为不良贷款。

二、问题思考

1. 联系此案例，谈谈信贷业务如何处理好遵循国家产业政策与符合银行商业化经营原则之间的关系。

2. 联系本案例，谈谈坚持项目资本金制度的意义。

3. 如何做好贷款项目的市场环境评估？

三、老师讲评

1. 正确处理好遵循国家产业政策与符合银行商业化经营原则之间的关系。国家政策允许的行业，银行可择优支持；国家政策反对的行业，银行坚决不能支持。

2. 坚持项目资本金制度的重大意义。资本金制度是国家行业进入的门槛，可降低企业经营成本，可增加企业经营责任，可降低银行信贷风险。

3. 贷款项目市场环境评估的主要内容。一是政策因素，国家行业政策变化；二是市场因素，包括经济规模和成长潜力，特别是国际、国内市场变化；三是人力资源因素，包括劳动力成本与生产力；四是社会基础设施；五是开放程度；六是对投资的保护与促进；七是技术因素，包括生产技术条件与工艺；八是金融服务，包括融资可利用性。

信贷客户风险点识别与管理

小微企业贷款客户风险点识别与管理

（一）加工制造类小微企业

1. 客户风险点识别

（1）安全生产风险。在生产过程中，往往会由于人员操作不规范或机器设备本身的缺陷，造成人员伤亡或财产损失。

（2）技术质量风险。生产人员的技能不成熟、生产设备陈旧、生产工艺落后等原因，会使生产出的产品不合格，不被消费者接受。

（3）环境污染风险。如果企业是有污染物的，必须做好污染物的处理和净化，不能直接排除污染环境，否则会受到严厉惩罚。

（4）市场接受风险。产品必须接受市场检验；是否被消费者接受，有无更新型的替代产品出现。

（5）销售渠道风险。必须要有专业的销售团队，有固定的客户群，如生产大众消费品，必须建立销售渠道和销售网络。

（6）应收账款风险。如果企业生产的产品技术含量不高，生产企业众多，竞争激烈，为了将自己的产品卖出去，就会以优惠的条件赊销，形成大量应收账款，这类应收账款往往收款很难。

（7）资金断链风险。很多中小型加工生产企业自身实力有限，银行融资也很困难，因应收账款不能及时回收或技术改造等原因，资金不能及时回笼，形成资金断链，影响正常生产与销售。

（8）原料价格上涨风险。接订单生产的加工制造企业，由于原料价格上涨，造成产品成本上升，而产品销售价格因订货合同已经确定，利润空间会缩小甚至亏损。

2.风险管理措施

（1）查看有无相关证照。一个特殊商品必须要达到一定的生产条件，由相关部门许可后才能生产。如生产食品需卫生许可证，生产烟花爆竹等危险品需安全生产许可证。

（2）查看是否为“两高一剩”行业。查询相关资料和政府部门，看企业是不是国家限制的高污染、高能耗与产能过剩行业。已经在生产的要逐步关闭和淘汰，如小采矿厂、小造纸厂、小冶炼厂等。

（3）查看生产经营环境。实地查看借款人企业所在地的周围环境是否适合企业的生产，如有无配套的电力，水源供应、交通是否方便。是否容易遭受自然灾害，如洪灾、泥石流等。

（4）查看生产技术与技术工人情况。查看生产现场是否有成熟的技术和掌握熟练技术的工人。将在借款人企业观察到的技术和产品与其他企业的技术和产品进行比较，看其生产工艺技术和产品是否先进。

（5）查看生产设备和配套设施。主要包括设备的用途、性能、使用和管理等方面。如设备不齐、性能不好、设施不完善等，会影响产品的正常生产。

（6）走访企业相关人员。对企业的人事部门、员工进行访问，分析员工队伍是否稳定，特别是核心的管理人员和技术人员。如员工队伍不稳定，生产过程和产品质量就有可能不稳定。

（7）查看安全生产情况。观察生产现场，分析企业是否安全生产。对安全生产过程进行制度化的规范是安全生产的前提，要求操作工人在生产中落实和执行安全操作规范。机器设备的安全性是安全生产的保障。

（8）查看原材料供应情况。通过查看购货合同或购货发票，分析原料来源和质量是否有保障，进货价格是否合理。如果某些原料紧缺，供应不足，生产就会受影响，而原料价格过高，就会提高产品成本，影响利润。

（9）查看环保情况。查看有无排污许可证、环境评估报告，排污是否达标，是否对污染物进行妥善处理。如没有排污许可证、环境评估报告，排污设施不完善，或污染物没有经过处理直接排除，都会受到法律的严厉处罚，法律风险很大。

（10）查看销售情况。通过查看销售合同、发货单据、销售记录，调查是否具有完善、健全的销售渠道。通过查看销售合同分析收款条件。收款条件主要取决于市场供求和厂商品牌两个因素。收款条件主要包括三种：预收货款、现货交易和赊账销售。显然赊账销售对厂商是不利的，这不仅占压了资金，而且还存在收账风险。

（11）查看抵押担保与融资能力情况。查看借款人可抵押的资产情况，查看信用记录、与金融机构的关系，分析借款人的融资能力。

（12）查看销售收入真实性。①通过借款企业的原始销售记录计算销售收入。②通过借款企业的生产记录与库存情况计算销售收入。③通过借款企业与其代理商或经销商往来对账单与发货金额确定销售收入。④通过借款企业当期开发票的金额确定其销售收入。⑤通过借款企业使用能源交费发票、能源（电、煤、天然气）耗量，并结合设备的功率及单位时间产量来计算生产量与销售收入。⑥通过查看借款企业进原料的购货合同、发票或其他单据，根据原料用量来推算生产量。⑦通过银行账户对账单来计算销售收入。

（13）查看财务成本真实性。①变动成本。包括产品消耗的原材料费用、辅料费用、工人的计件工资、能源费用、销售人员提成工资、应收账款损失、物流费用、随销售变动的税费及其他支出。这些费用只有在生产销售的情况下才会有支出，没有生产销售就不会有这些支出。因此，分析这部分支出应通过查看进货合同、发票、收据，生产记录单、原料领用单，工人计件工资表与销售人员提成工资表，能源消耗费用发票，物流单据，各种税票来计算确定。②固定费用。包括：厂房、机器设备的租金；员工的固定工资；借款利息、财务费用及其他的税费支出等。其他固定费用可通过查看相关的租赁合同、租金收据、员工工资表、管理费用发票来确定。③借款成本。根据借款人的外债余额、到期时间、还款方式、借款利率等分析、计算借款成本。

（14）查看有效资产情况。①核查流动资产。一是现金可通过清点确定。二是银行存款可通过查看借款人的银行对账单确定。三是应收账款可通过查看借款人的原始记录、欠款人的欠条、应收票据或送货单据、销售合同规定的条款等方法确定。四是存货价值可通过查看借款人的原始记录，实地清点各种原料、半成品、产品的库存情况等方法确定。②核查固定资产，包括土地、厂房、生产设备、运输工具等。一是土地房屋价值确认。查看土地出让的相关证明；如房屋是自建的，则查看购买主要建筑材料和劳务的合同协议；如是承包建造的，则查看房屋建筑承包的相关合同协议、工程决算报告；如果是购买的房屋，则查看购买合同、协议；根据房屋的新旧减掉折旧额确定；根据市场价值确定。二是机器设备价值的确定。查看借款人购买机器设备的相关合同协议、发票；机器设备的新旧减掉折旧额；根据市场价值确定。三是运输工具的确定。其方法与机器设备价值类似。

（15）查看负债情况。①应付账款的确定。查看借款人原始记录，向借款人的主要供货商查询，根据借款人的进货额和该行业的平均赊欠率确定，按借款人说明的金额确定。②债务的确定。查询借款人的银行征信；向借款人的朋友、员工、邻居和对其比较了解的人询问；借款人说明的金额等。

（16）查看现金流量。①通过查看借款人的银行对账单来确定。②通过分析与原料供货商和销售客户的往来账单确定。

（二）商品流通类小微企业

根据商品流通中所处流通环节的不同，商品流通类小微企业还可细分为商品批发类和商品零售类。尽管由于销售对象的不同，销售渠道、现金流、利润率都有一定的差别，但主要经营管理特点与风险点是基本相同的。

1. 客户风险点识别

（1）季节性风险。该类企业有明显的季节性，特别是有些产品（如服装、白酒、啤酒、农产品）销售额受季节的影响十分明显。

（2）居民消费变迁风险。这类企业与大众消费倾向息息相关，因此受大众消费文化的影响十分明显。消费倾向的变化往往决定一个产品的兴衰，客户经理在调查中关注的不仅仅是消费商品的变迁，更重要的是消费的转变对借款人的影响有多大。

（3）市场风险。销售的商品与区域经济发达程度和大众购买力高度相关。经营所在地的经济发展程度往往决定该地区居民的购买能力，也就决定借款人产品的市场容量，这是决定借款人发展的最重要的因素。

（4）竞争风险。由于进出门槛低，限制因素少，使得经营者众多，竞争异常激烈，部分小微企业可能被淘汰出局。

2. 风险管理措施

（1）查看证件。重点查看经营特殊商品的企业是否有经营流通许可证件。一些特殊商品必须要达到一定条件，由相关部门许可后才能经营，如某些食品、危险品等。

（2）查看市场。通过对当地市场的调查，或访问其他同类商品的批发商，了解其是否有足够的市场份额。由于商品流通企业普遍存在着行业利润低、依赖规模效益的状况，因此占据市场份额的大小对于企业而言至关重要，只有占据足够的市场份额才能够获取足够的经营毛利支付固定费用，才能有赢利。

（3）查看经营场地。对商品零售类小微企业，必须查看经营位置是否在人口集中、人流量大的地方。如经营位置不好，人流量少，则很难有好的销售业绩，特别是销售服装、食品等。当然，如果经营时间已经很长，在客户中已有好的口碑，有固定的消费人群，则经营位置的重要性要弱一些。同时还要观察经营场地的装修情况和相关设施，是否有能够吸引客户的购物环境。

（4）查看仓储和物流。从事商品流通需要大量的库存商品，这就要求有足够的仓储场地，有些商品要有特殊的储藏条件（如冷冻食品），如没有合适的仓储条件，就会影响商品的库存量和质量，从而影响销售；同样，在进货和出货的过程中，运输不便，或运输周转的时间过长，也会影响销售。

（5）查看经营商品种类和经营方式。除借款人是知名品牌在当地的独家代理，厂商不允许经营其他同类商品外，经营品种应多样化，这样能充分利用现有销售网络扩大销售额，增加利润空间。同时，借款人还要在经营手法及销售模式上采取多样化，只有这样才能不断地吸收新客户，争取到足够的市场份额。

（6）查看商品销售情况。通过查看销售合同、发货单据、销售记录评估是否有完善、健全的销售渠道。销售渠道是批发经营者生存的关键，多渠道的销售意味着能销售更多的商品，只有那些销售渠道发达的批发商才能长久和持续；相反，则意味着经营者的失败。

（7）查看商品供货情况。通过对供货商的访问了解借款人与供货商的关系是否良好。随着市场竞争的日益加剧，与供货商形成良好的合作关系已成为商业流通企业必不可少的一个条件。拥有良好的供货商关系，不仅能在产品价格及付款条件等方面获得竞争优势，更重要的是在企业出现波动或低潮阶段还能够获得足够的支持，保证企业持续经营。通过查看订购合同和代理合同，可以了解到借款人的进货价格、每期的进货数量及批次、货款的结算方式，从而判断借款人采购货物的难易程度、与供货商的关系及其授信额度、交易中的地位、代理的层级。

（8）查看销售收入与成本费用。通过查看借款人的原始销售记录、存货记录、销项增值税发票、银行对账单等资料确定其销售收入。通过查看借款人的原始进货记录、与供货商往来对账单、租赁协议或租赁费发票、工资表、水电气收费发票来确定其成本费用。根据借款人的外债余额、到期时间、还款方式、借款利率等分析计算借款人的借款成本。

（9）核查有效资产。有效资产包括流动资产和固定资产。商品批发类小微企业固定资产所占比例较少，主要有仓库、运输工具等。

（10）核查负债情况。特别是注意或有负债、隐性负债及民间借贷。

（11）查看现金流量。对于商业流通的企业而言，现金流就是生命。企业在经营过程中能否创造并保持充足的现金流，将决定企业能否提供足够丰富的产品储备，并随时根据市场情况进行调节，这是企业持续经营的一个前提。因此，客户经理主要考察经营现金流，由此可大致估算借款人在经营过程中出现周转不灵的可能性。

（12）选择信贷产品。由于商品流通类小微企业的现金流特点是均匀、持续性，采用按月还本还息类的贷款产品风险较小。

（三）服务类小微企业

服务类企业种类繁多，包括餐饮、酒店、KTV、网吧、医疗、会所、教育、旅游、美容美发、中介、洗脚洗浴等各类服务项目。

1. 客户风险点识别

（1）安全风险。很多服务场所是人员高度集中的地方，都经过必要的装饰装修，装修材料又多是易燃物品，很容易引发火灾，消防隐患是这一行业的重要风险。同时还有社会治安风险。

（2）市场风险。服务业经营者众多，行业内竞争激烈，要想在竞争中取胜，必须要有较高服务水平和服务技能，特别要有较强的市场拓展能力。例如：饭店的菜品必须要口味好，味道独特，才会吸引源源不断的客户来消费，如若不然是没有客户来的。

（3）创新风险。服务项目遍地开花，往往又一窝蜂地上项目，同质化服务严重。由于竞争激烈，客户可选择的项目太多。一个项目如果几年不变，就会成为过时的产品，无人问津。因此，持续经营压力很大，需要不断创新。例如餐饮项目在开发菜品的过程中，就应该不断让客户有新奇的感受，这种感受应该是在其他服务企业体验不到的，或者体验到的也不是最地道、最正宗的。

（4）投入风险。近年来，由于竞争激烈，为了吸引客户，服务经营者对经营场所投入重金进行豪华的装修，购置高档的设施，这就增加了投入的资金，提高了经营者的资金压力。同时在我国还有一个规律，就是服务业的经营场所一般 5 年会重新装修一次，否则经营环境就会恶化，吸引不了客户。

2. 风险管理措施

（1）查看相关证照。一些特殊的服务业必须达到一定的条件，由政府相关部门许可后才能经营，如饭店需要卫生许可证、经营宾馆需要特种行业经营许可证、食品安全证和关注消防安全等。

（2）查看消防安全。查看经营场所内安全设施是否齐全，特别要注意消防安全，如消防制度、应急预案、消防设备设施等。

（3）查看服务口碑。通过对借款人企业的员工、周围人群进行访问，了解其生意的好坏，了解客户的评价。口碑好、客户评价高的项目的经营可持续性较强。了解其经营是否超出政府许可的经营范围，有无从事非法经营，如有超范围经营或非法经营将面临很大的法律风险。

（4）查看经营现场。看是否有相关服务设备和配套设施，看是否有足够的服务水平和服务能力。服务水平和服务能力的高低是服务项目生存的关键。

（5）查看经营收入。①查看借款人的原始经营记录。②查看借款人经营项目的纳税记录。③查看银行对账单。④如果员工的工资与其服务业绩挂钩且按固定比例提成，可通过访问其员工的工资收入情况与提成比例推算企业的营业收入情况。

（6）查看费用支出。①营业场地租金费用。②员工的工资。③水、电费、燃气费等费用按发票金额确定。④根据借款人的外债余额、到期时间、还款方式、借款利率分析计算借款人的借款成本。⑤税费。⑥其他费用。包括营业场地、设备的维修费、通信费、差旅费等。

（7）查看有效资产。①流动资产。一是应收账款，二是存货价值的确定。服务业中除餐饮等行业外其他很少会有存货，即使有也不多，储存时间不长。②固定资产。固定资产包括经营场地装饰装修、土地房屋、营业设备、运输工具、出租的各种机械设备等。

（8）查看负债情况。特别是注意或有负债、隐性负债及民间借贷。

（9）查看现金流量。

（10）信贷产品选择。由于服务行业的现金流特点是均匀、持续的，采用按月还本还息类的贷款产品风险较小。

（四）种植养殖类小微企业

1. 客户风险点识别

（1）盲目性风险。受供需关系的影响，我国的农产品价格波动较大。由于没有公共的市场信息平台，种植养殖业的生产具有很大的盲目性：当价格高时，大家都去种植、养殖同一物种，结果导致产品过剩而价格下跌；当价格低时，很少人去种植、养殖该物种，导致产品少时价格上涨。

（2）产品保存风险。产品保质期短，易腐烂。很多农产品在自然条件下的保存时间短，如需要长期保存需要有特别的保鲜措施，如冷藏、用保鲜剂等。

（3）自然灾害风险。易受气候、自然灾害、病虫害的影响。种植养殖农产品要有适宜的气候条件，恶劣的气候将导致农产品的减产或绝收。洪灾、干旱、病虫害等也会导致农产品的减产或绝收。特别是传染性疾病会导致养殖的动物大量死亡。

（4）国际国内市场风险。由于我国农产品对外开放程度越来越大，某些进口农产品对我国种植业形成冲击，影响种植类产品的销售数量与销售价格。

（5）行政干预风险。部分地方政府干部仍用行政命令指挥农民种什么、种多少，结果生产出来的产品要么供大于求，要么不适销对路，销售不出去，或者亏本销售。

（6）技术创新风险。随着居民对农产品消费习惯的变化，农民增收需求越来越强，农业技术创新要求也越来越高。部分农民缺技术、缺资金，跟不上农业技术革新的步伐。

2. 风险管理措施

（1）查看用地审批手续和许可证件。是否合法取得养殖许可和养殖场地。有些特种养殖是否有政府的养殖许可；用于种植、养殖的土地是否经过相关部门的批准，合法地取得了用地资格，特别是一些特种养殖，政府会规划养殖区域。

（2）查看自然条件。所种养品种与当地的土壤、气候等条件是否合适。借款人种养的产品如与当地的土壤、气候等条件不适合，则可能不会成功。

（3）查看技术条件。如借款人没有相应的技术能力或没有相关的技术人员，种养类企业风险会很高。

（4）查看安全条件。查看有无相关检测报告，产品是否达到安全标准。农产品、动物产品必须达到国家或行业的标准，如卫生标准、农药残留标准等，某些农产品、动物产品的销售需取得许可。危险动物的养殖场地是否有安全措施和相应的安全技术。

（5）查看市场情况。可通过到相关部门咨询、网络咨询、分析市场周期规律等方式预测市场的需求情况，从而判断产品的价格趋势。

（6）调查贷款用途。贷款用于前期投资支出，如支付土地租金、土地整治费、建大棚、建圈舍等，由于贷款期限长、预期收入不确定，贷款风险较大。贷款用于后期费用，如支付农药、化肥、饲料、人工费等，由于产品已进入生长期，短期会有预期收入，贷款风险较小。近年来，由于国家加大对农业的支持力度，对有些种养项目会给予很高的政府财政补贴，有些人为了骗取政府的补贴，搞假的种养项目，如贷款给这样的项目，贷款风险极高。如种植场地很大，或建了很多大棚，但没有种植活动或种植很少的植物，有些养殖场地很大，但没有养殖活动或养殖很少的动物，则可能属于这种情况。

(7) 核查销售收入。①根据实际种植面积和平均产量计算产品的总产量，再乘以平均市场价格得出种植类小微企业销售收入。根据实际养殖动物数量和平均市场价格得出养殖类小微企业销售收入。②如果借款人自己记有销售流水账，可从其销售流水账计算得出销售收入，但要注意其真实性。③如农产品的产量与农药、化肥等使用量有固定产出比例的，在得知农药、化肥使用量的情况下，可推算产品产量，再乘以平均市场价格得出销售收入。如动物产品的产量与饲料、防疫疫苗等使用量有固定产出比例的，在得知饲料、防疫疫苗使用量的情况下，可推算产品产量，再乘以平均市场价格得出销售收入。④如销售的农产品、动物产品要开发票或其他票据的，可计算这些票据的合计数得出销售收入。

(8) 核查成本费用。种养业的费用包括土地租金、人工工资和种子、农药化肥费用、种畜、饲料费用等。其中土地租金按租地合同确定的金额计算。

(9) 核查有效资产。①流动资产。种植类企业存货：包括种子、农药、化肥、产品、能出售的正在生长的植物。清点种子、农药、化肥、产品的库存量并乘以各自的进货价计算确定，不能使用的或变质腐烂的物品不计入存货；能出售的正在生长的植物，按数量和当时的市价确定其价值。养殖类企业存货：包括饲料、正在养殖的动物数量和其他物品。清点饲料的库存量并乘以进货价计算确定；对正在养殖的动物按大小清点，结合市场价格计算确定。②固定资产。一是种植业的固定资产包括大棚、种植机械设备、运输机动车等。二是养殖业的固定资产包括养殖设施（包括圈舍、池塘、围栏等）、养殖机械设备、运输机动车等。

(10) 查看经营轨迹和现金流量。种植业的经营轨迹：租赁土地—整治土地或建大棚—购种子—播种—田间管理（施农药、化肥等）—收获—整理—销售。养殖业的经营轨迹：租赁土地—建养殖设施—购种畜—养殖管理（包括防疫、喂养等）—销售。现金流量调查方法中，主要查看借款人银行账户的对账单。

种植业现金流一般特点：现金支出方面，在前段投资时会有大量的现金支出，在正常生产的情况下，需支付种子、农药、化肥、人工费用。现金流入方面，如产品是随季节产出，如粮食、药材、树木、季节性蔬菜等，其产品在产出季节才能上市销售，现金的流入是间断性的；如种植的产品季节性不强，如大棚种植的某些蔬菜，能随时有产品上市销售，其现金流入是持续性的。

养殖业现金流一般特点：现金支出方面，在前期因租地、建设会有大量的现金支出，在正常生产的情况下，需支付种畜、饲料、防疫、人工费用。现金流入方面，如动物的出栏是成批次地产出，其产品成批次地上市销售，且间隔时间较长，现金的流入是间断性的；如养殖的动物陆续上市销售，且具有持续性，其现金流入是持续性的。

（11）信贷方案设计。种养业是总体风险较大的行业，贷款一般要求抵押，最好要求借款人购买农业方面的保险，并且第一受益人是贷款人。如银行给借款人提供的是长期性的投资贷款，贷款金额较大，由于此类贷款一般要用利润来归还，因此调查时应重点分析该项目的赢利能力，如没有足够的利润作支撑，还款就没有保障。如是短期的金额不大的流动资金贷款，应充分做好产品销售收入的评估，关键是对产品产量和市场价格做好预计。如借款人的现金流入是间断性的，应适用按月付息、到期还本或按月付息、约定时间还本的贷款产品（约定时间是预估产品上市有现金销售收入的时间）；如借款人的现金流入是持续性的，应适用按月还本付息的贷款产品。同时，要确保当期的现金流入大于当期的还款金额。

集团贷款客户风险点识别与管理

集团客户，是指具有以下特征之一的企事业法人（包括除商业银行外的其他金融机构)：在股权上或者经营决策上直接或间接控制其他企事业法人或被其他企事业法人控制的；共同被第三方企事业法人所控制的；主要投资者个人、关键管理人员或与其近亲属（包括三代以内直系亲属关系和二代以内旁系亲属关系）共同直接控制或间接控制的；存在其他关联关系，可能不按公允价格原则转移资产和利润，银行认为应视同集团客户进行授信管理的。对于符合以上特征，且有两个（含）以上成员客户在银行办理用信业务，或实行融资集中管理模式（统贷统还）的集团客户，应作为集团性客户管理。

（一）客户风险点识别

1. 信息不对称风险

集团组织架构复杂、多层次经营，或法人治理结构不完善等，可能导致经营、投资、融资等方面的重要信息，以及重大关联交易未及时披露，银行对客户生产经营状况、资金流向难以准确把握。

2. 投资风险

集团经营战略、投资方向、产品结构变动频繁；集团规模扩张速度与自身资本积累、市场拓展能力不协调，集团当前经营管理能力不能适应企业多元化投资等；对外权益性投资占净资产比重过高，对外投资发生较大亏损或减值准备，主要投资企业生产经营出现不利变化等；集团盲目进行多元化发展或盲目扩张，采用杠杆收购等高风险方式进行并购，投资或并购非主业企业、异地企业；投资非套期保值避险目的、与集团主业无关的资本、证券、期货市场。

3. 关联交易风险

集团在资金、技术、设备、人事、购销等方面对关联成员企业进行控制，通过不公平交易转嫁经营成本、财务成本，或转移经营风险，关联企业之间存在着复杂的债权债务关系，彼此发生大量的应收应付账款，虚增资产、资本、利润，致使财务信息失真；利用关联企业多头融资、重复贷款，套取银行信用；集团投资方利用关联交易抽逃资金，通过关联企业之间的资产、债务重组及各种形式的改制，逃废银行债务，将风险转嫁给银行。

4. 担保风险

保证人不具备担保资格或保证能力不足；抵（质）押物价值不充足或银行对抵（质）押物不能进行有效控制或监管；抵（质）押物所有权不明确，或存在重复抵押、毁损、贬值或被有关机关依法查封、冻结和扣押等现象；集团客户内部关联保证担保额度较大。

（二）风险管理措施

1. 调查股权关系

根据集团客户组织架构，各股东单位、成员的关联关系，集团合并会计报表的合并范围，分析客户的实际股权构成，确认集团客户各成员名单。集团族谱复杂的，可用组织架构图加以明示。

2. 调查授信管理模式

根据集团客户股权关系和财务管理模式的不同，一般分四种授信管理模式，原则上一个集团客户采用一种授信管理模式：

（1）对集团成员关联关系为股权控制且能够取得集团合并会计报表的，采用“整体授信、分配额度”。

（2）对由若干分公司或子公司组成，财务实行统一管理、统一核算的总分制集团客户或财务管理高度集中，实行统贷统还融资模式，集团子公司及其他分支机构均无对外独立融资权的，采用“整体授信、统一使用”。

（3）对虽存在股权控制或关系人控制，但没有或无法取得集团合并会计报表的，采用“整体授信、批量审批”。

（4）对存在其他关联关系，可能不按公允价格原则转移资产和利润，银行认为应视同集团客户进行授信业务风险管理的，采用“统一授信，集中管控”。

此外，部分集团客户虽然下属公司也有融资权，但银行出于风险控制的角度，只与集团本部发生信贷关系，此种情况应采用“整体授信、统一使用”的方式。无论采用何种授信模式，应把握“资金流”与“实物流”相对应。

3. 调查经营状况

集团主营业务是否突出，产业链条是否完整，有无核心竞争力，关注各板块的资产占比、收入（利润）贡献度、成本占比、产能利用率，各板块之间是否存在产业关联关系，跨行业经营对其融资能力和主营业务发展是否构成实质性影响，是否存在过度扩张、盲目向非主业发展的问题，亏损的子公司或板块对集团整体经营的影响水平。

集团跨行业发展的，尽可能将授信用于主业；对主业不突出，财务制度不健全，关联交易不按照市场规则运作，无法充分掌握关联方信息，或客户不愿意提供关联方信息的集团客户，调查时应予以密切关注；集团在建项目（尤其是房地产、“两高一剩”等敏感行业的项目）无贷款的，调查中应重点关注其他关联公司与项目公司之间的资金流动和互相占用。

4. 调查关联关系

（1）通过公共信息核实股权关联关系。通过中国人民银行征信中心、“红盾网”等信息平台和市场监督管理部门查询企业注册资本、股东（出资人）及股权结构（出资比例）情况，在此基础上对股东的股权结构及股东投资情况作进一步的延伸查询，厘清企业与股东、企业与股东的股东、股东与股东之间的资本联系，判断企业是否存在迂回投资、交叉持股、受同一股东控制等隐性关联情况。

（2）利用财务报表分析隐性关联关系。通过查看财务报表附注，若发现有大量长期挂账款项，或者款项数额与企业实际生产经营情况不相符，或者有规律地在特定日期收到疑似股息小额资金的，则企业有可能将长期投资计入其中掩盖真实投资信息，应高度关注两者之间的隐性关联性。

（3）通过人事关联核实关联关系。充分运用访谈、实地调查等方式，了解董事、监事和高层管理人员的经历、家庭关系及与上下游企业主的关系。

（4）通过融资、担保关系核实关联关系。①关注信贷资金流向。一般隐性关联企业间往往互相提供或协助提供融资服务。对有存量信贷的，应查询企业现金账和银行流水，关注信贷资金去向和还贷资金来源，跟踪信贷资金的实际用途和实际还贷资金来源，若信贷资金最终用途与合同约定不符且难以提供合理解释，还贷资金并非来源于上下游企业或他行贷款，需要进一步核实，判断借款企业与用款方（还贷资金提供方）之间是否存在隐性关联。②关注担保关系。借助中国人民银行征信中心、本银行信贷管理系统，查询企业与担保有关的信息，厘清企业担保圈、担保链。对借款企业担保方单方面提供大额担保，且担保方非上下游企业，第三方提供抵质押担保，企业之间大量频繁互保，借款企业及其担保方办理借款业务为同一经办人等情况，要加强原因分析，判断其是否属于同一实际控制人。

（5）通过交易识别关联关系。①分析交易真实性。部分企业为达到融资等目的，往往通过不必要的交易途径，与关联方订立合同，并附带发票和相关交易文件，形成一笔表面合法的交易。可通过审核购销合同、增值税发票、年度完税凭证、纳税申报表等手段来甄别交易的真实性。如果发现增值税发票缺失或存在疑点，票据金额与收款人业务经营规模不匹配，贴现资金在两家或多家企业间多次划转最后回流出票人的，则相关企业之间可能存在隐性关联。②分析交易公允性。通过对企业上下游企业的交易合同、发票及银行账户流水审核其产品交易是否符合行业特征或交易惯例，是否按照独立企业之间的业务往来作价。如果发现故意提高或降低价格从而达到虚增或虚减利润，收取或支付不合理技术使用费、劳务费等，经常与另一企业一致行动，共同或配合完成某些项目，以及其他严重偏离正常交易价格的行为，则相关企业之间可能存在隐性关联。③分析交易持续性。一般情况下，企业的交易对手和支付数额具有连续性和趋势性，不会出现大起大落的现象。可通过查看企业大额交易历史记录，重点关注特殊时点的大额交易情况。如果企业在申请贷款前迅速以资产转让、关联购销等方式提升利润水平，或者在获得银行融资后，突然对某一交易对手有大额支付，且其资金往来较为单一，则可以根据交易的突发性、单一性和不可持续性，进一步核实企业之间的隐性关联关系。④分析交易对等性。企业进行关联交易的目的通常是为了调节利润、转移资金、获得银行融资，常见的表现为一方占用另一方资源或者利益，另一方则对其让渡资源或利益。在一定时期内，如果发现交易一方总是与另一方发生注入优质资产、提供利润输送、无偿担保或抵押等在商业利益上体现非对等关系的，应着重分析交易背后的原因与动机，多数情况下企业与其交易对手间可能存在隐性关联。⑤分析财务报表异常变化。检查企业应收应付、预收预付款项，相关会计凭证和银行账户资金往来明细账，通过分析企业资金往来情况及动因，识别隐性关联方。若出现应收应付、预收预付款项中有较多的大额款项，企业之间资金占用时间较长；会计凭证显示经常有大额非经营性资金流入或流出；主营收入下降但资金流量不减反增等异常现象的，应引起关注，进一步查清是否存在隐性关联。

5. 调查用信主体及关联企业的信用状况

本银行在集团客户中的信用总量及占比，是否存在授信过度集中风险；本银行信用中有担保的份额是否与客户全部信用中有担保的比重相匹配；当地其他银行对该客户的信贷管理策略及变化情况等。调查集团内部担保情况及集团对外担保情况，集团公司提供的担保是否符合公司章程规定，对外担保总量是否超出其实际代偿能力，担保形成代偿的可能及对集团经营的影响，若分、子公司有不良信用记录和大额涉诉案件，应分析具体原因，并评价对集团客户持续生产能力和银行信用偿还能力的影响程度。

6. 调查担保方案

比较分析该客户在同业的用信方式，原则上本银行条件不低于他行。集团关联企业提供的保证担保原则上不得超过本银行拟核定整体授信额度的30%。若超过30%，须分析原因，提出风险控制措施。

7. 调查授信方案

对客户进行综合评价，明确额度增加、减少或维持，主要投向区域、投向板块等授信策略，确定具体授信方案。授信方案应包括授信对象、授信额度、有效期、用途、价格、担保条款、授信管理要求等内容。

法人贷款客户风险点识别与管理

（一）体制未变动的法人客户风险点识别与管理

1. 客户风险点识别

（1）经营风险。政策环境、行业供求关系出现重大变化，产能利用率下降，市场价格低迷，客户生产经营及财务状况发生不利变化等，进而影响客户持续经营能力和银行信用偿还能力。

（2）财务真实性风险。部分客户编制多套同期报表，以满足不同需要，财务数据失真；财务报表未经审计，可能存在编制不规范、粉饰报表等行为，未能真实反映客户经营成果；财务报表虽经审计，但缺乏客观公正的审计结论。

（3）过度授信风险。客户在银行融资超出自身实际经营需要，财务费用压力超出自身承受能力；在本银行融资份额过高，与客户在本银行存款、结算份额等综合贡献不匹配。

（4）贷款挪用风险。贷款实际用途不符合约定，存在将流动资金贷款挪用于长期投资、固定资产建设等现象。

2. 风险管理措施

（1）调查行业政策及银行准入标准。根据客户所处行业（市场）地位、区域、资产（生产）规模、客户分类结果、信用等级、授信用途等判断本次授信是否符合国家产行业政策和银行准入标准。政策及准入调查是制定客户授信策略的基础工作。

（2）调查财务状况。重点对资产负债表中余额较大和年度变动较大的会计科目进行核对，分析资产结构、负债结构、销售结构、利润结构是否正常，是否有高利息负债，是否存在对外过度担保的问题。财务状况审查的核心是通过财务数据的变动，分析生产经营的变化，杜绝“就数字分析数字”。例如销售收入增长，需分析是由于产能持续放大、产品市场扩大，还是价格上涨的原因造成。

（3）调查信用状况。报告期在各家金融机构的授、用信情况，其他银行对该客户的授信策略，分析评价客户融资稳定性，如有不良信用记录或大额涉诉案件，应分析具体原因，并评价对客户持续生产能力和银行信用偿还能力的影响程度。分析客户或有负债结构、额度及发生代偿的可能性。

（4）调查授信额度与还款能力。①调查授信额度。重点关注授信额度是否在授信额度理论值之内、是否有实际用信需求（包括已占用额度）、是否具有还款能力。一是流动资金需求，按预计的客户生产经营周转资金占用的正常需要量减去自有流动资金和他行流动资金融资核定。通常情况，流动资金授信额度测算中，预计的产销计划、存货周转率应以企业现实情况或以行业平均水平为依据，合理控制“销贷比”。对于拟核定流动资金授信额度超出营运资金测算结果的，调查时关注特殊流动资金需求，如新项目建成投产、季节性收购、临时性大宗采购、订单融资、预付租金等。二是固定资产贷款额度，按项目总投资减去资本金和他行项目融资核定。调查中重点关注拟建项目的合法性、客户出资能力，原有授信是否有未用空间等。②调查还款能力。重点分析测算客户在授信后负债水平是否会超出其合理承受能力，即将授信年度预测的经营性现金流与当年到期信用、应计利息、行业平均水平等指标进行比较，调查判断客户授信承受能力。

（5）设计授信方案。授信方案应包括授信对象、授信额度、有效期、用途、价格、担保条款、授信管理要求等内容，尽可能明确各用信品种的额度分配方案。对于客户存在的主要风险点，提出合理的风险缓释措施，也可设定财务约束条款（包括资产负债率、流动比率、速动比率、或有负债、净资产等的变动范围）。

（二）贷后体制异常法人客户的风险点识别与管理

借款法人客户出现体制“异常”是从贷后管理的角度而言，公司有些行为在法律意义上并非都属于异常，如公司的合并、分立、减资等，但从信贷风险防范的角度看，我们有必要将其纳入异常情形加以关注和应对。

借款法人客户体制异常的主要情形包括公司合并、分立、减资、解散和清算、破产等。银行的格式合同中一般都约定，借款人实施下列行为，应提前书面通知贷款人，并经贷款人同意，贷款人可以参与实施承包、租赁、股份制改造、联营、合并、兼并、并购、分立、减少注册资本、合资、主要资产转让、重大对外投资、发行债券、大额融资、重大关联交易、申请停业整顿、申请解散、申请破产等。因此，客户经理应当牢记，公司发生合并、分立、减资、解散和清算、破产等情形，都应当提前通知银行并经银行同意才能实施的，否则就构成违约，银行可以依法、依合同追究其责任。

1. 公司合并

（1）风险信号识别。公司合并是指两个（以上）公司通过订立合并合同，依法定程序，归并成为一个公司的法律行为。公司合并的方式有两种：一种是吸收合并，即参加合并的一个公司吸收其他公司，被吸收的公司解散，吸收合并与狭义上的兼并含义相同。另一种是新设合并，两个以上公司合并设立一个新的公司，参加合并的各公司解散。公司合并涉及公司实体的变化，公司财产与公司债务的归并、转移，因而会对银行债权产生重大影响。根据《中华人民共和国公司法》规定，公司合并的，合并各方的债务，应当由合并后存续的公司或者新设的公司承继。

（2）风险管理措施。债务人经常利用公司合并、债务转移与资产转移不同步来逃废债务，客户经理应密切关注客户动态，对《中华人民共和国公司法》和信贷合同赋予银行的权利要做到心中有数，学会运用权利来保护债权。①银行对公司合并享有知悉权。②银行对公司合并享有异议权。③在合并可能危及债权安全，银行与债务人就落实债务、提前清偿债务或补充提供担保达不成一致意见的情况下，银行可以向债务人、债务人控股股东、合并另一方当事人和政府有关部门提出反对合并的意见，阻止其合并。

2. 公司分立

（1）风险信号识别。公司分立是指一个公司不经过清算程序而分成两个或两个以上具有法人资格的公司的法律行为。公司分立的形式包括新设分立和派生分立。新设分立是指公司将其全部财产和债权债务清理分割后分别归入新设立的两个或两个以上的公司，原公司解散注销，新公司设立登记。派生分立是指一个公司分出部分资产和业务设立一个或几个公司，原公司继续存续，其与新公司之间没有股权关系，不是母子公司关系，而是兄弟公司关系。

（2）风险管理措施。根据法律规定，公司分立的，分立前的债务由分立后的公司承担连带责任。但是，公司在分立前与债权人就债务清偿达成的书面协议另有约定的除外。债务人公司分立，使得原公司资产、业务和规模都发生变化，导致偿债能力下降。银行在贷后管理中，应当按上述法律规定或合同约定向还款义务人进行催收。还款义务人为多人的，应当向全部还款义务人催收。

3. 公司减资

（1）风险信号识别。减资是指公司根据某种情况或需要，依照法定条件和程序，减少公司的资本总额。在实质性减资的情况下，公司将已经收到的部分出资款返还给股东，既减少公司的资本，也减少公司的资产或营运资金，对公司偿债能力和债权人的利益产生重大影响。因此法律对公司减资规定了严格的条件和程序：①要由股东大会做出减资决议，并相应地对章程进行修改。②公司必须编制资产负债表及财产清单。③通知债权人和对外公告，应自做出减资决议之日起10日内通知债权人，并于30日内在报纸上公告。④清偿债务或为债务提供担保，债权人自接到通知书之日起30日内，未接到通知书的自公告之日起45日内，有权要求公司清偿债务或者提供相应的担保。⑤办理减资登记手续，减资自办理工商变更登记手续之日起生效。

（2）风险管理措施。银行应关注公司的减资行为，看其减资是否符合法律规定的条件和程序，看其对债权保障是否有重大不利影响。如果减资影响公司对外偿债能力，影响银行信贷资产安全的，则应在法律规定的时间内及时要求公司清偿债务或者提供相应的担保。公司拒绝清偿债务或者提供相应担保的，银行可依据借款合同约定内容，果断采取法律措施，阻止公司股东以减资为名抽逃资金、转移公司资产。

4. 公司解散和清算

（1）风险信号识别。公司解散是指公司因发生章程规定或者法律规定的解散事由而停止业务活动，并进行清算的状态和过程。公司解散的，应当进行清算，只有公司清算完毕并注销登记后才消灭法人资格。公司解散涉及公司法人资格存续问题，对公司债权人影响巨大。法律对公司解散和清算规定了严格的程序，银行有关人员应该熟练掌握这些规定，通过正当的法律程序尽力维护债权。

（2）风险管理措施。①公司解散原因。根据《中华人民共和国公司法》规定，公司解散的原因有以下几种情形：公司章程规定的营业期限届满或者公司章程规定的其他解散事由出现；股东会或者股东大会决议解散；因公司合并或者分立需要解散；依法被吊销营业执照、责令关闭或者被撤销；公司经营管理发生严重困难，继续存续会使股东利益受到重大损失，通过其他途径不能解决的，持有公司全部股东表决权百分之十以上的股东，请求人民法院解散公司，人民法院决定予以解散。②清算组的组成。除公司分立或合并以外，公司因上述其他原因解散的，应当在解散事由出现之日起 15 日内成立清算组，开始清算。③清算组的职权。清算组在清算期间行使以下职权：清理公司财产，分别编制资产负债表和财产清单；通知、公告债权人；处理与清算有关的公司未了结的业务；清缴所欠税款及清算过程中产生的税款；清理债权、债务；处理公司清偿债务后的剩余财产；代表公司参与民事诉讼活动。④债权申报。清算组应当自成立之日起 10 日内通知债权人，并于 60 日内在报纸上公告。清算组应当将公司解散清算事宜书面通知全体已知债权人，并根据公司规模和营业地域范围在全国或者公司注册登记地省级有影响的报纸上进行公告。债权人应当自接到通知书之日起 30 日内，未接到通知书的自公告之日起 45 日内，向清算组申报其债权。债权人申报债权，应当说明债权的有关事项，并提供证明材料。清算组应当对债权进行登记。债权人在规定的期限内未申报债权，在公司清算程序终结前补充申报的，清算组应予登记。⑤债权确认。公司清算时，债权人对清算组核定的债权有异议的，可以要求清算组重新核定。清算组不予重新核定，或者债权人对重新核定的债权仍有异议，可以公司为被告向人民法院提起确认债权之诉。⑥公司财产清偿顺序。清算组在清理公司财产、编制资产负债表和财产清单后，应当制订清算方案，并报股东会、股东大会或者人民法院确认。公司财产的清偿顺序为：支付清算费用、职工的工资、社会保险费用和法定补偿金，缴纳所欠税款，清偿公司债务，剩余财产分配给股东。公司财产在未依照前款规定清偿前，不得分配给股东。债权人补充申报的债权，可以在公司尚未分配财产中依法清偿。公司尚未分配财产不能全额清偿的，债权人可以要求股东以其在剩余财产分配中已经取得的财产予以清偿，但债权人因重大过错未在规定期限内申报债权的除外。⑦公司普通清算转入破产清算的情形。清算组在清理公司财产、编制资产负债表和财产清单后，发现公司财产不足清偿债务的，应当依法向人民法院申请宣告破产。由于破产清算程序时间长、费用高，虽然公司财产不足以清偿债务，但银行也可以与公司清算组达成减免债务协议，尽可能避免走破产清算程序。公司经人民法院裁定宣告破产后，清算组应当将清算事务移交给人民法院指定的破产管理人。公司被依法宣告破产的，依照有关企业破产的法律实施破产清算。⑧公司法人资格的终止。公司清算结束后，清算组应当制作清算报告，报股东会、股东大会或者人民法院确认，并报送公司登记机关，申请注销公司登记，公告公司终止。

5. 公司破产

（1）风险信号识别。债务人破产对银行债权影响巨大。《中华人民共和国企业破产法》创设了一系列的制度，为银行保全债权提供了比较完善的法律武器，对银行债权的维护也提出了更高的要求。客户经理应加强对《中华人民共和国企业破产法》的学习和研究，依照法定程序和时限要求，积极行使法定权利，主动依法维权，防范信贷风险。

（2）风险管理措施。①及时果断申请债务人破产清算。企业法人不能清偿到期债务，并且资产不足以清偿全部债务或者明显缺乏清偿能力的，债权人也可以向人民法院提出破产申请。银行要动态监测企业的经营、财务等情况及足以影响正常经营的重大事件，对处于衰退期、濒临破产边缘或基本符合破产条件的企业，及时进行清理，适时启动客户退出机制，不再发放新贷款；对未能清偿的贷款不再办理展期；已经形成不良贷款的要果断采取有效措施；已经办理担保的立即变现担保债权，仍不能全部清偿的，要果断向人民法院申请债务人破产清算。②及时申报债权。人民法院受理破产申请后，银行应依照法律规定的程序行使权利，在人民法院确定的债权申报期限内向管理人申报债权。③灵活运用重整制度。相对于破产清算的低清偿率而言，重整对银行和企业来说都更具有重要的现实意义。这就要求银行要密切关注企业经营形势、财务状况和发展前景，对尽管符合破产条件但因一时流动资金周转困难而不能清偿债务或仍有较大生存价值、发展潜力的企业，在经营状况不再继续恶化或对银行债权不会产生新的威胁的情况下，积极运用重整措施督促和帮助企业走出经营困境。在企业重整计划执行过程中，应加强对重整企业的监管，保护担保债权的安全，防范债务人借机逃废债务。在重整期间，担保物有损坏或者价值明显减少的可能，足以危害债权安全的，银行可以向人民法院请求恢复行使担保权。④制止破产企业不当行为。银行应当加强与破产管理人的沟通，及时提供债务人逃债信息，督促破产管理人及时依法行使法定权利，同时也要防止管理人与债务人及其他利害关系人恶意串通侵害银行利益。

农业产业化贷款企业风险点识别与管理

（一）客户风险点识别

农业产业化企业受国际国内宏观形势及受原材料价格波动、人工成本增加等因素的影响，生产经营风险增加。

某些农业产业化龙头企业在快速集团化、规模化进程中，法人治理结构不健全、转型改制不到位；没有平衡好专业化生产与多元化发展的关系；过度负债、过度担保、过度资本运作；违规经营、财务欺诈，造假难以为继；农业产业化企业研发能力较弱，创新能力不足，精深加工产品不多，附加值不高，产品同质化现象严重。

食品安全等突发事件对涉农、食品企业的质量控制要求不断提高。从孤立的、单个企业的食品安全事件到公众对行业标准的质疑；突发事件从食品市场、商品市场，波及资本市场；从企业商誉损失到消费者信任度的下降。

农产品收购季节性强、流动资金需求量大，而农业产业化企业普遍规模较小、缺乏有效抵押物，一直以来获得银行信贷支持较为困难。

自然灾害频发使农业产业化企业弱质性凸显。近年来，我国地震、干旱、洪涝、暴雨等自然灾害频发，灾害区域内农业产业化企业生产经营受到极大影响。

（二）风险管理措施

（1）严格把好客户准入关。要严格执行农业产业化企业准入标准，把好入口关，优先支持规模较大、信誉较好、经营效益较高、建立现代企业制度的农业产业化企业。要避免对集团客户“光环”迷信；支持骨干型龙头企业兼并重组，向行业旗舰方向发展；以壮大主业为基础，向产业链两端延伸，致力于种、加、产供销一体化经营的农业产业化龙头企业；符合循环经济理念，从事生态农业及相关产业的龙头企业；积极开拓国内、国外两个市场，实现跨区、跨国经营的农业产业化龙头企业；支持各地特色优势农业资源产业的发展。

（2）以提高客户管理水平为主要目标，加强与核心客户的战略合作，做好重点客户的营销服务工作。

（3）加强与地方政府部门合作。特别与财政部门和农业部门的战略合作。

（4）实行农业产业化企业信贷资金封闭运行。对贷款实行从发放到收回全过程的监督和控制，确保贷款资金用于生产经营。

（5）建立风险补偿机制。积极协调当地政府建立融资性担保公司、风险补偿基金或者农业保险，探索风险共担模式。

（6）加强对行业风险、区域风险的整体分析。加强对重点行业、重点区域的风险监控。

（7）加强对集团客户贷款的管理。密切关注集团客户主营业务现金流，重视实地调查、外部求证和非财务因素分析；加强对集团客户整体风险的把握，合理控制集团客户及其关联企业授信额度；严格控制集团客户关联担保，重视物权抵（质）押。

（8）创新农业金融合作模式。可探索“八位一体”农村金融合作模式，即农业企业集团、政府相关部门、商业银行、担保公司、保险公司、优秀龙头企业、专业合作社和农户等八方共同参与一体化协同运作的模式。该模式以农业企业集团为核心，担保公司为纽带，金融资金链为“血液”，实行产业链一体化集中运作，有效地分散和化解养殖合作社和养殖户小规模养殖风险，带动其经营致富，实现企业、农户、银行等参与方多赢。

（9）创新担保方式。结合国家农村产权改革政策与相关法律规定，按照“规范创新、试点先行、分类管理、稳妥推进”总原则，探索有关农村产权抵押担保创新，如农村土地承包经营权抵押贷款、农村集体经营性建设用地使用权抵押、农民住房财产权抵押、林权抵押等担保方式，确保抵押创新工作规范、有序、稳妥开展。

（10）建立强制保险制度。农业产业化企业必须参加财产保险，积极引导借款人参加农业保险和相关保险，提高抗风险能力。

个人贷款客户风险点识别与管理

（一）收入证明虚假

1. 客户风险点识别

收入证明虚假的客户风险点识别：①借款人单位开具的收入证明中收入虚高；②不存在雇佣关系的单位开具收入证明；③借款人伪造收入证明；④客户提供虚假的净资产证明或股东分红证明；⑤客户提供变造后的银行流水等虚假的辅助证明；⑥个人收入证明开具单位与个人征信报告记录不符；⑦个私业主开具的收入证明金额远高于注册资本。

2. 风险管理措施

针对收入证明虚假的客户，应采取以下措施：①应向借款人收入证明开具单位调查其职务、级别、收入等情况；②借款人如有其他收入来源，应核实相关证明材料（租赁收入、股本分红等）；③交叉检验收入证明的真实性。

（二）购房行为不真实（即“假按揭”）

“假按揭”又称按揭欺诈或恶意按揭，是指开发企业或经销企业以虚假借款人的名义签订商品买卖合同进行虚假交易，或恶意串通无真实交易意愿的买受人订立商品买卖合同虚构交易事实，或与买受人恶意串通以明显高于同类商品的价格订立商品买卖合同，然后以支付商品买卖合同的货款为由向银行申请借款，办理银行按揭贷款，套取银行信贷资金的行为。“假按揭”通常发生在商品房预售或耐用消费品买卖中，它是开发企业或经销企业与买受人恶意串通，套取银行贷款挪作他用的非法融资行为。这种融资行为具有金融欺诈性质，一般而言，该行为属于民事欺诈范围。如果开发企业和买受人的上述非法融资行为以非法占有银行贷款为目的，则构成刑事诈骗。“假按揭”根据实施目的的不同，可以分为诈骗型“假按揭”和融资型“假按揭”。

1. 客户风险点识别

购房行为不真实的客户风险点识别：①客户并未与开发商发生真实购房行为，或未签订合法有效的房屋买卖协议；②开发商将房屋销售后，再与其他购房人签订商品房买卖合同，重复销售；③开发商将房屋出售给关系人，套取资金；④借款人单位为房屋的开发商、销售代理商、承建商、材料供应商或其他关联企业；⑤中介机构内部员工作为买方或卖方发生的二手房交易、近亲属之间发生的二手房交易；⑥借款人对房屋基本情况不熟悉、不关心；⑦滞销楼盘或尾盘突然热销；⑧多个借款人集中签订合同，集中办理贷款；⑨借款人对利率不敏感不关心。

2. 风险管理措施

（1）审查开发企业的资信及开发项目的合法性。“假按揭”发生的直接动因源于开发企业，其与开发企业的经营状况及法定代表人的诚信品质密切相关，银行应通过审查开发企业的资信和项目的合法性与可行性，谨慎选择按揭业务合作伙伴。

（2）审查按揭申请人的资料与身份的真实性。“假按揭”须依赖按揭人的参与才得以实现，这种参与有时是真实的，有时却是开发企业虚构的，但无论何种情形，离开按揭人这一载体，“假按揭”就不可能得逞。因此，严格认真地审查按揭申请人的资料与身份，可以有效地识别“假按揭”并防止其发生。

开发企业用于实施“假按揭”的借款人，通常情况下为开发企业内部职工及其亲友，也有雇佣外来务工者。而且，“假按揭”具有开发企业统一申办按揭贷款手续、一人购买多套房屋、房价偏高和按揭贷款成数高等特点。

（3）坚持“面谈”和“面签”制度。经验告诉我们，商业银行逐一与按揭人当面洽谈，可以增加借贷双方当事人的相互了解，方便银行掌握购房人办理按揭贷款的真实意图。银行应当认真做好谈话记录，对面谈中发现的疑点要及时进行调查核实。如果按揭人对楼盘的质量、位置及周边配套设施建设等情况不关心的，银行应当警惕是否存在“假按揭”的可能。借款申请人在银行客户经理的指导下，当场完成按揭借款合同等相关资料的填写与签名工作，是防范“假按揭”发生的又一重要举措。“面谈”和“面签”是银行在实践中总结出来的两项重要制度，对于识别和防范“假按揭”行之有效，商业银行只要持之以恒地坚持，一定能有效地遏制“假按揭”发生与蔓延。

（4）加强实时实地调查。实地调查了解房屋的位置、朝向、结构、销售等情况；通过走访借款人对房屋情况的了解程度，了解借款人购房行为的真实性；向房屋产权部门了解售房合同备案情况。

（三）资金用途不真实

1. 客户风险点识别

资金用途不真实的客户风险点识别：①客户通过伪造进货或销售合同等方式，编造资金需求；②客户把贷款资金用于股市投机、高利贷等高风险领域，挪用贷款资金；③通过实地察看合同交易中双方的生产情况发现不存在此贷款需求；④在外部环境发生重大变化的情况下，通过同期对比、进货或销售不符合以往或同业的生产销售规律；⑤合同中所购买物品非生产经营所用物品；⑥资本市场投资行为活跃时期，客户循环借贷周期极短、频率极高。

2. 风险管理措施

针对资金用途不真实的客户，应采取以下风险管理措施：①实地察看生产经营情况，向交易对手查询，核实交易合同的真实性；②核查贷款发放后，借款人是否直接将信贷资金划转入个人投资参股的法人类企业账户；③经营行发放贷款时严格核查借款人账户是否为资本投资账户。

（四）汽车购销行为不真实

1. 客户风险点识别

汽车购销行为不真实的客户风险点识别：①经销商借用内部职工或关联公司员工名义，办理汽车按揭贷款；②经销商冒用他人身份证件办理按揭贷款；③经销商法人代表或其亲属在本公司购买汽车办理按揭贷款；④购车人身份与所购车型明显不符；⑤对所购车辆和贷款漠不关心；⑥经销商以种种理由推诿实地调查；⑦较短时间内同一经销商集中办理按揭贷款；⑧车辆价格普遍高于市场价格；⑨积压车辆突然热销；⑩一人购买多辆汽车。

2. 风险管理措施

针对汽车购销行为不真实的客户，应采取以下风险管理措施：①与借款人联系了解其购车行为的真实性，详细了解借款人家庭情况；②密切关注汽车经销商财务情况，防止其利用按揭贷款套取银行信贷资金；③通过交叉检验方式了解汽车经销商经营管理特别是融资情况。

农户小额贷款客户风险点识别与管理

（一）客户风险点识别

1. 农户信用风险

信用风险，指由于债务人或交易对手违约或其信用评级、履约能力降低而造成损失的风险。从农户贷款来看，由于农民缺乏合格的抵押品和合适的担保措施，银行一般只能着眼于第一还款来源，因此，信用风险是导致农户贷款形成潜在损失的最主要因素。

2. 自然灾害风险

农业易受气候、自然灾害、病虫害的影响。种植养殖农产品要有适宜的气候条件，恶劣的气候将导致农产品的减产或绝收。洪灾、干旱、病虫害等也会导致农产品的减产或绝收。

3. 地方行政干预风险

有的地方仍然用行政命令指挥农户种什么、种多少、怎样种，违背经济规律，导致与市场严重脱节，形成农业损失，造成贷款风险。

4. 农业技术革新风险

由于我国居民消费习惯的逐步变化，对农产品的品种、品味、质量及包装要求越来越高。农业技术革新必须加快进行才能适应市场竞争。包括品种资源改造、动植物新品种选育、栽培技术、饲养技术、防疫技术、新化肥、新农药、新农具等都需要农民进行学习运用。而我国农村许多中青年农民都外出务工，留守家中的年龄偏大，对农业新技术的学习、接受能力不强。

5. 国际国内市场风险

由于我国对外开放力度加大，特别是农产品市场放开以后，国际农产品价格的波动也会传导到过年，影响我国农业生产。

6. 道德风险

主要指客户经理为了个人私利，采取提供虚假信息、虚假手续、非法或越权办理业务等手段骗取银行贷款。这种风险一般较少发生，但是一旦发生，影响极其恶劣，必须对其采取“零容忍”态度。①向农户索取贷款好处费。有的客户经理对经手农户贷款业务收受、索取好处费，导致农户意见较大，拒绝还款。②冒用农户名义贷款。有的客户经理铤而走险，借帮着农户办理业务过程中，骗取农户个人信息，以农户名义套取贷款，用于转贷牟利、经商投机、炒股、赌博挥霍等。③协助他人骗贷或默许、纵容农户造假骗贷。一方面，有的客户经理为完成任务，贷前严重依赖外部人员，导致产生虚假贷款、违规贷款，有的客户经理甚至默许、纵容客户造假骗贷；另一方面，有的客户经理收受好处，与不法分子勾结，协助骗取农户贷款，造成严重损失。

7. 操作风险

农户贷款操作风险主要集中在不能有效落实有关制度，贷前准入不严，贷后管理不到位等，形成多贷一用、甲贷乙用、冒名顶名贷款、信贷资金流入员工账户等问题。主要原因在于：

（1）人员素质问题。操作失误或疏忽、未按规定操作或违规操作、内部欺诈等。

（2）重投放轻管理。为完成农户贷款投放计划，部分银行放松准入要求，严重依赖外部人员，调查不实、贷中贷后管理缺失。

（3）多户联保难以有效化解农户贷款风险。一方面，有的银行农户小额贷款管理办法准入门槛较低，多户联保进入门槛低，部分农户收受好处或碍于情面，协助他人贷款，形成多贷一用；另一方面，一户不还，联保小组其他成员观望拖欠。

8. 贷款管理能力风险

（1）银行网点与客户经理服务能力不足。银行网点覆盖范围较广，农户贷款管理能力不足；客户经理数量不足、承担营销任务较重；缺乏系统培训，责任心、业务素质相对较低。

（2）银行农户贷款风险预警、报告、处置机制不健全。有的银行经营网点在农户贷款业务发展过程中，有关人员怕担责任、怕得罪人，倾向于掩盖、瞒报、迟报风险事实，贻误最佳风险处置时机，导致形成实质性风险或风险积聚。有的银行管理行缺乏有效的穿透式风险管理手段，难以及时全面发现问题；风险暴露初期，缺乏"风险跳闸机制"，难以有效控制风险蔓延；风险充分暴露之后，鉴于农户属于特殊群体，缺乏丰富有效的强力处置手段。

9. 外部合作机构风险

由于"三农"信贷业务面临的特殊环境，发放农户贷款时，常需要与诸如担保公司、村委会、产业化龙头企业、专业合作社、评估公司等外部机构合作。在促进农户贷款业务发展的同时，隐含的信贷风险也应引起关注。产业化龙头企业不及时付款导致农民拒绝还款、超能力担保、中介服务机构作假等问题不断出现，风险隐患日益凸显，迫切需要进一步规范。

（二）风险管理措施

1. 把好农户贷款准入关

注意从优势行业中选客户，从优良区域中选客户，从优质客户中选客户。单个农户贷款选择上做到"九看"：看有无欠银行贷款特别是逾期贷款；看有无经济纠纷；看在当地口碑，借款人及家庭成员的信用状况和个人品行，特别是有无诈骗、黄、赌、毒情况；看贷款用途真实性与合理性；看借款人的借款额度是否超出其实际资金需求和还款能力；看主要资产，如房屋、机械设备；看经营场所；看过往经营业绩；看与其他农户对比。

2. 做实贷前，办理农户贷款做到“四个合格”

（1）合格的服务区域，就是不“包打天下”，控制服务半径，主要选择信用环境好、不良贷款较低的村组发展农户贷款业务。

（2）合格的银行网点，就是重点选择当地农业发展较为成熟且客户经理队伍相对充实的银行网点开办农户贷款业务。

（3）合格的借款农户，就是严格按照本银行确定的准入条件筛选借款农户。

（4）合格的客户经理，就是选择好客户经理，确保信贷风险管理不变通、不走样。

3. 创新农户贷款发展模式

（1）农户贷款模式创新的原则。①必须突出区域差异，不能搞一刀切。农村金融市场复杂，在全行统一单一发展模式是难以实现的，必须因地制宜，突出区域差异。②必须与银行的自身实际相结合。充分考虑自身的营销服务能力、风险管理能力，在网点辐射范围内做大、做强、做精。③必须以实现银行可持续发展为根本目标。按照商业运作要求，做到“服务到位、风险可控”，才能实现“发展可持续”的目标。

（2）农户贷款模式创新的思路。走规模化、专业化、集约化路子。“规模化”是降低成本的基本思路，必须创新业务发展模式，实现区域连片化、农户产业化、业务批量化；“专业化”是控制风险的有效手段，必须“用专业人做专业事”，实现贷前尽职调查标准化、审查审批与贷中尽职控制精细化、贷后尽职管理专业化；“集约化”是确保商业银行可持续经营的根本途径，必须按市场化原则优化农户、贷款、担保结构，发展高附加值贷款业务和风险较低的担保方式。

（3）农户贷款模式创新的方法。要有严密的风险管控方案，要有明确的目标农户指向，要有专门的产品和服务方案，要有简明有效的流程设计，要有专业化的服务团队，要有切实可行的营销拓展方案，要有宣传推广方案和品牌包装。

（4）农户贷款模式创新的选择。商业渠道带动模式，龙头企业带动模式，产业集群带动模式，产业园区带动模式，专业市场带动模式，以及大数据带动模式，如订单贷、资金流量贷等。

4. 科学设计信贷方案

信贷方案的设计要科学，包括农户贷款产品选择、贷款额度确定、贷款用途认定、贷款期限核定、担保方式选定、还款方式选定、支付方式选择、安全条款设定（如农业保险、财产保险）等。

5. 严格农户贷款审查审批

农户贷款审查审批要做到“十看”：看是否在重点区域，看是否重点行业，看是否符合银行农户贷款标准，看有无合作机构（如村委会、农业合作社）与信息员推荐意见，看是否双人调查，看调查内容是否全面完整，看有无不良信用记录或经济纠纷，看是否落实有效担保，看信贷方案设计是否合理，看农户贷款营销和管理责任是否落实。

6. 加强对农产品市场研究

银行每年必须提前做好对大宗农产品市场研究，科学预判，超前谋划，再也不能盲目贷款。

7. 强化农户贷款贷后管理

强化农户贷后管理工作，需要做到：①全面覆盖、突出重点，即贷后管理覆盖农户贷款所有业务品种，根据业务特点突出贷后管理重点；②分类指导、便于管理，即根据贷款额度、担保方式、业务模式等维度分类管理，在提高贷后管理有效性的同时尽可能减轻日常管理工作量；③职责明确、考核到位，即明确农户贷款贷后管理部门及岗位职责，加强考核激励，确保贷后管理责任落实到位。

[巴老师讲案例之二十一]

农户小额贷款风险管理案例

一、案例简介

某银行2017年3月，采用“公司+农户”订单模式向何××等47人发放农户小额贷款235万元，由××农业生产资料连锁有限公司提供保证担保。贷款发放后，全部由××公司使用，其中46笔、230万元均在贷款发放当日转入××公司法定代表人胡××个人账户，信贷检查发现有7笔贷款借据非借款人本人签字。

二、问题思考

1. 该银行农户小额贷款业务存在哪些风险隐患?

2. 在农户贷款操作管理中应注意哪些问题?

三、老师讲评

1. 该银行农户小额贷款业务存在的风险隐患。一是没有严格进行支付管理，导致农户贷款进了担保企业负责人的个人账户；二是没有严格贷款用途管理，导致私贷公用；三是没有严格面签制度，导致发生冒名贷款。

2. 要做好订单农户贷款管理，必须做好四选。一是选好产业。优先选择订单模式发展成熟、龙头企业质量较高、带动能力较强的行业作为服务对象。二是选好企业。把农业产业化企业准入作为防范订单农户贷款风险的首要关口，高度重视企业信誉和经营能力，特别是要注意企业与农户合作关系的紧密性和稳定性。三是选好农户。对订单农户不能照单全收，应在企业推荐基础上，根据农户经营能力、经营规模、收入水平、还款能力等进行自主选择借款农户，做到优中选优。四是选好合作方式。针对每个企业实行项目制管理，有针对性地制订银企合作方案，提高业务效率，加强资金监控，强化贷后管理，最大限度发挥企业对农户的掌控优势。

信贷产品风险点识别与管理

固定资产贷款

（一）产品风险点识别

1. 合法合规性风险

固定资产贷款的风险主要表现在：项目不符合国家现行的行业政策、银行保险监管机构的监管要求和本银行的信贷政策；未按规定立项、审批、核准或备案；未按规定取得环评、用地手续；不符合国家和本银行规定的最低资本金比例要求；项目本身已取得国家规定的各类批准文件，但批复文件的主体不是借款人或不完全是借款人，这种错位也有可能产生合法合规性风险。

2. 资金风险

固定资产贷款的资金风险主要有总投资超概算、资本金到位和筹资风险：

（1）总投资超概算风险。因国家政策调整、项目建设工期延长、建筑成本增加、设计要求提高（如环保要求等）、设计偏差或新增建设内容等，项目可能出现总投资超概算情况。

（2）资本金到位风险。客户出资意愿、出资能力降低，项目资本金未能按约定及时足额到位。

（3）筹资风险。除资本金、本银行贷款外，其他融资渠道不畅导致项目可能存在一定的资金缺口。

3. 市场风险

固定资产贷款的市场风险主要有价格风险、竞争风险和需求风险。项目建成后，由于市场环境变化和竞争对手策略调整，产品市场需求、市场价格发生变化和波动，项目未能实现预期经济效益。

4. 完工风险

固定资产贷款的完工风险是指未能按期完成建设、未能达到设计的技术经济指标（包括产量、质量、原材料、能耗等指标）、未能按期投入运营，项目未能形成完工的风险。

（二）风险管理措施

1. 调查客户基本情况

新建项目法人应重点分析股东背景、管理能力、技术及工艺水平等，能否保证项目的出资和建设，是否具备与所投资项目相适应的主体资格和经营资质。

2. 调查客户财务状况

新建项目法人主要判断其注册资本及其他资金来源的真实性。

3. 调查合法合规性

（1）准确认定贷款项目归属的行业细类，避免因行业认定或者政策适用不准确而误导决策。

（2）严格调查贷款项目是否应以审批 / 核准 / 备案的方式获得政府主管部门批准，建设投资批准文件是否由政府有权部门下发。

（3）严格调查环评手续是否齐全。项目需进行环境评价的，应具备完整的环评手续。一套完整的项目环评手续至少包括以下三份书面文件：①《环境影响报告书》或者《环境影响报告表》，这是由项目建设单位聘请具备资质的机构编制的，用于向生态环境部门申请核准，该文件不代表生态环境部门已经批复。②生态环境部门下发《关于 ×× 项目环境影响报告书的批复》或同等效力的书面文件，即所谓的“一控双达标”文件（“一控双达标”就是污染总量控制，环境功能区达标，所有工业污染源排放污染物达标）。该批复代表项目环保合法性手续初步具备。③原批复环境影响报告书（或表）部门再次下发《项目环境评价报告批复》，该批复下发的前提是，项目投入试生产3个月内企业必须按规定申请办理“竣工环境保护验收手续”，即所谓的“三同时”（配套的环境保护设施与主体工程同时设计、同时施工、同时投入使用）验收报告，项目未经验收或验收不合格不得投入正式生产。取得《项目环境评价报告批复》代表着项目已投入生产并经环保验收合格。调查时应特别关注环评批准文件是否由有权部门下发。

（4）调查项目用地手续是否齐全。主要关注项目是否取得“四证”及涉及的土地面积是否完整。贷款项目若不符合国家相关规定或合法性手续尚未齐备，将会构成合法合规性风险。

4. 调查建设和生产条件

调查项目的建设和生产条件主要包括技术和工艺水平、设备选择、工程选址、原材料和能源供应、交通运输、设计和施工力量、配套设施、安全生产等方面。调查时应关注项目的建设及生产条件是否具备，能否达到项目要求，尤其是工业项目的技术、工艺方面，是否已掌握或拥有相应的技术工艺或技术产权，若技术工艺是与其他组织合作而只取得使用权，还要重点核查使用权的稳定性。

5. 调查建设进度

调查项目的建设进度要了解从立项、可行性研究、报批、征地拆迁和土建、市政配套、厂房建设、设备采购、设备调试、建成试生产到竣工验收等整个项目建设的进度计划。关注项目是否按期开工、建设资金到位及项目进展是否顺利；对于已开工项目，要分析形象进度、投资完成情况和各项资产的使用情况，关注有无停工现象、非正常停工的原因等。

6. 调查投资方案

项目总投资指拟建项目所需的固定资产投资和铺底流动资金需要量之和。主要判断投资方案构成是否全面、合理，是否存在高估或低估投资规模现象。应从以下方面把握：

（1）通过比对同行业、同规模、同类型的其他项目，判断本项目评估的总投资及其构成是否合理。

（2）通过对比不同渠道提供的本项目总投资，包括可研报告、有权部门核准批复、环评批复、银行评估报告等，判断本项目的实际总投资、建设规模及产能是否超过了有权部门的核准内容，如有较大差距，应要求评估部门给予合理解释。

7. 调查筹资方案

（1）资本金来源。符合以下条件的资金，可以认定为资本金：项目融资条件下项目法人的所有者权益；一般固定资产贷款条件下项目法人投入项目的非负债性资金；各级政府的财政预算内资金、国家批准的各种专项建设基金、地方政府按规定收取的各种规费及其他预算外资金；股东借款中股东已明确承诺银行固定资产贷款偿还前放弃本息偿还义务的部分（房地产开发项目除外）；到期期限晚于固定资产贷款期限，且到期前不承担本息偿付义务的股权融资之外的其他直接融资（房地产开发项目除外）；符合资本金定义及国家有关规定的其他资金。

（2）资本金比例。不同行业的最低资本金比例要求不同，以国家已颁发的相关行业与本银行行业信贷政策的最新规定为准。调查时应根据项目整体风险程度，提出合理的资本金比例建议，但不得低于国家规定的最低资本金比例。

（3）资本金出资方式。出资方式包括货币资金、实物、工业产权、非专利技术、土地使用权等。其中以工业产权、非专利技术作价出资的比例不得超过项目资本金总额的20%（特殊规定除外）。以非货币资金方式出资的，应调查客户提供的权属证明、评估报告等相关资料，重点调查其所有权是否归客户所有，是否办理了合法有效的产权转移手续，估价是否合理，是否属于项目建设需要，是否用于项目建设，占项目资本金总额的比例是否符合规定。

（4）资本金到位与运用。①对于项目融资，项目法人的所有者权益（即股东入股）为项目资本金。应调查公司章程、合同、验资报告、营业执照及企业财务报告，调查各股东认缴出资的合法性、出资额及实际到位额；未到位的资本金，应分析各股东的出资能力和到位进度。既有项目法人的自有资金来源于企业所有者权益、建设期内经营所得（不包括本项目经营所得）、股东增资扩股资金等。②对企业所有者权益，应着重分析其中可用于本项目建设的资金，主要包括两个方面：一是企业货币资金中可用于项目投资的资金；二是企业其他资产中可变现用于项目投资的资金。对建设期内经营所得，建设期长的项目，部分项目资本金可从客户建设期内经营所得中筹措，调查时应关注其在资本金总额中所占比重，并分析企业在建设期内经营收益的稳定性和资金到位的可能性。③对股东增资扩股，若借款人反映增资扩股资金已到位，应审查验资报告，核实增资方式、金额、是否已变更营业执照中的注册资本等，分析增资扩股资金中可用于本项目建设的资金；若借款人反映增资扩股资金尚未到位，应调查股东的出资承诺、出资方式、出资能力和增资到位的可能性。

8. 调查市场状况

要通过对项目产品市场现状、未来市场供求状况及产品市场竞争能力的分析，判断项目的市场风险。重点分析项目所处行业的整体市场特点、政策环境、发展趋势和竞争态势，以及产品供求关系、未来市场供求状况和项目目标市场需求情况等。

9. 调查财务效益及第一还款来源

调查审核项目的评价参数和基础数据的取值是否合理，财务指标的计算方法是否正确，测算的还款来源是否能覆盖贷款本息。

（1）项目评价参数的取值是否合理。项目评价参数有：项目计算期、财务基准收益率、生产负荷。

（2）项目的基础数据是否合理。通过与本企业同类产品、竞争对手及行业平均赢利水平等因素作比较，判断基础数据是否合理，有无存在过于乐观现象。同时，对优势突出的因素，分析其是否具有可持续性。基础数据包括：

财务价格，单位产品对原材料、动力、水资源消耗量，工资及福利费，折旧、摊销及修理费用，项目税费。

（3）各项财务指标计算是否正确。这些财务指标包括：项目成本费用估算、项目收入及损益表、现金流量表、财务指标综合分析。调查资金来源与运用表、借款偿还表计算是否正确；总成本费用估算表、销售收入及销售税金附加估算表、损益表、现金流量表、资金来源与运用表、借款偿还表中相关数据是否衔接；财务净现值、内部收益率、动态投资回收期、借款偿还期等指标计算是否正确。

（4）项目不确定性分析。调查时进行盈亏平衡分析和敏感性分析：计算的保本点是否合理，不确定性因素和变动区间的设定是否合理，项目财务净现值和内部收益率对不确定性因素的敏感程度。

（5）第一还款来源调查。项目融资还款来源调查除对项目自身收益进行测算外，还须进一步调查是否有项目的补贴收入或其他收入可作为还款来源，以及这些收入来源是否可靠、稳定。一般固定资产贷款还款来源调查除对项目产生的现金流进行测算外，还需综合考虑客户其他业务收入，统筹测算全部现金流能否覆盖贷款本息。

10. 调查第二还款来源

（1）中长期固定资产贷款一般应采用抵押或质押担保方式。

（2）存在担保风险的，一般以合同约定“资产保护条款”的方式进行风险控制，常见的“资产保护条款”包括：要求借款人对本项目关键资产投保，并约定银行为第一受益人或按贷款份额分配保险权益；不得出售指定范围的资产（除非收入用于偿还本银行贷款）；偿清银行当期贷款本息前股东不得现金分红或控制现金分红比例；在银行贷款本息全部偿清前，未经本银行书面同意，不得以本项目资产为他行提供抵押或质押担保；借款合同履行期间，发生合并、分立、合资、股份制改造等产权变更或承包、租赁等经营方式变更的，应事先征得本银行书面同意，并在落实贷款债务和提供相应担保后方可实施等。

[巴老师讲案例之二十二]

担保物权优先受偿限制风险案例

一、案例简介

某建筑公司与某市蓓蕾艺术学校签订建筑工程承包合同，为其新建一幢宿舍楼。蓓蕾艺术学校以该宿舍楼作抵押向某银行借款500万元，银行在审查借款申请时未考虑到该宿舍楼是在建工程，尚未支付工程款，贷款存在风险敞口，而接受其作为抵押物并与学校签订了《抵押借款合同》。后因贷款逾期未还发生诉讼纠纷，建筑公司和银行均主张就抵押物拍卖款优先受偿。法院认为，在审理房地产纠纷案件和办理执行案件中，应当依照《中华人民共和国民法典》第八百零七条的规定，认定建筑工程承包人的优先受偿权优于抵押权和其他债权。法院据此做出裁定，建筑公司对抵押房产的执行价款受偿顺序优先于银行抵押担保债权，该银行因未得到全额受偿造成了贷款损失。

二、问题思考

分析担保物权优先受偿限制对银行贷款安全的影响。

三、老师讲评

1. 担保物权优先受偿限制对贷款安全的影响。以拖欠工程款的建筑物或在建工程为抵押物的，抵押优先权后于工程款优先权，抵押担保清偿顺序在法定优先权之后，银行债权可能无法有效获得抵押担保提供的第二还款来源。如果评估担保物时未调查和考虑建筑物或在建工程拖欠工程款的情况，高估了抵押物价值，银行行使抵押权时预期利益会减损。还有税收优先权、划拨土地使用权出让金优先权、船舶及航空器优先权、留置优先权、破产企业职工安置费优先权及出租财产优先于担保物权等。

2. 关于担保物权优先受偿限制的风险控制。(1) 审查拟抵押建筑物（在建工程）建筑、安装、装饰合同与工程款决算与支付凭证，确认建筑工程款支付状况。在评估拖欠工程款的建筑物或在建工程作为抵押物时要考虑拖欠款对于抵押物价值的影响，抵押物价值要预先扣除拖欠的工程款。(2)审查拟抵押财产现状，了解抵押前是否已出租。已出租的需审查租约情况，重点审查租赁双方是否约定抵押权人行使抵押权时租赁合同终止及租金缴纳方式和已缴纳情况，进而评估是否接受已出租的财产作为抵押担保物，或者采取承租人出具书面承诺，承诺在行使抵押权时终止租约等措施防控法律风险。(3)通过查证土地出让合同、土地费用支付凭证、土地使用权属证书，审查拟抵押土地使用权是否属于划拨的土地使用权，土地转让费用是否支付完毕。属于划拨土地使用权的，需考虑未来需缴纳的土地出让金，进而评估抵押物价值。(4)审查土地的用途，判定以其作为抵押物时，其变现的难易程度及变现价值的大小，对于用途有明确限制，利用主体有条件限制的土地使用权抵押，应当全面慎重考虑其抵押价值，比如风景名胜用地、教育用地、公共设施用地等。

流动资金贷款

(一)产品风险点识别

1. 经营风险

政策环境、行业供求关系出现重大变化，产能利用率下降、市场价格低迷，客户生产经营及财务状况发生不利变化等，进而影响客户持续生产能力和银行信用偿还能力。

2. 挪用风险

挪用主要表现为：偿还其他负债，以贷还贷；用于固定资产或股权投资，甚至股市、房市等投机交易；用于其他用款人；参与民间借贷；用于合同约定用途以外的其他事项。

3. 约期风险

约期风险主要表现为贷款期限与客户生产经营周期或现金流不匹配，最常见的是“短贷长用”。

4. 操作风险

操作风险主要表现为：授信额度理论值测算不规范或有意虚增授信额度理论值；超授信额度发放流动资金贷款；保证担保额度测算不准确、抵押物抵押价值高估等。

（二）风险管理措施

1. 调查客户合法性

调查客户经营的合法性，包括法人营业执照、公司章程、组织机构代码证、、税务登记证、排污许可证及特许经营文件等均须在有效期内，生产经营是否符合国家产业政策及本银行信贷政策等。关注客户已建项目和在建项目的合法性，避免因项目违规违法遭限产、停产而影响流动资金贷款安全。

2. 调查贷款额度确定的科学性

流动资金贷款纳入客户统一授信管理，在授信项下办理单笔流动资金贷款业务时需逐笔调查。流动资金贷款额度根据客户生产经营情况和预期变化，在合理估算营运资金总量和缺口的基础上，结合经营规模、业务特征、营运效率、自有资金、偿债能力等因素合理确定。应重点关注：

（1）客户自核定授信额度以来的变化情况。包括市场环境、核心管理人员、主要财务指标、在各家银行的融资情况（当前是否过度依赖负债性资金），以及原授信担保方案能否落实等。

（2）本笔贷款用途的真实性与合理性。包括购销合同是否真实，贷款需求是否与生产经营计划相匹配及是否与正常生产经营周期所需资金相配套，客户是否有扩大生产规模或多元化投资的倾向等。

（3）还款计划的可行性。包括借款人现有负债是否已超出其合理承受能力、未来现金流是否足以偿还到期信用等。

3. 调查贷款资金用途

重点判断流动资金贷款用途是否存在被挪用的可能。应关注以下几点：

（1）财务报表反映客户是否存在挪用于投资或投机活动的问题，如流动资产小于流动负债。

（2）客户同业或其他渠道是否掌握客户参与投机活动的信息。

（3）客户是否具备投机活动的常见特征，主要有：在股市上表现活跃的上市公司，存在复杂关联交易的集团公司，主要原材料或产品涉及期货市场的客户，内部法人治理结构虚设或监管薄弱的客户，主要领导人存在可疑品性的客户等。

（4）客户是否利用关联的上下游交易套取银行资金，利用关联的资产置换或委托经营挪用贷款，利用关联企业之间转移支付挪用贷款。

4. 调查贷款期限

流动资金贷款期限应根据客户生产经营周期、预期现金流、客户资质等因素合理确定。调查时需注意：中期流动资金贷款应从严把握，合理确定贷款期限；可循环流动资金贷款单笔期限原则上应与客户生产经营周期一致或略长于生产经营周期，以便贷款到期时客户有足额的现金流入用于还款。（为规避约期风险，一般在合同中约定“加速偿还”条款，以便在客户现金流入情况明显好于预期时，为银行保留重新约期的权利）。

银团贷款

（一）产品风险点识别

1. 承销风险

一般来说，银团贷款较双边贷款金额巨大，本银行作为牵头行承销时，若承销方式和分销策略不合理，将有可能致使本银行认购份额偏高，信贷风险分散效果不明显。

2. 管理风险

银团贷款发放后的日常管理统一由银团代理行实施，本银行作为银团参加行参加银团时，主要依靠代理行提供的资料，做日常的贷后管理工作，但要做到实地实时的管理有一定的难度。

3. 法律风险

银团贷款涉及当事人较多，相互之间的权利、义务、利益分配等都需要进行约定，还需要根据客户需求对可预见和不可预见的风险问题进行提前约定，因此法律风险为银团贷款业务中比较突出的风险之一。

（二）风险管理措施

1. 独立调查评估

本银行为银团参加行时，原则上坚持独立调查评估，如果本银行认定不需要再单独调查评估的项目，要调查他行评估报告是否符合本银行可不评估条件，与本银行评估制度要求是否有较大差异。

2. 调查认购份额

本银行为银团牵头行时，需调查市场测试效果、银团贷款承销方式和分销方案的合理性。本银行为银团参加行时，认购份额原则上不应高于牵头行，应关注其他成员贷款审批进度，若牵头行未作为代理行，本银行认购份额高于其他参加行时，应建议积极争做代理行，提高综合收益。

3. 调查银团协议

本银行在参与银团时，须依据本银行信贷制度严格调查，若牵头行某方面制度要求宽于本银行，应积极与银团协商，争取在银团协议中增加相应信用发放条件及管理要求，提出有针对性的贷后管理主张。本银行法律事务部门应全程参与银团协议文本的讨论与制定。

并购贷款

（一）产品风险点识别

1. 战略风险

并购双方的产业相关性不强，战略、管理、技术、市场、资源等方面不能有效整合，并购后的战略规划和业务发展计划无法落实到位，未能提升企业价值，将危及银行并购贷款安全。

2. 交易定价风险

并购交易定价偏高，脱离合理估值区间，将会加重并购方财务负担和还款压力；并购双方为关联企业，特别是存在受同一实际控制人控制关系的，可能存在套取银行资金嫌疑。

3. 经营及财务风险

并购方未制订预案以应对并购后可能出现的不利情况：并购完成后目标企业及并购方的生产经营及现金流未能保持稳定增长；以借款人从目标企业获得的股利分红作为第一还款来源的，目标企业的分红策略未能保证股利分红的稳定性和充足性，都会对还款资金来源产生负面影响。

4. 法律与合规风险

并购交易各方是否具备并购交易主体资格；并购交易是否按有关规定已经或即将获得批准，并履行必要的登记、公告等手续；法律法规对并购交易的资金来源是否有限制性规定；担保的法律结构是否合法有效并履行了必要的法定程序；借款人对还款现金流的控制是否合法合规等。

（二）风险管理措施

1. 调查并购交易合法性

调查并购交易是否合法合规包括：是否已经按适用法律法规和政策要求

取得有权部门的批准，并履行必要的登记、公告等手续；目标企业是否存在法律纠纷、产权争议问题等。

2. 调查并购方准入

调查并购方是否符合本银行并购贷款的基本准入条件。对参股目标企业、现有控股股东增持股份、并购即将破产企业、短期投资性财务并购，以及已经完成的并购交易不得发放并购贷款。

3. 调查交易定价

调查评估股权价值采用的方法是否合理，是否影响对股权定价合理性的判断。若并购方与目标企业存在关联关系，尤其是双方受同一实际控制人控制时，应重点调查并购交易的目的是否真实，并购交易定价是否合理。若定价偏高，则需审慎介入或尽量提高并购方自有资金比例，降低本银行贷款额度。

4. 调查经营与财务

调查并购方是否有能力对并购后企业进行战略、组织、业务、文化、人力资源等方面的整合，实现协同效应。并购后企业的竞争优势、治理结构、经营管理状况如何，是否有后续重大投资计划。

5. 调查贷款额度

并购交易中银行贷款不高于并购总价款的 50%。并购贷款不得超过本银行规定的集中度风险限额，包括本银行全部并购贷款余额、同一借款人并购贷款余额及单一集团客户并购贷款余额分别占同期核心资本限额比例。

6. 调查还款来源

分析第一还款来源是否充足，是否与还款计划匹配。目标企业股权提供质押担保时，尽量追加目标企业资产抵押作为第二还款来源。

项目周转贷款

（一）产品风险点识别

1. 政策风险

外部监管机构对办理项目周转贷款的政策时有变动，加之项目周转贷款是用于项目的前期资金需求，项目本身合法性手续能否在将来顺利取得存在不确定性，隐含较大的政策风险。

2. 融资风险

由于项目周转贷款的第一还款来源为项目将来的融资，但项目前期存在的不确定因素较多，难以对项目合法性、总投资、项目财务可行性等方面做出准确判断，所以项目将来能否顺利融资可能存在变数。

（二）风险管理措施

1. 调查行业政策及项目准入标准

调查应首先关注项目是否取得核准手续，取得核准手续的，应对照外部监管机构及本银行现行规定，重点调查行业政策、股东背景及融资能力、项目前景（是否纳入国家规划或属于国家重点项目）等方面内容，并在管理要求中明确，项目取得后续融资应立即偿还本银行项目周转贷款。

2. 调查贷款用途及期限

调查应重点关注外部监管机构对项目周转贷款的禁止性规定：不得发放项目资本金周转贷款；不得为客户发行债券、短期融资券、中期票据、发行股票以及股权转让等提供周转贷款；期限不超过 1 年，不得展期。

3. 调查贷款还款来源

分析项目后续融资方案，各家银行是否已有固定资产贷款支持意向，是否已提供有关证明；分析客户综合还款能力，如有必要，要求客户书面承诺，若项目固定资产贷款不能及时到位，由其综合收入偿还项目周转贷款；分析第二还款来源是否可行，原则上优先考虑房地产抵押担保，若采用信用方式，需分析采用信用方式的理由，以及是否符合本银行制度规定。

外汇贷款

（一）产品风险点识别

1. 用途风险

根据国家外汇贷款管理规定，除出口押汇和打包放款的结汇可由债权人直接核准办理外，其他国内外汇贷款资金只能用于对外支付，不能结汇。因此如果借款人没有真实有效的进出口贸易背景，则会给贷款的安全带来较大威胁。

2. 国家风险

外汇贷款主要是支持企业的进出口业务经营活动，一个国家（或地区）的政局稳定情况、战争及自然灾害、宏观经济形势、经济法律政策、与我国的外交关系，以及经济贸易合作等情况都会影响到客户进出口业务的实现。因此，办理外汇贷款业务必须关注相关国家（或地区）的国家风险。

3. 汇率风险

在我国现行汇率体制安排下，本外币汇率受国际金融市场货币供应、各币种利率变动及风险差异等因素影响，处于动态变化之中。企业经营收入货币与贷款偿还货币的币种不同，在贷款未清偿前，不同币种之间汇率的变动可能使偿债成本增加，主要表现为收入货币贬值或偿贷货币升值导致企业的偿债成本上升。

4. 外汇管制风险

发放外汇贷款必须符合当前国家外汇管理政策及有关规定。在调查工作中要认真学习和掌握当前适用的国家外汇管理政策及相关规定，并随时了解国家外汇管理政策及相关规定的调整变化情况。

（二）风险管理措施

1. 调查外汇政策及准入标准

客户的经营活动或建设项目是否符合国家法律法规的相关规定；是否符合国家当前的行业政策、节能减排政策、外汇管理政策，以及行业准入标准。

2. 调查客户授信

外汇贷款须纳入客户统一授信管理，是否在客户授信额度内办理外汇贷款业务。

3. 调查贷款资金用途

重点关注客户是否有真实有效的进出口贸易合同等外汇贷款用途证明。一般应要求外汇贷款须开立专户，实行封闭管理，一笔业务一个账户，严格按约定用途和支付管理规定密切监控资金流向。

4. 调查贷款期限

短期周转性流动资金外汇贷款期限在 1 年以内（含 1 年），大多为满足进出口企业对外贸易的融资需求，如打包贷款、进口押汇、出口押汇等。通常中长期外汇贷款期限为 1 ～ 5 年，国家重点项目的外汇贷款期限一般不超过 5 年，最长不超过 7 年，个别特殊项目经中国银行同意，可适当延长，但外商投资企业的外汇贷款，期限不得超过其营业执照限定的经营期结束前 1 年。

5. 调查贷款利率

外汇贷款原则上都要求实行浮动利率，通常采用某币种当日期限利率加浮点数。调查时须根据本行该币种资金头寸情况和存、贷款结构情况，认真分析该外币在国际市场上的走势，合理确定贷款期限和浮点数，严防利率风险和汇率风险。当人民币处于升值通道时，一般应要求采取利率补偿、综合收益补偿等措施，提高本银行综合收益。

6. 调查还款来源

外汇贷款要求借外汇还外汇，自有外汇资金不足方可购汇用于还款，因此调查应区分还款资金来源是出口销售收入还是国内销售收入。对以出口销售收入还贷的，应重点分析还贷期内的销售收入及利润总额，同时还要关注与客户出口业务相关的国家或地区的国家风险是否会影响销售收入的实现；对以国内销售收入还贷的，应重点分析该外币的汇率走势对客户还贷资金的影响，一般应要求客户采取相应的远期套汇保值措施，防止汇率风险转化为客户的信用风险。

对公客户活期存款账户透支业务

（一）产品风险点识别

1. 客户资信风险

开办对公客户活期存款账户透支业务的目的，在于为优良客户快速提供短期融资便利，对客户的资信要求较高，若对客户准入条件把关不严，或客户资信中途出现问题，则可能给银行贷款带来风险敞口。

2. 资金占用风险

客户挤占透支款项用于长期性资金需求，或挪用作股本权益性投资，或透支提现等违规行为带来的贷款安全性风险。

（二）风险管理措施

1. 调查客户准入标准

应重点调查客户年销售额、经营性现金净流量、在本银行结算份额、信用等级等定量指标是否符合本银行准入规定，是否在本银行开立人民币基本存款账户或一般结算账户。

2. 调查用途及期限

透支款项只能用于客户正常生产经营过程中的短期或临时性流动资金周转，不得超过约定期限长期占用，不得以任何形式流入证券市场、期货市场和从事股本权益性投资，不得透支提现或转入个人存款账户；透支额度原则上1年核定1次，有效期不得超过客户授信有效期且不得超过1年，单笔业务透支期限不得连续超过45天；透支须纳入客户授信额度管理，最高不得超过客户正常生产经营周转资金缺口的20%。

3. 调查担保方式

对公客户活期存款账户透支业务原则上要采用担保方式，严格控制信用方式，一般采用最高额担保方式。

4. 监管措施

透支额度核定后，应要求加强支付管理，防止客户在获得本银行透支额度后产生投资冲动而长期占用透支资金。银行给客户核定的透支额度是可撤销的，即在客户违约或其生产经营情况及信用状况发生不利变化时，银行可随时撤销。透支额度核定后，银行应加强动态监管，在合同中载明相关透支额度可撤销条款。

非标准仓单质押贷款

（一）产品风险点识别

1. 客户资信风险

借款人涉及足以影响还款能力的重大案件或贸易纠纷，主要资产被采取了财产保全等强制措施；借款人拖欠保管人仓储费金额较大，或多次延期支付，或未按约定办理仓储物保险。

2. 监管风险

借款人有明显的转移仓储物、逃避监管、重复质押的迹象；保管人违反监管协议，未能按约履行监管责任，可能导致用信期间出现仓储物监管失效。

3. 仓储物风险

仓储物发生减少、损坏、灭失，或市场价格发生剧烈、频繁变动，影响信贷资金安全；仓储物发生权属争议或被查封。

（二）风险管理措施

1. 调查借款人准入标准

应注意，银行不接受已经背书转让的仓单质押或第三方提供的仓单质押，借款人、存货人和出质人须是同一主体，但不得为保管人及其关联企业。客户经理可结合借款人财务指标与行业平均水平的分析比较，优先选择上年度的经营性现金净流量和净现金流量均为正数，资产负债率不高于《企业绩效评价标准值》中同行业良好值、存货周转率不低于同行业良好值的客户。

2. 调查保管人准入标准

保管人须符合本银行规定的准入条件，并经有权管理行审核同意准入，或已签署合作协议的仓储企业，但不得为借款人及其关联企业。

3. 调查仓单及货物

重点调查：仓单的形式要件是否完整、合法、有效，记载的标的物及品种、数量、质量、规格是否与实际仓储货物相符；出质人对质押仓单及仓储货物是否拥有完整、合法、有效的所有权，是否存在挂失、争议、诉讼等瑕疵；质押仓单项下的货物是否交由保管人（仓储企业）持有并保管；仓储货物的物理、化学性能及价值是否稳定，是否易于保管、处置和变现。

4. 调查业务品种及用途

非标准仓单质押项下的业务品种须为短期信贷业务，不得办理中长期信贷业务。非标准仓单质押信贷业务须纳入客户统一授信管理，不得超客户授信额度办理信贷业务，信贷资金使用须符合支付管理的相关规定。

5. 调查质押价值

重点调查质押货物的价格、价值估算是否合理，质押价值计算是否谨慎、足值。非标准仓单质押信贷业务的质押率原则上不超过质押仓单项下仓储货物价值的 50%，最高不超过 70%。为确保质押物价值足值，应要求在质押担保合同中设定警戒线和平仓线，警戒线不得高于仓单质押合同约定质押率的 10 个百分点，平仓线不得高于仓单质押合同约定质押率的 20 个百分点。

6. 调查监管方案

重点调查三方监管协议是否明确了银行、借款人、保管人各方在货物监管中权利、职责、义务和违约处置办法及赔偿责任：银行的监管措施能否控制仓储货物丢失或贬值风险，是否要求定期或不定期对质押货物进行查库盘点、对货物价值进行动态监测或重新评估，是否根据警戒线和平仓线制定了相应的资产保全及质押物处置措施等。

应收账款融资

（一）产品风险点识别

1. 卖方风险

主要体现在贷款期内卖方经营状况劣变，偿债能力下降所导致的偿债风险。一般来说，应收账款融资企业（卖方）多为中小企业，其自身经营具有较多的不确定性因素，加之经营的业务比较单一，国家宏观调控、行业政策、经济发展趋势及国内外环境对其经营状况影响较大，企业抗风险能力较弱，一旦交易出现失败，可能直接导致企业破产，对银行贷款造成损失。

2. 权利虚假及价格风险

权利虚假主要表现为：虚构应收账款，应收账款根本不存在或不符合会计制度要求；原来存在应收账款，但出质前已清偿，只是出质人（卖方）未入账，或以其他应收账款数据冒充出质应收账款；卖方出质后收回买方款项，但未由银行提存或保管，导致应收账款事后不存在。

出质价格虚高主要表现为：卖方虚报应收账款价值，使其超过或远远超过合同或实际应付的价格；卖方与买方合谋，使合同上填写的价款超过或远远超过实际应付价格——货物折扣销售，且出库价与返还价双线记账，使财务上应收账款与最终实际应付价格不一致，但卖方故意隐瞒。

3. 法律风险

法律风险主要表现为：应收账款可能会因为合同无效、被撤销、解除，以及应收账款的债务人行使抵销权、抗辩权等消灭或者不能有效行使。

4. 应收账款管理风险

卖方管理不善，致使应收账款在法律上可能已不存在，或出质价格高于实际应付价格。主要表现为：债务人已经清偿销售款，但销售人员未将该款项上交于单位，使应收账款空挂；销售人员有一定的折扣浮动权，按最低折扣销售，却按全价或较高折扣上报销售额，以获取更多利益，将可能使第二还款来源不足。

5. 限制出质风险

如应收账款被限制出质，质权实现时，应收账款将可能拍卖、变卖而被转让。

（二）风险管理措施

1. 调查卖方资信

办理应收账款融资业务的卖方资信等级须达到本银行规定的信用等级标准（如 AA 级及以上），在本银行开立专用账户作为应收账款融资监管账户。

客户经理应认真核实卖方经营状况、财务状况、信用记录等，分析客户经营活动中的现金流量，注重贷款客户第一还款来源。

2. 调查买方资信

办理有追索权应收账款融资业务的买方资信等级应达到本银行规定的信用等级标准；办理无追索权应收账款融资业务的买方资信等级应达到本银行规定的信用等级标准（如AA+级以上）优势行业重点客户，并须在本银行开立账户。

3. 调查贸易背景

调查卖方与买方的商务合作情况，买卖双方应保持良好的合作关系，商务合同真实，贸易关系正常稳定，无不良记录，应收账款保持较稳定的余额；同时，要调查贸易真实性，不得接受无贸易背景的应收账款。要查看合同原件，确认是否为有效合同；关注交易双方业务往来明细及资金结算明细，确保应收账款的存在；将贸易合同、票据进行核对，确保其完整、真实，具有内在逻辑关系；严格调查合同价款，确保合同价款与应收账款一一对应；建立函证制度，通过向债务人函证确定应收账款是否存在。

4. 调查销售政策

调查卖方是否有明确的销售信用（赊销）政策。要调查合同价款是否正常、合理，以确保应收账款不被虚高；全面了解客户销售政策，并审核交易双方往来明细，以确定应收账款价值。

5. 调查合作协议

办理无追索权应收账款融资业务时，还需调查卖方银行与买方银行签订的应收账款融资合作协议，以及买方银行与买方签订的应收账款收取协议。

6. 调查融资额度

客户经理应注意，应收账款融资额度包含在客户授信额度内，不得超过授信额度有效期；无追索权的应收账款融资业务同时占用买方授信额度；应收账款单笔融资金额原则上不得超过发票金额扣除预收款项后的70%。

7. 调查融资期限

应注意，用于融资的应收账款期限原则上不得超过6个月，最长不得超过1年；应收账款融资期限与应收账款付款期限相匹配，应收账款融资到期日不得超过应收账款付款到期日后的15天。

8. 调查其他情况

（1）测算应收账款在企业资产中的占比。这一比例反映了企业应收账款的管理状况，若占比过高，表明企业产品市场一般，只能通过赊销扩大市场份额，经营风险较大。

（2）测算企业应收账款周转率。该指标反映了企业应收账款的流动性，若周转率较低，表明企业应收账款质量较差，形成坏账的可能性较大。

（3）测算应收账款的平均回收期。该指标影响融资的期限。

（4）分析应收账款的结构。若应收账款集中于一个或较少客户，表明企业应收账款回收风险较大。

（5）调查买方是否为卖方的关联企业，是否存在关联交易。

（6）调查应收账款是否存在经济纠纷，是否涉及第三人，不得接受存在经济纠纷或涉及第三人的应收账款融资。

国际贸易融资业务

（一）产品风险点识别

1. 境外经营环境风险

境外国家或地区的政治经济形势、国际贸易争端、贸易壁垒、货币政策、税收政策、行业管理政策及国际惯例执行的变化情况等都会对客户进出口经营和收汇产生影响。

2. 境内经营环境风险

国家产业政策、外贸政策、外汇管理政策、汇率政策、利率政策及税收政策等都会对客户进出口经营、收付汇、结汇产生影响。

3. 市场风险

进出口商品的市场供需量、价格波动情况等可能会对客户销售业绩产生影响。

4. 境外贸易对手风险

境外贸易对手的商誉、生产经营情况及市场竞争力等给客户带来的履约风险。

5. 客户风险

客户的信用、财务、管理水平、外贸专业人员队伍建设、合法经营、各银行的合作态度、产品销路、市场竞争力及风险防控措施等方面存在的风险。

6. 信用证条款风险

客户出口业务项下信用证的软条款导致客户无法或不能全部按期交货、收汇，影响出口银行贸易项下融资资金的按期、足额收回。

（二）风险管理措施

1. 主要措施

（1）核实借款人及交易对手基本情况。分析核实客户是否具备办理相应融资业务的条件，客户财务状况、管理水平、行业前景、信用状况及结算记录是否正常，是否有足够的授信额度，是否存在伪造贸易背景套取银行信用的记录。并且关注交易对手资信、生产经营、财务经营情况是否正常，分析其以往履约情况及当前付款能力等。交易对手涉及境外银行的，要核实境外银行资信及授信额度情况，分析交易对手所在国家和地区的政治、经济、金融情况，是否存在国别风险。

（2）核实交易行为合理性。关注交易对手是否与企业提供的上下游客户一致，购销合同、发票是否真实、合法、有效，关注交易合同中要件的合理性，其中涉及产品金额、数量、单价是否合理（如产品数量、价格均为整数，且与申请融资所需的总价完全相等的情况），是否人为拼凑出与申请贷款需要的金额，交易数额与企业财务报表、经营规模等是否一致，合同、发票中的要件是否存在不一致的情况。关注借款人与主要交易对手是否存在隐形关联关系，并对交易金额、数量、价格等的合理性进行分析，防范利用关联交易套取银行信用情况。重点查看发票开具日期与购销合同签订日期是否匹配（是否早于购销合同签订日期，是否超过购销合同约定期限）；如有必要，可要求客户提供与该交易对手以往的合同量、发票量，从合同形式上、内容上甄别与本次贸易融资项下的发票合同是否存在不符，如单月采购量是否突增，价格是否存在不合理现象等。

（3）核实贸易背景真实性。在综合分析客户基本情况及交易行为合理性的基础上，可进一步通过客户进出口量、外汇账户变动、用信余额、历史交易数据、货物生产销售情况和库存明细等多方面因素的交叉验证，综合判定贸易背景的真实性和合理性。购买合同为年度采购大合同情况的，如有必要，可要求客户出具辅助证明，保证单次交易金额、数量与申请的融资情况相匹配。

（4）核实单据的真实性。①对于国际运输单据，可通过劳氏海事、伦敦海事局等平台或运输公司官网等核验提单、海运单、空运单据、公路铁路或内陆水运单据、快递收据、邮政收据等单据的真实性。对于国内运输单据，可通过承运公司官网或其他平台核验单据的真实性，特别关注仅提供货物收据的业务，要求客户提供其他有效单据证明货物运输的真实性。②对于报关单，要核查纸质报关单是否为正本。货物贸易外汇管理A类企业或因通关作业无纸化无法提交纸质报关单的可要求客户通过中国电子口岸自行打印报关单证明联并加盖企业公章。报关单证明联显示多次打印的，应要求客户提供合理解释及证明。③对于国际贸易合同、发票等商业单据，要核查是否符合交易惯例，是否带有出具人原始签名、标记、印戳或标签，特殊商品是否提交特定检验单据。④对于国内增值税发票，必须通过税务部门系统进行查验，并将查验结果存档，要特别防范客户融资后注销增值税发票的行为。

（5）核实贸易单据逻辑性。要对客户提供的单据进行单单、单证及单内信息的真实性、一致性及匹配性审核，分析各单据的日期、金额、货物等关键信息之间是否矛盾。可取得正本单据的，单据审核应立足于正本单据，留存复印件备查。如发现各单据对货品描述不一致，开证日期早于销售合同日期，报关日期早于合同发货日期，以及合同要素不全等情况，须进一步核实。

（6）核实资金流的合理性。关注客户账户资金变动情况，监控资金账户变动是否具有明确的贸易背景作为支撑，是否存在货款回笼量与销售收入不匹配、销售收入与进出口额不匹配等情况。

（7）核实存货的真实性。查看融资企业的存货账，核实融资企业的存货量与向银行提交的合同成交量是否相符。对存货状况存疑的，应进一步核实企业的费用账，主要关注仓储费和运输装卸费是否与企业向银行提供的合同成交量成正比。如果有必要，信贷人员还可到仓储公司延伸调查，核实融资企业是否有真实足量的货物在仓库存放。

（8）分析融资期限合理性。融资期限应与客户贸易结算周期及行业平均结算周期相匹配。应基于物流周转时间，按照上下游客户结算方式和账期计算资金占用时间。要防止进口或买方贸易融资期限过长，导致客户销售回款后不及时归还贷款或挪作他用。同时应把拟融资期限与客户以往贸易结算周期及行业平均结算周期进行比对。

（9）核实融资金额合理性。判断融资金额是否合理应遵循实需原则，将拟融资金额与应收账款或应付账款进行比对，判断客户资金需求量与融资额及销售规模是否匹配，并与客户以往交易金额及生产经营能力进行比对，判断拟融资额与客户生产经营能力是否匹配，防止客户虚增融资金额，套取银行信用。可通过查询客户海关进出口量、外汇局国际收支申报系统和中国人民银行征信中心等途径，审核客户在各银行国际贸易融资业务量与海关进出口量的匹配性。货权质押项下的融资金额还应根据质押物价值合理确定，质物价值可参考现货和期货市场价格进行评估。

此外，这些措施也适用于国内贸易融资业务。

2. 主要国际贸易融资产品的风险管理措施

（1）调查减免保证金开证。调查客户是否具备开证资格；进口商品应属于客户经营范围；调查客户是否有真实的贸易背景；客户是否有实力交存规定比例的保证金，对于减免保证金部分是否提供了足额有效担保；对信用证修改应重点调查新合同的合法有效性、是否符合商业惯例，修改后的金额、期限是否有变更，以及是否会影响企业原定的销售计划或生产计划。

（2）调查进口押汇。进口商是否将进口货物的所有权质押给银行，申请叙做进口押汇的进口商品应以原材料为主，对于机械设备进口，资金回收期较长，一般不予办理进口押汇。远期信用证承兑到期后，不予叙做进口押汇。对于进口代收和汇款结算项下的进口押汇，必须严格调查是否具有真实贸易背景，全套单据是否与进出口合同一致，对先汇款再发货的，不予办理。进口押汇金额不得超过对外应付金额（发票或汇票金额）。进口商品如属于我国进口控制的，应取得相应的进口批件。

（3）调查提货担保。客户经理原则上只办理由本银行开立的信用证项下进口商品的提货担保，运输方式限于海运，目的港限于中国港口，一般限于近洋贸易。应核对商业发票、装箱单、已装船海运提货单与货物已到达目的港的证明材料等内容是否一致。客户是否明确保证在单据到达后，无论什么原因，均不得提出拒付 / 拒绝承兑。货物的起运港、起运时间、货物到港时间、出港的具体货物及货物数量、货物滞仓费等货物到港情况。进出口双方是否还有其他协议，这些协议是否涉及本银行出具的提货担保。

（4）调查打包贷款。打包贷款金额一般不超过信用证金额的 80%，期限从发放之日起至信用证项下货款收妥结汇日或办理出口押汇、贴现之日止。信用证项下打包贷款期限最长不超过信用证付款日后 21 天。

贸易背景应真实、合法、有效；申请打包贷款的出口商必须是信用证的受益人；客户的备货、生产情况及履约能力，能否按期、按质、按量交货；出口商品是否属于客户经营范围，货物价格是否合理；客户是否解决了信用证项下货物的船期及仓位问题；对信用证条款中有软条款限制客户正常出口、收汇的，不办理；对价格波动较大或属于鲜活、易变质或季节性较强的出口商品，不办理。

（5）调查出口押汇。调查押汇金额和期限是否合理；押汇申请人是不是出口信用证的受益人或出口托收的收款人；出口商品是否属于客户经营范围，货物价格是否合理；商品销路有问题或价格波动较大的，不办理；进口商资信不佳的不办理；进口商所在国家的政治、经济、社会不稳定的，不办理；进口商所在地区外汇控制严格或外汇短缺，影响客户安全、及时收汇的，不办理；D/A（承兑交单）项下出口托收是否已办理出口信用保险，客户提供的保险公司的材料是否真实有效。

（6）调查出口信用保险项下融资。出口信用保险项下应收账款融资金额一般不超过发票金额的 80%，且不得超过保单赔付金额的 90%，融资期限原则上不超过 180 天。重点调查客户提供的保险公司材料是否真实有效；调查审核保险公司承保范围的相应条款，是否损害本银行利益；应收账款无任何瑕疵，债权真实、合法、有效；对价格波动较大或属于鲜活、易变质或季节性较强的出口商品，不办理；托收和汇款项下，出口报送单中贸易方式为来料加工的，不办理。

（7）调查出口单据质押贷款。单据质押贷款额度一般为发票金额的 70%，期限在 180 天以内。重点调查进出口合同是否合法有效，是否具有真实的贸易背景；出口产品的市场销售前景及变现能力；单据质押贷款项下的货物应为变现能力强且非易腐、易烂或有效期较短的产品；出口货物是否投保，保险单应交本银行保存；出口单据是全套物权凭证；调查出口货物报送单和海运提单的真实性；货物已到港多日，但仍未收到进口商付款的，不办理；出口商品价格波动较大的，不办理。

（8）调查外汇保函。重点调查保函申请人与国外客户签订的合同情况，保函申请人对合同的履行能力，保函申请人同类产品的市场占有情况及履约记录，保函反担保措施落实情况。

商业汇票银行承兑

（一）产品风险点

商业汇票银行承兑产品风险在于：客户信用风险，主要是因出票人的经营、财务及信用状况不佳，信用等级及还款能力较差，导致票据不能按期兑付；虚假贸易背景风险，主要是融资性票据无真实交易背景导致的承兑风险；票据诈骗、犯罪引起的风险。

（二）风险管理措施

1. 调查资料完整性

除一般资料外，还需提供《银行承兑汇票承兑申请书》、交易双方签订的商品购销、劳务交易合同原件或复印件（已与原件核对）、出票人应提供相关担保资料等。

2. 调查出票人资格

出票人必须是在本银行开立基本账户或一般存款账户、依法从事经营活动的企（事）业法人、其他经济组织或个体工商户。企（事）业法人、其他经济组织信用等级应达到本银行规定的信用等级（如在AA级以上），资产负债率在70%以下，无不良信用记录，到期的应付票据已全部兑付。

3. 调查贸易背景

（1）商品、劳务交易内容应在企业营业执照登记的经营范围内。

（2）客户银行承兑汇票的签发量应与其实际经营状况和业务规模相匹配，调查客户银行承兑汇票的签发量与财务报表的匹配情况。

（3）商品、劳务交易合同要式应完整、合理，合同签订应符合国家相关法律和政策规定，符合《中华人民共和国民法典》的规定。关注交易合同的编号、日期、签字等，并进行批注，防止合同被超额重复使用；同一合同项下，银行承兑汇票的签发量应不超过合同金额。

（4）交易合同中应明确以银行承兑汇票作为结算方式，承兑业务应在交易合同已记载履约的有效期内办理。

（5）交易合同双方的名称应与银行承兑汇票付款人、收款人的名称一致。

（6）商品、劳务交易应符合经济运行规律，交易价格应与同期市场价格相匹配，特别要关注关联企业间交易背景的合理性。

4. 调查保证金

（1）保证金的来源应合法、合规。关注有无以贴现资金、贷款资金、非法所得等作为保证金的情形，对保证金来源存在问题的，应深入调查，并向法律、合规部门征询意见，确保保证金来源合法合规。

（2）保证金比例及保管应符合银行制度要求。

5. 调查担保情况

重点调查担保措施（含保证金）是否落实，是否足以防范承兑风险。

银行承兑汇票贴现

（一）产品风险点识别

1. 票据合法性风险

如果办理贴现的银行承兑汇票系伪造、“克隆”、非法持有或存在瑕疵等，将导致银行不能享有或行使票据权利。

2. 贸易背景风险

银行承兑汇票的贸易背景不实，导致银行贴现业务运作不合规。

3. 承兑行信用风险

承兑行的经营、财务及信用状况不佳，支付能力较差等，导致贴现票据不能按期兑付。

4. 操作风险

银行承兑汇票的查询、验票和托收等操作手续及利息计算等不合规、不合理、不完善，导致本银行贴现的银行承兑汇票不能按期、足额收款。

（二）风险管理措施

1. 调查贴现申请人

有的银行明确规定：贴现申请人原则上应为本省辖内本银行客户，严禁跨省异地寻找票源。贴现申请人应为银行承兑汇票所记载的收款人或最后被背书人，银行承兑汇票项下的基础交易应在贴现申请人营业执照核准的经营范围内。

2. 调查票面真实性

在本银行办理贴现的银行承兑汇票，应经会计部门查询、验票，并对票据的真实性、有效性出具明确的审核意见。

3. 调查交易背景

（1）贴现申请人的票据贴现量（贴现银行承兑汇票的票面总金额）应与其实际经营情况和业务规模相匹配。银行承兑汇票的真实贸易背景应在相关报表中得以反映，客户经理应对相关报表进行逻辑性判断，调查贴现量与企业损益表中“营业收入”科目的匹配性。

（2）申请人提供的增值税发票或其他发票应真实、有效，发票内容（包括交易双方名称、交易商品名称、价格等）应与基础交易合同一致。

（3）基础交易合同应合法、真实、有效。调查交易合同、增值税发票、货运单据（如有应提交）原件，并从交易合同、增值税发票和商业汇票三者的日期、金额，以及其他主要记载要素之间的逻辑对应关系来判断贸易背景的真实性；对关联企业签发的商业汇票，须对其贸易背景严格审核，防止通过贴现形式套取资金；合同价格应与同期市场价格相当。

（4）贴现银行承兑汇票总额应不超过相应的基础交易合同金额和发票金额。

（5）对巨额票面、小额多张票面、出票日期接近、票据来源单一、背书路径雷同、回头背书，以及背书人之间交易明显不符合经济规律等具有融资嫌疑的票据贴现，要了解物流情况，查看有关货运单据，了解是否有真实的贸易背景。

4. 调查交易合同

（1）合同主要条款完备、要素齐全、填写完整准确。交易内容的数量、单价、金额之间符合逻辑；合同必须具备合同标的，即商品名称，且商品名称与税务发票上的商品名称一致。

（2）原则上合同应加盖购销双方的合同专用章和法定代表人或其授权代理人的签章，供需双方签章清晰：原则上合同付款方式条款中应明确使用商业汇票结算。

（3）合同上的购销双方应与增值税发票上的购销双方，以及商业汇票的最后被背书人和其直接前手相符。

（4）如合同记载履约的有效期限，则票据的出票日、税务发票的开票日应在其有效期限内。

（5）合同签订日期应早于或等于相关税务发票的出票日期。

5. 调查税务发票

（1）对存在疑问的税票，应通过发票查询系统核实发票的真伪。除对发票原件（复印件）进行审核外，对增值税发票应特别关注以下方面：增值税发票的出具日期应在合同规定履行期间内，交易双方名称应与合同签订双方一致，密码区小号应与票号一致，交易事项应与合同规定的交易内容一致，增值税发票金额应不低于贴现金额，同一增值税发票下的贴现量应不高于发票金额。

（2）对申请贴现次数频繁，金额较大，或短期内集中贴现的，或贴现日期非常接近的，应将交易合同和增值税发票原件与该企业以前办理贴现时的留档复印件进行核对，防止同一基础交易背景项下的票据贴现量超过基础交易合同金额和增值税发票金额。

商业承兑汇票贴现

（一）产品风险点

1. 承兑人风险

承兑人的经营、财务及资信状况不佳，付款能力较差，导致贴现票据不能按期兑付；商品（或劳务）交易环节发生变数或纠纷，或者承兑人就是出票人，导致银行被拒绝付款。

2. 贴现申请人风险

贴现申请人的经营、财务及资信状况不佳等，还款能力较差，导致银行被拒付或未按约收款的贴现票据不能及时、足额向其追索。

票据合法性风险、贸易背景风险和操作风险与银行承兑汇票贴现业务分析方法相同。

（二）风险管理措施

（1）调查准入条件。承兑人及贴现申请人须符合银行规定的条件。

（2）调查客户授信情况。商业承兑汇票贴现业务纳入客户统一授信管理，贴现总额原则上控制在贴现申请人统一授信额度内。

（3）调查还款来源。办理商业承兑汇票贴现业务，应加强对承兑人和贴现申请人的经营、财务、信用、偿债能力等情况的调查，核实商业承兑汇票到期兑付资金的可靠来源。

（4）调查担保方式。商业承兑汇票贴现业务应落实担保，对承兑人在本银行开立基本账户或一般账户，以及贴现申请人在本银行开立基本账户、一般账户或临时账户的客户，由承兑人或贴现申请人提供担保，承兑人或贴现申请人符合信用贷款条件或经银行管理行批准可以信用方式办理信贷业务的，可以免担保；对承兑人在本银行开立临时账户或未开户，以及贴现申请人在本银行开立基本账户或一般账户的客户，由贴现申请人提供符合银行要求的担保，贴现申请人符合信用贷款条件或经银行管理行批准可以信用方式办理信贷业务的，可以免担保。

（5）调查交易背景。商业承兑汇票贴现业务的基础交易方面的调查参照银行承兑汇票贴现业务。

国内保函

（一）产品风险点识别

国内保函产品的风险在于：履约能力风险，保函申请人不具备相应的施工、技术、经营能力和经验，致使基础合同违约，银行被动履行担保责任；担保风险，保证金和反担保措施不充分；合同条款风险，未采用本银行制式合同，部分保函可能包含不平等、对本银行不利的条款；信息不对称风险，银行对受益人、保函涉及的工程（项目）所掌握的信息相对较少。

（二）风险管理措施

1. 调查主体资格

主要调查客户信用等级、经营情况、财务状况等是否符合银行规定条件。

（1）非融资性保函。贸易履约保函申请人应从事合法的生产和经营活动，贸易款项由本银行代理收付，通过本银行账户进行结算，贸易双方有着长期稳定的业务合作关系，所交易的商品通过了国际或国内质量认证，市场状况良好；海关付税保函申请人应有工商行政管理机关核准登记的特种行业许可证或营业执照，应为海关评定的 A 类或 B 类企业，无偷税、逃税、骗税、走私等不良记录。

（2）融资性保函。申请人为企业法人的，其净资产不低于本银行规定的额度；申请人为事业法人的，其年综合收入不低于本银行规定的额度。近三年收支（剔除自筹基建支出）结余大于零。国家金融监督管理部门对发行可转换公司债券、证券公司债券、房地产信托计划有特别规定，调查应确保申请人资格符合监管要求。

2. 调查合法合规性

主要调查保函是否属于可开办的业务品种，关注保函涉及的相关项目立项、环保等主要合法性手续进展情况。对融资性保函，应调查是否符合以下规定：不得为未经批准并依法注册登记的客户提供担保；不得为融资用于注册资本金的客户提供担保；不得为融资清偿债务及第一还款来源无保障的客户提供担保；不得为违反国家法律、法规的经济行为提供担保。

3. 调查履约能力

（1）分析客户在工程建设中的历史履约情况，作为投标方有无压价、欺骗招标的行为，作为承包人能否按期、按质、按量完成承包任务（工程项下保函）。

（2）分析贸易双方近年履约情况，双方经营、财务及履约合同的能力（贸易履约保函）；申请人经营状况、财务状况、进出口贸易是否正常，是否有偷、逃、骗税及走私等不良记录。

（3）调查申请人资质、施工工艺、技术装备是否与基础合同相适应，是否具备履行基础合同的条件和能力。

4. 调查保函金额和有效期

主要调查保函金额是否合理，例如，投标保函的金额一般为中标价格的1%～5%，履约保函、质量 / 维修保函及预留金保函的金额一般为工程合约金额的5%～10%；关注保函有效期是否和工期或贸易周期相适应。

5. 调查保函合同

原则上采用本银行制式合同文本，但客户提供保函协议的，应调查保函合同中的金额、被担保人、受益人、保函有效期、偿付条件、开立保函的方式等内容是否清晰、规范、严密，特别应关注偿付条件及所要求提交的各种单据或书面证明是否与基础合同约定的责、权、利对等，是否符合行业惯例，是否与本银行制式合同文本存在较大差距。调查中可向法律事务部门征询意见，或要求该合同须经本银行法律事务部门审核。

6. 调查偿债能力及反担保

（1）偿债能力。应测算保函偿付导致的负债对申请人资产负债率、流动比率、净利润、经营活动现金流等主要财务指标的影响，结合其整体经营财务状况，综合分析其在出现基础合同违约情况下的偿债能力。

（2）反担保。主要调查保证金比例是否符合规定，比照贷款业务分析反担保是否合法、足值、有效。

7. 调查保函收益

主要调查保函费率是否符合本银行规定，对突破本银行规定费率下限的，应关注是否与他行同类业务费率基本一致，并分析该笔业务综合效益和业务风险是否匹配。

个人生产经营贷款

（一）客户信用风险管理措施

借款人的信用风险是个人生产经营贷款首要控制的风险因素，在贷前调查环节就要对借款人的还款意愿和还款能力进行准确和全面的了解，并加以判断。

还款意愿是指从借款人身份、家庭情况、信用记录状况等综合评价借款人还款意愿；还款能力是指通过调查了解借款人的赢利能力、所拥有资产情况来总体判断借款人的还款能力。

（二）客户经营管理风险管理措施

由于客户贷款资金用于生产经营用途，必须将借款人经营状况纳入贷款的风险管理。主要调查以下方面：

（1）经营的合法合规性。如营业执照是否有效、是否具有所经营范围的经营权、是否符合国家行业发展政策等。

（2）经营商誉。通过向借款人周边客户、市场监督、税务部门等调查了解其有无重大纠纷，商誉状况，以及借款人用水、用电等情况是否正常。

（3）经营能力和稳定性。考察借款人主营业务现金流量情况，所从事行业的发展状况及借款人所在行业从业经历等因素。

（三）担保风险管理措施

有效担保措施是个人生产经营贷款发放的重要条件之一。因此，应加强担保风险的调查控制。

（1）抵押文件真实有效。抵押文件包括不动产权证、评估报告等。

（2）抵押物的合法性。抵押物是否属于担保法、物权法认可的抵押物类型。

（3）抵押物权属的完整性。了解抵押物是否已设定抵押、是否有共有人、房产是否已经出租等信息。若抵押房产已出租，应签署《承租方同意出租物抵押声明书》，排除出租对实现抵押权的影响。

（4）抵押物存续状况是否良好。是否真实存在、维修保养状况、抵押物位置等与权证记载内容是否一致。

（5）贷款金额与抵押物评估价值的比率是否控制在规定的范围内。

（6）抵押物的评估是否符合规定。要严防抵押物价值高估风险。

（7）抵押操作的规范性。贷款抵押手续办理程序要规范，要由银行人员参与抵押手续办理全过程；办妥抵押后，要将权证入库保管。

（四）市场风险管理措施

个人生产经营贷款市场风险主要受经济发展稳定性、行业发展趋势、市场竞争环境等方面因素影响。

1. 加强对经济发展情况的关注

准确把握国家经济政策、行业政策，为合理确定个人生产经营贷款发展方向提供有力的市场判断依据，客户经理要提高对借款人生产经营进行经验判断的素质。

2. 关注房地产市场行情

个人生产经营贷款以房地产抵押担保方式为主，抵押物价值的合理性和稳定性是影响第二还款来源的重要因素。因此：一是要准确把握房地产评估价值的准确性，建立房地产交易市场价格信息库，并进行定期更新，作为对抵押物评估价值进行检验的参考，还要加强对房产交易市场相关知识的培训，具备一定的抵押物价值判断经验；二是要密切关注房地产交易市场发展趋势，灵活调整相关政策。

3. 加强对个人生产营销贷款同业市场动态的关注

为科学合理应对市场竞争，应加强对个人对生产营销贷款同业市场动态的关注。一方面，要及时发现本银行业务发展中的劣势和不足，并做相应的优化和改进；另一方面，要对同业在竞争中所采取的拓展市场的措施和手段进行理性的分析判断，应在确保贷款风险可控、合法合规前提下，采取应对竞争的策略；不可在市场竞争激烈的情况下，盲目跟进，采取一些非理性的市场拓展手段，降低贷款条件，忽视风险管理。

（五）合作机构风险管理措施

要规范与外部合作机构的管理，既要充分发挥合作机构在业务拓展、客户选择等方面的积极作用，又要有效防范合作中的风险环节，把握好风险控制的主动权。目前，银行中介机构主要是信用担保机构。银行应明确规定信用担保机构的准入权限，要加强对信用担保机构的动态管理，对于出现担保贷款不良率较高而代偿率较低等情况的，要停止合作。

个人一手住房贷款

（一）虚假按揭风险管理措施

主要表现为借款人购房行为不真实、贷款用途不真实。假按揭实质是套取银行信用，诈骗银行信贷资金，银行大部分住房不良贷款都是由虚假按揭造成的，危害极大。因此银行要：优选房地产开发商和按揭合作楼盘，从源头上防范假按揭；严格落实面谈、面签、自主直接调查制度，认真核实借款人购房行为真实性，熟练掌握假按揭的主要特征和表现形式，提高防假辨假水平；谨慎发放开发商内部员工或关联企业员工按揭贷款。

（二）抵押物不落实风险管理措施

一手住房贷款由开发商承担阶段性保证担保并以所购住房作为抵押物，由于开发商、借款人、银行等多方面的原因，使得贷款存在抵押物不落实风险。因此银行要采取以下措施：尽量协商开发商缴纳按揭保证金，提高开发商协助银行办理正式抵押登记手续的主动性；在合同条款中约定借款人及时办理抵押登记的义务和违约责任，提高借款人办理正式抵押登记手续的自觉性；银行要加强抵押房屋登记管理工作，设立专门台账，明确责任人负责对抵押登记手续的督办工作。

（三）按揭楼盘烂尾风险管理措施

由于开发商建设资金不到位，会导致按揭楼盘无法按照预定计划完工而形成烂尾风险。因此银行要采取以下措施：从源头入手，严格楼盘准入，优选开发商，严格调查开发商法人资格、开发能力、开发业绩及经营者素质，调查项目的合法性、建设资金落实情况和市场销售前景；加强对开发商建设资金的监管，防止建设资金挪作他用而形成资金缺口。

（四）借款人信用风险管理措施

借款人信用风险主要是由借款人还款能力不充足引发的。因此银行要采取以下措施：重视对借款人及其配偶信用记录及负债情况的审查，合理认定借款人的承贷能力，对信用状况不好、还贷收入比超过规定比例的借款人不得发放贷款；在还款能力的认定上，重点关注借款人收入的持久性和稳定性；合理确定贷款成数，对预期收入不稳定的借款人要进一步提高首付款比例，通过降低贷款成数、降低贷款额来减轻借款人还贷压力，化解银行信贷风险。

（五）假权证风险管理措施

银行内外部不法分子利用假权证骗贷，使银行第二还款来源悬空。因此，银行对抵押（预告）登记申请及他项权利证书领取等工作须由调查人员之外的银行内部员工亲自办理。对已办妥的抵押登记权证要定期或不定期到房屋登记机构进行抽查核对。

个人二手住房贷款

（一）中介合作风险管理措施

房产交易经纪公司、评估机构、专业担保机构等已成为银行办理个人二手住房贷款业务的重要合作伙伴。但从房产中介机构倒闭、管理人员卷款潜逃、中介机构出具虚假评估报告等事件分析，与中介机构合作是二手房业务的重要风险点。

严格合作中介机构的准入审批，选择大型、优质、品牌中介机构合作，准入审批要明确业务合作范围和担保额度，放款前要查询担保余额。

（二）假权证风险管理措施

自主调查、独立调查，严格执行面谈面签制度，关注关联人员购房真实性，将假按揭拒之门外。

（三）评估风险措施管理

客户经理应对评估价格是否合理进行调查，应对抵押物价格评估报告是否合法、有效，估价结论是否基本合理进行核实。对抵押物评估价格应与同一城市、同一地段、同一类型（商用房或住房）的市场平均价格进行比较，看偏离度是否正常。对偏高的评估资产部分应予剔除。

（四）抵押风险管理措施

抵押登记申请及他项权利证书领取等工作须由调查人员之外的银行内部员工亲自办理，设立专门台账记载抵押情况。

此外，借款人信用风险管理措施，比照一手住房贷款管理。

个人商业用房贷款

（一）市场风险管理措施

商用房贷款与住房贷款最大的区别在于商用房项目涉及后期市场经营问题，如果项目市场定位不准、经营不善导致商铺经营者或投资者无法获得预期经营收益或租赁收益，将会对购房人收入和还款意愿造成严重影响，而商业用房处置难度也大于住房。因此必须坚持“审慎发展”的原则。

个人商业用房贷款是否安全，不仅和借款人自身因素有关，还跟经济发展水平、区域商业氛围、项目整体定位、先期招商运作、后期物业管理有关，其风险明显高于个人住房贷款。要对项目周边环境、交通情况、市场人气、经营定位、竞争项目、市场规划等情况进行深入分析。

介入的“禁区”：产权式商业物业；散盘一手商业用房；无法办理分户产权的商业用房；自建商业用房；以二手商业用房贷款名义违规发放一手商业用房贷款。

介入的“高风险区”：产权单位之间以非永久性实体墙分割的商业用房；关联关系人之间的商业用房交易；经济欠发达、二手商业用房交易不活跃、管理不规范地区。

（二）价格风险管理措施

一手商业楼盘整体价格评估：银行内部设立专业评估机构的，可由该机构进行评估；整体价格评估应采用两种（含）以上估价方法，并以收益法为主；实行按层或按户审慎估价；客户经理应对销售价格和评估价格的合理性进行调查。

（三）借款人信用风险管理措施

提高借款人准入“门槛”：信用等级须在本银行规定等级（如A级以上）；家庭拥有一套（含）以上商品住房；借款人及配偶本笔购房月支出额（个人商业用房贷款月还款额与月物业费应缴额之和）与月收入之比控制在50%（含）以下；月所有债务支出（本次购房的月支出额与其他债务月均偿付额之和）与月收入之比控制在55%（含）以下。

抵押率：抵押率不得超过成交价格与评估价格的50%。

（四）担保风险管理措施

必须以所购商业用房设定抵押担保。一手个人商业用房贷款中，原则上要求由开发商为贷款提供阶段性保证担保，并可根据合作项目风险状况或所在区域整体风险情况，要求开发商适当延长阶段性担保期限。

（五）设定严格的贷款限制性条款

强制保险。原则上要求借款人对个人商业用房贷款中的抵押物投保财产险或综合险。在保险单上明确银行为被保险人，并将保险单正本交银行保管。保险期限不得短于贷款期限，保险金额不得少于贷款金额。

贷款发放的前提条件：一手商业用房贷款须在按揭楼盘取得竣工验收合格证明、办妥抵押（预告）登记之后发放；二手商业用房须房屋买卖合同合法、有效且办妥房地产转移登记和抵押登记之后发放。

个人存单（折）质押贷款

（一）个人存单（折）真实性风险管理措施

银行应当认真审核出质人提交的材料。对已婚的出质人，要重点关注其配偶是否同意质押，以及出具同意质押的书面材料是否真实、有效。如果出质人为第三人的，应当调查第三人的签名是否真实、有效，质押是不是其真实意思表示等。

（二）个人存单（折）合法性风险管理措施

个人存单（折）合法性风险管理措施：出质人的主体资格合法，签订书面的质押合同并办理质押登记，出质人向银行交付存单（折），已经质押的存单（折）不能转让或者再质押。

（三）个人存单（折）合规性、操作性风险管理措施

个人存单（折）合规性、操作性风险管理措施包括：

（1）必须是银行可以接受的质押物。一般来说，商业银行可以接受下列存单（折）出质：同城同系统金融机构开具的个人整存整取定期储蓄存单（折），实现数据集中的不同城同系统金融机构开具的个人整存整取定期储蓄存单（折），负有核实与止付义务的不同金融机构开具的个人整存整取定期储蓄存单（折），“定期一本通”存折。

（2）存单（折）质押材料完整。出质人的主体资格证明文件；出质人、有权决策人同意质押的书面文件；出质人的存单（折）权利凭证文件；凭密码、印鉴支取的存单（折），银行应要求出质人提供密码、印鉴并按要求验证密码、印鉴。

（3）办理核押下止付手续。

（4）妥善保管质押存单（折）权利凭证。

（四）个人存单（折）可变现性风险管理措施

个人存单（折）可变现性风险管理措施：借款合同与质押合同必须有效衔接，借款期限不能超过个人存单（折）的到期日，贷款额度不能超过银行规定的质押比例。

（五）贷款用途风险管理措施

个人存单（折）质押贷款用途风险管理措施：不得用于经营类资金需求（购买商用房含商住两用房）；不得用于股票投资、用作经济实体的注册资本金或其他权益性投资；不得用于任何国家政策、法律、法规所禁止的用途。

个人综合消费贷款

（一）合法性风险管理措施

个人综合消费贷款的合法性风险管理措施：借款人的主体资格合法；提交银行的借款申请资料合法、真实、有效。

（二）贷款准入风险管理措施

个人综合消费贷款的准入风险管理措施：借款人必须具有稳定的经济收入，稳定的职业，良好的信用记录与还款能力；稳定的家庭；同意在本银行开立银行卡或电子银行账户，并同意授权银行从约定还款账户中直接扣收借款本息及应由借款人承担的相关费用。

（三）担保风险管理措施

个人综合消费贷款的担保风险管理措施：

一是房屋抵押。要以银行认可的个人住房、商用房设定抵押或最高额抵押提供担保。银行必须对抵押物进行正式评估。

二是保证担保。由银行认可的保证人提供保证担保或最高额保证进行担保。

三是符合本银行规定的信用贷款条件。

（四）信贷方案风险管理措施

个人综合消费贷款信贷方案风险管理措施：贷款金额、抵押率、贷款期限、贷款利率、还款方式等必须符合银行规定。

（五）贷款用途风险管理措施

个人综合消费贷款用途风险管理措施：不得用于经营类资金需求（购买商用房含商住两用房）；不得用于股票投资、用作经济实体的注册资本金或其他权益性投资；不得用于任何国家政策、法律、法规所禁止的用途。

附录 1

信贷客户信息查询系统网站

一、企业主体相关信息查询

1. 国家企业信用信息公示系统

该系统目前已经能查询全国范围内任意一家企业的工商登记基本信息，具体包括公司注册号、法定代表人、类型、注册资本、成立日期、住所地、营业期限、经营范围、登记机关、经营状态、投资人信息、公司主要备案的高管人员名单、分支机构、清算信息、行政处罚信息等。

2. 各省、市级信用网

这些网站是由地方主导的，企业基本信息都有，但如需要更全面的信息，如对外投资信息、商标、变更、劳保等信息，则可能需注册会员等方可查询。基本上各个地方都有类似的网站。

3. 全国组织机构统一社会信用代码数据服务中心

该网站可以查询全国范围内所有领取有组织机构代码证的企业信息，显示与实体组织机构代码证完全一致。这个网站还可以打印组织机构代码证的扫描件。

4. 信用视界

该网站一站式汇总了工商登记、组织机构代码证、关联公司、涉诉信息、商标专利、新闻和招聘等企业信息。特色是增值服务中涵盖了精准的企业关联和高管名下企业，还有企业财务数据、法院开庭公告和判决文书等；值得推荐的是其信用监控服务，每天自动推送企业动态，省掉了大量人工网络搜索工作；该网站还可以查国外企业，如果资产中涉及国外企业，就需查询全球的企业信用信息，目前可通过该网站获取全球 216 个国家和地区的企业信用管理服务。

5. 悉知 App

主要提供中国企业名称、法人、联系人、联系方式、地址、产品和服务等信息的快速查询、展示服务。特色服务是基于平台的企业信息提供企业数据报告，主要针对全国省份、地市、县区企业数量及产业发展状况进行研究和推出排行榜。但平台覆盖的许多中小型企业信息未经严格核实，可能存在数据的不准确性。

6. 建筑业资质查询

中华人民共和国住房和城乡建设部网站可查询建筑类企业的资质证书信息。

7. 各地住房保障和房产管理局网站

二、涉诉信息查询

1. 中国裁判文书网（限于裁判文书）

根据《最高人民法院关于人民法院在互联网公布裁判文书的规定》，自 2014 年 1 月 1 日起，除涉及国家秘密、个人隐私的、未成年人犯罪、调解结案以外的判决文书，各法院判决文书均应在该网站上公布。因该网站为“裁判文书网”，故仅适用于已届判决阶段的案件。

2. 各省级高院网站

一般各省级高院都建有自己的网站，这些网站可以查询 2014 年之前的部分判决书、开庭公告、执行信息、开庭信息等。因为中国裁判文书网仅限于已判决文书的查询，且 2014 年 1 月 1 日之后才试行，而且数据取决于地方上报，但地方法院上网已经很多年了，部分法院的法律文书早就上网，因此全国网查不到的，地方法院或许可以查到。开庭公告、执行信息等，或许正是我们调查所需要的涉诉信息。

3. 中国执行信息公开网

2013年10月1日起，《最高人民法院关于公布失信被执行人名单信息的若干规定》正式施行。依照该规定，被执行人具有履行能力但不履行生效法律文书确定的义务，并且具有六种情形之一的，各级人民法院应将其纳入失信被执行人名单，依法进行信用惩戒。该规定实施后，各级人民法院开始依职权做出将被执行人纳入失信被执行人名单的决定。对于不履行或未全部履行被执行义务的被执行人，可于该系统中查询失信被执行人的履行情况、执行法院、执行依据文书及失信被执行人行为的具体情形等内容。

4. 中国法院网公告查询

按目前我国法院管辖的现状和公告要求，需要公告送达的，如果被告不属于本省的，一般要求在全国的报纸公告，而一般都是《人民法院报》，据此可以查询到大量公告信息，了解调查对象的涉诉情况。同时对于被告是省内的，则可以到地方的法制报之类的网站查询公告，也可以了解到一些在地方法院的涉诉情况。

5. 北大法律信息网“北大法宝”

北大法宝是由北京大学法制信息中心与北大英华科技有限公司联合推出的智能型法律信息一站式检索平台，收录案例比较全，而且因为建站比较早，很多官方找不到的裁判文书这里都有收录，因此值得推荐。

三、资产信息查询

1. 中国土地市场网

除全国范围内土地抵押、转让、招拍挂等信息外，可于土地市场网查询全国范围内的供地计划、出让公告、大企业购地情况等。该网站无须注册。

2. 国家知识产权局专利查询

该网站无须注册，除专利基本信息（如发明/设计人、专利权人、公开日等）外，还可查询各专利权法律状态、专利证书发文、年费计算及全国大部分省市的专利代理机构名录等内容。

3. 中国商标网（国家知识产权局商标局）

根据查询提示可确定拟查询商标的商品分类。具体可查注册商标信息及申请商标信息。商标查询又分为商标近似查询、商标综合查询和商标状态查询等。需要注意的是，商标局明确该网站“商标网上查询”栏目为社会公众提供商标注册申请信息查询，本系统的数据信息并非实时更新，有一定滞后性，仅供参考，不具有法律效力。具体的商标注册信息还应以“商标公告”为准。

4. 中国版权保护中心

中国版权保护中心是国家设立的综合性的著作权社会管理和社会服务机构，承担各类作品和计算机软件版权登记职责，是我国唯一的计算机软件版权登记、版权质权登记机构。

5. 人民法院诉讼资产网

可以查询全国范围内法院正在执行拍卖的资产情况，通过这个网站可以侧面了解涉诉当事人的一些信息。

6. 淘宝司法拍卖

网上拍卖减少了拍卖费用，竞价方便，越来越多的法院把没有争议，比较干净的资产都通过这种方式进行拍卖，相信涉诉的信息会越来越多。

7. 各大产权交易所网站（如金马甲）

提供包括国有产权、公共资源、国有担保机构、诉讼资产、股权、债权、高端商品、邮票钱币、无形资产、文化艺术品等在内的各类要素的供需信息发布、网络交易、支付与结算等专业服务。

8. 中国人民银行征信中心动产融资统一登记公示系统（中登网）

该网站主要提供应收账款质押、应收账款转让、融资租赁等动产担保的登记和查询服务。按照《中华人民共和国民法典》《优化营商环境条例》以及《关于实施动产和权利担保统一登记的决定》的要求，中国人民银行征信中心自2021年1月1日起，提供全国动产和权利担保的统一登记和查询服务。

四、客户投融资信息查询

1. 巨潮资讯网

该网站是中国证券监督管理委员会指定的上市公司信息披露网站，创建于1995年，是国内最早的证券信息专业网站。该网站可查询内容十分丰富，包括该公司就各重大事项发布的公告、分红情况、财务指标、公司年报等。

2. 上海证券交易所

该网站与巨潮资讯网信息有所交叉，但侧重点略有不同。

3. 深圳证券交易所

该网站与巨潮资讯网信息有所交叉，但侧重点略有不同。

4. 全国中小企业股份转让系统（新三板）

该系统是全国性的非上市股份有限公司股权交易平台，主要针对的是中小微型企业。

5. 中国外汇交易中心（全国银行间同业拆借中心）

交易中心为银行间外汇市场、货币市场、债券市场和衍生品市场提供交易系统并组织交易，同时履行市场监测职能，保障市场平稳、健康、高效运行。

6. 中国债券信息网（中央结算公司）

该平台是中国债券市场重要运行服务平台、国家宏观政策实施支持服务平台、中国金融市场定价基准服务平台和中国债券市场对外开放主门户。

7. 中国银行间市场交易商协会

中国银行间市场交易商协会是由市场参与者自愿组成的，包括银行间债券市场、同业拆借市场、外汇市场、票据市场、黄金市场和衍生品市场在内的银行间市场的自律组织，为全国性的非营利性社会团体法人，业务主管部门为中国人民银行。

8. 和讯网

上市的企业毕竟不多，但为了融资，除了证券市场，还有的企业寻求其他的方式，如发行债券、短期融资券、中期票据、集合票据等非金融企业债务融资工具进行融资，因此这些网站及地方股权交易中心网站也可披露一些企业的信息及经营状况、融资方式、融资规模等。

9. 万方数据

依托强大的数据采集能力，应用先进的信息处理技术和检索技术，为科技界、企业界和政府部门提供高质量的信息资源产品。在丰富信息资源的基础上，万方数据还运用先进的分析和咨询方法，为用户提供信息增值服务，并陆续推出企业竞争情报系统、通信、电力和医药行业竞争情报系统等一系列信息增值产品，以满足用户对深度层次信息和分析的需求，为用户确定技术创新和投资方向提供决策。

五、行业政策信息查询

1. 工业和信息化部网站

2. 国家发展和改革委员会网站

附录 2

行业特许经营证明

从事特殊行业经营的企业应当取得国家有关行政主管部门核发的有效行业特许经营证明。行业特许经营证明文件应在有效期内办理年检手续，不存在被吊销、注销和声明作废等情况。主要的特殊行业经营许可证明有：

1. 实施学历教育、学前教育、自学考试助学及其他文化教育的民办学校应当取得教育行政部门核发的办学许可证。实施以职业技能为主的职业资格培训、职业技能培训的民办学校应当取得劳动和社会保障行政部门核发的办学许可证，中外合作办学机构应当取得中外合作办学许可证。

2. 医院应当取得医疗卫生行政主管部门核发的卫生许可证、医疗机构执业许可证。

3. 收费公路应当取得有权部门同意建站收费的批准文件。

4. 从事烟草专卖品的生产、批发、零售业务，以及经营烟草专卖品进出口业务和经营外国烟草制品购销业务的，应当取得烟草专卖行政主管部门核发的烟草专卖许可证。

烟草专卖许可证分为：烟草专卖生产企业许可证、烟草专卖批发企业许可证、烟草专卖零售许可证；运输卷烟、烟草专用机械等烟草专卖品，应当取得烟草专卖行政主管部门核发的烟草专卖品准运证；设立外商投资的烟草专卖生产企业，应当报烟草专卖行政主管部门审查同意。

5. 从事食品生产加工的企业，应当取得市场监督管理部门核发的食品生产许可证。

在流通环节从事食品经营的企业，应当取得市场监督管理部门核发的食品流通许可证。取得食品生产许可的食品生产者在其生产场所销售其生产的食品，不需要取得食品流通的许可；取得餐饮服务许可的餐饮服务提供者在其餐饮服务场所出售其制作加工的食品，不需要取得食品流通的许可。

6. 餐饮服务企业，应当取得市场监督管理部门核发的餐饮服务许可证，集体用餐配送单位纳入餐饮服务许可管理的范围。

7. 从事药品生产的企业应当取得市场监督管理部门按产品核发的药品生产许可证；批发企业应当取得市场监督管理部门核发的药品经营许可证；零售企业应当取得市场监督管理部门核发的药品经营许可证。

8. 开办制盐企业须经有权部门批准；开采矿盐，必须取得采矿许可证，私营企业和个人不得开采盐资源；经营食盐批发业务，必须取得有权部门核发的食盐批发许可证。

9. 开办煤矿企业，应依法取得采矿许可证、安全生产许可证、营业执照、矿长资格证、矿长安全资格证。未取得以上证件，煤矿不得从事生产。擅自从事生产的，属非法煤矿。

10. 地质勘探应当取得自然资源管理部门核发的矿产资源勘查许可证。

11. 设立剧毒化学品生产、储存企业和其他危险化学品生产、储存企业，应当取得安全生产监督管理部门核发的安全生产许可证；依法设立的危险化学品生产企业，应当取得有关部门核发的危险化学品生产许可证，其中取得甲种经营许可证（含：成品油）的单位可经营销售剧毒化学品和其他危险化学品，取得乙种经营许可证的单位只能经营销售除剧毒化学品以外的危险化学品。

12. 生产有国家标准或者行业标准农药的，应当取得有权部门核发的农药生产许可证。

13. 生产农作物和林木商品种子的，应当取得有权部门核发的种子生产许可证。从事种子经营的，应当取得有权部门核发的种子经营许可证。

14. 在我国管辖水域和公海从事渔业捕捞活动的，应当取得渔业捕捞许可证。

15. 从事道路运输经营的，应当取得交通主管部门核发的道路运输经营许可证。

16. 通用航空企业应当取得民航主管部门核发的通用航空企业经营许可证。

17. 从事港口经营的，应当取得港口行政管理部门核发的港口经营许可。

18. 金融企业应当取得金融监督管理部门核发的金融许可证。

19. 从事典当业的，应当取得商务主管部门核发的典当经营许可证和公安机关核发的特种行业许可证。

20. 经营旅游业务和入境旅游业务的旅行社，应当取得旅游行政管理部门核发的旅行社业务经营许可证。

21. 开办印刷企业，应当取得印刷经营许可证和特种行业许可证；承印图书、报刊的印刷企业，应当取得新闻出版管理部门核发的书报刊印刷许可证。

22. 设立音像制品出版、制作、复制单位和光盘母版刻录单位，应当取得出版行政部门核发的音像制品出版、制作、复制许可证；进口音像制品成品和进口用于出版、信息网络传播及其他用途的音像制品，应当取得进口音像制品批准单；设立音像制品批发、零售、出租、连锁经营机构及外商投资中外合作音像制品分销企业，应当取得出版物经营许可证。

23. 设立出版单位，应当取得出版行政部门核发的出版许可证；设立出版物总发行机构，应当取得出版物总发行许可证；设立出版物批发机构，应当取得出版物发行（批发）许可证；设立出版物零售、出租、投递机构，应当取得出版物发行（零售、出租、投递）许可证；进口国外出版物的，应当取得出版物进口经营许可证。

24. 设立娱乐场所，应当取得娱乐经营许可证。

25. 经营广告业务，应当取得广告经营许可证。

26. 建筑施工企业、烟花爆竹、民用爆破器材生产企业应当取得安全生产监督管理部门核发的安全生产许可证。

附录3

示范操作模板

××银行个人与小微企业贷款停牌复牌管理办法

第一章 总 则

第一条 为加强对个人与小微企业贷款的风险管控，确保业务持续健康发展，根据国家金融监督管理规定及本银行《个人贷款管理办法》《小微企业贷款管理办法》等相关规定，特制定本办法。

第二条 本办法所称个人和小微企业贷款，是指由本银行制定的个人与小微企业所有信贷业务产品。

第三条 本办法所称个人与小微企业贷款停牌复牌管理，是指在本银行授权经营管理的框架内，监管行对被监控行的全部或主要单项个人与小微贷款产品，实施预警、停牌、整改、复牌的管理。

第四条 停牌复牌管理遵循定期监管、分类管理和积极化解风险的原则。

定期监管。是指本银行管理行（包括一级支行）直接以二级支行（网点）为单位，对个人与小微企业贷款资产质量变动情况进行定期（按月）监控，对被监控行的个人与小微企业信贷业务审批和业务受理权限实施信贷停牌复牌管理。

分类管理。是指根据不同个人与小微企业信贷业务产品的风险特征，制定差异化的风险控制标准；根据不同行的资产质量现状，实施差异化管控手段；根据风险水平的变动情况，采取差异化的约束措施；督促个人贷款与小微贷款经营高风险的机构（网点）加快提升风控水平，以实现个人与小微企业信贷业务总体风控目标。

积极化解。是指通过停牌复牌制度，督促经营行主动清收、及早处置贷款风险，最大限度地防控不良贷款的发生与向下迁移，并通过深入查找原因，及时化解风险，严肃追究责任，完善制度流程，强化个人与小微企业贷款责任经营机制。

第五条 风险控制标准是指，全部或单项个人与小微企业信贷业务产品在风险评价时段内，可以容忍的不良率的最高值。

第六条 风险评价时段是指，本银行规定的个人与小微企业信贷业务产品发放的起止时间。

第七条 本办法中不良率是指，全部或单项个人与小微企业信贷业务产品在风险评价时段起始日后，新发放贷款的不良率。

第八条 本银行将定期或不定期发布风险控制标准。

第二章 预 警

第九条 预警是停牌复牌管理监管行下发《风险预警提示函》的过程。

第十条 预警类型包括：区域风险预警、产品风险预警和重大风险信号预警。区域风险预警，是指监管行对被监控行全部个人与小微企业信贷业务产品的资产质量及风险变动进行预警。产品风险预警，是指监管行对被监控行单项个人与小微企业信贷业务产品的资产质量及风险变动进行预警。重大风险信号预警，是指监管行在发现重大风险信号时，立即对相关行进行预警。重大风险信号包括：

（一）通过在线监控或现场检查，发现重大风险隐患或案件线索。

（二）内外部监管部门移交的重大风险隐患或违规事项。

（三）在线监控发现资产质量虽未超标但发生重大异动。

（四）在线监控发现贷后管理重要指标未达标。

（五）其他需要进行预警的重大风险信号。

第十一条 监管行个贷与小微企业信贷业务主管部门对被监控行的个贷与小微贷款资产质量按月开展监测，当月末个人与小微企业信贷业务区域不良率高于（含达到）风险控制标准但未超过风险控制标准 120%、单项产品不良率高于（含达到）风险控制标准但未超过风险控制标准 150% 时；或发现重大风险信号时，实施预警。

第十二条 被监控行个人与小微企业贷款业务主管部门接到监管行发送的《风险预警提示函》后，必须分别建立《风险预警提示台账》，查找确定风险来源，立即组织自查自纠，有效落实情况核实、原因核查、责任分解、清收处置等各项工作。

第十三条 被监控行须按时上报自查自纠情况。属于风险标准临近超标线的自查自纠报告，应向上级行报告。属于重大风险信号的自查自纠报告，在《风险预警提示函》下发后7个工作日内上报《风险预警提示函》监控行。

第三章 停 牌

第十四条 停牌是被监控行个人与小微企业信贷业务产品不良率超出风险控制标准或发现需停牌重大风险信号的情况下，由监管行对其个人与小微企业贷款业务审批或业务受理实施限制，防止经营风险继续扩大的过程。停牌包括上收业务审批权限与停止业务受理权限两类。

第十五条 上收业务审批权限是指，对被监控行全部或单项个人与小微信贷业务产品的审批进行限制，审批权限上收一级审批机构或有权审批人；停止业务受理权限是指，对被监控行全部或单项个人与小微企业信贷业务产品的受理进行限制，暂停其受理该项业务，并同时上收其业务审批权。

第十六条 停牌标准。

（一）超过风险控制标准。

1. 被监控行个人与小微企业信贷业务机构月末不良率超出风险控制标准120%但未超过风险控制标准150%的，上收其机构个人与小微企业信贷业务审批权限；单项产品月末不良率超出风险控制标准150%但未超过风险控制标准200%的，上收其单项产品业务审批权限。

2. 被监控行个人与小微企业信贷业务机构月末不良率超出风险控制标准150%的，给予三个月整顿期，整顿期结束后仍超出风险控制标准150%的，暂停其区域个人与小微企业信贷业务受理权限；单项产品月末不良率超出风险控制标准200%的，给予三个月整顿期，整顿期结束后仍超出风险控制标准200%的，暂停其单项产品业务受理权限。

（二）发现需停牌重大风险信号。

1. 被监控行发生大额风险，负面影响较大，需要立即整顿清理，则上收其业务审批权限；清理整顿期间风险状况继续恶化的，则暂停其业务受理权限。

2. 被监控行发生大额风险，负面影响较大，且形成风险的原因暂时无法消除，则暂停其业务受理权限。

3. 被监控行经营管理不善，产生重大风险隐患或造成严重不良影响，则由原监管行认定是否停牌及停止何种权限。

第十七条 停牌流程。

（一）上收业务审批权限流程。

被监控行达到停牌标准时，监管行个人与小微企业信贷业务主管部门起草签报，提出上收相关被监控行个人与小微企业信贷业务审批权限的建议，会签本级信贷管理部门、内控合规部门，由内控合规部门参照授权管理流程相关规定，向相关行发出《授权调整通知书》，明确上收审批权限后新的有权审批机构或有权审批人，信贷管理部门在信贷管理系统授权模块中通过参数维护及时调整相关审批权限，业务主管部门应登记《个人与小微企业信贷业务审批权限停牌复牌台账》。

（二）暂停业务受理权限流程。

被监控行达到停牌标准时，监管行向相关行发出《个人与小微企业信贷业务受理权限停牌通知书》，登记《个人与小微企业信贷业务受理权限停牌复牌台账》。相关行接到通知后，必须立即通知辖内业务受理机构停止受理，并做好客户解释工作。

第十八条 停牌纪律。

暂停业务审批权限与暂停业务受理权限均属授权管理范围，不得越权操作。执行情况纳入监管行内控监管和业务主管部门在线监控内容。

本银行个人与小微企业信贷业务主管部门对停牌情况按月进行督导和通报。凡发现停牌期间未按停牌规定擅自办理业务的，视同越权办理业务，对相关责任人按照员工违反规章制度管理办法等有关规定进行处罚。

第四章　整　　改

第十九条 整改是被监控行在停牌期间，通过加强贷后管理，加大催收和清收工作力度，进一步压降不良贷款，使资产质量重新达标的过程。

第二十条 停牌期间，被监控行应迅速组建整改领导小组，明确整改责任、人员与措施，部署整改工作，包括但不限于以下方面：

（一）组建检查队伍，深入实地核查风险起因、风险规模；

（二）明确整改方法、时间要求与验收标准；

（三）建立整改台账，监督整改进度；

（四）落实资产保全措施，加大力度进行清收；

（五）对存在主观过失的相关责任人追究责任。

第二十一条 被监控行整改过程中，发现新的重大风险线索，如虚假按揭、虚假贷款、重大挪用等，核查人员应立即报告上级行。

第五章 复 牌

第二十二条 复牌是被监控行在停牌期间，通过有效整改，使得资产质量达到复牌标准后，由监管行恢复其业务审批或业务受理的过程。

第二十三条 复牌标准。

（一）因超过风险控制标准被停牌的。

1. 被监控行个人与小微企业信贷业务经整改后，其机构个人与小微企业信贷业务不良率下降至风险控制标准 120% 以内时，恢复其机构个人信贷业务的受理权限；其单项产品不良率下降至风险控制标准 150% 以内时，恢复其单项产品的受理权限。

2. 被监控行个人与小微企业信贷业务经整改后，其机构个人与小微信贷业务或单项产品不良率下降至风险控制标准以内时，恢复其机构或单项产品的审批权限。

（二）因发现需停牌重大风险信号被停牌的经过整改，重大风险信号基本消除，相关案件得到有效查处，可实施复牌。

第二十四条 达到复牌标准可以复牌的，由做出停牌决定的相同决策机构审批认定可否复牌，恢复何种权限（业务审批、业务受理）。

第二十五条 复牌流程。

（一）业务审批权限复牌流程。

被监控行达到恢复业务审批权限条件申请复牌时，应向做出停牌决定的原监管行申报，由原监管行个人与小微企业信贷业务主管部门起草签报，提出恢复相关行个人与小微企业信贷业务审批权限的建议，会签本级信贷管理部门、内控合规部门，获得批准后，由内控合规部门参照授权管理流程相关规定，向相关行发出《业务审批授权通知书》，并登记《个人与小微企业信贷业务审批权限停牌复牌台账》。信贷管理部门在信贷管理系统授权模块中通过参数维护及时调整相关审批权限。

（二）业务受理权限复牌流程。

被监控行达到恢复业务受理权限条件申请复牌时，应向做出停牌决定的原监管行申报，由原监管个人与小微企业信贷业务主管部门审核后，正式行文报主管行领导审批后，向相关行发出《个人与小微企业信贷业务受理权限复牌通知书》，登记《个人与小微企业信贷业务受理权限停牌复牌台账》。

第二十六条 复牌申请必须严肃、客观，不得弄虚作假。复牌审批行在受理复牌申请时，要检查复牌申请行停牌期间的放款情况，发现违规申请复牌，或停牌期间发生越权放贷的，要严肃追究相关责任人的责任。

第六章 附 则

第二十七条 本银行新开发个人与小微企业信贷产品，均设定风险控制标准，在产品单项管理办法中明确规定风险控制标准要求，以及停牌复牌管理的实施对象，参照本办法实施停牌复牌管理。

第二十八条 本办法自 ×× 年 ×× 月 ×× 日起试行。

第二十九条 本办法由本银行总行负责制定、解释和修改。

个人贷款谈话笔录

谈话时间：________年____月____日　　　　谈话地点：____________

被谈话人：

借款人姓名：_________性别：_______出生日期：_______年___月___日

抵押人姓名：_________性别：_______出生日期：_______年___月___日

共有人姓名：_________性别：_______出生日期：_______年___月___日

担保人姓名：________性别：______出生日期：________年___月___日

问：您是否已经确保提交给银行的有关证明资料是真实、合法、有效的，并已经确知任何欺诈、违约行为均要承担相应的法律责任？

答：是□　　　　否□

问：如果您是委托代理人，您是否已经办妥了合法有效的委托公证？

答：已办妥□　　未办妥□

问：借款人、担保人及共有人是否有不良信用记录？经查如发现有不良信用记录者，银行一律不予受理贷款，现是否清楚？

答：无□　有□　清楚□　不清楚□

问：您本次贷款总额为万元，借款用途是，期限年；贷后本银行有权对借款人所借资金的使用情况进行了解取证，如果发生借款被挪用或其他违反合同约定的情况，银行有权选择提前宣布贷款到期或其他处理方式。以上情况您是否知道？

答：是□　　　　否□

问：本银行将对借款申请人和抵押物共有人的个人信用信息进行调查，借款人今后如不能按时归还贷款，不良信用记录将会在中国人民银行个人征信中心予以披露，是否知道？

答：知道□　　　不知道□

问：主贷人及配偶、抵押人、担保人是否有其他银行贷款？

答：无□

有□：贷款人______，______银行，金额____万元，月还款______元

配　偶______，______银行，金额____万元，月还款______元

抵押人______，______银行，金额____万元，月还款______元

担保人______，______银行，金额____万元，月还款______元

问：抵押人有无共有人？共有人姓名？共有人是否知晓该笔贷款并同意抵押？

答：无□

有□

共有人姓名：________，已知晓并同意作抵押

问：如因经销商或其他原因，致使出现所购车辆质量问题／房屋装修质量问题／经营出现问题等，但以上问题将不影响银行贷款的按期偿还。是否清楚？

答：清楚□　　　　不清楚，现在已了解□

问：贷款人是否能保证以上陈述的情况均真实、无误，且愿意为此承担因提供虚假信息所产生的一切法律后果？

答：是，愿意□　　否，不愿意□

谈话人签字：______________　　　　银行经办人：______________

企业流动资金贷款调查报告模板

××公司向本行申请办理××（金额）（币种）××（类别）的信贷业务，××客户部门（或支行）已经受理。根据对企业提供的相关材料，我们于××年××月××日至××年××月××日到公司进行了现场调查，现报告如下：

一、借款人基本情况及资格调查

（一）企业名称、成立时间、企业类型、注册地、经营地、注册资金（开办资金）、法定代表人（或主要负责人）、经营范围、经营期限、必需的行业经营许可证等；客户当前在本行开户、信用等级评定和授信情况。

（二）企业股东与投资情况。

1. 股东名称、出资金额、出资比例、出资方式、股东之间关系、有无不良信用记录等。

2. 关联公司及其之间的关系（此部分可以图解的方式进行分析）。

（三）法定代表人（实际控制人）基本情况：法定代表人（实际控制人）的简历、经营历史、是否兼任其他企业职务、可抵（质）押家庭财产等。

（四）企业高管情况及亲缘关系。

（五）通过中国人民银行征信中心和本行信贷管理系统查询的借款人信用状况：在金融机构信用构成与银行间分布，有无不良信用记录，是否存在欠息、涉诉情况及对外担保情况等；介绍企业目前与哪些银行保持往来，关系如何，结算量大小；借款人在本银行存、贷款和贷款收回的历史情况，以及当前的用信情况。

通过中国人民银行征信中心和本行信贷管理系统查询的借款人的法人代表及主要股东的个人信用记录。

二、借款人经营情况分析

包括借款人经营历史沿革情况；从事的业务种类、主营业务、生产能力、营业规模和经营状况；在当地和同行业中的经济地位和影响等。

针对不同类型的企业，分析的重点也不同，可参考以下方面：生产型企业、商贸物流企业、建筑安装企业、餐饮、娱乐等服务业、综合型企业。

三、财务分析

（一）客户连续财务信息分析。

至少包括最近三个会计年度（小微企业两个会计年度）和近期财务报表数据（将主要财务指标和比率通过表格形式列出）。

注明年度财务报表是否已经审计，审计报告的类型，如果是保留意见类型，应分析是否会对本银行信贷资产产生重大不利影响。

对于报表前后发生较大变化的科目或某一个科目余额对财务报表有重大影响地做出进一步的说明。

（二）财务指标分析。

1. 偿债能力分析；2. 营运能力分析；3. 赢利能力分析；4. 发展能力分析；5. 现金流量分析。

（三）财务重点科目分析。

根据借款人财务数据分析客户财务结构是否合理，主要对借款人的重点财务科目和现金流量进行具体分析，重点科目如下：应收款项、存货、固定资产、长期投资、在建工程、负债、所有者权益、销售收入、利润总额、现金流量。

（四）财务真假识别分析。

（五）对财务报表进行重置。

对查出的虚假数据进行整理分类。一是编制调整分录，有两种情形：一种情形，是对原本就没作会计处理的业务补做会计分录；另一种情形，是对原会计处理错误的科目进行反方更正。一个会计科目涉及多笔调整分录，要按会计科目进行汇总重新填制会计报表。二是编制调整会计报表。

调整会计报表格式

项（科）目	原数值	调增数	调减数	调整确认数
合　计				

四、信贷需求分析与融资方案评价

要认真分析客户的信贷需求，包括种类、金额、期限、利率等。同时通过客户资金来源与实际运用情况、项目总投资概算等情况，评价客户融资方案的可行性、合理性和真实性，并对未到位资金来源进行合理分析。

银行应根据借款人经营规模、业务特征及应收账款、存货、应付账款、资金循环周期等要素测算其营运资金需求，综合考虑借款人现金流、负债、还款能力、担保等因素，合理确定贷款结构，包括金额、期限、利率、担保和还款方式等。

五、贷款（授信）用途和还款来源分析

首先说明本次贷款（授信）的具体用途、额度、期限和还款来源，其次分别对其进行分析。

（一）贷款用途。

借款人是否提供了相应的购销合同，购买商品的名称、单价、数量、规格、金额及付款方式，合同中有无不利条款等。流动资金贷款不得用于固定资产、股权等投资；不得用于国家禁止生产、经营的领域和用途。

分析：是否铺底流动资金不足，需要靠借款垫付；是否因扩大生产、需要补充流动资金；是否因季节性原因造成临时流动资金不足；是否为了归还其他银行借款和其他债务；是否因为在进行对外股本、房地产、固定资产、股票、期货等投资造成流动资金不足。在分析资金紧缺的原因后，要进一步分析资金

缺口的大小程度，与本次贷款（授信）金额和期限是否匹配。

（二）贷款支付方式。

能否按国家金融监督管理部门规定的贷款资金支付方式进行支付。

（三）还款来源。

借款人有无足够的订单或销货合同，销售方式如何，销售的主要产品及其主要销货商或销货对象、销售渠道及结算方式，销售策略是否可行、有效，产品的竞争能力如何，产品的价格弹性如何，产品的积压是否严重，销售货款是否被拖欠及拖欠原因，预测市场供求情况。

（四）还款能力。

通过对客户财务分析、担保分析，判别申请人信用偿还来源，预测在用信期限内的偿还能力。确保客户还款来源可靠性，确保客户分期还款可操作性，防止各家银行集中还款风险，防止其他债务影响还款。

六、担保分析

建议采用双重担保方式：股份制企业采用企业房地产抵押与股东连带责任担保；一般企业采用企业房地产抵押与企业实际控制人家庭房地产抵押。

首先说明本次贷款／授信的担保方式（保证、抵押、质押、信用），再按不同担保方式具体分析。

（一）保证担保。

1. 保证人基本情况：法定代表人、股东构成、主要经营范围、主营产品（格式和内容可借鉴借款人基本情况）；其中应当说明保证人与借款人是否为关联企业，是否有互相担保的情况。

2. 保证人是否具有法律和本银行相关文件规定的保证人的主体资格，对外提供保证担保是否已经取得了保证人的有权决策机关的同意。

3. 财务情况（格式和内容同借款人财务状况分析）：应当说明担保人在金融机构信用状况，特别是在本银行的信用状况，包括授信、贷款、承兑、开证等情况，以及保证人已对外提供的担保（包括抵押、质押和保证）的情况等。

4. 保证人担保能力的综合评价。

（二）抵押担保。

1. 抵押物基本情况。

（1）不动产抵押。①土地使用权：应当说明土地使用权人、地理位置、土地等级、面积、土地性质、使用年限、出让金及其缴纳情况（出让方式取得）、是否已取得土地证、目前开发情况（是否为闲置土地）等，另外应说明该土地上有无在建工程且能否同时抵押，如果在建工程不能同时抵押的应说明原因及何时可以追加为抵押物；②房产：应当说明房屋所有人、是否已经取得产权证、房屋结构、用途、面积、坐落位置、落成的时间、是否已出租或准备出租、目前市场价格等。（2）动产抵押（交通工具、机器设备等）应当说明动产所有人名称、动产名称、型号、数量、用途及使用情况、购入价格、成新率等。

2. 抵押物的合法性。

说明抵押物是否为法律上可抵押的财产、抵押是否取得抵押物所有人的同意（抵押物为多人共同共有的是否取得全体共有人的同意）、能否进行抵押登记等。

3. 抵押物的评估和变现情况。

（1）说明抵押物的评估价值、评估依据和变现值。（2）根据不同的抵押物判断抵押率是否合理，是否符合本银行的规定。（3）结合抵押物或同种商品目前的市场情况对抵押物的变现能力评价。（4）抵押物的投保情况，保险期限是否长于贷款期限。此外，对于第三方抵押还应说明抵押人基本情况（格式和内容可借鉴借款人基本情况）。

4. 抵押物的综合评价。

（三）质押担保。

1. 动产质押。

可参照动产抵押，另外需写明质物如何交付本银行占有，本银行如何对质物进行管理及所需费用由谁承担。

2. 股权质押。

该股权是否为依法可转让的股权、股权持有人、是哪个公司的股份、该公司是有限责任公司还是股份有限公司，如为有限责任公司股权质押是否取得了全体股东过半数同意；如为股份有限公司，该股票是否已上市，股票为何种股票（国有股、法人股、社会公众股）。该股份的数量、原值、净值、目前市值、质押率及对未来变现情况的预测。

3. 事业法人的收费权质押。

应说明收费权的内容，该法人是否符合收费权质押的准入条件，是否已经取得上级主管部门的书面同意；对借款人的授信额度是否在该事业法人预计信用期内综合收入的50%或约定单项收入的70%之内。

4. 质押物的综合评价。

（四）信用方式。

按本行规定的客户申请信用贷款必备的条件逐条对比说明是否达到相应要求。

七、市场分析

通过产业政策、所处行业阶段及特性、市场定位、产品供求、产品价格、竞争力等方面评价市场发展前景和产品竞争优势。特别要区分国际市场与国内市场、城市市场与农村市场、线下市场与线上市场。

八、综合效益评价

分析信贷业务所产生的综合收益情况，包括直接收益与间接收益，判断收益是否有效覆盖风险，能否达到规定标准或预期目标。

九、风险提示

总结信贷事项存在的风险点和不确定因素，具体评价时应根据客户的具体情况有所侧重和细分。主要包括市场、体制、经营管理、技术、行业、法律、政策、担保等风险分析。

十、调查结论

首先应当概述信贷事项的主要风险和优势，明确支持或否定的意见，对同意办理的信贷事项，提出信贷方案，同时针对信贷业务存在的主要风险提出切实可行的限制性条款和贷后管理要求；如不同意办理，应指出主要风险和理由。

本人对本调查报告的真实性负全面责任。

调查人：　A角

　　　　　B角

××年××月××日

个人生产经营贷款（抵押方式）调查报告模板
（制造类客户适用）

根据《银行个人生产经营贷款操作规程》及有关信贷规章制度，收集借款人、担保人等个人有关情况和抵押物情况等资料，采取面谈、电话访谈、实地调查及查询信用系统等方式开展调查，现将调查情况报告如下

一、贷款需求情况

贷款金额		贷款期限	年（月）		是否循环	□是	□否
贷款用途							

二、借款人基本情况

借款人		身份证号码		户籍所在地		婚姻状况		行业经验	年
借款人配偶		身份证号码		工作单位				职务	
固定住所									
其他补充事项（如有）	【要点】 1. 借款人学历、专业、社会职务、从业经历等信息 2. 家庭概况，包括家庭其他成员、供养人口、配偶单位性质等信息								

借款人是否具有完全民事行为能力：□是　□否
借款人及配偶身份证件是否合法有效：□是　□否
借款人年龄＋贷款期限是否符合规定：□是　□否
借款人是否具备符合规定的从业经验：□是　□否

三、信用记录情况

未销户信用卡	当前逾期金额	当前逾期期数	账户是否非正常状态	最近 24 个月连续未还月数	最近 24 个月累计未还月数	是否存在恶意透支	
张	元		□是 □否			□是 □否	
累计贷款笔数	累计贷款金额	未结清贷款笔数	未结清贷款余额	当前逾期笔数	当前逾期余额	近 24 个月内连续逾期月数	近 24 个月内累计逾期月数
	万元		万元		万元		

（续表）

<table>
<tr><td colspan="5">借款人近两年内在本银行有无个人经营类贷款：□有 □无</td></tr>
<tr><td>序号</td><td>贷款品种</td><td>贷款金额</td><td>贷款余额</td><td>贷款期限</td></tr>
<tr><td>1</td><td></td><td>万元</td><td>万元</td><td></td></tr>
<tr><td>2</td><td></td><td>万元</td><td>万元</td><td></td></tr>
<tr><td colspan="5">有无对外担保：□有 □无 担保笔数___，担保金额___万元，担保余额___万元，担保对象___，担保期限：______</td></tr>
<tr><td colspan="5">【对逾期情况合理原因说明（如有）】</td></tr>
</table>

<table>
<tr><td rowspan="7">借款人配偶信用记录</td><td colspan="8">根据　　年　　月　　日中国人民银行个人征信中心查询</td></tr>
<tr><td>未销户信用卡</td><td>当前逾期金额</td><td>当前逾期期数</td><td>账户是否非正常状态</td><td>最近24个月连续未还月数</td><td>最近24个月累计未还月数</td><td colspan="2">是否存在恶意透支</td></tr>
<tr><td>张</td><td>元</td><td></td><td>□是 □否</td><td></td><td></td><td colspan="2">□是 □否</td></tr>
<tr><td>累计贷款笔数</td><td>累计贷款金额</td><td>未结清贷款笔数</td><td>未结清贷款余额</td><td>当前逾期笔数</td><td>当前逾期余额</td><td>近24个月内连续逾期月数</td><td>近24个月内累计逾期月数</td></tr>
<tr><td></td><td>万元</td><td></td><td>万元</td><td></td><td>万元</td><td></td><td></td></tr>
<tr><td colspan="8">有无对外担保：□有 □无 担保笔数________，担保金额__________万元，担保余额________万元，担保对象_________，担保期限：__________</td></tr>
<tr><td colspan="8">【对逾期情况合理原因说明（如有）】</td></tr>
<tr><td colspan="9">借款人及其配偶信用状况是否符合规定：□是 □否</td></tr>
</table>

<table>
<tr><th colspan="6">四、贷款投向经营实体基本情况</th></tr>
<tr><td>经营实体名称</td><td colspan="2"></td><td>经营场所地址</td><td colspan="2"></td></tr>
<tr><td>经营实体类型</td><td colspan="3">□个体工商户 □个人独资企业 □合伙企业
□公司 □其他</td><td>行业类型</td><td></td></tr>
<tr><td>法定代表人（负责人）</td><td></td><td>注册资本</td><td>万元</td><td>员工数量</td><td>人</td></tr>
<tr><td>经营范围</td><td colspan="5"></td></tr>
</table>

（续表）

<table>
<tr><td>经营概况</td><td colspan="6">【简要描述近两年企业经营业绩等方面】</td></tr>
<tr><td rowspan="2">经营资格</td><td colspan="6">1. 生产经营证明：□营业执照　□商户经营证　□摊位证　□其他
2. 个体工商户经营者、个人独资企业投资人以外提供：□合伙协议　□公司章程　□验资报告　□承包租赁协议　□借款人承包（或承租）企业的营业执照　□其他</td></tr>
<tr><td colspan="6">证照是否齐全，是否有效：□是　□否
经营资格是否符合规定：□是　□否
是否存在超范围经营：□是　□否
是否符合行业信贷政策：□是　□否</td></tr>
<tr><td rowspan="4">持股（合伙）情况</td><td>股东（合伙人）人数</td><td></td><td>借款人持股比例（合伙份额）</td><td></td><td>借款人与一致行动人共同持股比例</td><td></td></tr>
<tr><td>其他股东（合伙人）名称</td><td>出资额（万元）</td><td>持股比例（合伙份额）（%）</td><td colspan="2">与借款人关系</td><td>是否一致行动人</td></tr>
<tr><td>1</td><td></td><td></td><td colspan="2"></td><td></td></tr>
<tr><td>2</td><td></td><td></td><td colspan="2"></td><td></td></tr>
<tr><td rowspan="5">贷款投向经营实体征信情况</td><td colspan="6">在本银行除低风险业务外有无信贷余额：□有　□无
有无对外担保：□有　□无；担保余额____万元</td></tr>
<tr><td>业务种类</td><td>币种</td><td>发生额（汇总）</td><td>当前余额（汇总）</td><td colspan="2">有无不良信息记录</td></tr>
<tr><td></td><td></td><td></td><td></td><td colspan="2" rowspan="2">□有　□无</td></tr>
<tr><td></td><td></td><td></td><td></td></tr>
<tr><td colspan="6">贷款投向经营实体信用状况是否符合规定：□是　□否</td></tr>
<tr><td rowspan="3">与本银行合作情况</td><td colspan="2" rowspan="2">是否在本银行开立结算账户：
□是　□否</td><td colspan="4">基本账户□　一般账户□　专用账户□</td></tr>
<tr><td colspan="4">账户名称：________
账户账号：________
开户行：________</td></tr>
<tr><td colspan="6">在本银行存款________万元；其他________</td></tr>
<tr><td>其他情况说明（如有）</td><td colspan="6"></td></tr>
</table>

（续表）

五、借款人家庭资产（收入）负债情况

家庭资产情况

资产种类	序号	不动产性质	不动产权证号	所有权人	坐落位置	使用状况	建筑面积	购买时间	原值	认定价值
房产	1						㎡		万元	万元
	2						㎡		万元	万元
	3						㎡		万元	万元
	……						㎡		万元	万元
	不动产价值总计：________万元									

资产种类	序号	品牌名称	所有权人	购买时间	购置价格	认定价值
汽车	1				万元	万元
	2				万元	万元
	……				万元	万元
	汽车价值总计：________万元					

资产种类	序号	种类	所有权人	起始日	到期日	账面价值（账户余额）	认定价值
金融资产	1					万元	万元
	2					万元	万元
	3					万元	万元
	……					万元	万元
	金融资产价值总计：________万元						

其他	序号	种类	数量	单价	购入价值（原值）	认定价值
					万元	万元

家庭负债及对外担保情况

负债及对外担保种类	负债（担保）余额	负债（担保）期限	债权人（被担保人）	备注
银行借款				
民间借贷				

（续表）

对外担保					
总资产	万元	总负债	万元	净资产	万元
第一还款来源分析	【结合借款人家庭资产负债状况对借款人第一还款来源做简要分析】				
借款人是否具备到期偿还贷款本息的能力：□是　□否					

六、担保情况

抵押物性质	产权证号	坐落位置	所有权人	共有人	已使用年限	使用状况	建筑面积	外部评估价值	认定价值	抵押率
……										
其他情况说明（如有）										

抵押物外部评估机构名称		是否经有权行准入：□是　□否
第二还款来源分析	【结合抵押物状况、担保合法合规性、抵押物价格合理性等情况对借款人第二还款来源做简要分析】	
抵押物是否足值有效、合法合规：□是　□否 抵押物权属是否清晰：□是　□否 抵押物估值是否合理：□是　□否		

七、本笔贷款调查分析

经营状况分析	经营场所权属		□自有　□租赁 □其他	经营场所面积	㎡	市场价值	万元
	年租金价格	万元	租金支付方式	□按年　□按半年 □按季度　□按月		经营年限	
	近3个月纳税	______月份，______元；______月份，______元；______月份，______元；平均税费______元 / 月					
	近3个月水费	______月份，______元；______月份，______元；______月份，______元；平均水费______元					
	近3个月电费	______月份，______元；______月份，______元；______月份，______元；平均电费______元					

（续表）

	上年销售收入	万元	年净利润	万元	月均销售收入	万元
	本年销售计划	预期销售收入年增长率________% 本年预计销售收入__________万元			上年资金周转次数	次
	近3个月银行资金流入	开户行	___月		___月	___月
			万元		万元	万元
			万元		万元	万元
			万元		万元	万元
	【要点】 1. 根据现场调查情况，重点描述企业生产规模情况，如产品生产能力等 2. 根据现场调查情况，重点分析借款人既往经营记录，从业年限，主要销售产品、销售区域、销售对象、结算方式 3. 简要分析经营项目及所处的行业发展前景，是否为国家或本银行信贷政策限制行业；产品销售渠道和前景是否稳定					
	借款人生产经营是否正常：□是　□否；是否具备一定的赢利能力：□是　□否					
其他情况说明（如有）						
贷款用途	【要点】 1. 描述借款人实际交易需求和资金用途 2. 结合借款人收入、经营状况分析判断借款人贷款用途的合理性 3. 采取何种贷款支付方式及理由。采取受托支付方式的，是否提供了用途证明材料和交易对象账户信息。因交易对象尚不明确或交易尚未发生而无法提供的，借款人是否提供了用途声明					
风险评价及防范措施	【简要分析借款人的行业、市场、经营等风险，针对主要风险因素采取的防范措施】					
综合收益分析	【简要分析贷款产生的收息、存款资金收益、中间业务收入等综合效益】					

八、贷款额度核定		
需求测算法	周转资金测算法	【可贷额度≤（本年销售计划 / 上年资金周转次数 ×70%—借款人存量个人经营性贷款余额)，且应与借款人实际生产经营活动产生的现金流相匹配】
	家庭资产负债比测算法	【借款人家庭资产负债比＝（家庭负债＋本笔贷款）÷（家庭资产＋本笔贷款）≤ 60%。对于以抵押方式申请贷款且信用评分在 495 分（含）以上的借款人，借款人家庭资产负债比最高不超过 70%】

（续表）

担保测算法	【可贷额度≤抵押贷款额度】
按照孰低原则，借款人最高可贷款额度为_____元	

九、调查结论					
经调查，借款人提供的资料完整、真实、有效，符合本银行个人生产经营贷款的有关条件，经客户评级系统评分，借款人申请评分为____分，符合本银行个人生产经营贷款的准入标准。拟同意给予其个人生产经营贷款（☐贷款额度　☐最高额可循环额度）人民币______万元，循环额度有效期____年，单笔贷款最长期限_____年，担保方式________________，利率执行人行同期贷款基准利率上 / 下浮_______%，单笔用信贷款利率须符合本银行相关管理规定，还款方式________________，使用个人生产经营贷款科目核算。请审查审批 **本人对本调查报告的真实性负全面责任**					
调查经办人：		调查主责任人：		调查日期：	

固定资产贷款审查报告模板

×× 行贷款审查委员会：

根据本级行 ×× 客户部门调查意见，我部对 ×× 公司 ×× 项目 ×× 万元固定资产贷款业务进行了审查。现将审查情况报告如下：

一、基本情况

（一）申报行申请事项。

简要说明申报行申报时间及申请的信贷方案（包括金额、用途、期限和利率等）。对本级行客户部门直接发起调查的业务，不需要本条。

（二）评估和调查意见。

简要说明评估结论、客户部门调查意见（简述主要优势和风险、信贷方案、主要风险防控措施，信贷方案若与申报行申请不同则单独陈述，若相同则可陈述为“信贷方案同申报行申请”）。同一部门组织评估和调查的，评估结论和调查意见合并说明。

（三）项目概况。

项目建设必要性；项目所处区位，主要包括项目所处区域及地理位置、当地与项目相关的特点和区位优势；项目建设规模和主要建设内容。

（四）产业政策和信贷政策。

项目建设是否符合国家宏观经济政策、产行业政策、区域发展政策、环保政策和外部监管要求；是否符合本银行信贷政策，是否为名单制管理行业支持类客户。

（五）项目合法性。

主要包括项目审批、核准或备案手续、环评、用地，以及规划、特许经营权、报建、收费等手续是否齐全、合法。需特别说明尚未取得的合法性手续有哪些，目前的办理状态及预计取得时间，已取得手续的审批部门是否为有权部门等。判断项目主要合法性手续是否齐备。

（六）项目建设生产条件。

项目建设必备条件落实情况；项目设备及工艺技术、成熟性、先进性；项目生产所需主要原材料和能源供应落实情况；项目交通运输、供水等配套工程落实情况；项目拆迁、补偿、移民安置等落实情况。

（七）项目进度。

项目计划建设进度；项目目前进展情况（含工程进度、投资进度及资金来源等情况）。

二、借款人情况

（一）概况。

主要包括借款人成立时间、注册地址、注册资本、实收资本、历史沿革、股权结构、经营范围、内部治理结构等。营业执照、组织机构代码证、税务登记证、专业许可证是否齐全有效。

法定代表人和主要经营管理人员简历、信用记录，判断其行业从业经验、经营管理能力及诚信状况。

（二）股东情况。

简述借款人主要股东（或实际控制人）的基本情况、经营、财务状况及信用情况。

（三）财务状况。

项目融资借款人的财务数据较为简单，一般无销售收入，主要说明主要会计科目的明细等情况。

（四）信用状况。

借款人在各家金融机构授信及用信（按银行、品种、担保方式等口径）等情况，包括在本银行开户、信用等级评定、授信及用信、资产质量、信用记录等情况；借款人对外担保情况；借款人在中国人民银行企业征信系统、金融监督管理部门相关信息披露系统的不良记录情况，是否涉及诉讼及其他需要说明的重要事项。

三、项目投融资

（一）项目总投资。

分析项目总投资及构成。项目单位投资明显高于或低于行业平均水平或同类项目时，应做出分析说明。

（二）项目融资。

分析项目融资方案。包括资本金金额及比例、银行借款或其他负债资金金额及比例。分析资本金比例是否符合国家和本银行规定。

1. 项目资本金。资本金到位情况（说明到位依据）；对未到位的资本金，分析到位的可能性（出资人的出资能力分析）和到位形式、到位计划等。

2. 银行贷款。申请本银行贷款种类、额度、期限等情况；申请其他金融机构贷款种类、额度、审批进展等情况。

3. 其他资金来源。如除上述两项资金来源外仍有缺口，分析说明缺口部分的资金来源及形式。

综合以上分析，判断项目总投资是否全面合理，融资方案是否合理可行。

四、市场分析

从行业市场、市场供求和市场竞争力等方面，分析判断项目产品市场前景，预测项目市场目标实现的可能性，判断项目市场风险。

五、项目财务分析

（一）财务效益测算。

列明项目主要评估参数及基础数据，通过对项目营业收入、成本费用、利润、内部收益率、财务净现值、投资回收期等指标的分析，对项目财务效益进行分析，综合评价项目财务效益状况。

（二）不确定性分析。

通过盈亏平衡分析和敏感性分析，判断项目抗风险能力。

1. 盈亏平衡分析。

2. 敏感性分析。

（三）偿债能力分析。

分析项目现金流和还款资金来源；分析评估测算借款偿还期是否合理，确定贷款期限。

综合以上分析，综合评价项目赢利能力、偿债能力和抗风险能力，判断财务是否可行。

六、担保分析

分析贷款担保方案。主要包括保证人的保证能力及生产经营状况；抵（质）押品基本情况、权属状况、抵（质）押品价值、抵（质）押率、变现能力，分析保证人主体资格及代偿能力，抵（质）押品是否合法、有效、足值，是否易于变现，判断担保方案是否可行。如为信用贷款，说明采用信用方式的理由，并分析是否符合信用贷款条件。

七、风险分析

总结分析信贷业务存在的主要风险和问题，并判断风险和问题的性质，分析有无控制、降低、规避、转移风险的方案，判断能否有效防控风险，本银行能否接受；对于难以防控的风险，判断本银行能否接受。

八、银行成本收益分析

通过对办理信贷业务为本银行带来的综合收益、产生的成本费用及与客户的合作关系影响等进行分析评价，判断风险、成本及收益是否平衡，综合效益是否达到了本银行规定要求或预期目标。可说明同业报价及客户部门建议贷款利率，列明贷款期内或每年贷款利息收入、经济资本回报率等指标，分析可为本银行带来的负债、中间类业务等综合收益。

九、审查结论

（一）信贷方案。

概述借款人及项目主要优势和风险点，陈述信贷方案（可以文字配合表格形式表述）。信贷方案主要包括贷款对象（使用营业执照或事业法人登记证书登记的名称，即法定全称）、贷款种类、币种和金额、用途、期限、利率、担保方案、还款来源、还款方式及分期还款计划等要素。

（二）信用发放条件。

信用发放前应落实的事项。原则上以下事项应作为信用发放条件：完善贷款发放手续；完善项目审批（核准或备案）、土地管理、环评等合法性手续；项目资本金到位与使用要求；借款人股东或有关部门出具的有利于防控信贷风险的书面承诺或证明文件等资料；其他防控信贷业务实质性风险的事项。

（三）贷款使用条件。

贷款发放后，借款人使用贷款资金前需要满足的条件，如项目实际进度与已投资额相匹配等。

（四）合同约定内容。

在信贷合同中需要约定的对借款人的有关要求和约束性条件，如对借款人或有负债（含对外提供担保）、对外投资、账户管理、贷款项目的经营管理、分期还款计划等可能影响本银行信贷资产安全的风险因素提出的要求。

（五）管理要求。

对申报行（含经营行）或客户部门提出的信贷管理要求。

其他事项：列明本笔信贷业务突破本银行信贷政策制度的事项，说明需突破上述事项的必要性。列明本笔信贷业务需向有权审批行审批（核批）、报备或备案的事项。

以上意见，请审议。

××银行信贷管理部

××年××月××日

小微企业贷后现场检查模板

一、明确检查目的与方法

（一）检查目的。通过对小微企业的贷后现场了解和核查，及时识别、发现和防范信贷风险。

（二）基本要求。真实性、及时性、全面性、系统性。

（三）检查方法。小微企业财务信息失真较为严重。因此，对小微企业的贷后现场检查要注重了解核实企业实际生产经营状况、资产负债情况，还要高度关注企业的民间借贷情况和企业主的个人品质与家庭生活状况。

二、做好前期准备，制订检查方案

（一）收集检查资料。包括小微企业相关资料和银行内部信贷相关档案资料。

（二）制订检查方案。检查组成人员，需小微企业现场提供的书面资料，检查内容重点，确定访谈对象，确定实施步骤。

三、精心实施现场检查

（一）收集企业资料。

要求企业至少提供以下资料：检查期内的水、电费发票；检查期内的员工名册、工资支付凭证；检查期内的纳税申报表、财务报表；现金、银行存款、应收账款、应付账款、固定资产、存货、销售收入明细账；公司产品销售合同、原材料采购合同、仓库存货出入库凭证；金融机构融资相关凭证及对外担保相关资料等；落实银行有关信贷管理要求的证明资料；公司章程（出现变化时，须提供；公司章程如从工商部门调取，则更佳）。

（二）访谈相关人员。

至少应对四个层次的人员进行访谈：公司高管人员、财务部经理等相关财务人员、销售人员代表、员工代表。

1. 与法定代表人及管理层的访谈内容：对行业前景的分析判断、公司近远期发展规划、原材料及产品市场情况、人员变动情况、经济纠纷情况、对外投资情况、对外担保情况、关联企业及关联交易。

2. 与财务人员的访谈内容：公司融资计划安排情况；产品赢利动态变化情况；应收账款、存货等重点科目的明细情况；大额变动科目详细情况；融资成本动态情况；对各金融机构信贷综合回报情况。

3. 与销售代表的访谈内容：对公司市场的总体评价情况、订单情况、上中下游客户反映情况、市场前景情况。

4. 与一般员工代表的访谈内容：对公司的总体评价情况、开工率情况、产品质量情况、工资支付情况。

此外，还应通过担保人及其上下游企业了解公司对外货款支付、产品质量和市场竞争力等情况。

（三）现场核查相关情况。

1. 产品。通过检查企业销售合同、重点科目明细账，实地查看企业车间生产、仓库备料领用和发货、机器设备使用、员工上班等情况，结合行业信息和访谈内容，了解企业产品生产和销售情况。

2. 人品。通过多种渠道，结合访谈内容，了解核查企业和企业主的银行信用、社会信用和商业信用。

3. 资本。通过查验企业章程，认缴资本与实到资本情况，结合访谈内容，了解核查企业股权结构和资本金变化情况。

4. 资产。通过各种渠道，结合访谈内容，全面掌握企业及企业实际控制人个人、家庭财产情况。

5. 存款。通过检查企业账户资金往来、融资担保情况、重要财务明细账等，结合访谈内容，把握企业资金往来情况、销售货款回笼的正常合理性。

6. 税款。通过检查企业纳税额、海关进出口额、水电费、工资支出、机器设备台账、仓库存货出入库凭证等信息，核实企业实际生产经营情况。

7. 担保人或物的核保核押情况。现场察看保证人生产经营情况，实地察看抵押物状态。重点核查以下情况：保证人生产经营是否正常、抵（质）押物状态是否正常。

四、做好检查评价及处理建议

根据检查情况，填制《小微企业信贷业务现场检查表》，提出评价意见和处理建议。

1. 综合评价。基本无变化、有利变化、不利变化。

2. 主要问题及处理建议。对评价为不利变化的，要描述主要问题，并提出处理建议。

（1）问题分析：经济环境问题、产品市场问题、高层人事问题、经营管理问题、资金财务问题、意外灾难事件、其他不利情况。

（2）处理建议：一是可暂不发布预警信号灯，但须通过增加走访的次数、增强账户资金进出情况监控、密切关注其生产和销售变化等手段密切监管；二是须至少发布蓝色信号灯的，要加大贷后检查频次，密切关注客户生产经营情况，防范风险恶化；三是须至少发布黄色信号灯的，通过调整授信结构、压缩部分授信额度、增加抵（质）押担保、更换或增加担保单位等手段提高安全性措施，防止风险扩散；四是须至少发布橙色信号灯的，立即采取停止发放新贷款、提前收回已发放但未使用的贷款、多方施压等措施以防止风险进一步扩大，损失程度增加；五是须发布红色信号灯的，立即采取追索保证单位连带责任、依法处置贷款抵质押物及质押权利、提请法院诉讼等紧急措施，尽量挽回损失或将损失降到最低程度。

房地产开发贷款贷后控制流程与管理模板

房地产开发贷款贷后管理流程指自房地产开发贷款审批同意之后到贷款本息收回，对借款人、贷款项目、贷款担保等进行的全过程动态跟踪监管。主要包括：限制性条款落实情况监测、客户财务状况监测、项目资金监测、项目工程进度监测、抵押担保监测、客户整体风险状况监测、信用到期处理、风险预警及处置、风险分类、客户评价、整理档案及信贷管理系统录入等方面。

一、贷款发放情况监测

客户名称（　　）、客户信用等级（　　）、近期复测等级（　　）、风险分类（　　）、项目名称（　　）、项目建设时间（　　）、贷款批复时间（　　）、批准贷款额度（　　）、批准担保方式（　　）、批复贷款期限（　　）；本银行贷款余额（　　）、已发放金额（　　）、已收回金额（　　）；他行贷款余额（　　）、期限（　　）、担保方式（　　）。

二、限制性条款落实情况监测

（一）限制性条款具体内容（　　）。

（二）限制性条款落实情况（　　）。

三、客户财务状况监测

	1月	2月	3月	4月	5月	6月	7月	8月	9月	10月	11月	12月
总资产												
总负债												
资产负债率												
所有者权益												
实收资本												
资本公积												
存货												
流动比率												
或有负债												
应收账款												
应付账款												
经营性现金净流量												
现金净流量												
销售收入												
销售利润率												
总资产平均利润率												

四、项目资金监测

（一）项目资金使用监测。

1. 客户在银行开立账户性质（基本账户或一般账户）（　　），是否开立资金专户（　　），开发商提出、经经营行审核同意的项目资金使用计划（　　），当期客户提出的贷款申请中贷款金额（　　）、用途（　　）。

2. 主要合同（　　）。建立《主要合同登记台账》，逐笔登记合同内容。

单位：万元

序号	合同名称	合同编号	乙方名称	标的物名称	付款方式	付款金额	签订时间	其他约定
1								
2								
3								
4								

3. 资金来源监测。建立《资金来源登记台账》，逐笔登记并监测资金来源。

单位：万元，%

资金来源名称	总投金额	计划到账金额	占总投比例	已到账金额	资金到账率	序号	上账时间	上账金额	付款人名称	收款人名称	备注
项目资本金						1					
						2					
						3					
						4					
银行贷款						1					
						2					
						3					
						4					
自筹资金						1					
						2					
						3					
						4					

注：1. 资金到账率＝已到账资金／总投金额；2. 自筹资金是销（预）售款的，无须逐笔登记上账时间、上账金额、付款人名称、收款人名称，但要分期统计销（预）售款到账金额和上账时间段，并计算资金到账率。

4. 资金使用监测。建立《资金使用监测台账》。

单位：万元，%

资金性质	原计划投入金额	投入比例	银行转账凭证						资金支付对应的业务单据或发票						发票对应的合同	
			序号	银行转账凭证编号	付款时间	付款金额	付款人名称	收款人名称	编号	时间	金额	买方名称	卖方名称	用途（针对的工程项目名称或工程材料名称）	编号	金额
资本金			1													
			2													
			3													
银行贷款			1													
			2													
			3													
自筹资金			1													
			2													
			3													

注：投入比例 = 银行转账凭证累计付款金额 / 原计划投入金额。

5. 土建工程投入资金量、设备购置投入资金量、安装工程投入资金量、其他费用投入资金量（　　）。当期工程监理报告确认的工程完工量（　　）、工程累计投入（　　）。

6. 资本金、银行贷款、自筹资金支付与完成工作量是否相当（　　）。

（二）项目资金回笼监测。

1. 销售收入回笼监测。

评估报告测算的项目整体销售收入（　　），项目已实现的销售收入（　　），已实现销售收入占项目整体销售收入的比例（　　），销售款到账金额（　　），销售收入归行率（　　），销售款中房屋首付款、定金、按揭款金额（　　），本银行按揭贷款金额（　　），本银行按揭贷款占全部按揭贷款比例（　　）。

2. 项目收入转投入监测。

原评估报告测算的销售转投的金额（　　）、比例（　　），项目实际销售收入转投金额（　　），销售收入转投后项目资金缺口（　　）、项目资金缺口来源计划（　　）、项目实际销售转投超计划比例（　　）、项目实际销售转投超计划10%以内的，是否报经上一级管理行批准同意（　　），项目实际销售转投超计划10%的，是否报经原项目审批行批准同意（　　）。

3. 还款监测。

经经营行审核的客户资金还款计划（　　），资金专户的资金余额（　　），资金专户中销（预）售款金额（　　），销售资金还款笔数、时间、金额（　　）和还贷比例（　　），项目整体已实现销售收入（　　），已实现销售收入占项目整体销售收入的比例（　　），还贷比例与项目销售比例是否一致（　　）。

五、项目工程进度监测

（一）工程形象进度监测。

1. 项目各项合法性批件名称（　　）、编号（　　）、办理时间（　　）、面积（　　）。

2. 项目原工程进展计划（　　）、总建筑面积（　　）；工程监理报告及项目施工单位统计的目前已完成施工总面积（　　），其中住宅、商业已完成施工面积（　　）和已建栋数、层数（　　）；住宅及商业可售面积、可售套数（　　）；工程完成率（　　），工程质量合格率（　　）。

（二）工程投资进度监测。

1. 原总投金额（　　）、当前实际投入项目资金余额（　　）、已投入项目资金来源及占总投的比例（　　）。

2. 预测项目后期拟投资金额（　　）、预测项目后期资金使用计划（　　）。

3. 超计划投资额度（　　）、超计划投资原因及具体情况（　　）。

（三）工程销售进度监测。

1. 项目原估算的销售进度计划（　　）、原计划住宅销售面积（　　）、原计划商业销售面积（　　）。

2. 开发商销售台账中住宅销售套数及销售面积（　　）、住宅销售率（　　）；商业销售套数及销售面积（　　）、商业销售率（　　）；住宅销售金额（　　）、商业销售金额（　　）。

3. 开发商开具的商品房交易发票金额（　　）、套数（　　）；开发商保管的商品房交易合同笔数（　　）、总面积（　　）、交易金额（　　）。

4. 房地产管理部门项目销售合同备案笔数（　　）、金额（　　）、面积（　　）。

六、抵押担保监测

（一）担保人状况监测。

1. 近期担保人总资产、总负债、净资产、资产负债率、流动比率、速动比率、应收账款（账龄结构）、销售收入、利润、现金流、或有负债有无明显变动（　　），存货有无积压（　　），已担保额度（　　），可担保额度（　　），担保能力变化（　　），担保人财务报表是母公司报表或合并报表（　　），报表是否经过审计（　　）。

2. 中国人民银行系统查询的担保人信用记录状况（　　）、担保人担保意愿（　　）、信用等级（　　）。

（二）抵押物变化监测。

1. 抵押物是否完整、足值、有效。

2. 抵押物当前价值有无重大变化。

抵押物原评估价值（　　），抵押物评估单价（　　），抵押物取得成本（　　），抵押物现价（元 / 平方），按原评估单价测算的剩余抵押物价值（　　），按现价测算的剩余抵押物价值（　　）。

单位：万元，平方米

借款人					项目名称						
日期	贷款额度	土地			在建工程（期房）			其他抵押物			
		抵押面积	权利价值	抵押率	抵押面积	权利价值	抵押率	主要类型	抵押面积	权利价值	抵押率
1. 贷款发放											
1											
2											
3											
小计											
2. 贷款偿还		撤押面积	权利价值		撤押面积	权利价值			撤押面积	权利价值	
1											
2											
3											
小计											
3. 新增抵押		抵押面积	权利价值	抵押率	抵押面积	权利价值	抵押率		抵押面积	权利价值	抵押率
小计											
汇总	贷款余额	抵押面积	权利价值	抵押率	抵押面积	权利价值	抵押率		抵押面积	权利价值	抵押率

七、客户整体风险状况监测

（一）行业风险预警信号。

（二）贷款用途预警信号。

（三）客户生产经营管理预警信号。

（四）银企关系及客户信用状况预警信号。

（五）财务状况预警信号。

（六）担保预警信号。

（七）贷款项目预警信号。

八、项目综合效益分析

（一）负债业务效益分析。

（二）资产业务效益分析。

（三）中间业务效益分析。

（四）项目综合效益分析。

九、贷后检查结论

（一）综合评价。

（二）存在的主要问题。

（三）风险防范措施。

附表 1　房地产开发贷款贷后管理流程控制表

操作步骤		操作具体内容
1	收集项目相关资料	要求借款人提交工程施工合同、监理合同、材料供应合同等与项目工程相关的合同资料
2	落实限制性条款	按照限制条款的内容完善手续
3	核实项目资本金和其他自筹资金到位情况	经营行行长应指派两名（含）以上客户经理对项目资本金和其他自筹资金到位情况加以核实，形成书面报告，核实人及经营行行长在报告上签署明确意见
4	落实抵押担保	严格按照批复内容办好贷款担保手续，合理确定抵押物现值及抵押率，确保贷款抵押担保合法、合规、有效足值

（续表）

操作步骤		操作具体内容
5	签订合同、协议	包括《借款合同》《抵押合同》《商品房开发项目资金监管协议》等
6	制订并落实贷后管理方案	经营行客户部门制订贷后管理方案（管理行直管客户由管理行制订）并具体落实，指定管户责任人，明确管户责任
7	设置资金监管专户	开立项目资金专户，明确包括资本金、销（预）售款及信贷资金等全部项目建设资金的归集与支付均通过专户核算
8	项目资金使用监控	客户经理对客户资金用途逐笔审核，逐笔登记资金使用情况，逐笔发放，监督使用，不得挪用
9	借款人的经营动态监控	对借款人组织结构、股权关系、高管人员、财务状况、经营动向、法律纠纷，以及关联企业等方面的变化情况予以实时监测
10	项目工程进度与投资变化监控	及时了解项目建设进度与质量状况，分析实际进度与计划是否相符，关注工程建设形象进度与资金使用的匹配情况，监控项目投资和资金运用情况有无变化，投资预算有无突破
11	项目销售款回笼监控	实时记录项目销售和销售款回笼情况，审核销售进度与销售款回笼是否匹配，对销售资金回笼不及时的，及时督促开发商尽快回笼资金
12	项目按揭贷款监控	根据项目销售进度，掌握在本银行办理按揭的比例，监控按揭保证金的提取
13	项目担保动态变化情况监控	关注担保人的经营状况与财务状况有无变化，担保资格与担保能力是否受到损害，关注抵押物是否保管完好，有无转让、出租等处置或重复抵押情况。关注抵押物价值是否足值
14	还贷比例监控	密切跟踪资金回笼情况，按《资金监管协议》约定比例及时提足还贷保证金，按约定的还贷比例及时收回贷款本息
15	信用到期处理	在每笔贷款到期前20天，填制一式三联的《贷款到期通知书》，或采取其他有效方式，及时通知客户，由客户签字后收回回执
16	风险预警及处置	发现风险信号，及时提出处理建议，并报告本部门负责人及客户经理组
17	风险分类	要按照《银行贷款风险分类管理办法》规定及时进行贷款风险分类，真实、动态地揭示贷款质量和潜在风险
18	客户评价报告	根据贷后管理模板形成贷后管理评价报告，年末形成年度客户评价报告

（续表）

操作步骤		操作具体内容
19	整理档案及信贷管理系统录入	经营行客户部门要严格按照有关规定收集、整理、管理客户信贷档案管理行房地产业务部门要同步建立重点客户信贷档案。管户客户经理要将客户贷后管理信息及时、准确、真实、全面录入信贷管理系统

附表 2　房地产开发贷款客户贷后管理模板

贷后管理人：

客户名称：	项目名称：	客户经理：	
贷款审批金额：	贷款发放金额：	贷款余额：	
信用等级：	贷款分类形态：	经营主责任人：	

贷后检查项目	落实情况		备注
	是	否	
一、基本项目			
（一）制订贷后管理方案，上传信贷管理系统			
（二）资金账户监管			
1. 签订资金监管协议			
2. 开立资金监管专户			
3. 执行资金分级支付审核规定			
4. 监督信贷资金用途，填写《信贷资金用后跟踪表》，上传信贷管理系统			
5. 监督销售资金归行，按月填写《账户资金定期监测台账》，上传信贷管理系统			
（三）现场检查			
1. 检查批复中信贷管理要求落实情况			
2. 检查客户基本情况			
（1）现场核查客户财务情况			

（续表）

客户名称：	项目名称：	客户经理：	
贷款审批金额：	贷款发放金额：	贷款余额：	
信用等级：	贷款分类形态：	经营主责任人：	

贷后检查项目	落实情况		备注
	是	否	
（2）现场核查客户经营情况			
3. 检查项目情况			
（1）检查项目累计完成工程量			
（2）检查项目资金投入量			
（3）检查项目租售情况			
4. 检查担保情况			
（1）核查抵押物的合法性和完整性			
（2）核查抵押物的价值			
（3）核查保证人的保证担保能力			
（4）土地按年、在建工程按季填制《贷后价值重估认定表》，上传信贷管理系统			
5. 填制《信贷业务现场检查表》			
（四）日常跟踪			
1. 按季收集借款人和担保人的财务报表，录入信贷管理系统			
2. 收集借款人和担保人重要信息			
3. 收集借款人、担保人、项目、关联人等重大变化情况，上报管理行			
4. 核查人行系统征信状况			
（五）定期分析			
至少半年撰写一次《贷后管理定期分析报告》，上传信贷管理系统			

（续表）

客户名称：	项目名称：	客户经理：		
贷款审批金额：	贷款发放金额：	贷款余额：		
信用等级：	贷款分类形态：	经营主责任人：		
贷后检查项目		落实情况		备注
		是	否	
（六）风险预警与处理				
1. 填制《风险预警信号处理表》，录入信贷管理系统				
2. 制订风险防控方案				
（七）信贷业务到期管理				
1. 按照销售进度回收贷款				
2. 制订分期还款计划，并按计划回收贷款				
二、检查整改				
（一）按上级行或风险经理的风险提示函进行整改				
（二）对内外部检查发现问题进行整改				
（三）对不规范经营行为进行自查和整改				
三、其他管理工作				
（一）风险分类				
（二）执行访客日志制度				
（三）实时登记《房地产贷款综合营销台账模块》				
（四）执行工作移交管理制度				
（五）其他				

填表说明：1. 针对每项内容的完成情况，在落实情况栏“是”或“否”下打√。2. 对于没有落实的检查项目，应在备注栏说明原因并注明落实计划。3. 资金账户监管：重点核查信贷资金用途，防止贷款挪用；核查项目资金是否实现封闭管理，收入现金流是否按双方约定比例进入本银行专户。4. 信贷资金支付审核：应通过贷款人受托支付或借款人自主支付的方式对贷款资金的支付进行管理与控制。并由经营主责任人确定分级审核人，设置支付审核权限，授权相关人员对借款人一定额度的资金支付进行审核。5. 现场检查频次：对法人客户和正常、关注类贷款客户至少每季进行一次现场检查，次级类贷款客户至少每月进行一次现场检查，可疑、损

失类贷款客户可根据实际需要确定检查频率。《信贷业务现场检查表》按照检查频次上传信贷管理系统。6. 现场核查客户财务情况：应通过账实核对、账账核对、账表核对，核查客户主要财务指标是否出现异动，并对异动情况查明原因，进行分析。7. 现场核查客户经营情况：客户执照、资质年检、经营计划和体制人员变动、经济纠纷，与其他债权人的合作，对外担保，关联企业及关联交易等情况。8. 现场检查项目：重点检查累计完成工程量，资金投入量，比较累计完成工程量与投资支出是否相当；项目主要建设内容与工程规划是否存在较大差异；项目投资、建设是否按计划进行；项目能否按期竣工，是否存在延期、停工等情况；工程施工质量状况，工程是否出现重大责任问题或安全事故等。9. 现场检查项目租售情况：要现场核对租售合同、收据、借款人销售台账；核对房地产管理部门项目销售合同备案情况，掌握销售进度和出租比率。10. 现场检查担保情况：现场核查抵（质）押物的合法性和完整性，确认抵押权是否受到侵害；核查抵押物的当前价值，确认抵押物是否足值；核查担保人的生产经营是否正常，测算担保人的担保能力。11.《贷后价值重估认定表》：抵押物应按照押品管理办法规定的频次（土地按年，在建工程按季）对抵（质）押物贷后价值进行评估和确认，填制《贷后价值重估认定表》并上传信贷管理系统。12. 日常跟踪管理：应随时收集借款人和担保人公开信息、其他融资情况、上下游企业、所处行业及国家宏观经济政策等与贷后管理相关的情况。对于借款人、担保人、项目、关联人有重大变化情况的应及时上报管理行。13. 至少每半年撰写一次《贷后管理定期分析报告》，上传信贷管理系统。14. 按照销售进度回收贷款：对于销售率达到50%的项目，贷款要收回60%（含）以上；对于销售率达到70%的项目，贷款要全部收回。15. 执行访客日志制度：注意访客频率为每月一次，客户经理应认真做好书面的访谈记录，同时，需将访客记录录入对公客户关系管理系统（简称CRM）“我的客户”—“营销记录”中。

客户经理贷后管理标准化作业指导书

流程节点	一、制订贷后管理方案
1. 具体工作内容	根据客户的具体风险特点和业务管理要求，制订贷后管理方案
2. 适用制度依据	“三个办法”、本银行《贷后管理办法》及相关信贷管理制度
3. 涉及的相关岗位	经营行客户部门负责人、信贷及风险管理部门、主管行长、行长；管理行客户部门

（续表）

流程节点	一、制订贷后管理方案
4. 工作要求及质量标准	贷后管理方案至少包括如下内容：（一）客户基本情况；（二）贷后管理组织架构及责任人；（三）客户的风险点及风险防范措施；（四）贷后管理各项工作时间安排；（五）突发风险事件应急措施；（六）贷后管理工作的反馈机制及路径 客户经理（组）根据贷后管理方案要求，逐项落实方案的工作要求，并向客户部门负责人报告 对集团客户，经营行要按照客户管理行制订的集团整体贷后管理方案拟订具体客户的执行方案 贷后管理方案抄送本级行信贷管理部门，由信贷管理部门监督客户部门执行
5. 工作频率及时限要求	在授信审批后，用信之前
6. 工作方法、适用工具	公司客户一户一案，个人与小微企业贷款客户做整体方案
7. 注意事项	对于管理行直接管理的单一客户，由管理行客户部门制订贷后管理方案，经营行按要求落实，不需单独制订贷后管理方案
8. 风险点提示	没有制订贷后管理方案或贷后管理方案不完善

流程节点	二、资金账户监管
1. 具体工作内容	按规定做好信贷资金的用后监督，定期检查客户账户资金的往来情况
2. 适用制度依据	“三个办法”、本银行《贷后管理办法》及相关信贷管理制度
3. 涉及的相关岗位	行长、营运、个贷中心、小微企业贷款中心、信贷及风险管理部门
4. 工作要求及质量标准	至少按月对法人客户在本银行账户进行资金监测，填制《账户资金监测表》。主要监测以下事项：（一）信贷资金使用是否符合合同约定用途。（二）资金流量是否与客户生产经营、项目建设进度匹配。（三）客户资金流向与其经营状况是否相符。（四）货款归行率等指标是否合理。（五）账户资金能否偿还贷款本息 对发现借款人有挤占挪用信贷资金等情形的，应及时向行长报告，并按合同约定采取暂停借款人用款等相应措施督促借款人限期纠正；对恶意挪用本银行贷款且不纠正的客户，需提前收回本银行贷款 个人与小微企业贷款中心要运用贷款用途风险管理系统和信贷管理系统工具，定期对辖内经营行新发放贷款用途的真实性、合规性进行风险筛查，向经营行发布可疑线索，进行风险预警提示。应审核经营行可疑线索认定结果及处置整改方案，跟踪督导经营行完成处置整改

（续表）

流程节点	二、资金账户监管
5. 工作频率及时限要求	按月
6. 工作方法、适用工具	主要工具：法人客户资金监控系统汇集了资金流向跟踪、还贷来源分析、关联客户资金往来监控等功能，可利用这一监测工具，强化对客户账户资金流向、性质、资金归行情况的监管，加强账户资金变动情况的动态分析 借款人通过网上银行渠道使用贷款资金的，利用网上银行“特殊账户监管”功能对资金划转实施落地监管。及时通知借款人开户行，由开户行在企业网上银行柜面注册系统将需监管的账户标识为受控账户，并协助相关部门对网上银行渠道的信贷资金进行监管 工作方法：深入分析每笔资金的交易对手和交易类别，对大额不合理资金流向要逐笔核实，防范资金挪用风险。监控信贷资金支付后账户资金流入情况，分析是否属于信贷资金回流，判断客户还贷资金是否来源于借入资金；对使用他行融资、民间借贷或关联公司借款还款的客户，要深入分析是否存在经营风险。按月监测客户的货款归行率，仅在本银行贷款的客户，货款归行率应不低于 90%；在多家金融机构融资的客户，货款归行率应不低于本银行信用占比（采用账户归集的集团客户除外）。对大额资金异常流入流出、经营性现金流不足、货款归行率明显下降、销售收入与货款归行明显不匹配的，应查明原因，视风险状况采取措施
7. 注意事项	加强对大额资金往来的监测，跟踪流向关联企业、非交易对手账户或个人账户的资金使用情况，如发现用于非法用途、民间融资或投入股市等情形的，需加大资金监管力度，增加贷后检查频次，并采取必要的风险防范措施 固定资产贷款不得通过无贷款账户监管功能的现金管理平台、电话转账等渠道进行资金支付 要在借款合同中与借款人约定，或通过与借款人签订补充协议、借款人出具书面承诺等形式约定借款人使用信贷资金须经本银行审核同意，切实防范法律风险
8. 风险点提示	支付没有审核、用后没有监督、借款人在银行账户资金情况没有进行定期监测

流程节点	三、贷后检查
1. 具体工作内容	定期检查客户生产经营及财务状况、审批要求的落实情况，检查担保人和担保物的情况
2. 适用制度依据	“三个办法”、本银行《贷后管理办法》及相关信贷管理制度

（续表）

流程节点	三、贷后检查
3. 涉及的相关岗位	客户部门负责人，信贷及风险管理部门、审计部门、风险经理、主管行长、行长；管理行客户部门
4. 工作要求及质量标准	对法人客户，采取实地现场检查形式，掌握客户生产经营情况和真实的风险状况；按季的贷后检查于每季度第二个月上旬前完成，按月的贷后检查于每月上旬完成 进行贷后检查前要进行充分准备，结合资金账户监管、非现场检查、日常跟踪、风险监控掌握的信息，确定检查重点。主要检查内容：（一）批复中的信贷管理要求落实情况。（二）客户生产经营情况。包括企业开工、设备运转、订单变化、企业库存、员工数量增减、管理层主要人员变动等。（三）通过检查客户交易合同的履行，查验信贷资金的使用情况。（四）客户财务情况。通过账实核对、账账核对、账表核对，对主要财务指标进行检查分析。（五）担保情况。现场核查抵（质）押物的合法性和完整性，核查质押物的保管是否符合规定，确认抵押权是否受到侵害，有必要的赴有权登记部门进行权属核实。现场核查担保人的担保意愿及担保能力。（六）与管理人员及员工代表面谈。详细了解原材料和主要产品市场、生产技术和组织管理、经营计划和体制人员变动、经济纠纷、与其他债权人的合作、对外担保、关联企业及关联交易、工资发放等情况。（七）固定资产贷款要现场重点检查项目进展情况，投资、建设是否按项目计划进行，固定资产贷款是否被挤占挪用，项目能否按期竣工和达产情况，预计效益和市场情况等。（八）日常跟踪中发现的问题 对个人客户，可通过现场或非现场方式进行贷后检查；根据需要确定检查时间。个人客户主要检查：（一）借款人的资产、职业、收入、家庭、健康状况等是否有较大变化；（二）借款人是否有违法行为，是否卷入经济纠纷；（三）担保人担保能力、抵质押物的完整性和安全性是否发生变化，抵质押物的价值是否受到损失，抵质押权是否受到侵害，抵质押物的保管是否符合规定等
5. 工作频率及时限要求	对法人客户，信用等级在 AAA-（含）以上的至少每半年一次，AAA- 以下、BBB-（含）以上的至少每季一次，BB 级、B 级、C 级至少每月一次。对个人客户，一次性还本的经营类业务至少每半年一次，对分期还款的个贷业务，实行逾期催收检查制度 客户出现以下情况时应立即进行贷后检查：客户信用等级评定下降三个（含）等级以上；贷款风险分类形态向下迁徙两个（含）等级以上；贷款发生欠息、逾期及或有资产到期垫付；客户出现停产、半停产状况；客户发生可能影响信贷资产安全的投资活动、体制改革、债权债务纠纷、事故与赔偿、重大环境和社会风险事件等重大事项

（续表）

流程节点	三、贷后检查
6. 工作方法、适用工具	（一）根据客户类型明确检查重点。对集团客户，重点检查是否存在过度投融资，是否存在通过关联交易、资产重组等非正常手段转移资产或利润，非主营业务和对外投资是否存在较大风险，关联担保是否合规等。对大中型企业，重点检查经营是否正常、财务管理是否规范、信贷资金使用是否符合约定用途、货款归行是否合理等。对小微企业，重点通过对“三表三品一流”的核查，分析企业经营是否正常、业主或实际控制人信用状况是否良好、担保是否存在风险等。对个人客户，重点检查逾期贷款、大额贷款、低行为评分贷款的还款能力。对大额个人经营贷款比照小微企业贷款进行检查 （二）根据业务类型明确检查重点。对固定资产贷款，重点检查项目进展情况与项目评估报告及工程规划是否匹配，投资、建设、运营是否按计划进行，竣工达产后效益和市场情况是否达到预期水平等。对流动资金贷款，重点检查客户生产经营情况是否正常，贷款实际用途是否符合约定，核对账表、账账、账实是否相符等。对贸易融资业务，重点检查贸易背景是否真实。对房地产开发贷款，重点检查项目建设、销售进度是否正常，是否按照销售进度归还本银行开发贷款，待售收入是否能够有效覆盖本银行剩余贷款本息等。对个人信贷业务，积极落实延伸检查、例行检查和专项检查，重点检查客户与担保人信息、贷款用途合规情况、贷款权证、押品保管与价值变动情况、担保机构偿付能力等。对农户贷款业务，通过定期检查、逾期检查、专项检查等形式，重点检查贷款资金流向、客户整体经营及还款能力、担保人或联保小组的保证能力及还款意愿，是否存在冒名贷款、违规多人承贷一人使用、违规个人承贷公司使用等 （三）根据担保类型明确检查重点。对保证担保，重点检查保证人生产经营是否正常，复测担保能力是否充足；查证与借款人是否存在关联关系，摸清是否形成担保链（圈）并查看是否存在风险企业。对融资性担保机构，复测高安全性高流动性资产、对外投资、担保集中度是否符合本银行规定，是否存在过度担保、超范围经营、应代偿未代偿问题等。对抵（质）押担保，重点检查押品状况，核对权属登记和权证收押情况，并按规定进行价值重估
7. 注意事项	检查重点要突出风险问题；检查方式要多样化
8. 风险点提示	贷后检查频率减少、贷后检查流于形式、重点风险隐患没有及时查出

流程节点	四、日常跟踪监管
1. 具体工作内容	收集行业、市场、客户公开信息，走访客户，跟踪客户和担保人情况
2. 适用制度依据	“三个办法”、本银行《贷后管理办法》及相关信贷管理制度

（续表）

流程节点	四、日常跟踪监管
3. 涉及的相关岗位	客户部门负责人，信贷管理部门、审计部门、风险经理
4. 工作要求及质量标准	对法人客户，应开展对客户的日常跟踪，充分利用各类内外部渠道，随时收集和掌握借款人和担保人的涉诉信息、他行及民间融资情况、上下游企业（行业）信息、所处行业及国家宏观经济政策、财务报表、纳税信息等与贷后管理相关的情况 对个人客户，个贷中心定期对客户信息有效性进行监管，定期对客户、担保人进行电话回访，主要核查联系方式有无变化，包括联系电话、地址及就职单位。贷款期限一年（含）以内的，回访频率不低于每半年一次；行为评分低于 400 分的贷款，按季进行电话回访。发现联络方式无效等情况，要做好书面记录，并向经营行发出风险提示函，通知客户经理及时核查并更新信息
5. 工作频率及时限要求	日常工作
6. 工作方法、适用工具	日常风险监管要有针对性、重点突出。当前重点关注包括外向型低端制造业集中区域，小贷公司、民间借贷等外部风险高发区域，信用风险多点爆发、不良贷款反弹压力较大的区域；“两高一剩”、房地产及其他产能严重过剩、监管部门重点关注和环保压力较大的行业；钢贸、煤炭、融资平台以及关联关系复杂的跨区域集团客户等
7. 注意事项	不能应付式去完成
8. 风险点提示	日常跟踪监管不持续、日常跟踪监管流于形式、客户风险隐患没有及时发现

流程节点	五、贷后对存量客户交叉营销
1. 具体工作内容	深入了解客户，不断调整风险选择，发现新的合作机会，深入推进产品创新，全面开展交叉营销，提升服务营销客户能力
2. 适用制度依据	“三个办法”、本银行《贷后管理办法》《交叉营销管理办法》，以及相关信贷管理制度
3. 涉及的相关岗位	客户部门负责人、信贷管理部门、行长、管理行客户部门负责人

（续表）

流程节点	五、贷后对存量客户交叉营销
4. 工作要求及质量标准	深入挖掘贷后管理在“金融服务、提升价值”等方面的功能。通过有效的管理措施来提高资金使用效率，控制授信敞口风险，不断提升信贷资产品质。根据对客户经营、投资、资金往来的分析，将控制风险与发掘新的金融需求结合起来，通过提供更优质、更全面的贷后交叉营销服务，提高客户的满意度和忠诚度，并以此拓展市场。通过贷后科学决策，对贷后营销机会点和风险点进行持续管理
5. 工作频率及时限要求	与每次贷后检查同步进行
6. 工作方法、适用工具	贷后管理从单纯关注信贷业务向关注客户多元化的金融需求转变；从关注客户本身向一并关注客户关系人、产业链上下游、股东员工转变；从单赢营销向共赢营销转变；对于贷后管理过程中发现的本银行现有产品无法满足的新兴金融需求，及时发起产品创新流程。结合贷后检查、日常跟踪、账户资金监管等工作中掌握的信息，在贷后管理中就客户的“行业－客户－产品－价值”进行综合分析并明确客户“进、保、限、压、退”的具体策略安排，提出配套措施和实施方法
7. 注意事项	不要强迫销售，注意与客户有效沟通，挖掘客户金融需求
8. 风险点提示	放裸贷、违规销售产品

流程节点	六、贷后核保
1. 具体工作内容	根据《担保贷款管理办法》规定，对不同担保贷款按照不同的方法进行核保工作
2. 适用制度依据	“三个办法”、本银行《贷后管理办法》《担保贷款管理办法》，以及相关信贷管理制度
3. 涉及的相关岗位	客户部门负责人、信贷及风险管理部门、主管行行长、行长、管理行客户部门负责人
4. 工作要求及质量标准	对保证人建立定期核保制度。客户经理要按贷后检查频率要求对保证人进行核保，发现保证人保证能力下降，不足以保障银行信贷债权的，应要求借款人偿还信用或补充有效担保 贷后核保的主要内容：防止脱保问题发生、防止代偿能力降低、持续关注担保人经营管理状况变化 借款人发生异常情况可能造成保证人担保意愿降低、代偿能力降低或担保责任免除的，视情况采取下列一项或多项风险防控措施：（1）确认保证合同效力；（2）跟踪事态发展；（3）增加监管频率；（4）要求保证人停止损害银行利益行为；（5）调整担保额度或终止担保额度的继续使用；（6）行使不安抗辩权；（7）通知用信人和保证人补充追加担保；（8）发律师函；（9）其他合法的风险防控措施

（续表）

流程节点	六、贷后核保
5. 工作频率及时限要求	“三个办法”、本银行《贷后管理办法》及《担保贷款管理办法》规定对不同担保贷款按照不同频率实施核保
6. 工作方法、适用工具	工作方法：严格按照规定频率进行贷后核保，充分应用信贷管理系统，提升贷后核保工作质量和效率
7. 注意事项	客户经理负责贷后核保工作，并要单独进行。现场核保后，客户经理应形成核查报告并录入信贷管理系统作为信贷档案留存
8. 风险点提示	核保频率不到位；核保工作流于形式，该发现的风险隐患未发现；核保发现风险信号后处置不及时

流程节点	七、贷后核押及押品贷后价值重估
1. 具体工作内容	根据《押品管理办法》规定对不同押品按照不同频率实施重估
2. 适用制度依据	“三个办法”、本银行《贷后管理办法》《银行抵押贷款管理办法》，以及相关信贷管理制度
3. 涉及的相关岗位	经营行客户部门负责人、押品评估审核岗位、信贷及风险管理部门
4. 工作要求及质量标准	贷后核押的主要内容：对押品实行动态监测、对押品进行分类管理、对押品进行重估、对押品进行压力测试、对押品变化情况进行核查 贷后首次重估与贷前评估、后续贷后重估与前一次贷后重估的“确认日期”的日期间隔不得超过制度规定的重估频率。重估工作完成后，客户经理要及时在信贷管理系统中更新押品相关信息。其中，评估方式、评估价值、评估机构名称（如为外部评估）、评估日期、确认价值、确认日期等字段必须准确录入，不得为空。操作中应审慎确定评估价值，要选择适合的评估方法和技术参数，分析各类影响押品价值的要素，对押品价值进行真实、合理的判断，严禁按信用余额和抵质押率倒推押品价值，严禁简单重复使用上次评估结果，严禁非合理重估增值
5. 工作频率及时限要求	根据《押品管理办法》规定，对不同押品按照不同频率实施核押与重估

（续表）

流程节点	七、贷后核押及押品贷后价值重估
6. 工作方法、适用工具	工作方法：严格按照规定频率进行押品贷后核押和重估，充分应用押品管理系统的估值模型，提升押品贷后重估工作质量和效率，要将押品贷后核押和重估与现场核查、价值波动监测相结合，有效防范押品实物风险和跌价风险 工具：押品管理系统，具备完整记录押品信息、支持押品评估网上作业、辅助押品价值评估测算、全面监控押品风险状况等功能。押品评估流程直接在网上作业。对符合制度要求的押品允许直接登记评估结果。支持贷后重估批量处理，包括贷后重估信息查询和下载、贷后重估清单批量上传等新功能。嵌入押品估值模型，支持在评估流程中调用模型进行评估测算，提供评估模型参数管理和可比实例管理等功能。在信贷管理预警监控系统增加押品到期未重估预警、押品价值波动预警等新功能
7. 注意事项	客户经理负责对押品进行现场核押，现场核押可与贷后检查一并进行，也可单独进行。现场核押结束后，客户经理应形成贷后核押报告并录入信贷管理系统作为信贷档案留存。现场核押与贷后现场检查一并进行的，可不单独出具核押报告，但应按照贷后管理规定记录押品现场核押的有关情况
8. 风险点提示	核押频率不到位；核押工作流于形式，该发现的风险隐患未发现；核押发现风险信号后处置不及时

流程节点	八、到逾期贷款催收及债权管理
1. 具体工作内容	（一）到逾期贷款催收工作；（二）债权管理
2. 适用制度依据	“三个办法”、本银行《贷后管理办法》及相关信贷管理制度
3. 涉及的相关岗位	客户部门负责人、信贷及风险管理部门、行长、管理行客户部门负责人
4. 工作要求及质量标准	到期收回管理。提前通知借款人与担保人、抓好企业还款资金监管、受理借款人主动提前还款申请、受理贷款到期归还、贷款还清后手续办理 业务变更。包括贷款期限、贷款利率、担保方式、还款方式等，银行贷款网点（个贷中心与小微企业信贷中心）收到客户的变更申请，按流程要求进行审批。业务变更完成后，通过短信或电话告知借款人，并将相关资料移交借款人 违约贷款提前收回。对发生借款合同约定的违约事项导致贷款提前到期的，报银行经营行（个贷中心与小微企业信贷中心）有权人同意后，向借款人和担保人发出贷款提前到期通知，督促借款人及时筹集资金归还贷款，并办理相关还款手续。借款人或担保人不予配合的，应积极收集违约证据，行使不安抗辩权或启动诉讼程序 逾期违约收回。遵循逾期贷款催收作业规范，严格执行催收规定动作；采用多种催收方式；超过诉讼时效的补救措施；涉诉管理；不良贷款管理

（续表）

流程节点	八、到逾期贷款催收及债权管理
5. 工作频率及时限要求	对将要到期的信贷业务，客户经理应在每笔贷款到期前20天，填制一式三联的《信贷业务到期通知书》，发送借款人和担保人取得回执，或采取其他有效方式，及时通知客户。承兑、信用证等业务到期前10天，客户账户资金不足以还款的，及时通知客户将足额资金存入本银行。分期归还贷款利息的，在结息期前3天，客户账户资金不足以还款的，通知客户将足额资金存入本行 催收频率：到期前30天内，系统或电话及信函催收；逾期30天内，电话或信函催收；逾期30～60天内，上门催收；逾期60天以上，诉前财产保全或诉讼催收
6. 工作方法、适用工具	信贷管理系统；营销手段、行政手段、法律手段与创新手段
7. 注意事项	诉讼时效、主张债权、催收回执
8. 风险点提示	催收频率不到位、诉讼时效过期、债权管理不到位、催收中发现风险问题后处置不及时

流程节点	九、风险预警和处置反馈
1. 具体工作内容	发现风险信号，及时提出处理建议并进行报告，落实风险化解措施；对银行相关部门与网点发布的风险信号，制订风险处置方案，并反馈处置结果
2. 适用制度依据	“三个办法”、本银行《贷后管理办法》《银行信贷业务风险监控管理办法》及相关信贷管理制度
3. 涉及的相关岗位	客户部门负责人、行长；信贷及风险管理部门；管理行客户部门负责人、信贷及风险管理部门
4. 工作要求及质量标准	风险信号发布分为系统自动发布和人工发布两种方式。系统自动发布是指信贷管理预警监控系统按照内设指标，自动发布风险信号。人工发布是指监控人员通过预警信贷管理监控系统手工发布，或者以《信贷风险预警通知》形式纸质发布的风险信号 （1）在资金账户监管、贷后检查、日常跟踪工作中发现风险信号，如能及时化解风险、消除风险信号的，应立即采取风险化解措施。无法化解风险的，及时向客户部门负责人汇报。对于红色风险信号，需立即采取紧急措施防控实质性损失，原则上实施清收退出政策，存量信用只收不放。对于橙色风险信号，需立即采取措施防止风险进一步扩大，原则上实施主动退出政策，存量信用收多放少。对于黄色风险信号，需采取安全性措施防止风险扩散，原则上实施维持性政策，审慎办理授用信业务。对于蓝色风险信号，应加强监测和分析，注意其可能的不利变化 （2）收到银行相关部门发布的风险预警信号后，负责制订和实施风险处置方案，控制和化解信贷风险，反馈处置结果。红色、橙色风险预警的风险处置方案，由客户管理行客户部门负责人审核确认。黄色风险预警的风险处置方案，由客户经营行客户部门负责人审核确认 信贷风险处置完成后，红色风险预警应反馈至风险信息发布行信贷管理部门申请解除预警；橙色和黄色风险预警应反馈至管理行的相关部门申请解除预警

（续表）

流程节点	九、风险预警和处置反馈
5. 工作频率及时限要求	谁发现谁录入 信贷风险预警的处理流程包括信号导入→信号分级→信号发布→处置反馈→跟踪督办→信号解除，闭环运行
6. 工作方法、适用工具	可以有效利用系统中信贷风险自动监控预警工具，客户经理对系统发布的信贷风险预警信及时进行核实，通过现场检查全面掌握客户的生产经营状况，分析预警原因
7. 注意事项	客户部门负责人根据风险信号的级别进行处理。对于红色、橙色风险信号需以《风险预警信号处理表》形式报告行长；对于黄色、蓝色信号，客户部门负责人根据本部门的处理能力决定是否报告行长
	客户管理行为上级行的，在落实风险化解措施的同时，上报客户管理行客户部门
8. 风险点提示	重大风险不报告、预警报告不及时、风险处置不力

流程节点	十、潜在风险客户退出
1. 具体工作内容	对所管理客户进行梳理，全面掌握客户风险状况，拟订潜在风险客户和退出方案，并依据潜在风险客户名单及退出计划，采取强制退出、提前收回、只收不贷、多收少贷、置换为低信用风险业务等多种措施开展退出工作
2. 适用制度依据	“三个办法”、本银行《贷后管理办法》《存量客户信贷风险底线甄别及压（缩）退（出）管理办法》及相关信贷管理制度
3. 涉及的相关岗位	经营行客户部门负责人、行长、信贷及风险管理部门；管理行客户部门、信贷及风险管理部门
4. 工作要求及质量标准	信贷风险底线包括行业政策风险底线、市场风险底线、信用风险底线、操作风险底线和成本收益风险底线五大类。对触及上述的潜在风险客户实施退出 经营行客户部门根据收集整理的相关信息资料，对存量客户开展风险底线甄别，填制《客户信贷风险底线测评底稿》，初步拟定压退客户名单，对拟压退客户提出实施方案，由经营行风险管理部（岗）审核确认后报告管理行信贷及风险管理部门 退出名单确定后负责客户压退方案的具体实施和日常管理
5. 工作频率及时限要求	每年初定期开展一次，年度中间根据风险状况动态进行调整

（续表）

流程节点	十、潜在风险客户退出
6. 工作方法、适用工具	逐户制定并落实潜在风险客户退出方案。明确压降贷款额度、低风险业务置换高风险业务、补充担保等具体策略；逐户确定用信压降额度和序时进度，落实退出责任人 客户压退工作内容属于本银行的商业秘密，银行相关人员应做好保密工作，在相关文件、资料的移交、传送过程中应采取严格的保密措施，严禁对外泄露
7. 注意事项	符合下列特征之一者，直接纳入退出客户名单：（1）国家列入限制或淘汰类落后产能企业名单的客户；（2）行业名单制管理中已列为压缩类、退出类的客户；（3）触及风险底线的“两高一剩”行业的中小企业客户；（4）客户信用等级连续两年下降，大中型客户为 A 级及以下、小企业客户为 BBB-级及以下且不属于本银行重点支持的客户；（5）房地产项目销售率超过 70%或项目销售额超过预计销售总额的 70%，未及时还清本银行贷款的客户；（6）客户贷款实际利率低于贷款定价模块测算利率且经营收入不能覆盖经营成本或已明显低于同类贷款平均收益；（7）内部人员违法发放贷款或内外部勾结、欺诈形成的贷款；（8）客户或主要股东、核心管理人员、关联企业陷入重大经济纠纷，卷入重大诉讼案件，或面临其他重大法律风险、监管风险、声誉风险而可能对其持续经营和偿还银行债务的能力产生重大不利影响；（9）客户出现逃废债务情形，刻意逃避本银行信贷监管；（10）内外部信贷检查中发现问题较为严重且无法整改到位的客户
8. 风险点提示	对潜在风险客户识别不准、对潜在风险客户退出力度不够、违规对潜在风险客户发放新的贷款

流程节点	十一、撰写贷后管理报告
1. 具体工作内容	在做好非现场检查、现场检查、核保核押、风险预警等贷后管理规定动作的基础上，分析客户的贷后风险状况，撰写贷后管理报告
2. 适用制度依据	“三个办法”、本银行《贷后管理办法》及相关信贷管理制度
3. 涉及的相关岗位	经营行客户部门负责人、信贷及风险管理部门、分管副行长、行长；管理行客户部门

（续表）

流程节点	十一、撰写贷后管理报告
4. 工作要求及质量标准	法人客户贷后管理报告内容。市场前景分析；信贷批复要求落实情况；贷后管理方案落实情况；借款人生产经营变化情况；财务状况变化分析；资金账户监管情况；贷后核保核押情况；融资和对外担保情况；贷后检查工作情况；风险因素分析与评价；应采取风险管理措施 个人客户与小微企业客户贷后管理报告内容。是否存在风险信号，采取何种风险控制措施，当前处置结果，以及是否需加强后续跟踪检查等 客户经理贷后检查结束后5个工作日内，结合现场检查、非现场检查、账户资金监管等工作掌握的信息撰写《贷后管理报告》。半年、年度贷后管理报告需严格按照贷后管理报告要求填写，报告事项要全面、真实地反映客户实际情况，深入剖析客户风险状况，作为贷后管理责任认定的重要依据，按季或按月撰写的贷后管理报告可只写客户的变动情况。客户经理要对报告内容负责 个人客户与小微企业不必按户撰写贷后管理报告，客户经理可按半年和年度对所管理个人客户与小微企业客户进行整体分析，并撰写贷后管理报告
5. 工作频率及时限要求	贷后检查结束后5个工作日内
6. 工作方法、适用工具	结合现场检查、非现场检查、账户资金监管等工作中掌握的信息，根据本银行相关制度明确的标准，在贷后管理报告中就客户的“行业－客户”分类进行重新认定，分析并明确客户“进、保、限、压、退”的具体策略安排
7. 注意事项	客户经理将贷后管理报告提交客户部门负责人阅签，客户部门负责人签署意见后，将贷后管理报告依次提交分管副行长、行长阅签，同时将贷后管理报告抄送信贷及风险管理部门。如客户为上级行直接管理客户，还需上报上级行客户部门
8. 风险点提示	贷后管理报告质量不高，特别是揭示风险不全面；贷后管理报告内容不全；贷后管理报告提交不及时

流程节点	十二、贷后管理例会
1. 具体工作内容	向贷后管理例会汇报相关客户贷后管理情况，并严格落实例会关于客户贷后管理决议内容
2. 适用制度依据	“三个办法”、本银行《贷后管理办法》《银行贷后管理例会工作规则》及相关信贷管理制度
3. 涉及的相关岗位	经营行客户部门负责人、信贷及风险管理部门、分管副行长、行长；管理行客户部门

（续表）

流程节点	十二、贷后管理例会
4. 工作要求及质量标准	根据行长和客户部门负责人确定的上会审议内容，准备本部门管理客户的总体贷后风险状况和贷后管理工作情况，并按户收集审议名单内客户的贷后管理情况，审议资料为近期的《贷后管理报告》，必要时也可撰写专题材料 客户风险状况的审议要点包括：（1）客户基本情况的重要变化，如公司治理结构、股权结构、管理层及主要分支机构的变化等；（2）客户生产经营和财务变化情况及影响；（3）建设项目的实施和进展情况，与项目评估的对比；（4）客户在本银行的授用信情况；（5）客户所属行业、区域政策和经济形势的变化及影响；（6）保证人担保能力和抵质押物的权属、价值等的变化；（7）贷后管理方案和管理要求的落实情况；（8）对客户的资金账户监管情况，贷款到期及催收情况；（9）客户存在的风险及解决方案；（10）客户管理策略
5. 工作频率及时限要求	经营行至少每季度召开一次贷后管理例会
6. 工作方法、适用工具	客户经理对例会针对客户风险状况和贷后管理工作情况的审议结果，确定客户的管理策略，贷后管理措施的下一步贷后管理工作重点，应该严格按例会决议要求的时限、质量完成，并在下一次例会中对落实效果进行报告
7. 注意事项	重点事项一定要报告，客户重大风险一定要预警
8. 风险点提示	提交审议的材料质量不高，特别是客户重大风险分析预警不够；例会决议事项落实不到位

流程节点	十三、信贷业务中介机构管理
1. 具体工作内容	与中介机构开展合作，并加强日常管理和风险监控
2. 适用制度依据	“三个办法”、本银行《贷后管理办法》《信贷业务中介机构管理实施细则》及相关信贷管理制度
3. 涉及的相关岗位	经营行客户部门负责人、信贷及风险管理部门分管副行长、行长；经营行信贷管理部门；客户管理行客户部门、信贷及风险管理部门

（续表）

流程节点	十三、信贷业务中介机构管理
4. 工作要求及质量标准	主办行客户经理应加强中介机构为银行客户提供服务情况的监控，建立中介机构业务合作管理明细台账。应掌握中介机构的服务质量、执业情况、评估报告质量并进行跟踪和评价，汇总分析辖内信贷业务中介机构的运行管理情况 按季对入围中介机构进行现场检查，并出具现场检查分析报告，合作年度内最后一次检查可结合年度考核评价工作一并进行。检查重点包括：是否出现已不符合本银行规定的基本条件任意准入的；出具虚假记载、误导性陈述或重大遗漏的评估报告、审计报告的；有弄虚作假、恶意串通等不诚实行为的；违反国家法律法规和行业约定的；泄露本银行商业秘密的；执业水平、执业质量不高，其出具的中介执业报告经审查有重大质量问题的 对担保公司来说，还要实时关注其对外担保情况，查询其中国人民银行征信中心记录，并要求担保公司按月报送资产负债表、损益表、现金流量表、对外担保信息、银行对账单、风险状况和代偿情况。并及时监测其经营风险、对外担保风险，查验其是否符合约定的保证金管理、对外担保责任余额上限管理、集中度管理、资产流动性管理、关联担保禁止管理等要求 日常监管中发现风险信号的，应给予风险预警并采取必要的风险管理措施，如“暂停业务合作”“退出准入名单”“进入黑名单”等
5. 工作频率及时限要求	至少按季对入围中介机构进行现场检查
6. 工作方法、适用工具	现场检查；非现场监测；通过政府相关部门、行业协会、其他银行了解情况
7. 风险点提示	评估机构假评估、虚高评估；审计机构审计质量不高、审计报告严重不实；担保机构贷款不良率过高、代偿率过低、对外担保责任余额超过上限管理

参考文献

[1] 中国银行业协会 . 解读贷款新规 [M]. 北京：中国金融出版社，2010.

[2] 宾爱琪 . 商业银行信贷法律风险精析 [M]. 北京：中国金融出版社，2011.

[3] 北京银联信投资顾问有限责任公司小微业务咨询团队 . 小微企业信贷调查与风险防控实务，2015.

[4] 顾剑 . 行业风险与信贷案例 [M]. 北京：机械工业出版社，2016.

[5] 巴伦一 . 做卓越的银行客户经理：实战文案 30 例 [M]. 北京：北京联合出版公司，2017.

[6] 巴伦一，张杰，巴荆陵 . 金融客户经理营销技能 60 招 [M]. 北京：中国金融出版社，2024.

[7] 崔宏 . 财务报表阅读与信贷分析实务 [M]. 北京：机械工业出版社，2011.